中国民政统计年鉴
2024

ZHONGGUO MINZHENG TONGJI NIANJIAN 2024

中华人民共和国民政部　编

中国社会出版社

国家一级出版社·全国百佳图书出版单位

图书在版编目（CIP）数据

中国民政统计年鉴. 2024 / 中华人民共和国民政部
编. -- 北京：中国社会出版社，2024. 10. -- ISBN
978-7-5087-7103-8

Ⅰ. D632-66

中国国家版本馆 CIP 数据核字第 20248V84Q5 号

出 版 人：程　伟

终 审 人：李新涛

责任编辑：陆　强

封面设计：李　尘

出版发行：中国社会出版社

　　　　　（北京市西城区二龙路甲 33 号　邮编 100032）

印刷装订：河北鑫兆源印刷有限公司

版　　次：2024 年 10 月第 1 版

印　　次：2024 年 10 月第 1 次印刷

开　　本：210 mm×297 mm　1/16

字　　数：600 千字

印　　张：30.75

定　　价：320.00 元

中国民政统计年鉴2024

编委会

主　任：陆治原

副主任：胡海峰

编委（以姓氏笔画为序）

丁中平	万庆华	王　敏	王连波	戈养年	平措旦增
冯亚平	竹怀农	刘四海	刘程民	江　波	孙海森
纪占国	严　峻	李　洁	李红兵	李清丽	张　鸿
张小川	张良玉	张隽华	张清玲	陈丽华	欧阳海泉
赵　明	赵立杰	聂元松	高光权	琚李梅	蒋丽英
蒋建华	蒋跃成	谢晓军	潘志武		

编辑人员（以姓氏笔画为序）

于晓媛	马　静	王加胜	王爱芬	王新峰	韦有亮
艾　雷	旦增欧珠	付晓媛	朱志明	江文波	杜国玉
李　立	李兴鹏	李晓军	吴子攀	余　莉	汪永国
汪勇飞	沙日娜	宋　平	张　卫	张　彬	张雄声
陈　波	周　诚	练进波	柴晓军	郭　颐	董江永
蒋卫宏	程良波	谢　添	靖　铭	蔡　娜	蔡芬芬

编者说明

一、《中国民政统计年鉴2024》收录了全国各省、自治区、直辖市2023年民政事业的主要统计指标数据以及部分历史数据，主要包括2023年民政事业发展统计公报、民政事业主要数据图表、综合统计资料、历年统计资料、当年分地区统计资料和主要指标解释六部分内容。

二、本年鉴中涉及的全国统计数据均不包括香港特别行政区、澳门特别行政区和台湾省的数据。

三、本年鉴所涉及历史数据，均以本年鉴为准。

四、本年鉴中部分指标合计数或相对数由于四舍五入而产生的计算误差，未作机械调整。

五、本年鉴各表中"—"符号表示数据不足本表最小计量单位或无此数据，"空格"符号表示该项统计数据为零，"#"表示其为上级指标的其中主要项。

六、2023年机构改革后，民政部门登记和管理的机构和设施不再包括自治组织、社区综合服务机构和设施。相关数据扣除了转隶职能部分。

目　录

第一部分：专文

第二部分：主要数据图表

【综合】

【民政服务】

【成员组织和其他社会服务】

第三部分：综合统计资料

【综合】

第四部分：历年统计资料

【综合】

【民政服务】

【成员组织和其他社会服务】

第五部分：当年分地区统计资料

【综合】

【民政服务】

[提供住宿的民政服务]

【成员组织和其他社会服务】

[社会组织]

[其他社会服务]

[婚姻服务]

[殡葬服务]

【其他】

第六部分：主要指标解释

第一部分

专 文

2023年民政事业发展统计公报

2023年，各级民政部门坚持以习近平新时代中国特色社会主义思想为指导，全面贯彻党的二十大精神，深入学习贯彻习近平总书记关于民政工作的重要论述，落实党中央、国务院决策部署，把服务以中国式现代化全面推进强国建设、民族复兴伟业作为中心任务，稳中求进、积极作为，不断增进民政服务对象福祉，推动民政事业取得新进展新成效。

一、综合

截至2023年底，全国民政部门登记和管理的机构和设施共计131.6万个*，职工总数1274.5万人，固定资产原价8763.9亿元；各类民政服务机构和设施拥有床位849.3万张，每千人口民政服务床位数6.0张；全年实际完成基本建设投资总额184.3亿元，项目建设规模2067.1万平方米；全国民政事业费支出5247.6亿元，占国家财政支出的1.9%，其中，中央财政向各地转移支付的民政事业费1696.4亿元，占全国民政事业费支出的32.3%。

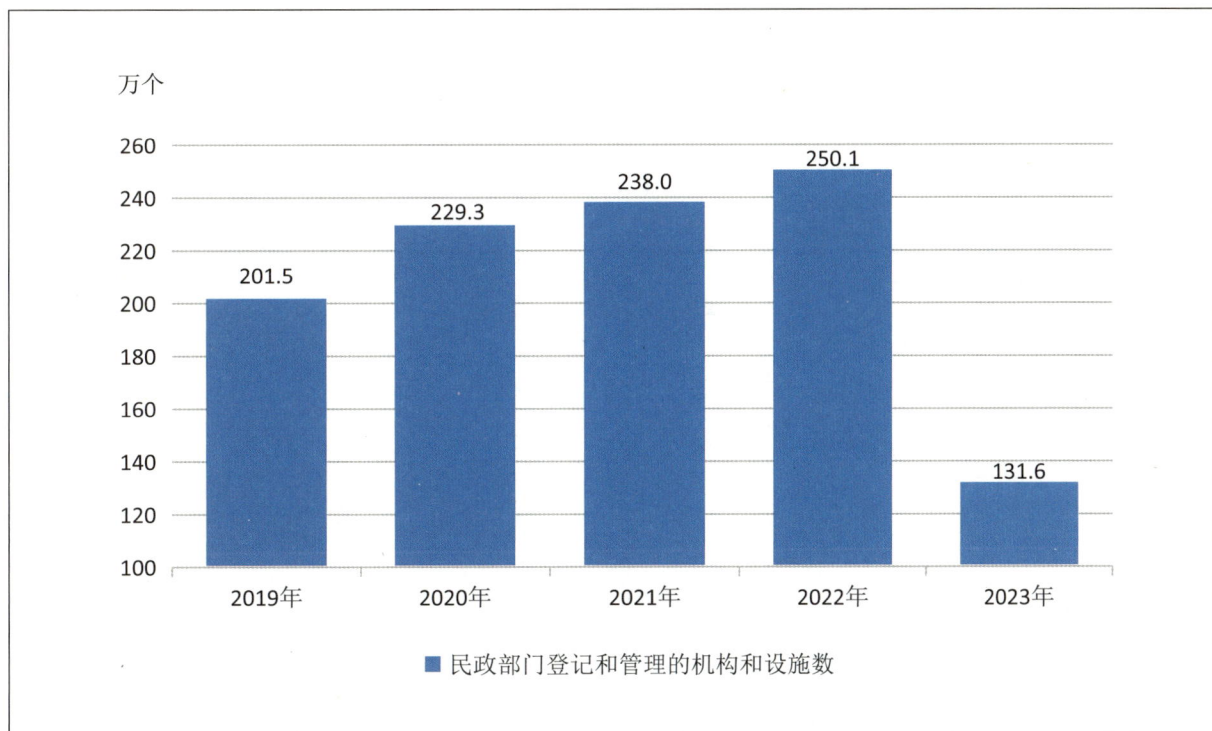

图1 2019—2023年民政部门登记和管理的机构和设施情况

注：* 2023年机构改革后，民政部门登记和管理的机构和设施不再包括自治组织、社区综合服务机构和设施。

图2 2019—2023年民政事业发展总体情况

二、行政区划

截至2023年底，全国共有省级行政区划单位34个，地级行政区划单位333个，县级行政区划单位2844个，乡级行政区划单位38658个。2023年共联合检查省级行政区域界线14条，完成了总长度约11982公里的省级行政区域界线联检任务。

表1　2023年行政区划情况

单位：个

指标	数量	指标	数量
省级	**34**	**地级**	**333**
直辖市	4	地级市	293
省（含台湾省）	23	地区	7
自治区	5	自治州	30
特别行政区	2	盟	3
县级	**2844**	**乡级**	**38658**
市辖区	977	镇	21421
县级市	397	乡	7080
县	1299	民族乡	956
自治县	117	苏木	153
旗	49	民族苏木	1
自治旗	3	街道	9045
林区	1	区公所	2
特区	1		

三、提供住宿的民政服务

截至2023年底，提供住宿的各类民政服务机构共计4.4万个，其中，注册登记为事业单位的1.8万个，注册登记为民办非企业单位的1.8万个。机构内床位543.6万张，年末抚养人员235.1万人。

表2 2023年提供住宿的民政服务机构情况

指标	机构（个）	床位（万张）
合计	43619	543.6
养老机构	40786	517.2
社会福利院	1463	35.7
特困人员供养服务机构	16187	170.7
其他各类养老机构	23136	310.8
精神卫生福利机构	134	7.3
儿童福利和救助保护机构	990	9.9
儿童福利机构	472	8.5
未成年人救助保护机构	518	1.4
其他提供住宿机构	1709	9.2
救助管理机构	1567	8.0
其他提供住宿的机构	142	1.2

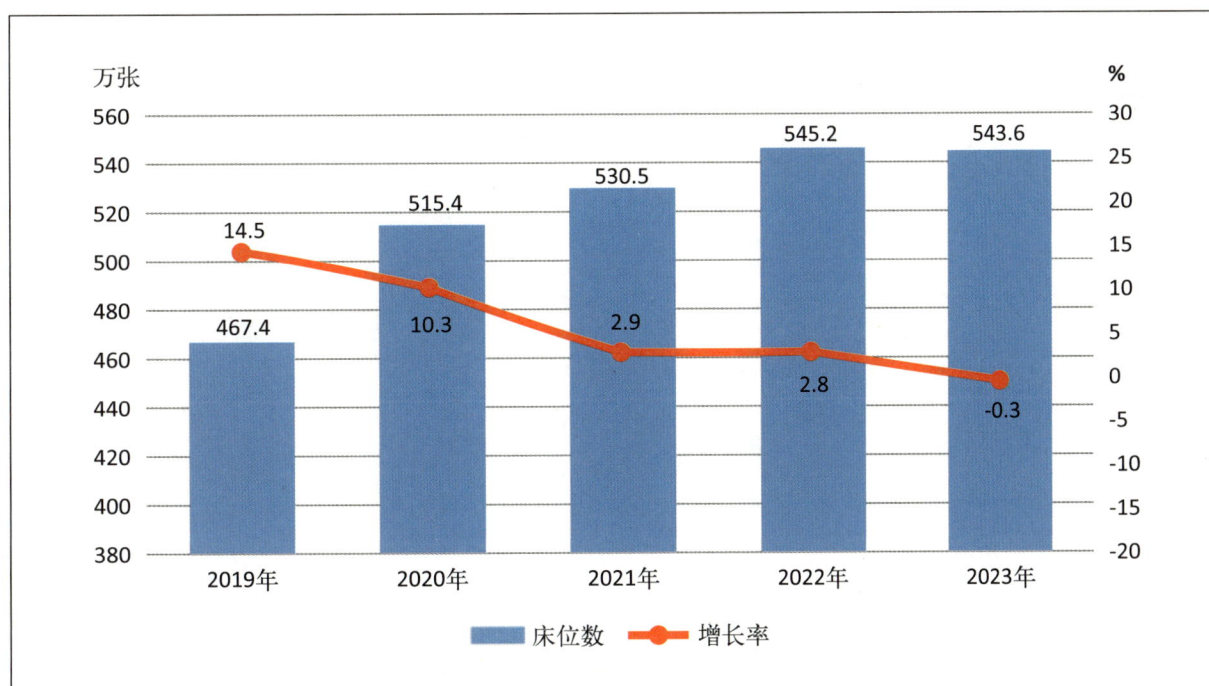

图3 2019—2023年提供住宿的民政服务机构床位情况

（一）提供住宿的养老服务

截至2023年底，全国共有各类养老机构和设施40.4万个，养老床位合计823.0万张。其中：注册登记的养老机构4.1万个，比上年增长0.5%，床位517.2万张；社区养老服务机构和设施36.3万个，床位305.8万张。

（二）提供住宿的精神卫生服务

截至2023年底，全国民政部门管理的精神卫生福利机构共计134个，床位7.3万张。

（三）提供住宿的儿童福利和救助保护服务

截至2023年底，全国各类民政服务机构集中养育孤儿4.2万人，基本生活保障平均标准1902.1元／人·月。全国共有注册登记的儿童福利和救助保护服务机构990个，床位9.9万张，年末机构抚养4.0万人。其中，儿童福利机构472个，床位8.5万张；未成年人救助保护机构518个，床位1.4万张，全年救助流浪乞讨未成年人1.3万人次。

（四）其他提供住宿的服务

截至2023年底，全国共有其他提供住宿的民政服务机构1709个，床位9.2万张。其中，救助管理机构1567个，床位8.0万张，全年救助流浪乞讨等各类临时遇困人员70.6万人次。

四、不提供住宿的民政服务

（一）老年人福利

注：本图资料来源于国家统计局。

图4 2019—2023年60周岁及以上老年人口及其占全国总人口比重

截至2023年底，全国60周岁及以上老年人口29697万人，占总人口的21.1%，其中65周岁及以上老年人口21676万人，占总人口的15.4%。截至2023年底，全国共有4334.4万老年人享受老年人补贴，其中享受高龄津贴的老年人3547.8万人，享受护理补贴的老年人98.5万人，享受养老服务补贴的老年人621.4万人，享受综合补贴的老年人66.7万人。全国共支出老年福利资金421.7亿元，养老服务资金223.2亿元。

（二）儿童福利和收养登记

截至2023年底，全国共有孤儿14.4万人，其中社会散居孤儿10.2万人，基本生活保障平均标准1453.9元/人·月。全年共支出儿童福利资金111.3亿元，其中孤儿基本生活保障资金30.8亿元，事实无人抚养儿童基本生活保障资金56.1亿元，其他儿童福利资金24.4亿元。截至2023年底，全国共有儿童督导员4.3万人，儿童主任58.2万人。

2023年，全国办理国内公民收养登记0.8万件。

图5 2019—2023年孤儿基本生活保障平均标准情况

（三）残疾人服务

2023年，全国共有困难残疾人生活补贴对象1180.4万人，重度残疾人护理补贴对象1584.0万人。截至2023年底，民政部门直属康复辅具机构共有22个，职工0.1万人，固定资产原价16.2亿元。

（四）社会救助

1.**最低生活保障**。截至2023年底，全国共有城市低保对象663.6万人，全国城市低保平均保障标准785.9元/人·月，比上年增长4.5%，全年支出城市低保资金464.7亿元；农村低保对象3399.7万人，全国农村低保平均保障标准621.3元/人·月，比上年增长6.7%，全年支出农村低保资金1483.9亿元。

2.**特困人员救助供养**。截至2023年底，全国共有城市特困人员37.3万人，全年支出城市特困人员救助供养资金59.0亿元；全国共有农村特困人员435.4万人，全年支出农村特困人员救助供养资金500.2亿元。

3.**临时救助**。2023年全年共实施临时救助741.1万人次，其中救助非本地户籍对象4.8万人次。全年支出临时救助资金105.7亿元，平均救助水平1426.6元/人次。

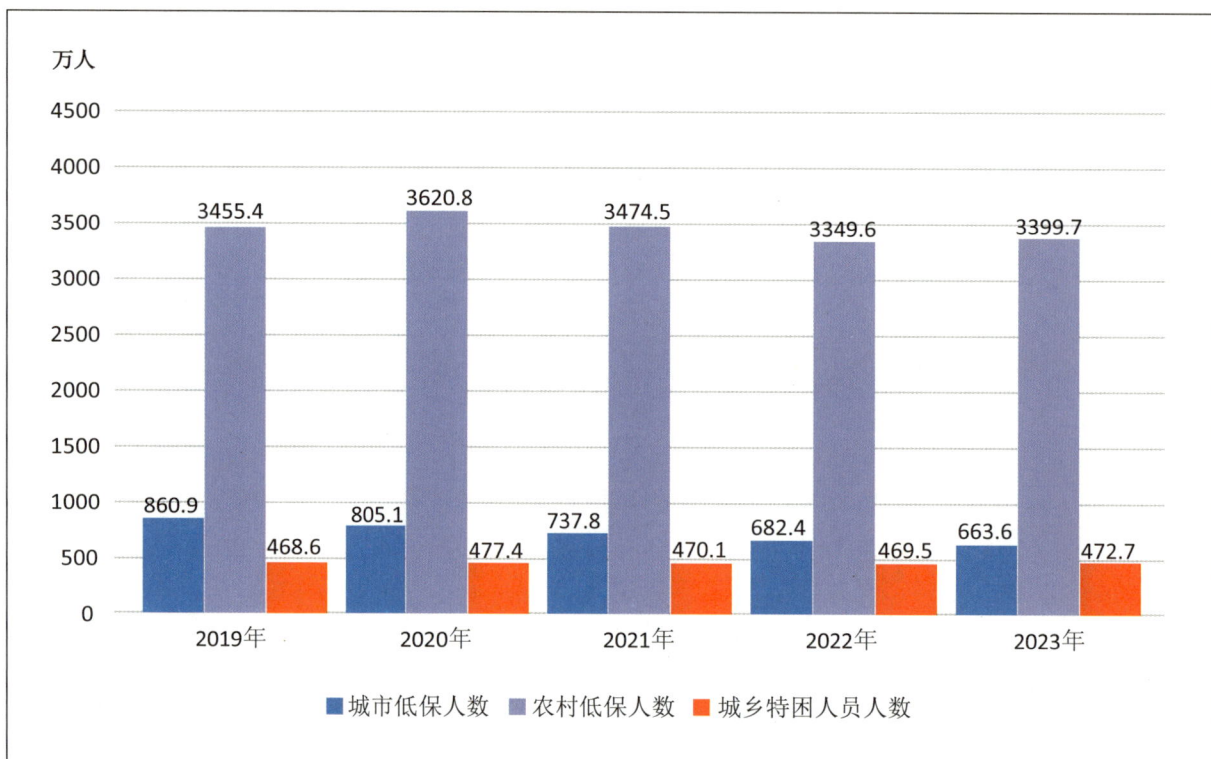

图6 2019—2023年城乡低保对象、城乡特困人员情况

（五）慈善事业

1.**慈善事业发展情况**。截至2023年底，全国共有经常性社会捐赠工作站、点和慈善超市1.5万个（其中，慈善超市3697个）；全国社会组织捐赠收入1363.8亿元；全国备案慈善信托1226单，慈善信托合同规模53.1亿元，比上年增长20.6%。

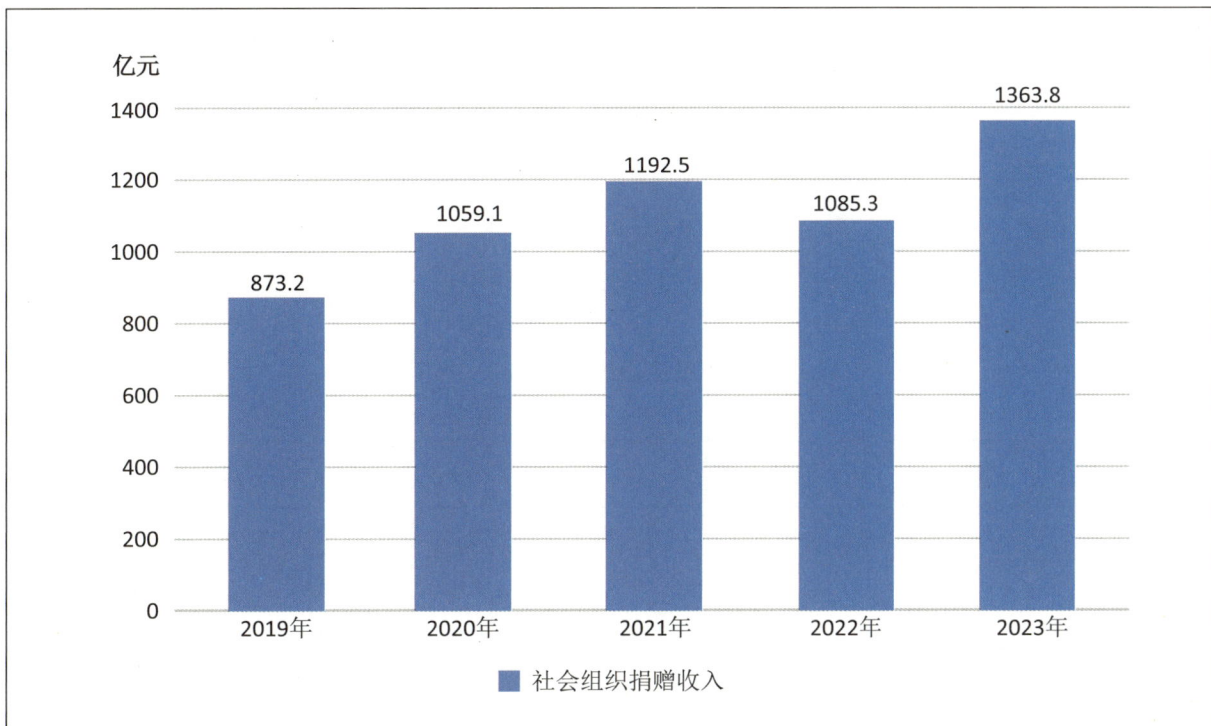

图7 2019—2023年社会组织捐赠收入情况

2.福利彩票。2023年，福利彩票销售1944.4亿元，比上年增加463.1亿元，增长31.3%。全年筹集彩票公益金580.1亿元，比上年增长25.8%。民政系统共支出彩票公益金234.4亿元，比上年增长10.1%，其中，用于社会福利178.2亿元，用于社会救助5.2亿元。

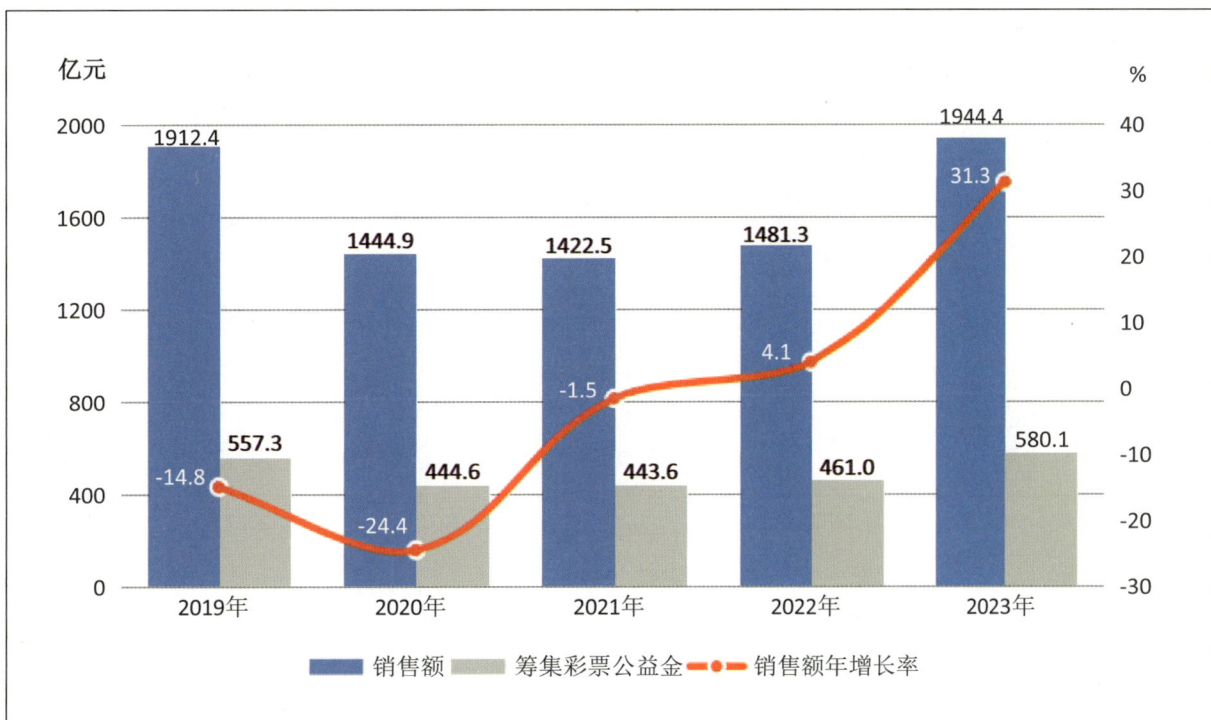

图8 2019—2023年福利彩票销售额、增长率及筹集公益金情况

五、成员组织和其他社会服务

（一）社会组织

截至2023年底，全国共有社会组织88.2万个，比上年下降1.1%；吸纳社会各类人员就业1152.3万人，比上年增长4.0%。全年共查处社会组织违法违规案件7508起，行政处罚7387起。

表3 2023年社会组织按登记机关分类

单位：个

指标	社会团体	基金会	民办非企业单位
合计	372662	9617	499295
民政部登记	1996	213	86
省级民政部门登记	32415	6333	14824
市级民政部门登记	91483	2028	61190
县级民政部门登记	246768	1043	423195

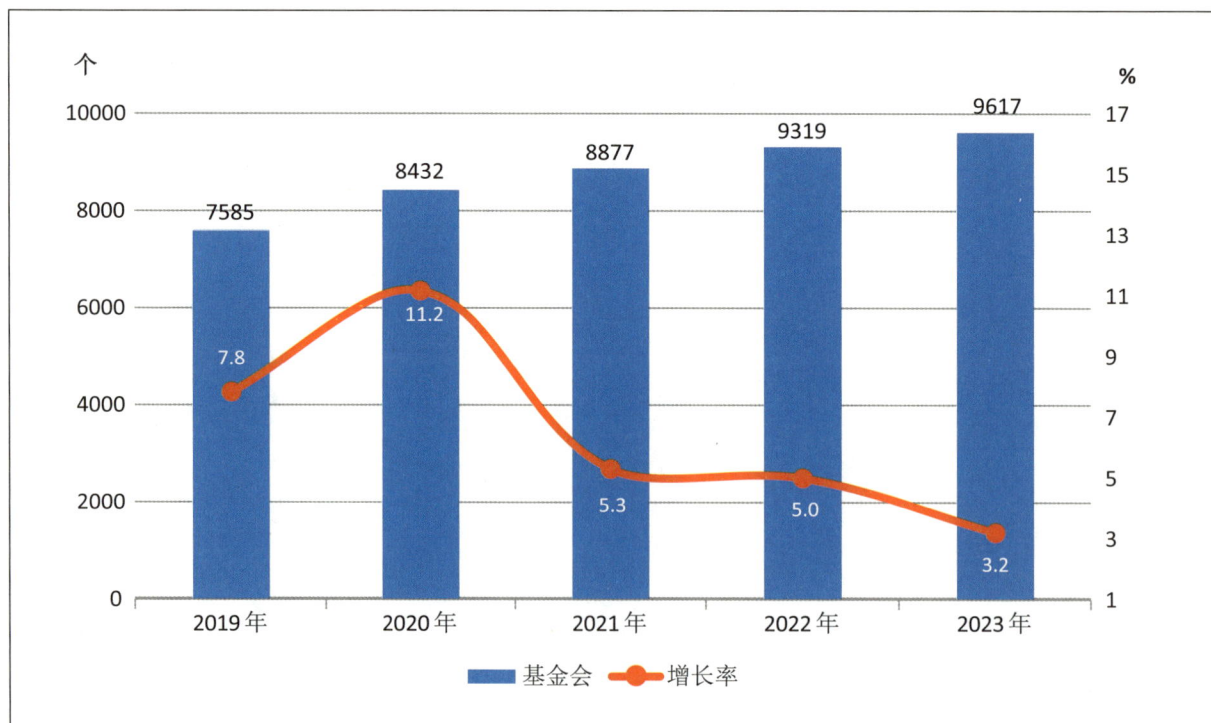

图9 2019—2023年基金会情况

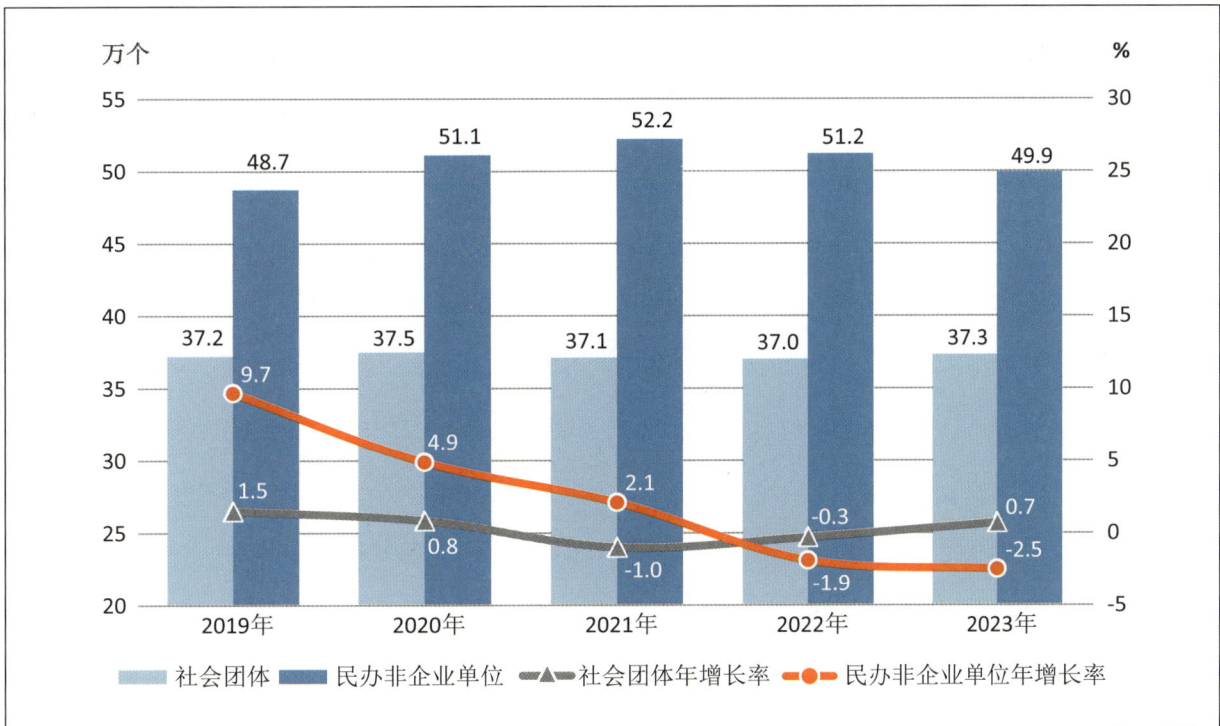

图10 2019—2023年社会团体、民办非企业单位情况

（二）其他社会服务

1.**婚姻登记服务**。2023年，全国婚姻登记机构和场所共计4171个，其中，婚姻登记机构1118个，全年依法办理结婚登记768.2万对，比上年增长12.4%。结婚率为5.4‰，比上年增长0.6个千分点。依法办理离婚手续360.53万对，其中，民政部门登记离婚259.37万对，法院判决、调解离婚101.16万对。离婚率为2.6‰。

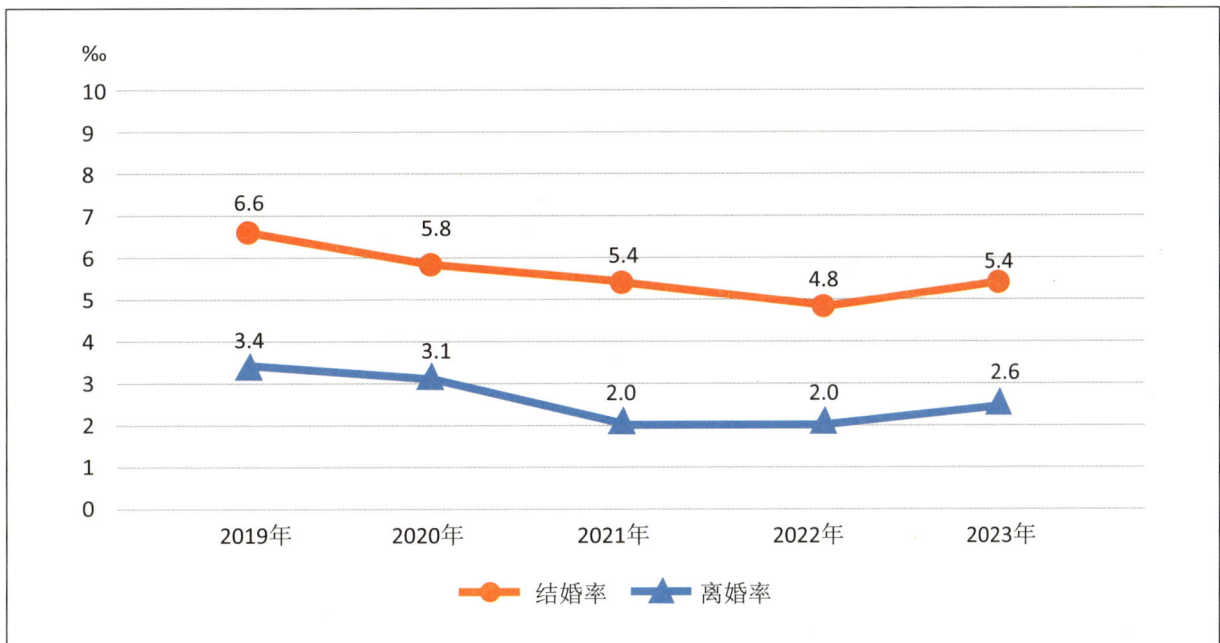

图11 2019—2023年结婚率和离婚率

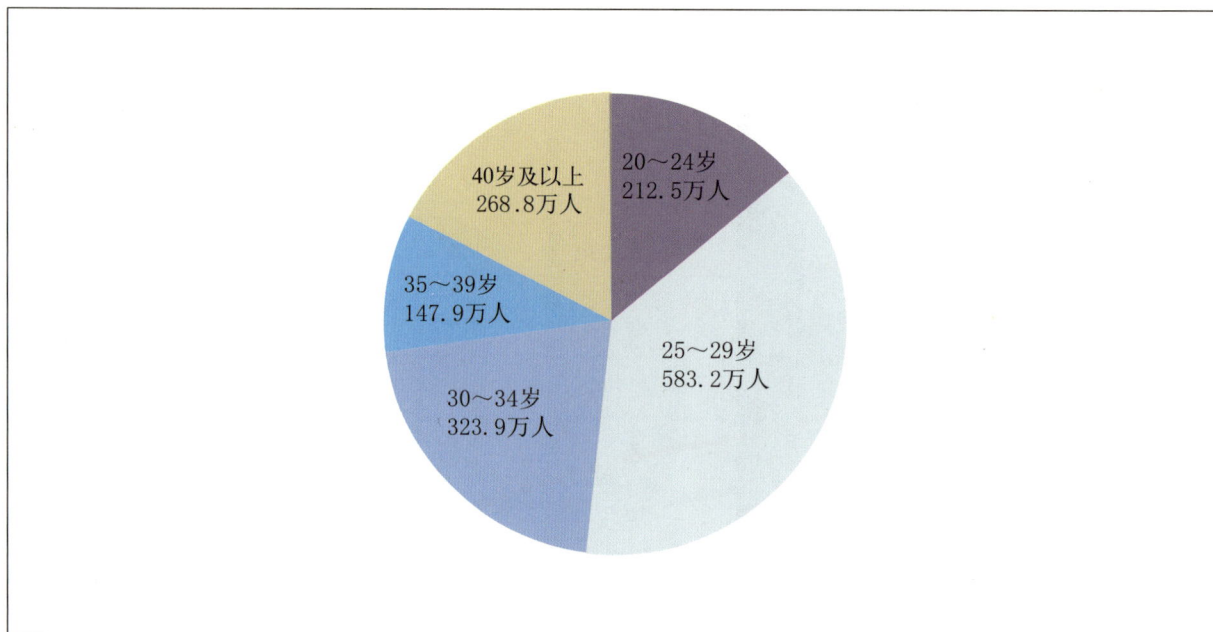

图12 2023年结婚登记人口年龄分布情况

2.殡葬服务。截至2023年底，全国共有殡葬服务机构4605个，其中，殡仪馆1788个，殡葬管理机构782个，民政部门管理的公墓1837个。殡葬服务机构职工9.1万人，其中，殡仪馆职工4.8万人。火化炉7713台。

- -

注释：

1.本资料中民政对象人数和机构数为当年实际数和注册登记的法定机构数。

2.本资料部分数据因四舍五入产生误差，存在分项数据与合计数据不等情况，未作机械调整。

3.除省级行政区划数以外，各项统计数据均未包括香港特别行政区、澳门特别行政区和台湾省。

4.流浪乞讨人员救助包含"寒冬送温暖"专项救助数据。

5.社会组织捐赠收入数据使用2023年完成年检社会组织的相关数据。

6.离婚登记服务中法院判决、调解离婚数据来源于最高人民法院。结（离）婚率计算公式为：
  当年结（离）婚对数/当年平均总人口数×1000‰。

7.全国财政支出、人口等相关数据来源于国家统计局。

8.2023年机构改革后，民政部门登记和管理的机构和设施不再包括自治组织、社区综合服务机构和设施，相关数据扣除了转隶职能部分。

Statistical Report on the Development of Civil Affairs in 2023

In 2023, civil affairs departments at all levels, guided by Xi Jinping Thought on Socialism with Chinese Characteristics for a New Era, thoroughly implemented the guiding principles of the 20th National Congress of the Communist Party of China (CPC) and the important instructions of General Secretary Xi Jinping on civil affairs, implemented the decisions and plans of the CPC Central Committee and the State Council, made contributing to the endeavor to build a great country and advance national rejuvenation on all fronts through Chinese modernization as the central task, pursuing progress while ensuring stability, proactively improved the wellbeing of the beneficiaries of civil affairs services, and promoted new progress and new achievements in civil affairs work.

I. Overview

By the end of 2023, there were 1.32 million[1] institutions and facilities registered with or administered by civil affairs departments nationwide, with 12.7 million employees and 876 billion yuan worth of fixed assets (original value). The number of beds in civil affairs service institutions and facilities totaled 8.49 million, with 6.0 beds serving every 1,000 people. Civil affairs infrastructure construction projects covered an area of 20.67 million square meters, and 18.43 billion yuan of investment on infrastructure was accomplished throughout the year. Total expenditure on civil affairs nationwide amounted to 524.8 billion yuan, accounting for 1.9% of the national fiscal expenditure of the year. Of all the civil affairs expenditures, 169.64 billion yuan was transferred payment made by the central government to local governments, accounting for 32.3% of the total expenditure on civil affairs of the year.

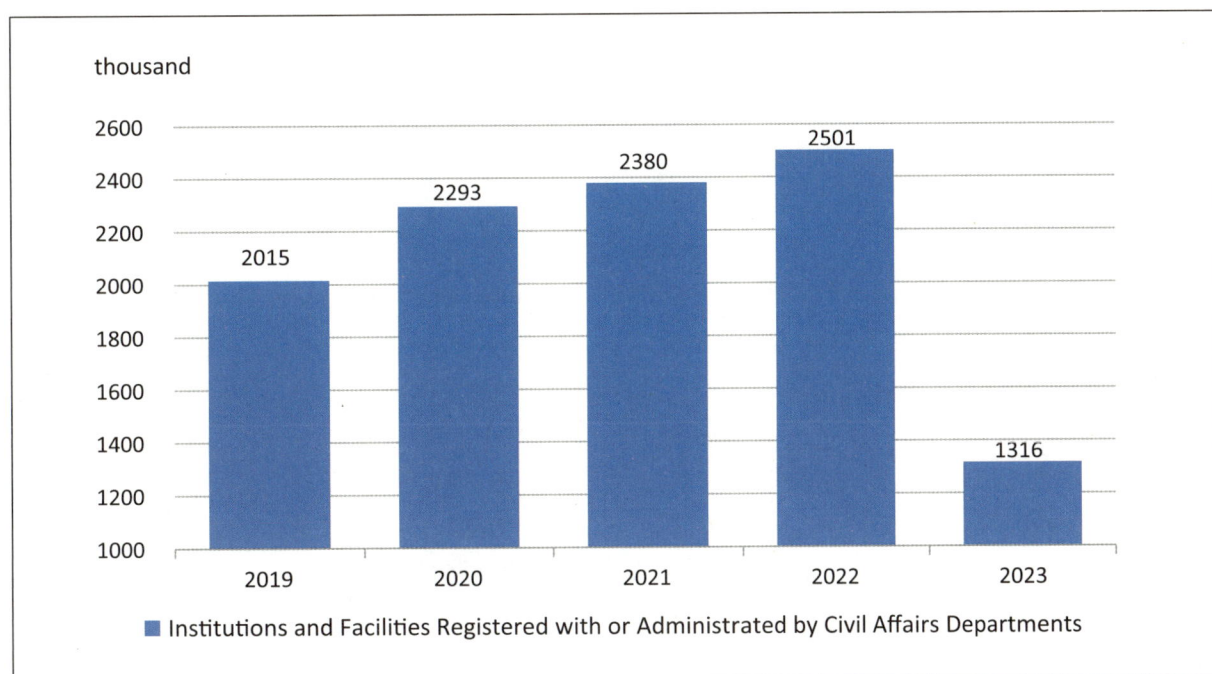

Figure 1 Institutions and Facilities Registered with or Administrated by Civil Affairs Departments, 2019–2023

---

[1] After the Party and State institutional reform in 2023, the institutions and facilities registered with or administered by the civil affairs departments no longer include self-governance organizations and community-based comprehensive service institutions and facilities.

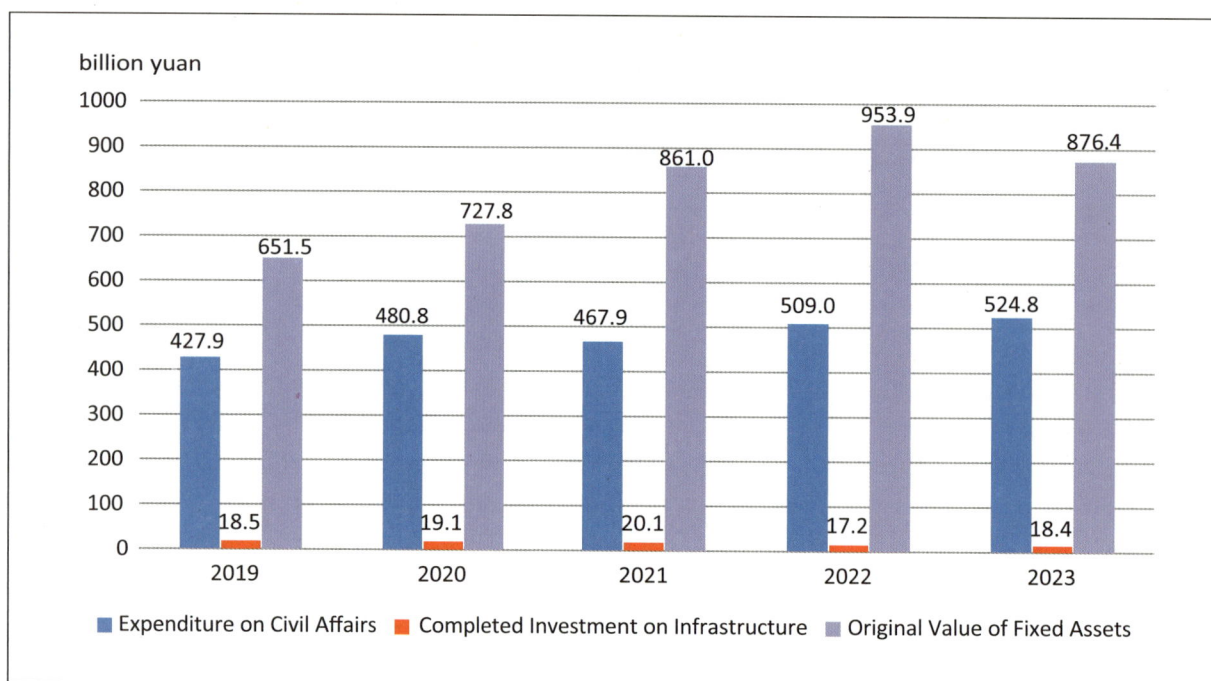

Figure 2　Overview of Civil Affairs Development, 2019–2023

II.Administrative Divisions

By the end of 2023, there were in total 34 provincial-level administrative divisions, 333 prefecture-level administrative divisions, 2,844 county-level administrative divisions and 38,658 township-level administrative divisions nationwide. In 2023, 14 provincial boundaries of approximately 11,982 kilometers were jointly inspected.

Table 1　Administrative Divisions in 2023

Indicators	Number	Indicators	Number
Provincial-level	**34**	**Prefecture-level**	**333**
Municipality Directly Under the Central Government	4	Prefecture-level City	293
Province (Taiwan Province included)	23	Prefecture	7
Autonomous Region	5	Autonomous Prefecture	30
Special Administrative Region	2	League	3
County-level	**2844**	**Township-level**	**38658**
Municipal District	977	Town	21421
County-level City	397	Township	7080
County	1299	Ethnic Township	956
Autonomous County	117	Sumu	153
Banner	49	Ethnic Sumu	1
Autonomous Banner	3	Sub-district Office	9045
Forestry District	1	District Public Office	2
Special District	1		

III. Civil Affairs Services with Accommodation

By the end of 2023, there were 44 thousand registered civil affairs service institutions that provided accommodation throughout the country, among which 18 thousand were registered as public institutions, and 18 thousand were registered as private non-enterprise units. 5.44 million beds were offered in these institutions which accommodated 2.35 million people in total.

Table 2   Civil Service Institutions that Provided Accommodation in 2023

Indicators	Number of Institutions	Number of Beds (*10000)
Total	**43619**	**543.6**
Elderly care institutions	**40786**	**517.2**
Social welfare institutions	1463	35.7
Support and service institutions for people in extreme difficulty	16187	170.7
Other kinds of elderly care institutions	23136	310.8
Mental illness welfare institutions	**134**	**7.3**
Child welfare, assistance and protection institutions	**990**	**9.9**
Child welfare institutions	472	8.5
Assistance and protection centers for the minors	518	1.4
Other institutions providing accommodation	**1709**	**9.2**
Rescue and management agencies	1567	8.0
Other institutions providing accommodation	142	1.2

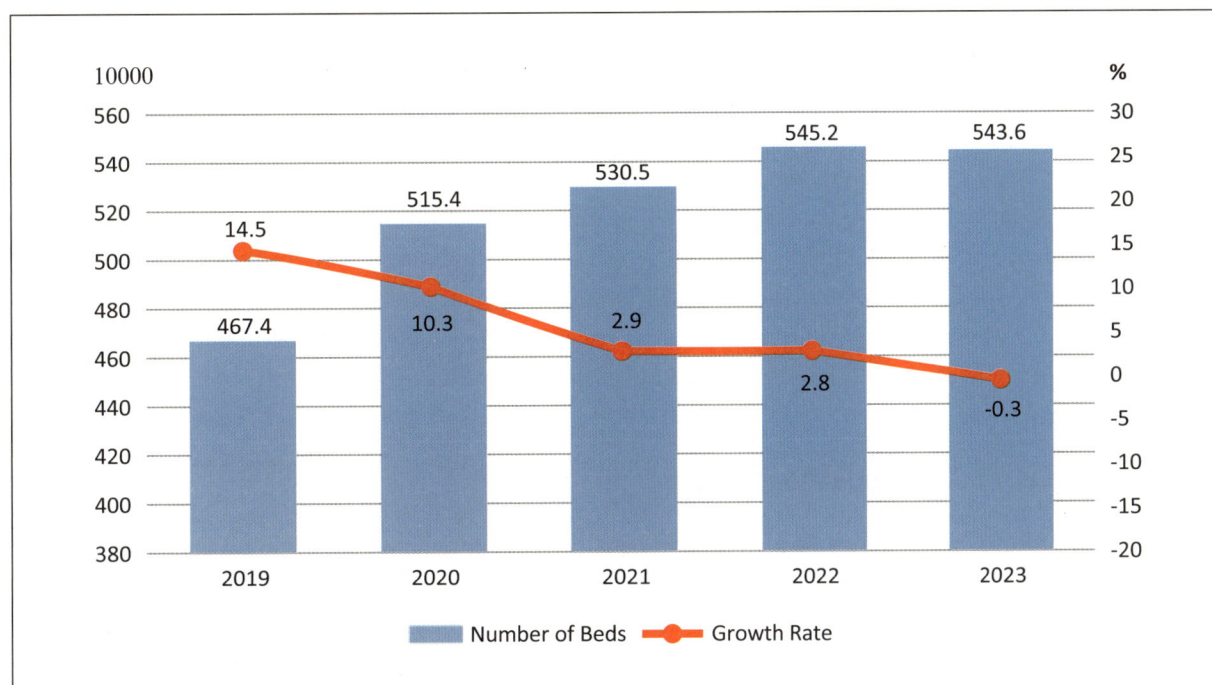

Figure 3   Number of Beds in Civil Service Institutions that Provided Accommodation, 2019-2023

1. Elderly Care Services with Accommodation

By the end of 2023, elderly care institutions and facilities of various kinds nationwide totaled 404 thousand, providing 8.23 million beds. Among them, 41 thousand were registered elderly care institutions, an increase of 0.5% over the last year, and the number of their beds totaled 5.17 million. 363 thousand were community-based elderly care institutions and facilities, with 3.06 million elderly care beds.

2. Mental Health Services with Accommodation

By the end of 2023, there were 134 mental health welfare institutions administered by civil affairs departments, with 73 thousand beds.

3. Child Welfare, Assistance and Protection Services with Accommodation

By the end of 2023, there were over 42 thousand orphans raised in all kinds of civil affairs service institutions, with an average standard of basic living allowance of 1,902.1yuan/person/month. There were 990 registered institutions for child welfare, assistance and protection, with 99 thousand beds. 40 thousand children were accommodated and supported at these institutions. Among these institutions, 472 were child welfare institutions (with 85 thousand beds), and 518 were assistance and protection centers for the minors (with 14 thousand beds). In 2023, 13 thousand times of assistance were provided for homeless minors.

4. Other Types of Services with Accommodation

By the end of 2023, there were 1,709 other types of civil affairs service institutions providing accommodation with 92 thousand beds. Among them, 1,567 were assistance and management centers with 80 thousand beds. 706 thousand (person-times) vagrants and beggars received assistance during the year.

IV. Civil Affairs Services without Accommodation

1. Elderly Welfare

By the end of 2023, there were in total 296.97 million elderly people aged 60 or above, accounting for 21.1% of the national population. Among them, 216.76 million were aged 65 or above, accounting for 15.4% of the national population. A total of 43.34 million elderly people throughout the country were entitled to subsidies for the elderly, among which 35.48 million were entitled to the old age subsidy, 985 thousand were entitled to the nursing subsidy, 6.21 million received the elderly care service subsidy, and 667 thousand received comprehensive old-age allowances. A total of 42.17 billion yuan have been spent on welfare for the elderly, and 22.32 billion was spent on old-age services.

2. Child Welfare and Adoption Registration

By the end of 2023, there were 144 thousand orphans throughout the country, among whom 102 thousand lived separately with an average standard of basic living allowance of 1,453.9 yuan/person/month. In 2023, a total of 11.13 billion yuan was spent on child welfare, among which 3.08 billion yuan was used to ensure orphans' basic livelihood, 5.61 billion yuan for de facto unsupported children's basic livelihood, and 2.44 billion yuan for other child welfare purposes. By the end of 2023, there have been 43 thousand child instructors in towns and 582 thousand child tutors in villages.

In 2023, 8 thousand cases of adoption of children by Chinese citizens were registered nationwide.

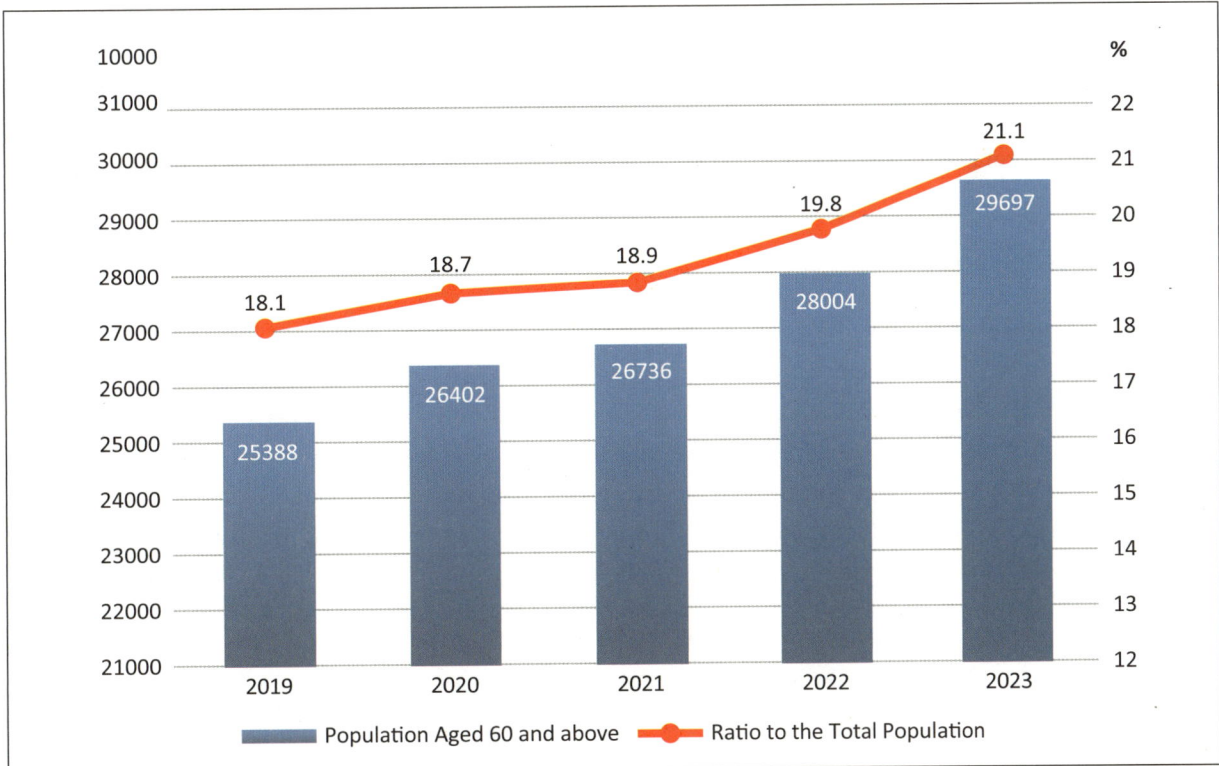

Source: National Bureau of Statistics.

Figure 4   Population Aged 60 and Above and Its Ratio, 2019–2023

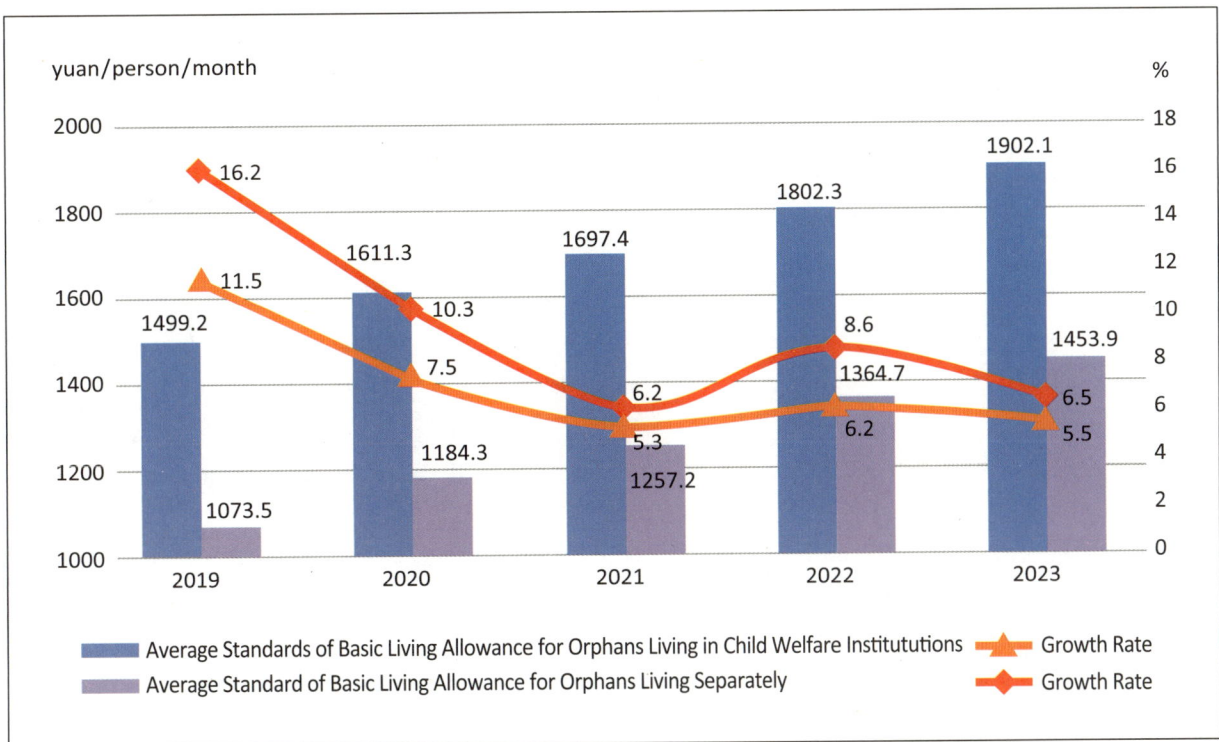

Figure 5   Average Standard of Basic Living Allowance for Orphans, 2019-2023

3. Welfare for People with Disabilities

In 2023, 11.80 million people with disabilities and difficulties were eligible for living allowances; and 15.84 million people with serious disabilities were eligible for nursing care subsidies nationwide. By the end of 2023, there were 22 institutions for rehabilitation assistive devices directly affiliated to civil affairs departments, with about one thousand staff and 1.62 billion yuan worth of fixed assets.

4. Social Assistance

(1) Subsistence Allowance

By the end of 2023, there were 6.64 million people in urban areas receiving subsistence allowance. The national average standard for subsistence allowance in urban areas was 785.9 yuan/person/month, up by 4.5% over the previous year. The annual expenditure on subsistence allowance in urban areas reached 46.47 billion yuan. There were 34.00 million people in rural areas receiving subsistence allowance. The national standard for subsistence allowance in rural areas averaged 621.3 yuan/person/month, up by 6.7%. The annual expenditure on subsistence allowance in rural areas reached 148.39 billion yuan.

(2) Assistance and Support for People Living in Extreme Difficulty

By the end of 2023, the number of people living in extreme difficulty in urban areas was 373 thousand, with the annual expenditure on assistance and support for them being 5.90 billion yuan. The number of people living in extreme difficulty in rural areas was 4.35 million, with the annual expenditure on them being 50.0 billion yuan.

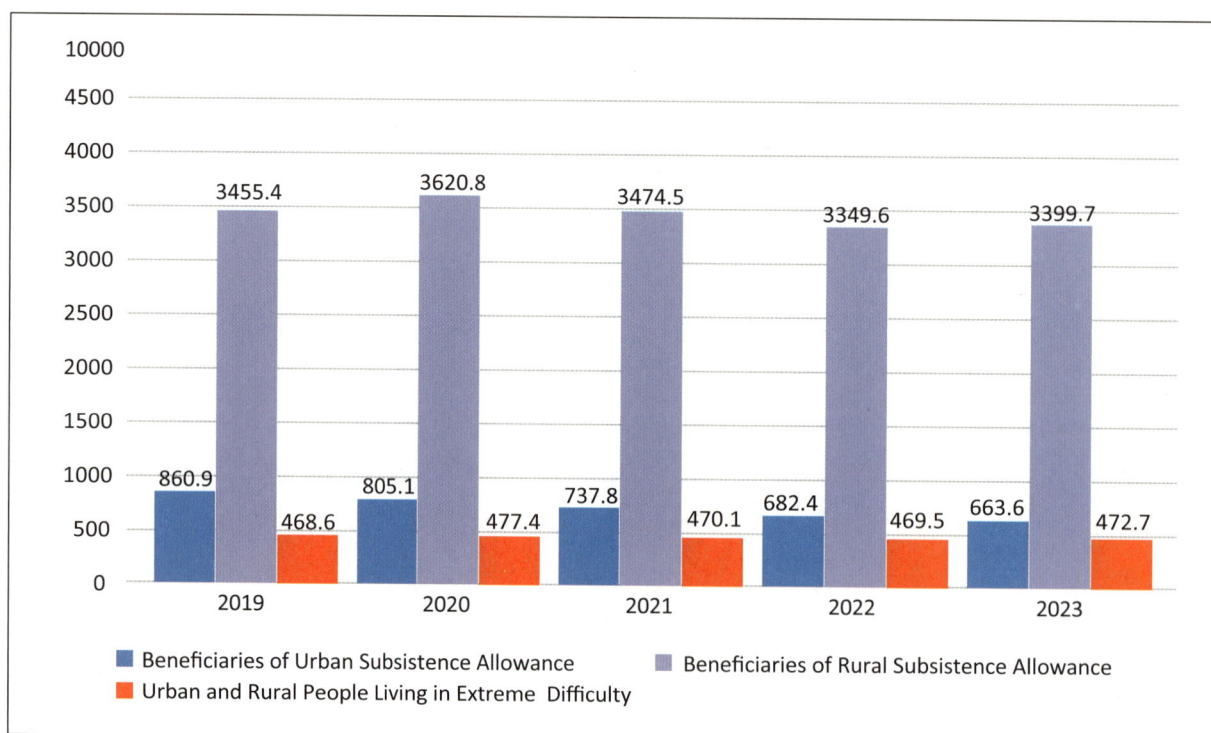

Figure 6   Beneficiaries of Subsistence Allowance, Assistance and Support for People Living in Extreme Difficulty, 2019-2023

(3) Temporary Assistance

In 2023, 7.41 million people (person-times) in total received temporary assistance, among whom 48 thousand (person-times) did not have local household registration. Annual expenditure on temporary assistance reached 10.57 billion yuan, with an average of 1,426.6 yuan every person/time.

5. Charity

(1) Charity

By the end of 2023, the number of fixed social donation stations, donation points and charity supermarkets was 15 thousand (including 3,697 charity supermarkets). The donation received by social organizations nationwide was 136.4 billion yuan. There were 1,226 registered charitable trusts nationwide, with a total charity contracts of 5.31 billion yuan, an increase of 20.6% over the previous year.

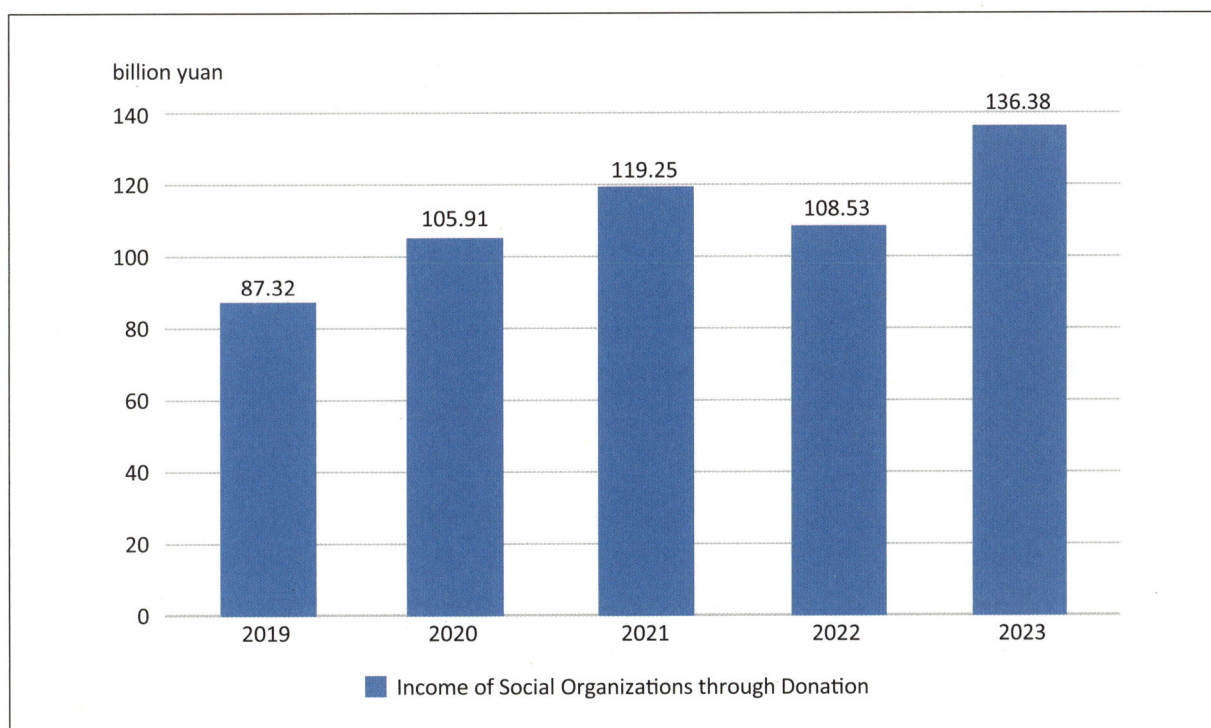

Figure 7   Income of Social Organizations through Donation, 2019–2023

(2) Welfare Lottery

In 2023, China's welfare lottery sales reached 194.44 billion yuan, an increase of 31.3% (46.31 billion yuan) over the previous year. The public welfare fund collected from the welfare lottery was 58.01 billion yuan in 2023, an increase of 25.8% over the previous year. The civil affairs departments spent 23.44 billion yuan of the fund (17.82 billion yuan for social welfare, 0.52 billion yuan for social assistance) in 2023, an increase of 10.1% over the previous year.

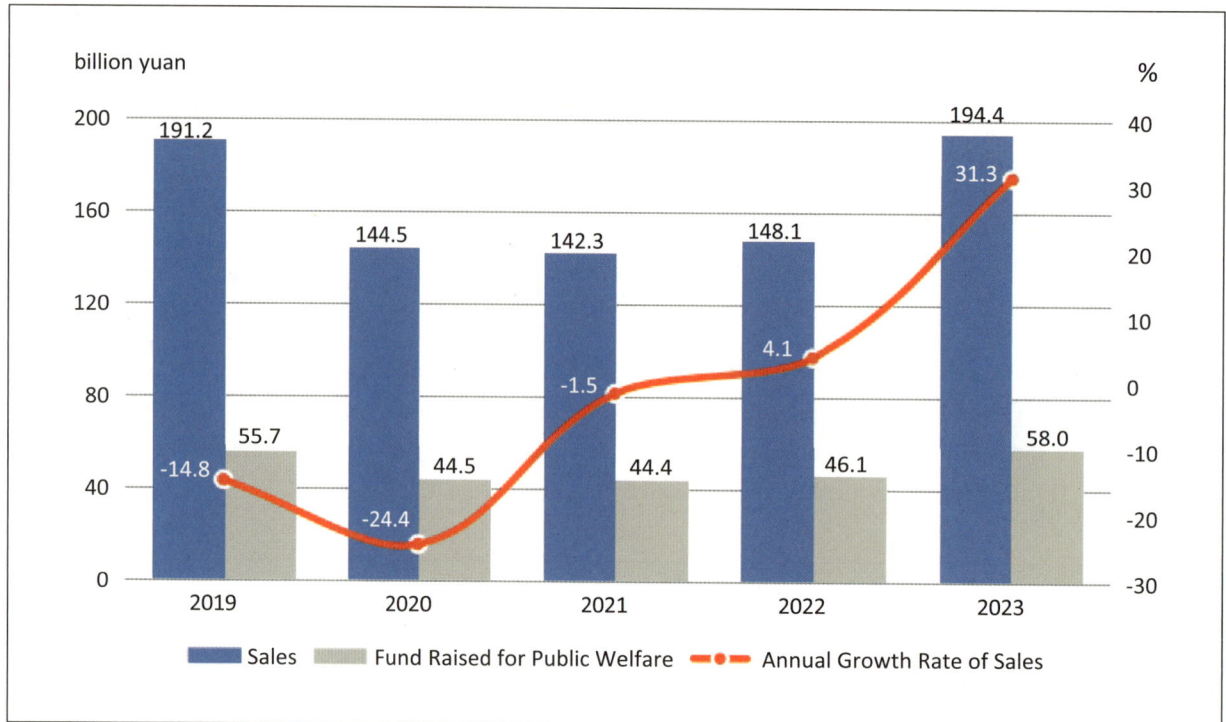

Figure 8　Sales of Welfare Lottery, Its Growth Rate and the Public Welfare Fund Raised, 2019–2023

V. Social Organizations and Other Social Services

1. Social Organizations

By the end of 2023, there were 882 thousand social organizations nationwide, a decrease of 1.1% over the previous year. These social organizations created jobs for 11.52 million people, an increase of 4% over the previous year. In 2023, 7508 cases of social organizations violating laws and regulations were investigated, with 7387 administrative penalties.

Table 3　Number of Social Organizations Registered with Civil Affairs Departments at Different Levels, 2023

Unit

Indicators	Social Groups	Foundations	Private Non-enterprise Units
Total	**372662**	**9617**	**499295**
Registered with the ministry of civil affairs	1996	213	86
Registered with provincial civil affairs departments	32415	6333	14824
Registered with municipal civil affairs departments	91483	2028	61190
Registered with civil affairs departments at the county level	246768	1043	423195

unit

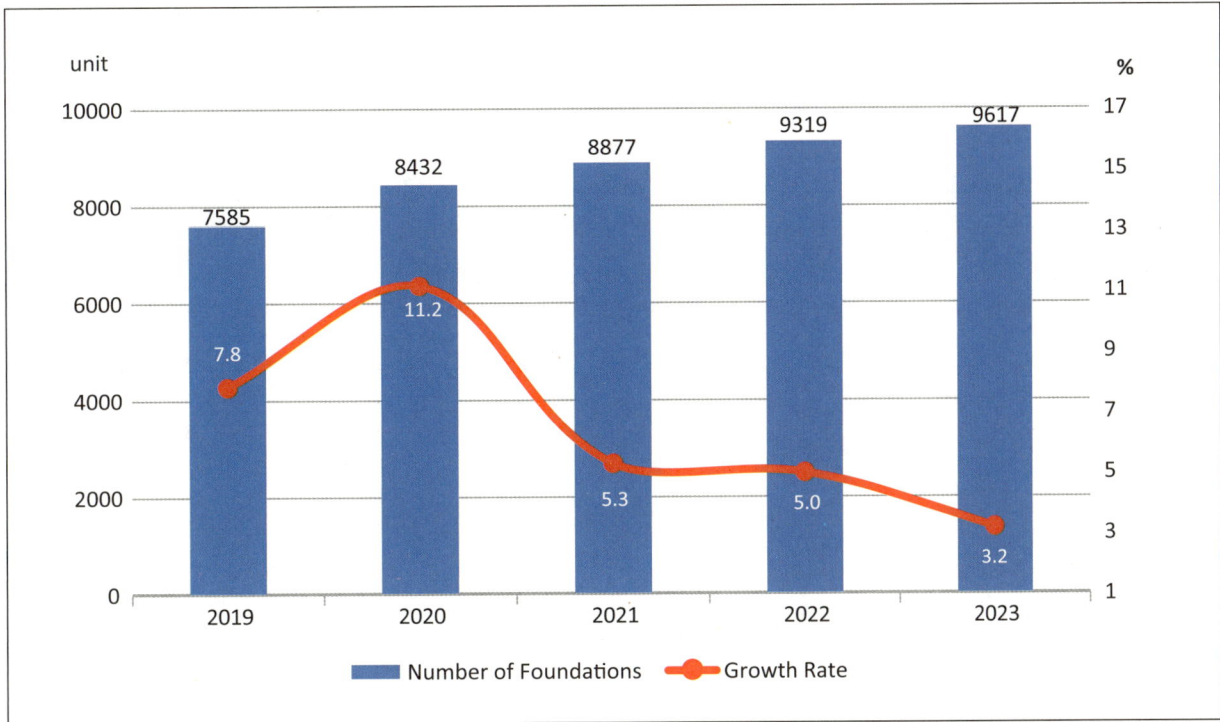

Figure 9   Number of Foundations, 2019-2023

thousand

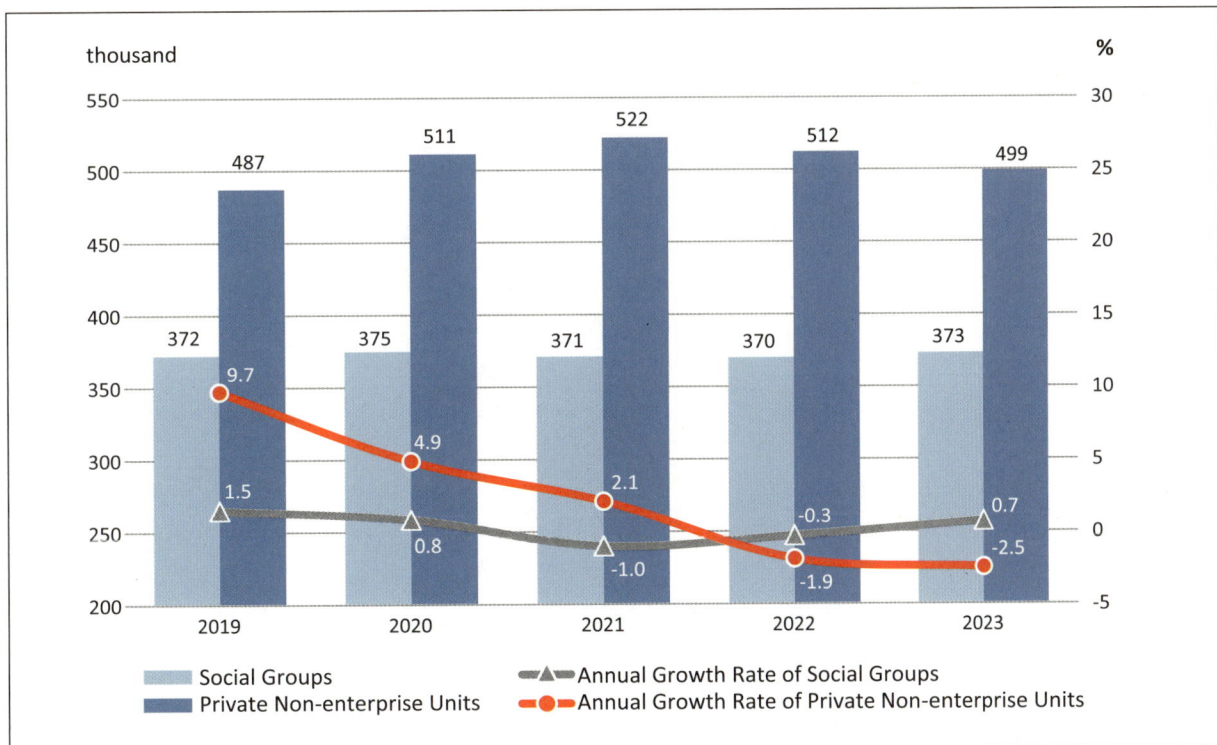

Figure 10   Number of Social Groups and Private Non-enterprise Units, 2019–2023

2. Other Social Services

(1) Marriage Registration Services

In 2023, there were 4,171 marriage registration agencies and sites throughout the country, among which 1,118 were the former. Throughout the year, 7.68 million marriages were lawfully registered, an increase of 12.4% over the previous year. The marriage rate was 5.4‰, up by 0.06 percentage point. 3.61 million divorce cases were lawfully registered. Among these divorces, 2.59 million were registered at the civil affairs departments, 1.01 million were results of judicial decisions and mediation by the courts. The divorce rate was 2.6‰.

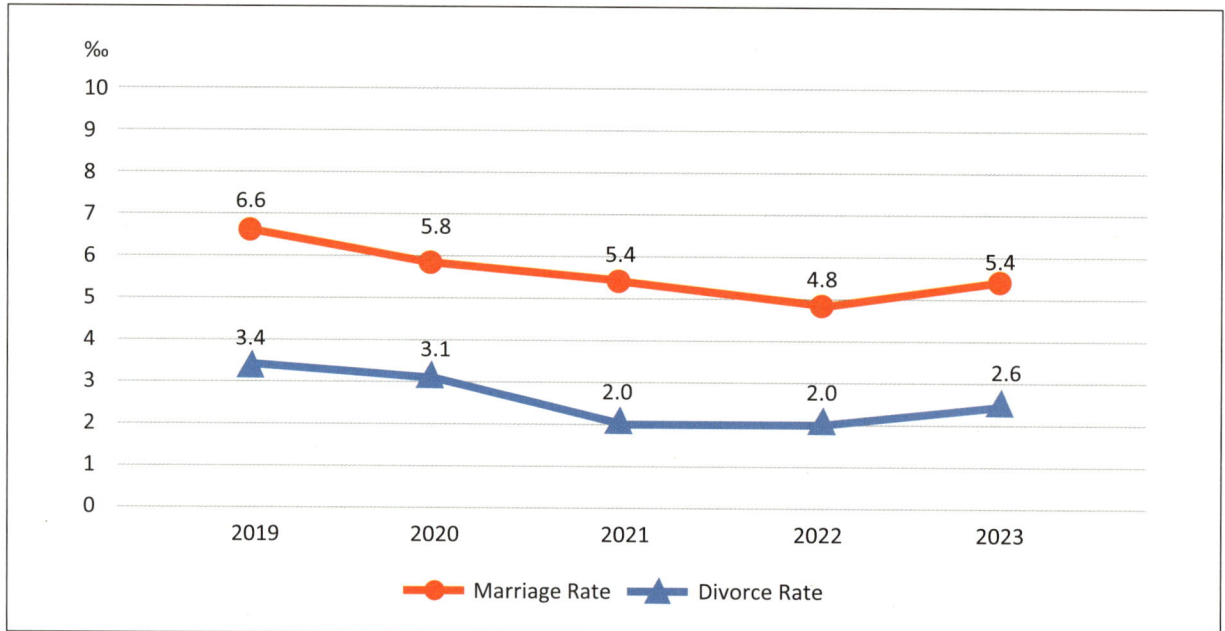

Figure 11   Marriage and Divorce Rate, 2019–2023

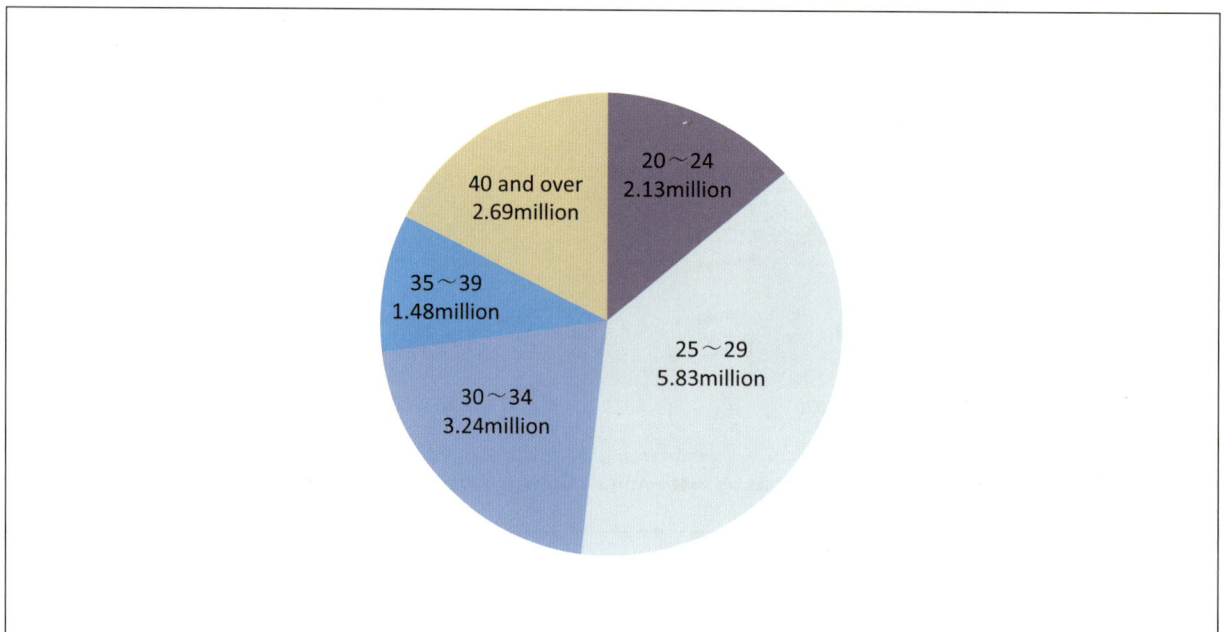

Figure 12   Age Distribution of Marriage Registration in 2023

(2) Funeral Services

By the end of 2023, there were 4,605 funeral service institutions nationwide, including 1,788 funeral homes, 782 funeral management institutions, 1,837 public cemeteries managed by the civil affairs departments. 91 thousand people were employed in funeral service institutions, among whom 48 thousand worked in the funeral homes. There were 7,713 cremators throughout the country.

Notes:

1. The number of people receiving civil affairs services in this report is the actual number of 2023. The number of civil affair institutions in this report is the number of lawfully registered institutions by the end of 2023.

2. Due to the data rounding practices, there are cases in this report where sum of the sub-items does not equal to the "total". Errors caused by rounding practices were not mechanically adjusted.

3. Except for the number of provincial administrative divisions, statistics of Hong Kong SAR, Macao SAR and Taiwan Province are not included in this report.

4. The statistics concerning assistance for vagrants and beggars include the data from the Special Assistance Project of "Bringing Warmth in the Cold Winter".

5. The statistics of donation income of social organizations come from social organizations that have finished the annual review of 2023.

6. The statistics of divorce cases resulting from judicial decisions and meditations are from the Supreme People's Court. The calculating formula of marriage (divorce) rate is the number of marriage (divorce) couples of the year divided by the average population of the year multiplied by 1000‰.

7. The national fiscal expenditure, population and other related statistics are from the National Bureau of Statistics.

8. Since the institutional reform of the Party and the government in 2023, the institutions and facilities registered with or administered by the civil affairs departments no longer include self-governance organizations and community-based comprehensive service institutions and facilities, and statistics related to functions that had handed over to other departments from the Ministry of Civil Affairs are not included in this report.

第二部分

主要数据图表

图1-1 市、区、县

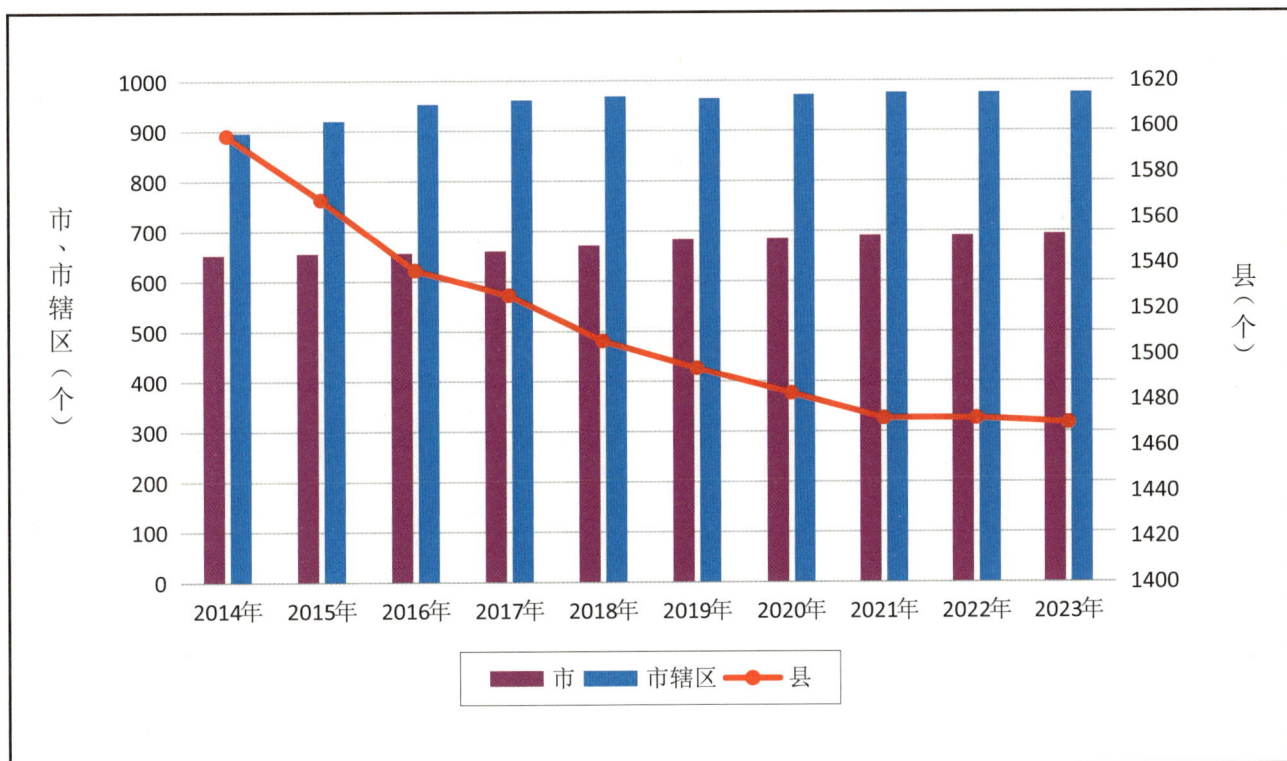

单位：个

指 标	2014年	2015年	2016年	2017年	2018年	2019年	2020年	2021年	2022年	2023年
市	653	656	657	661	672	684	685	691	691	694
市辖区	897	921	954	962	970	965	973	977	977	977
县	1596	1568	1537	1526	1506	1494	1483	1472	1472	1470

注：市含直辖市、地级市及县级市，县含县、自治县、旗、自治旗、特区、林区。

图1-2 乡、镇与街道

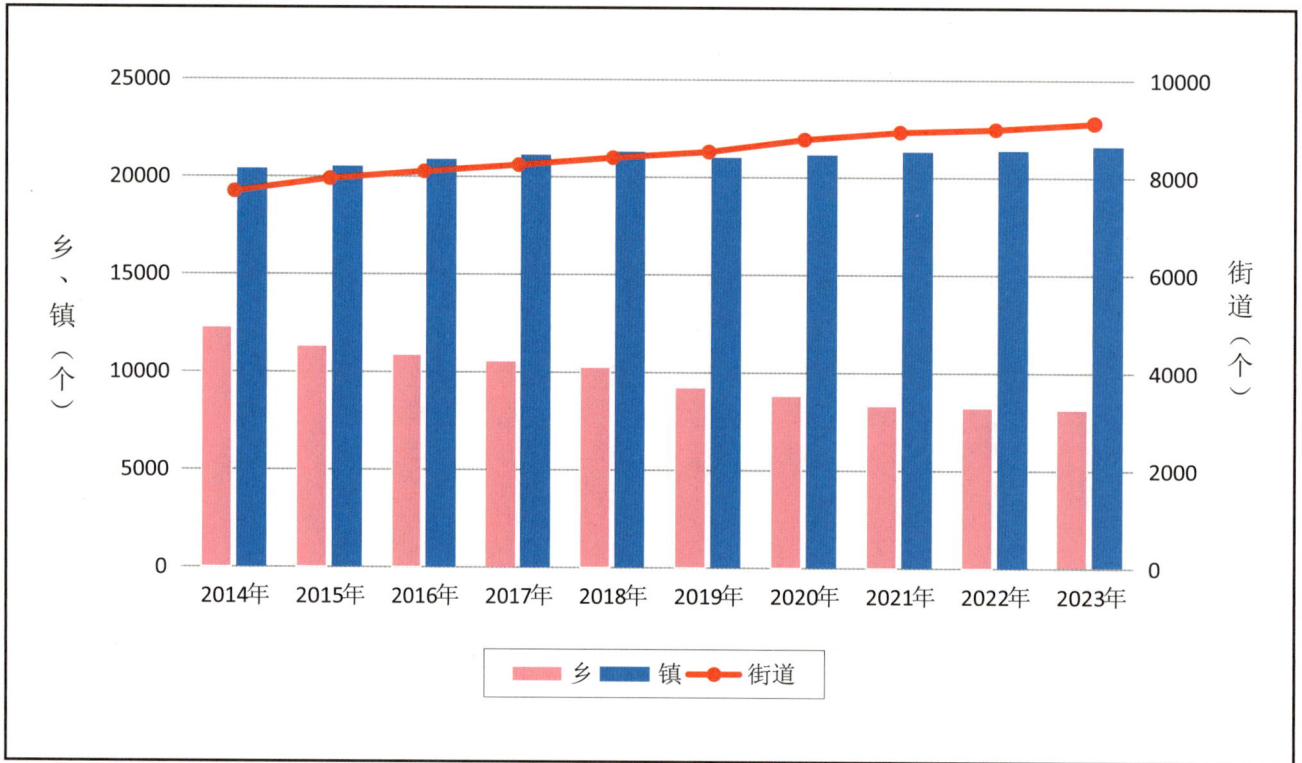

单位：个

指 标	2014年	2015年	2016年	2017年	2018年	2019年	2020年	2021年	2022年	2023年
乡	12282	11315	10872	10529	10253	9221	8809	8309	8227	8190
镇	20401	20515	20883	21116	21297	21013	21157	21322	21389	21421
街道	7696	7957	8105	8241	8393	8519	8773	8925	8984	9045

注：乡包含民族乡、苏木、民族苏木。

图1-3 60周岁及以上老年人口及其占全国总人口比重

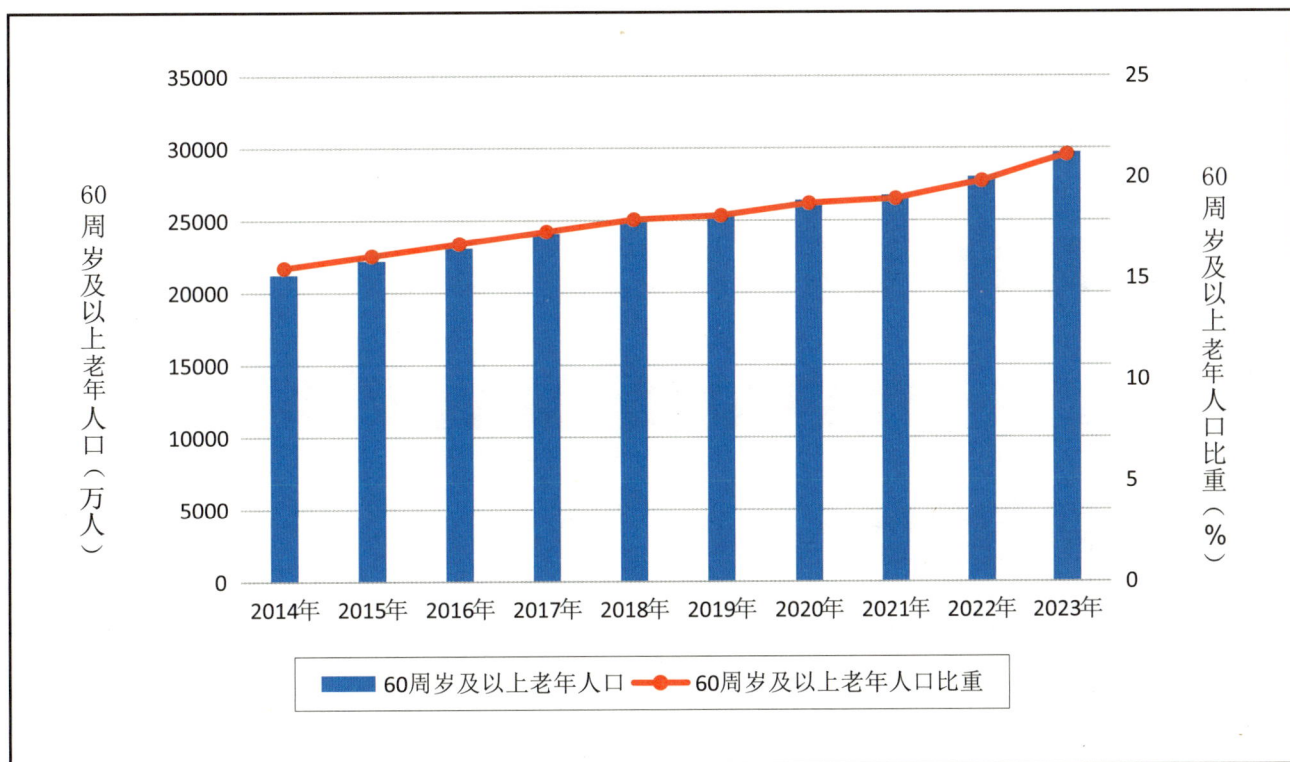

单位：万人、%

指 标	2014年	2015年	2016年	2017年	2018年	2019年	2020年	2021年	2022年	2023年
60周岁及以上老年人口	21242	22200	23086	24090	24949	25388	26402	26736	28004	29697
60周岁及以上老年人口比重	15.5	16.1	16.7	17.3	17.9	18.1	18.7	18.9	19.8	21.1

注：本表数据来源于国家统计局。

图1-4 人口年龄结构

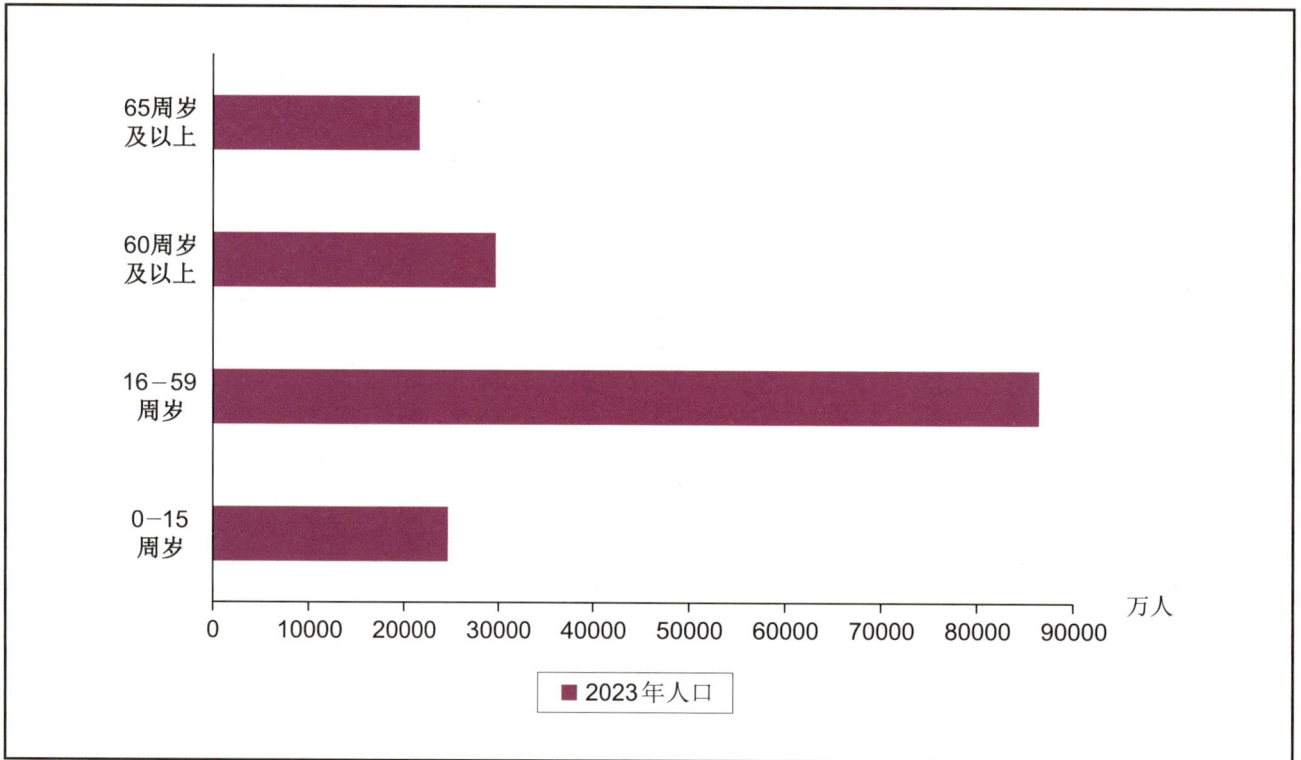

单位：万人、%

指 标	0-15周岁	16-59周岁	60周岁及以上	65周岁及以上
2023年人口	24789	86481	29697	21676
不同年龄段人口比重	17.6	61.3	21.1	15.4
比2022年增减百分点	-0.5	-0.7	1.3	0.5

注：本表数据来源于国家统计局。

图1-5 民政服务对象占全国总人口比重

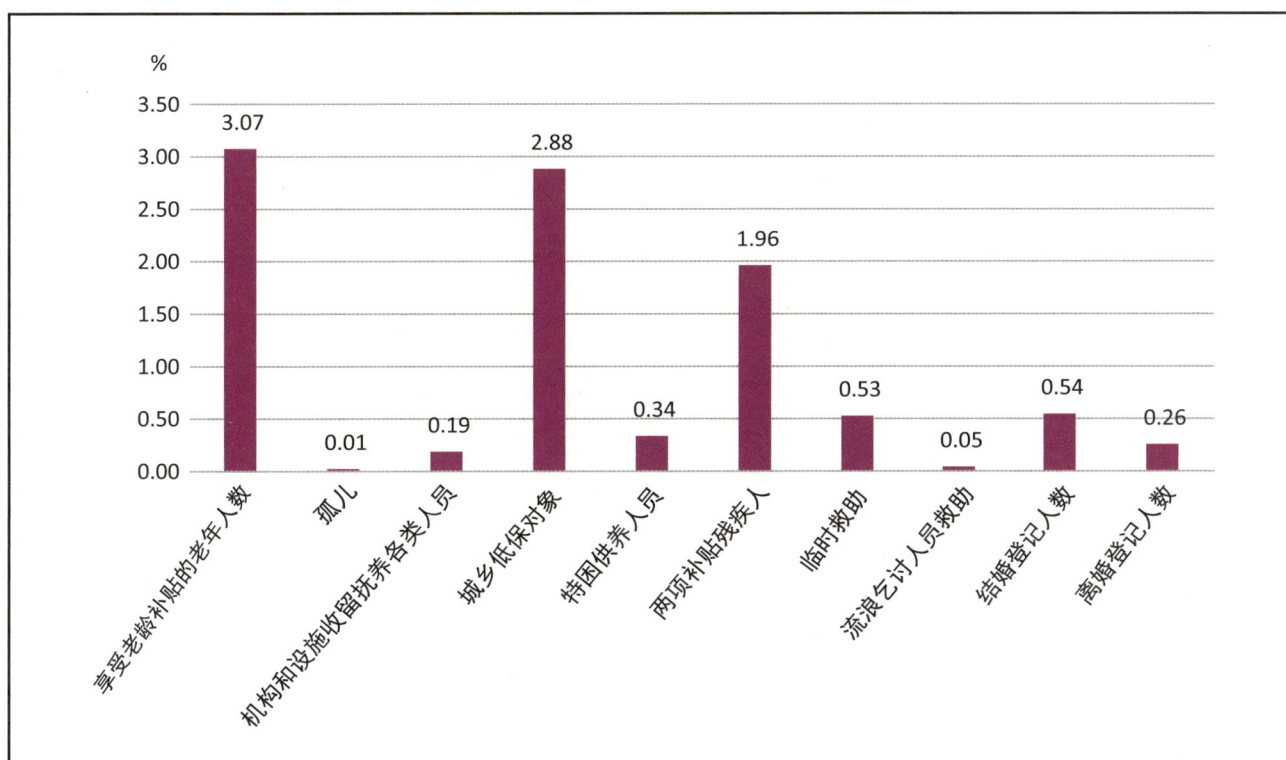

単位：万人、%

指标	2023年	比重
全国总人口	140967	
民政服务对象	13854.3	9.83
享受老龄补贴的老年人数	4334.4	3.07
孤儿	14.4	0.01
机构和设施收留抚养各类人员	264.7	0.19
城乡低保对象	4063.4	2.88
特困供养人员	472.7	0.34
两项补贴残疾人	2764.3	1.96
临时救助	741.1	0.53
流浪乞讨人员救助	70.6	0.05
结婚登记人数	768.2	0.54
离婚登记人数	360.5	0.26

注：全国总人口数据来源于国家统计局网站。

图1-6 民政部门登记和管理的机构和设施职工

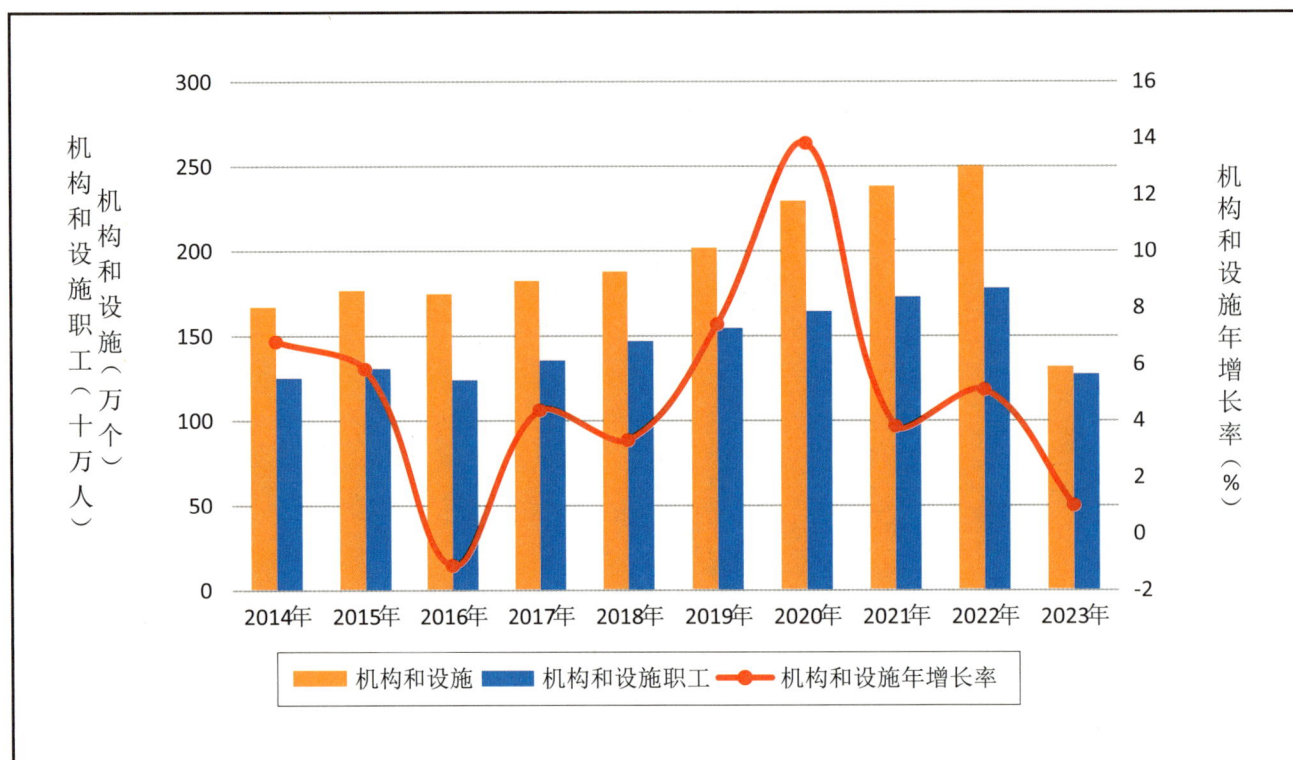

单位：万个、十万人、%

指 标	2014年	2015年	2016年	2017年	2018年	2019年	2020年	2021年	2022年	2023年
机构和设施	166.8	176.5	174.5	182.1	187.6	201.5	229.3	238.0	250.1	131.6
机构和设施职工	125.1	130.9	123.9	135.6	147.0	154.6	164.5	173.0	178.1	127.5
机构和设施年增长率	6.8	5.8	-1.1	4.4	3.3	7.4	13.8	3.8	5.1	1.0

图1-7　民政部门登记和管理的机构固定资产原价

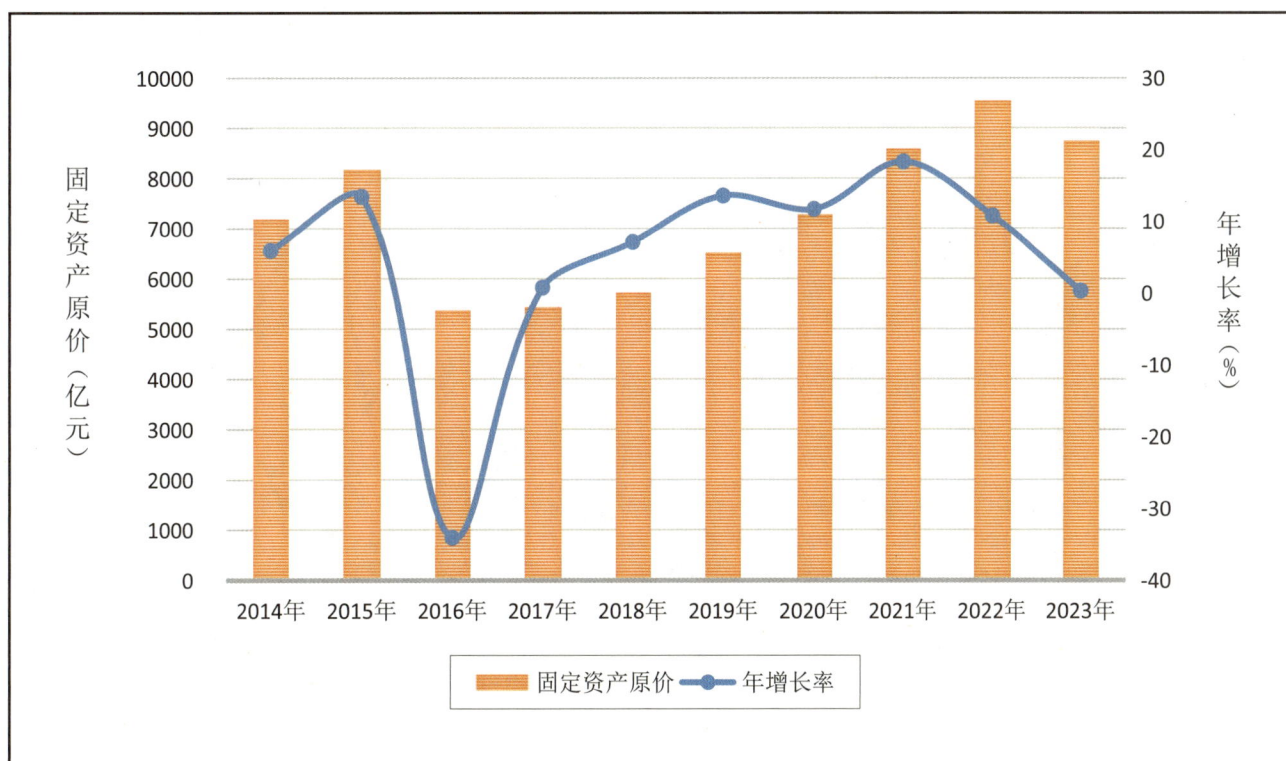

单位：亿元、%

指　标	2014年	2015年	2016年	2017年	2018年	2019年	2020年	2021年	2022年	2023年
固定资产原价	7213.0	8183.1	5393.6	5434.8	5736.2	6515.3	7278.0	8610.0	9538.8	8763.9
年增长率	5.9	13.4	-34.1	0.8	7.1	13.6	11.7	18.3	10.8	0.3

注：自2016年起，民政部取消社会福利企业资质认定，不再统计社会福利企业情况指标，因此民政部门登记和管理的机构固定资产原价指标出现
　　较大降幅。

图1-8　民政事业费支出

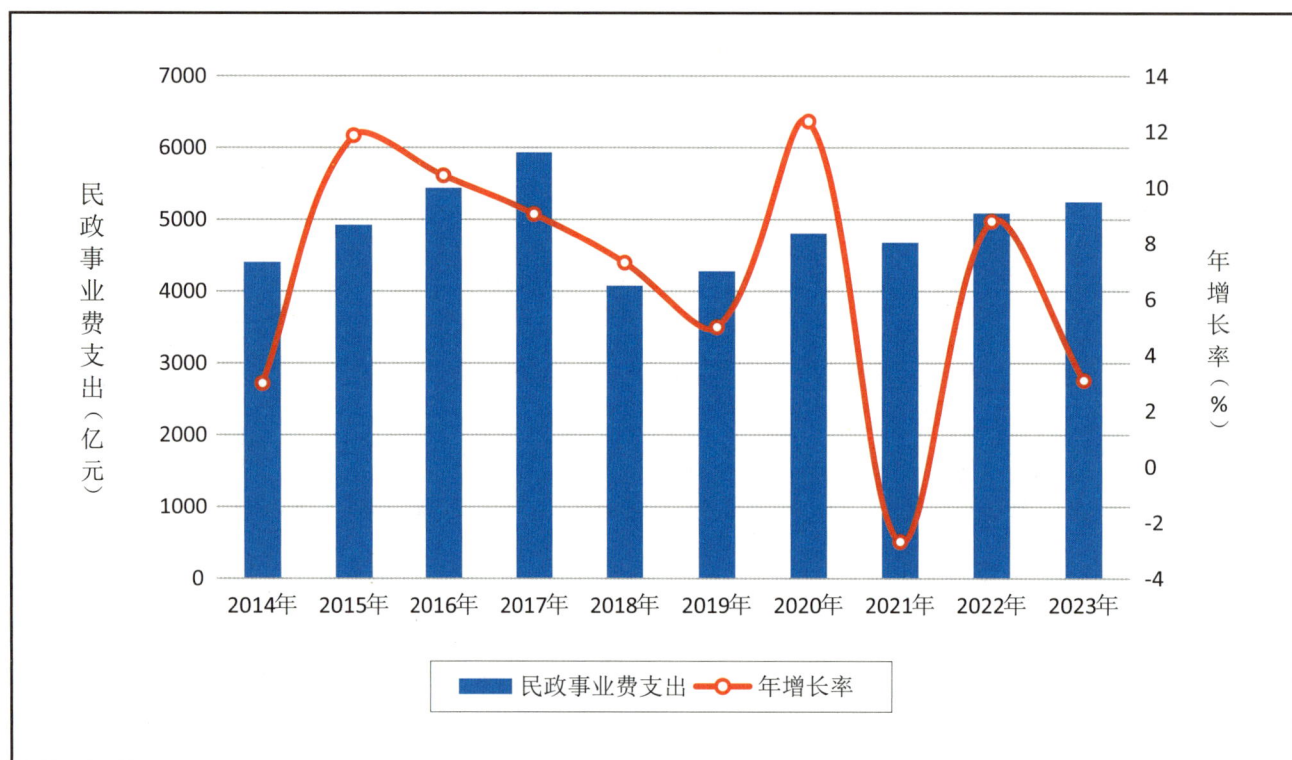

単位：亿元、%

指　标	2014年	2015年	2016年	2017年	2018年	2019年	2020年	2021年	2022年	2023年
民政事业费支出	4404.1	4926.4	5440.2	5932.7	4076.9	4279.2	4808.2	4679.0	5090.4	5247.6
年增长率	3.0	11.9	10.4	9.1	7.3	5.0	12.4	-2.7	8.8	3.1

图1-9   民政事业费支出占国家财政支出的比重

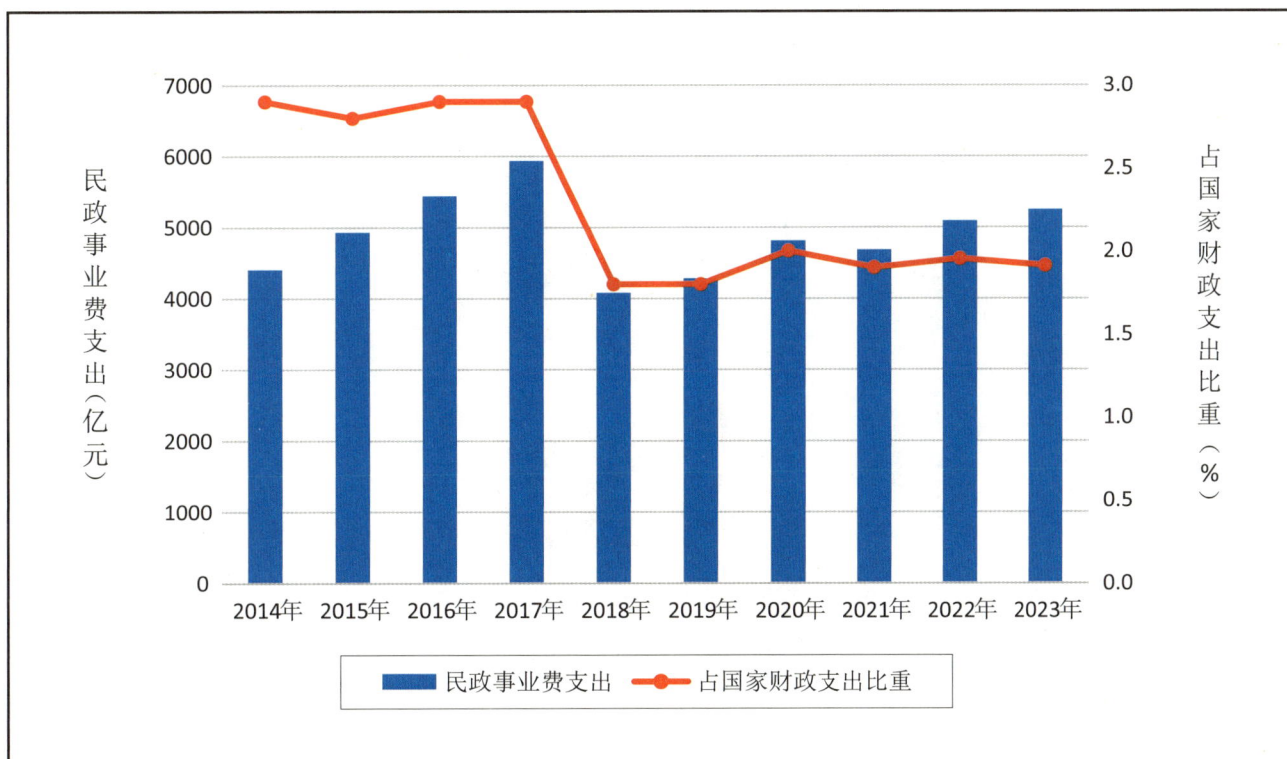

单位：亿元、%

指　标	2014年	2015年	2016年	2017年	2018年	2019年	2020年	2021年	2022年	2023年
民政事业费支出	4404.1	4926.4	5440.2	5932.7	4076.9	4279.2	4808.2	4679.0	5090.4	5247.6
占国家财政支出比重	2.9	2.8	2.9	2.9	1.8	1.8	2.0	1.9	2.0	1.9

图1-10 民政事业费支出按用项分类

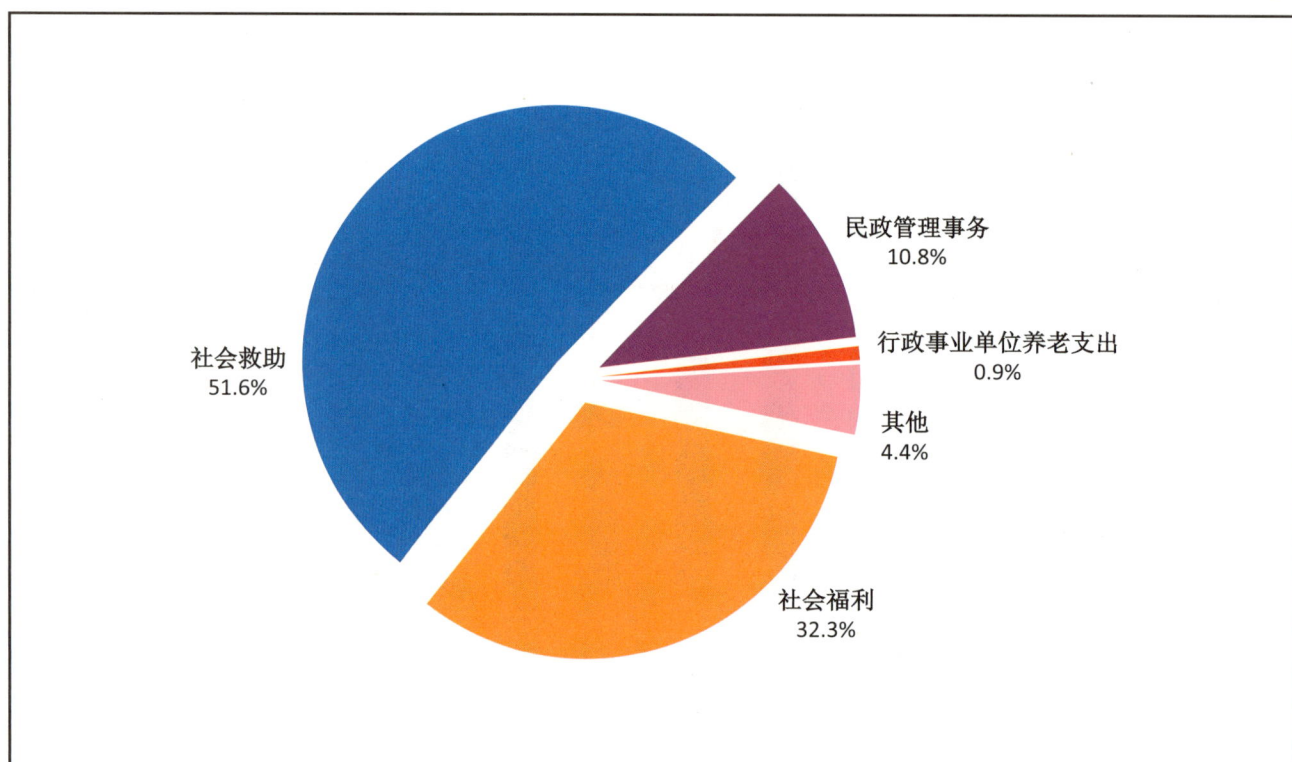

单位：亿元、%

指　标	民政事业费支出	社会福利	社会救助	民政管理事务	行政事业单位养老支出	其　他
金额	5247.6	1694.1	2707.6	569.2	45.6	231.2
比重	100.0	32.3	51.6	10.8	0.9	4.4

图1-11 中央财政转移支付的民政事业费

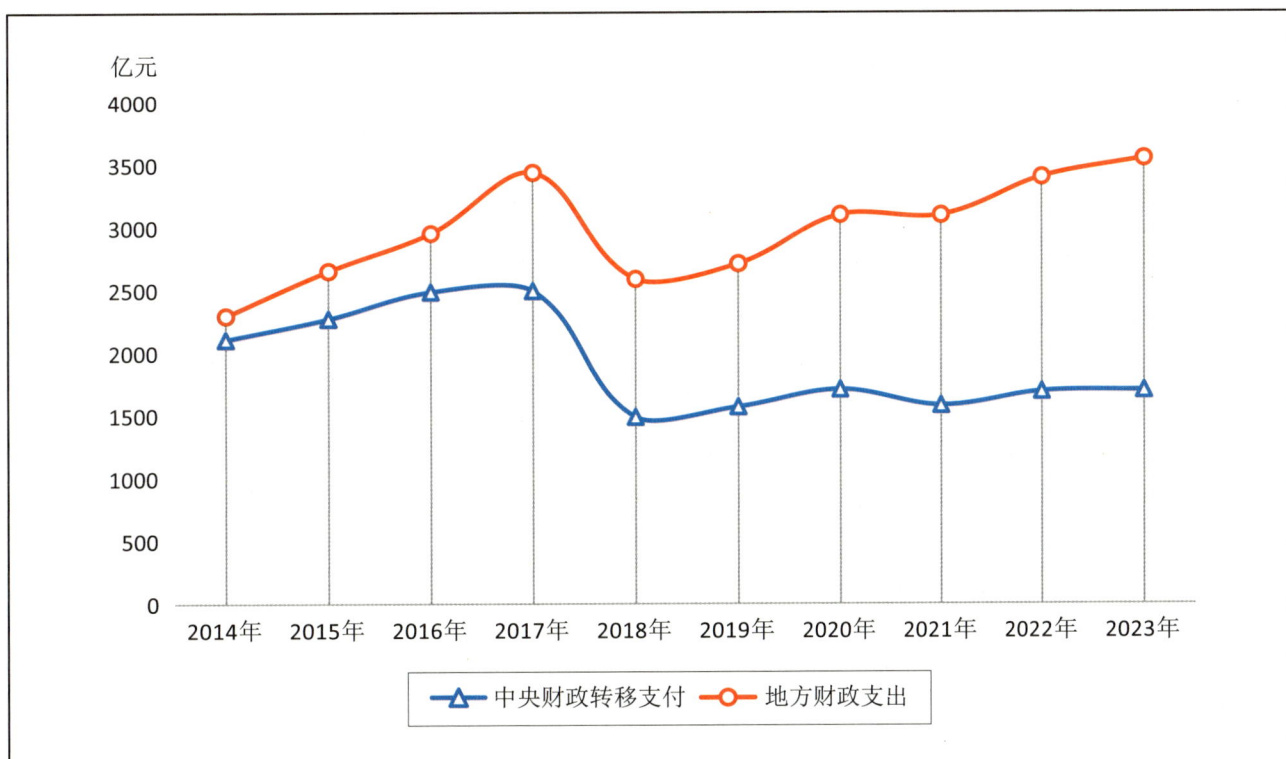

单位：亿元、%

指　标	2014年	2015年	2016年	2017年	2018年	2019年	2020年	2021年	2022年	2023年
民政事业费支出	4404.1	4926.4	5440.2	5932.7	4076.9	4279.2	4808.2	4679.0	5090.4	5247.6
中央财政转移支付	2105.0	2270.3	2484.0	2492.3	1485.6	1566.6	1704.2	1578.1	1687.3	1696.4
地方财政支出	2299.1	2656.1	2956.2	3440.4	2591.3	2712.6	3104.0	3100.9	3403.1	3551.2
中央财政转移支付比重	47.8	46.1	45.7	42.0	36.4	36.6	35.4	33.7	33.1	32.3

图1-12 本年实际完成基本建设投资

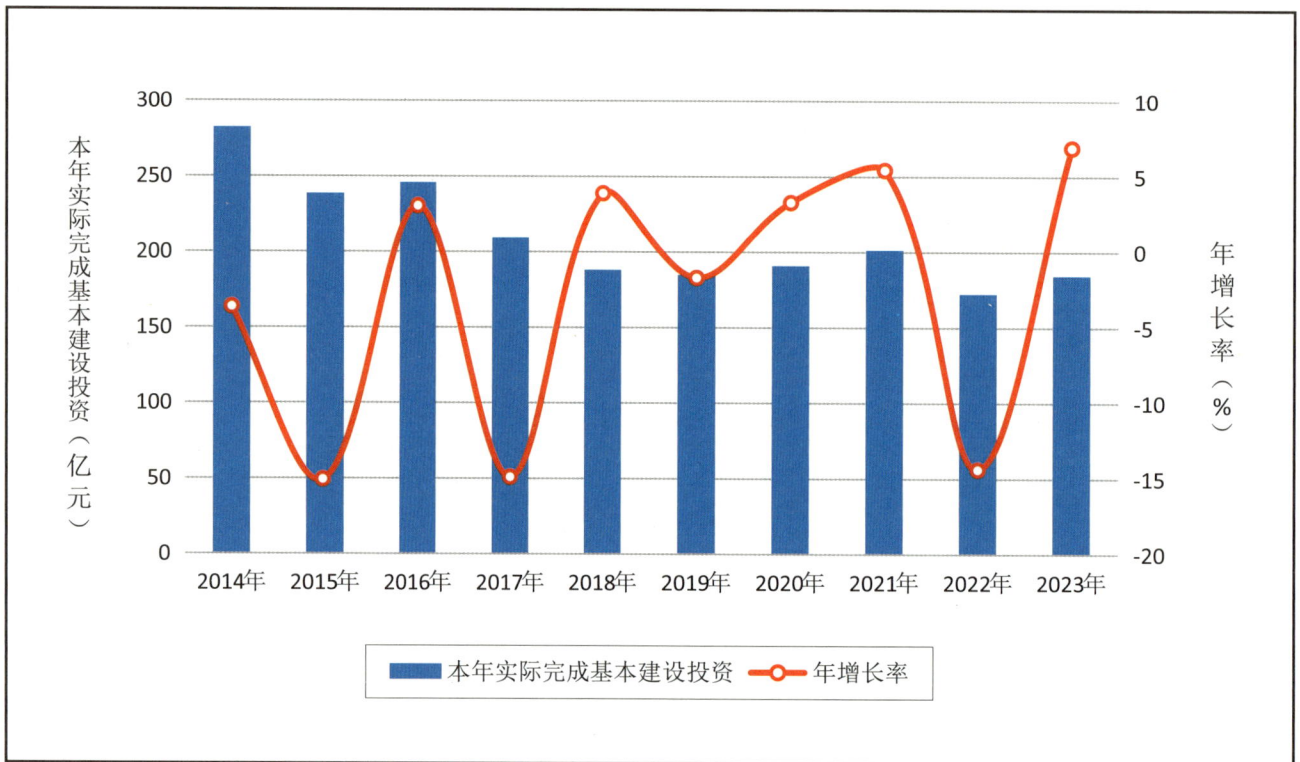

单位：亿元、%

指 标	2014年	2015年	2016年	2017年	2018年	2019年	2020年	2021年	2022年	2023年
本年实际完成基本建设投资	282.2	239.9	245.8	209.2	188.0	184.8	190.9	201.3	172.4	184.3
年增长率	-3.6	-15.0	2.4	-14.9	3.9	-1.7	3.3	5.4	-14.4	6.9

图1-13　预算内基本建设支出和中央转移支付

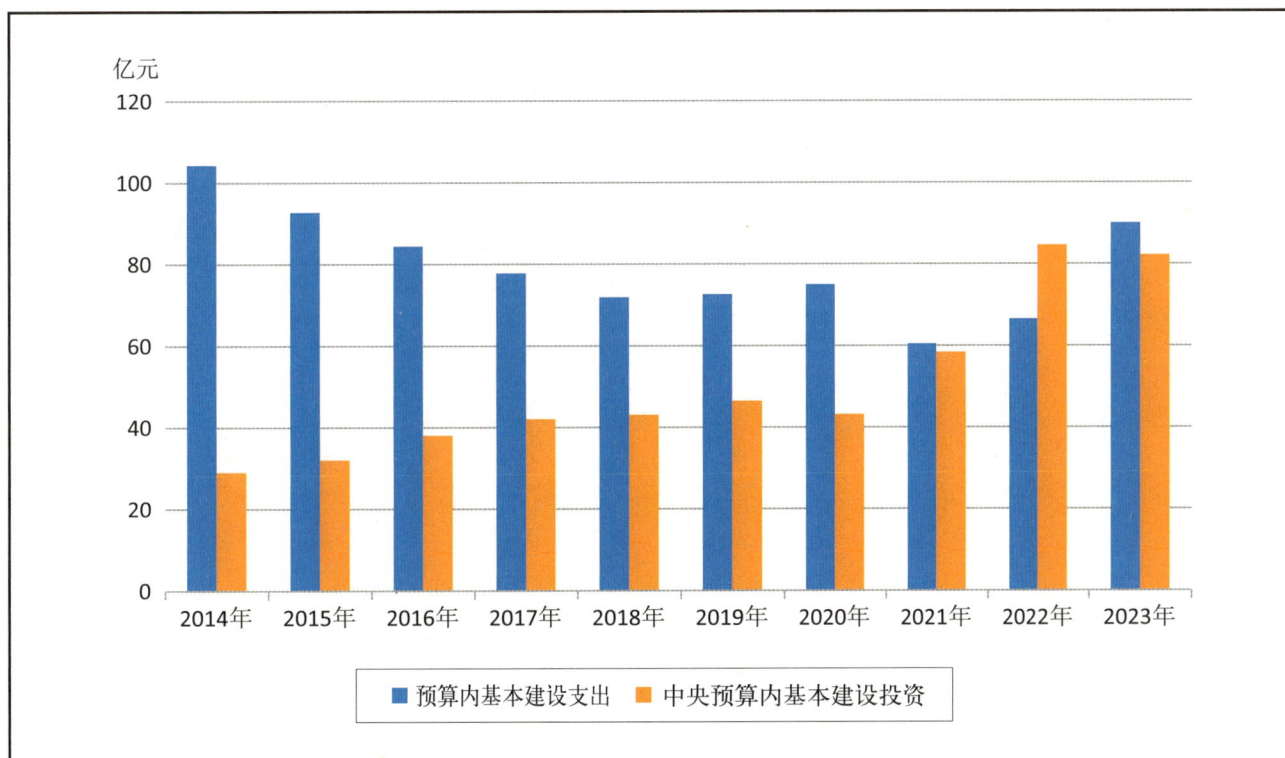

単位：亿元

指　标	2014年	2015年	2016年	2017年	2018年	2019年	2020年	2021年	2022年	2023年
民政事业费支出	4404.1	4926.4	5440.2	5932.7	4076.9	4279.2	4808.2	4679.0	5090.4	5247.6
预算内基本建设支出	104.3	92.8	84.4	77.8	71.9	72.6	75.0	60.5	66.5	90.1
中央预算内基本建设投资	29.0	32.0	38.0	42.0	43.0	46.4	43.1	58.4	84.5	82.1

图2-1 民政服务床位数

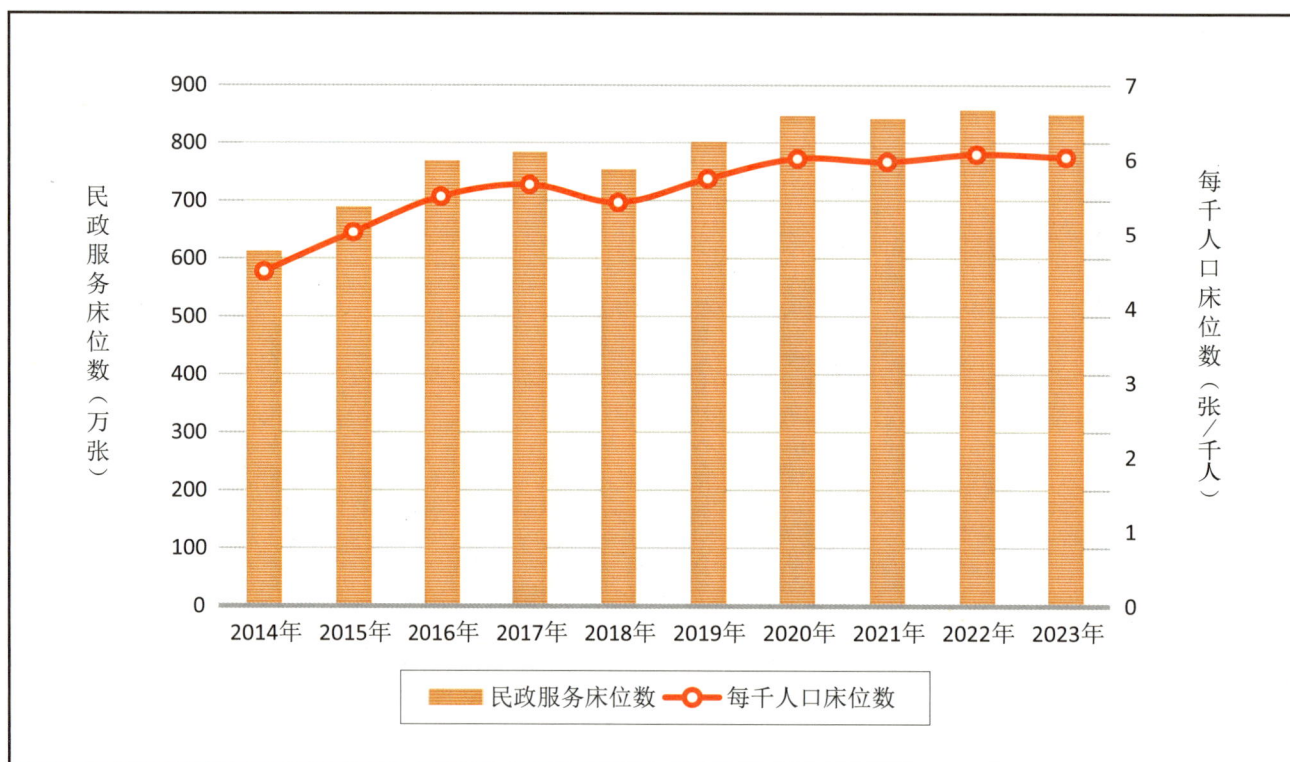

单位：万张、张/千人

指　标	2014年	2015年	2016年	2017年	2018年	2019年	2020年	2021年	2022年	2023年
民政服务床位数	613.5	691.3	771.2	786.2	755.9	803.6	848.2	842.8	856.3	849.3
每千人口床位数	4.49	5.02	5.50	5.66	5.42	5.74	6.01	5.97	6.07	6.03

图2-2 养老床位数

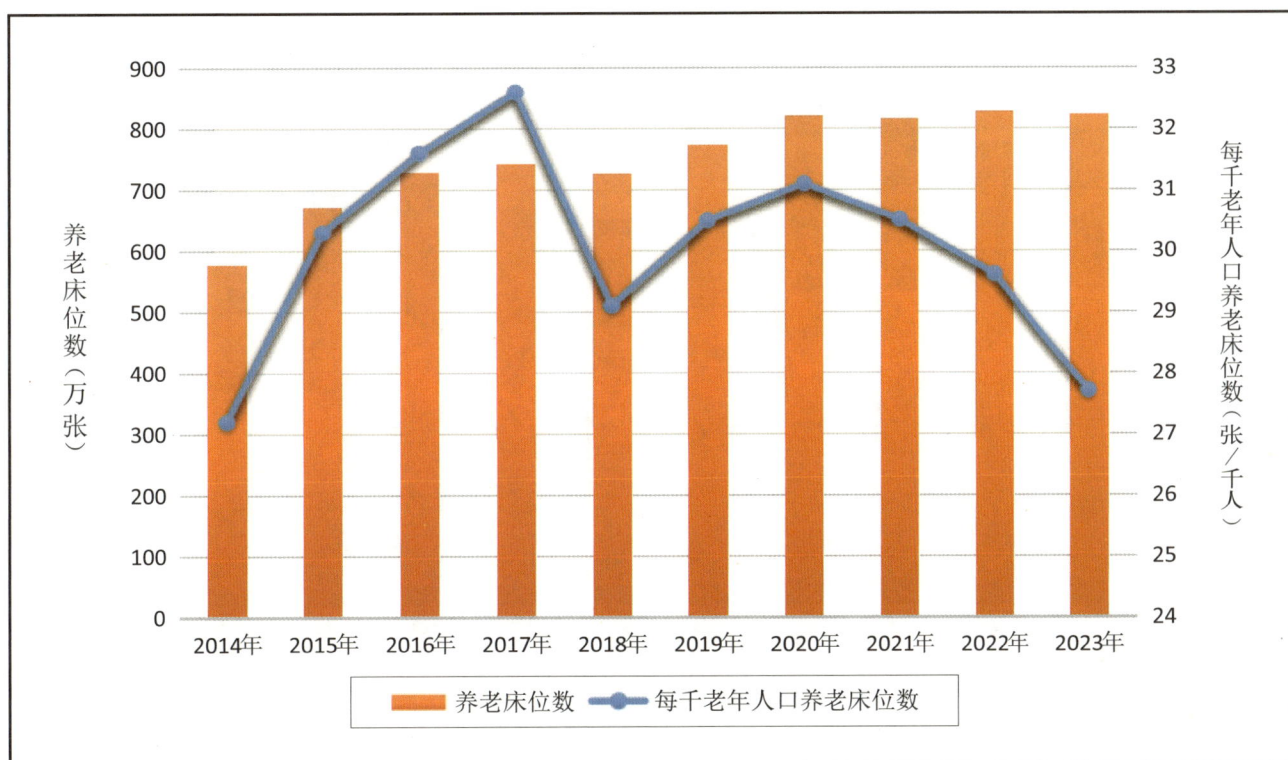

单位：万张、%、张/千人

指　标	2014年	2015年	2016年	2017年	2018年	2019年	2020年	2021年	2022年	2023年
养老床位数	577.7	672.7	730.2	744.8	727.1	775.0	821.0	815.9	829.4	823.0
年增长率	17.0	16.4	8.5	2.0	3.3	6.6	5.9	-0.6	1.7	-0.8
每千老年人口养老床位数	27.2	30.3	31.6	30.9	29.1	30.5	31.1	30.5	29.6	27.7

图2-3 精神卫生福利床位数

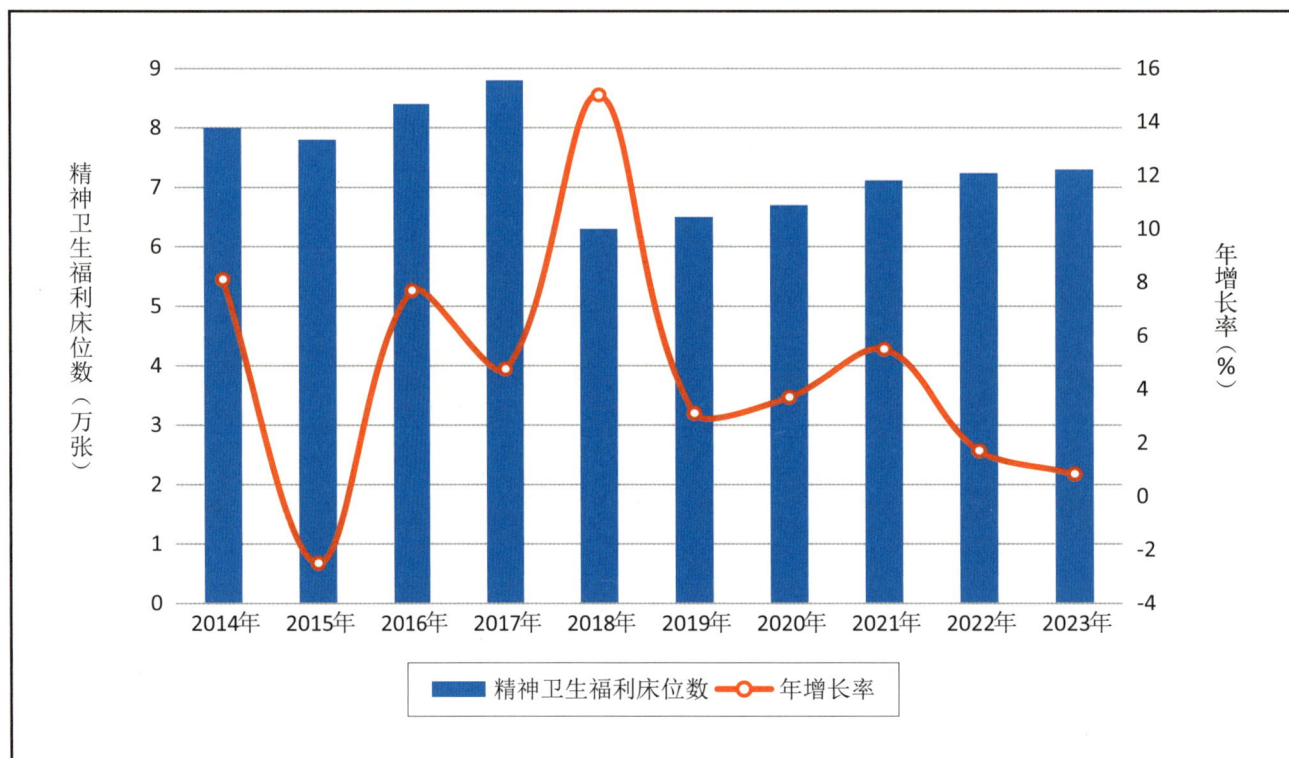

单位：万张、%

指 标	2014年	2015年	2016年	2017年	2018年	2019年	2020年	2021年	2022年	2023年
精神卫生福利床位数	8.0	7.8	8.4	8.8	6.3	6.5	6.7	7.1	7.2	7.3
年增长率	8.1	-2.5	7.7	4.8	15.0	3.1	3.7	5.5	1.7	0.8

图2-4 儿童服务床位数

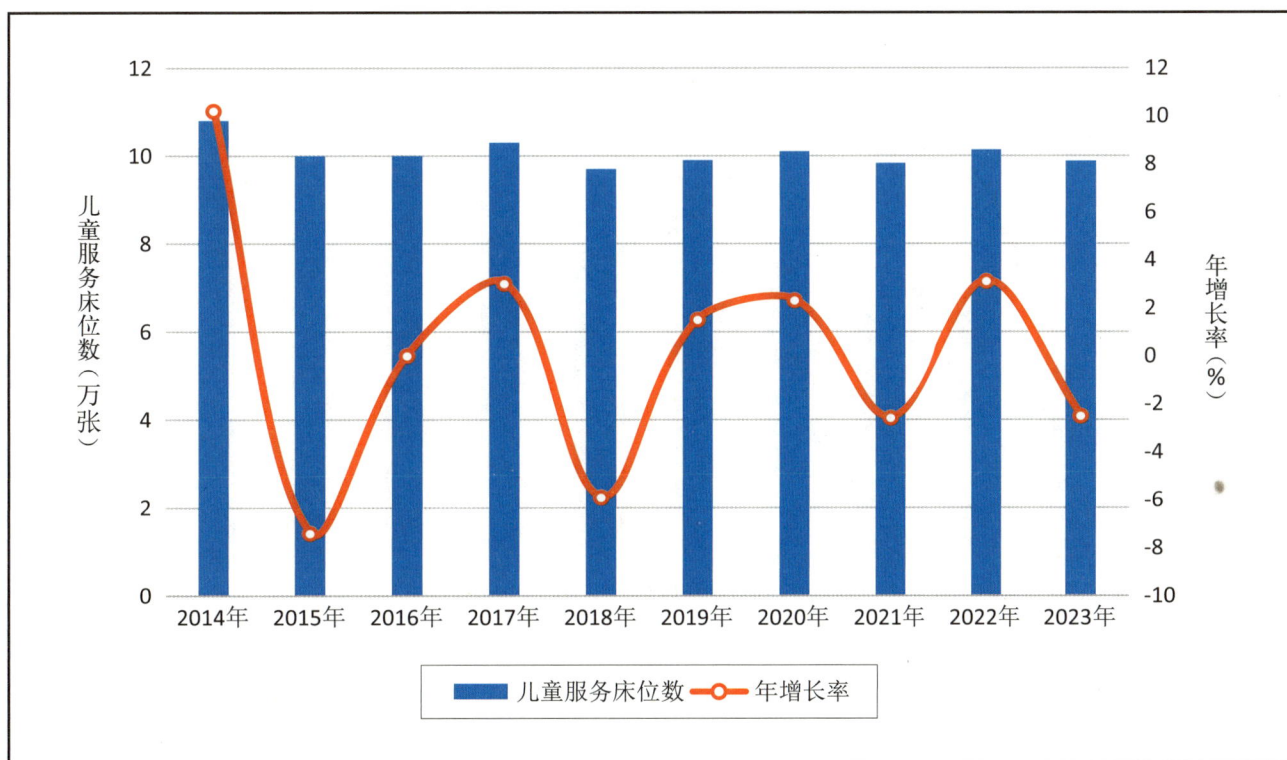

单位：万张、%

指 标	2014年	2015年	2016年	2017年	2018年	2019年	2020年	2021年	2022年	2023年
儿童服务床位数	10.8	10.0	10.0	10.3	9.7	9.9	10.1	9.8	10.1	9.9
年增长率	10.2	-7.4	—	3.0	-5.9	1.5	2.3	-2.6	3.1	-2.5

图2-5 老年人福利

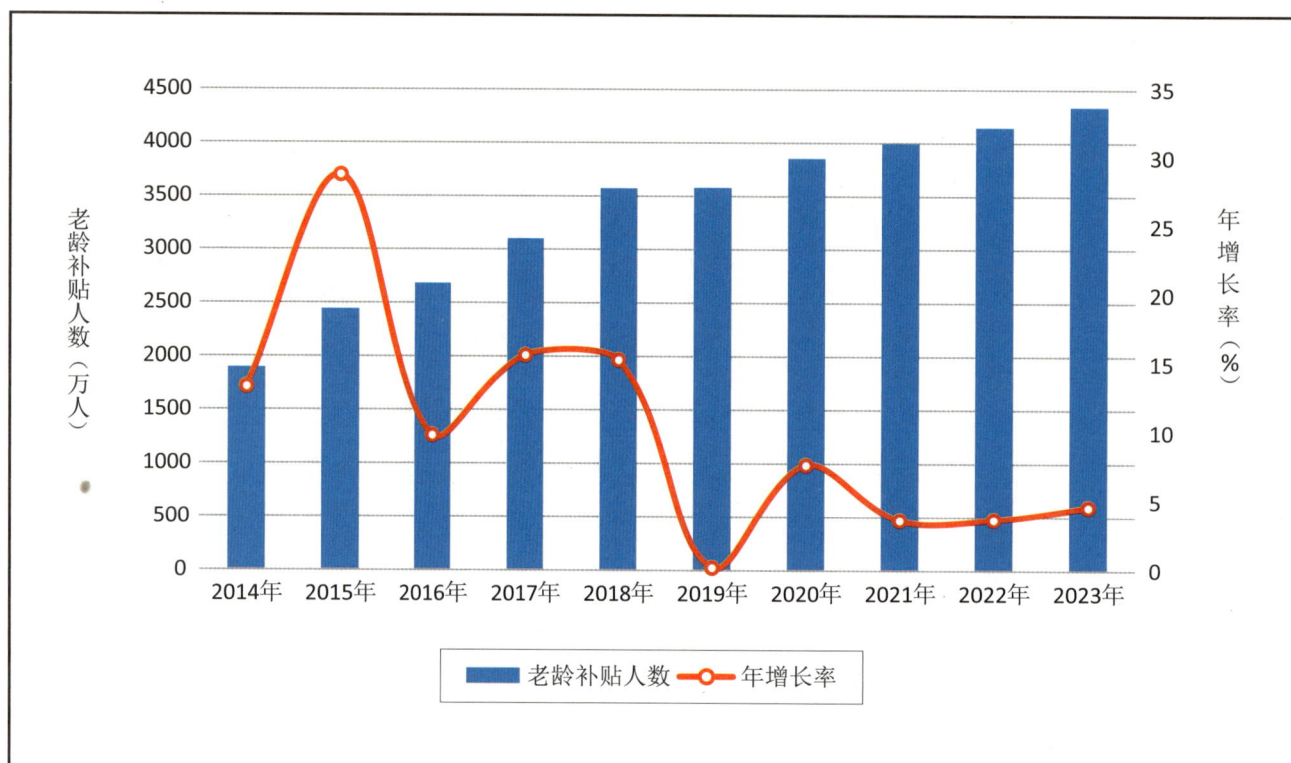

单位：万人、%

指 标	2014年	2015年	2016年	2017年	2018年	2019年	2020年	2021年	2022年	2023年
老龄补贴人数	1894.3	2439.5	2678.8	3097.9	3571.8	3579.1	3853.6	3994.7	4143.0	4334.4
年增长率	13.3	28.8	9.8	15.6	15.3	0.2	7.7	3.7	3.7	4.6

图2-6 收养登记

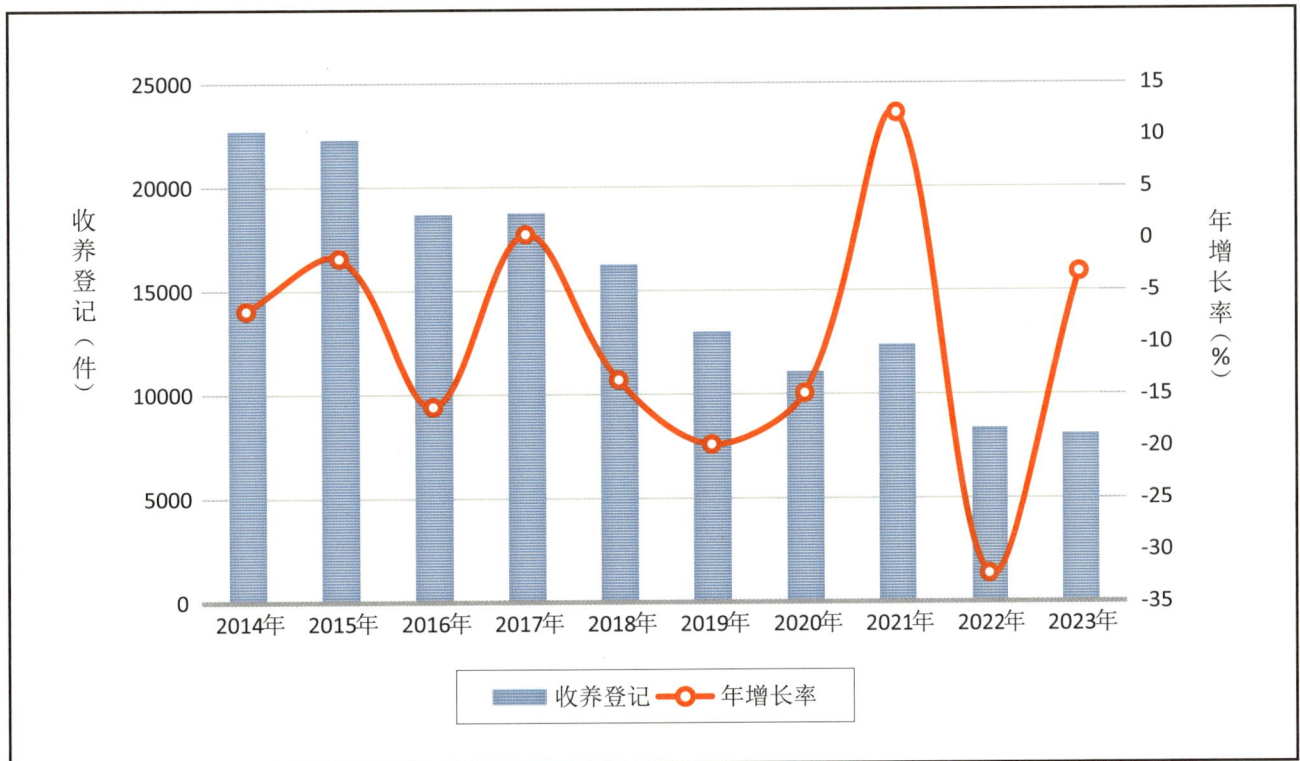

单位：件、%

指 标	2014年	2015年	2016年	2017年	2018年	2019年	2020年	2021年	2022年	2023年
收养登记	22772	22348	18736	18820	16267	13044	11103	12447	8432	8162
年增长率	-6.9	-1.9	-16.2	0.4	-13.6	-19.8	-14.9	12.1	-32.3	-3.2

图2-7 城市最低生活保障人数

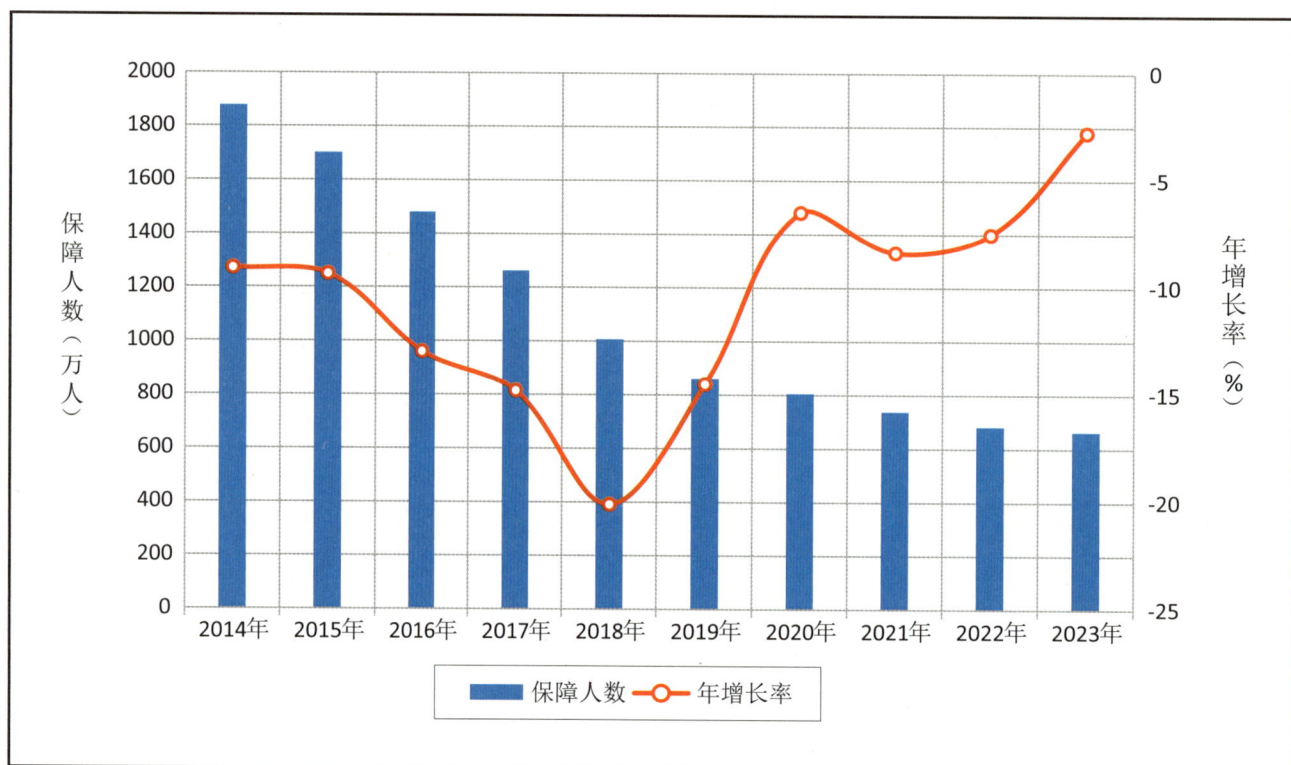

单位：万人、%

指　标	2014年	2015年	2016年	2017年	2018年	2019年	2020年	2021年	2022年	2023年
保障人数	1877.0	1701.1	1480.2	1261.0	1007.0	860.9	805.1	737.8	682.4	663.6
年增长率	-9.1	-9.4	-13.0	-14.8	-20.1	-14.5	-6.5	-8.4	-7.5	-2.8

图2-8　城市最低生活保障平均标准

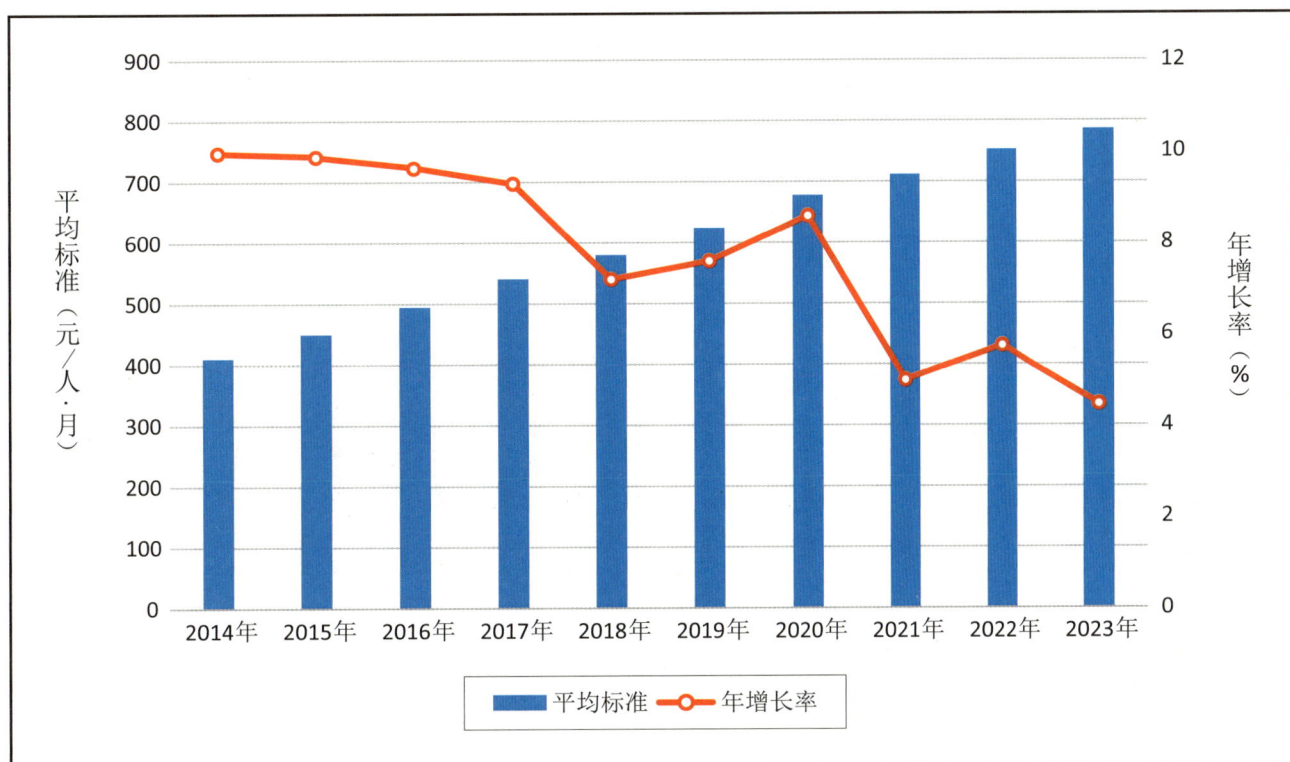

单位：元/人・月、%

指　标	2014年	2015年	2016年	2017年	2018年	2019年	2020年	2021年	2022年	2023年
平均标准	410.5	451.1	494.6	540.6	579.7	624.0	677.6	711.4	752.3	785.9
年增长率	10.0	9.9	9.6	9.3	7.2	7.6	8.6	5.0	5.7	4.5

图2-9 分地区城市最低生活保障平均标准

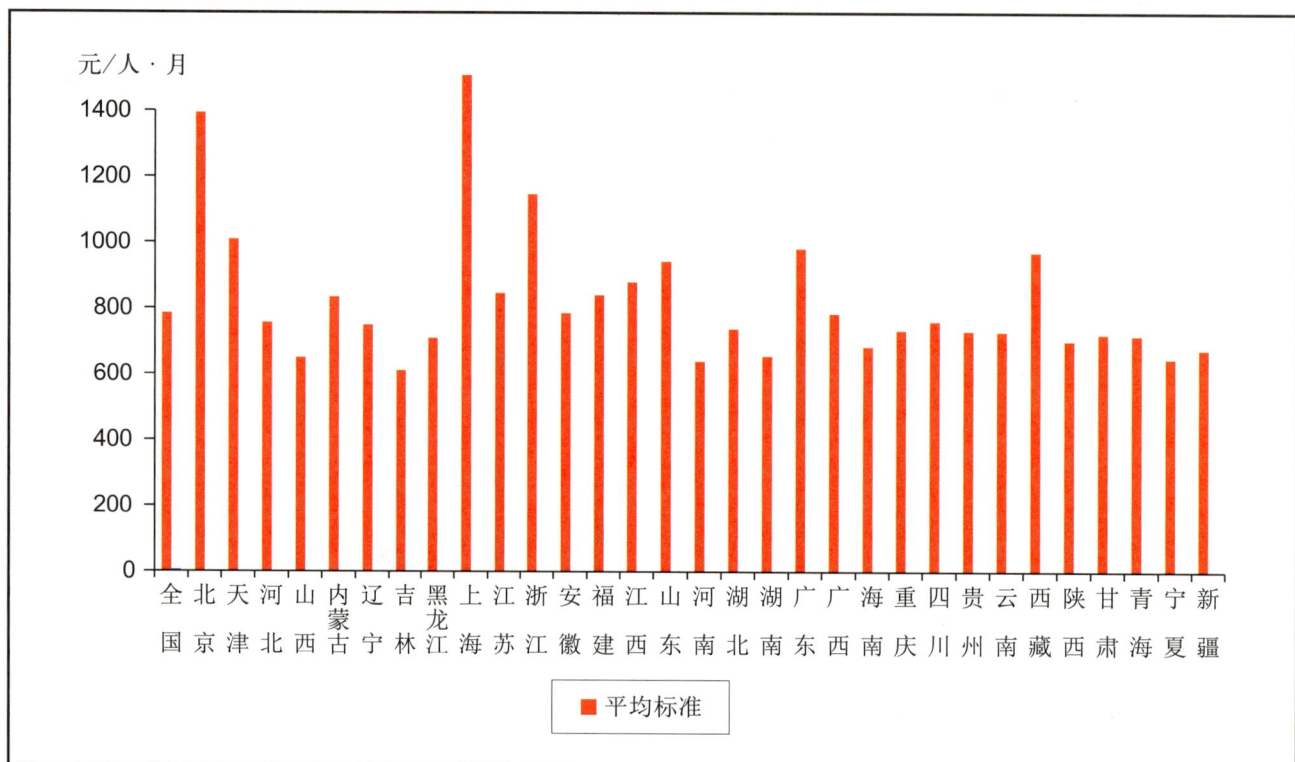

单位：元/人·月

地 区	平均标准	地 区	平均标准	地 区	平均标准	地 区	平均标准
全 国	**785.9**	黑龙江	710.6	河 南	641.2	贵 州	733.3
北 京	1395.0	上 海	1510.0	湖 北	739.6	云 南	730.7
天 津	1010.0	江 苏	847.3	湖 南	657.0	西 藏	971.7
河 北	757.6	浙 江	1148.2	广 东	983.4	陕 西	702.7
山 西	651.5	安 徽	786.9	广 西	785.7	甘 肃	723.2
内蒙古	835.6	福 建	841.6	海 南	685.4	青 海	719.1
辽 宁	750.7	江 西	881.0	重 庆	735.0	宁 夏	649.1
吉 林	612.4	山 东	944.0	四 川	762.1	新 疆	676.1

图2-10 农村最低生活保障人数

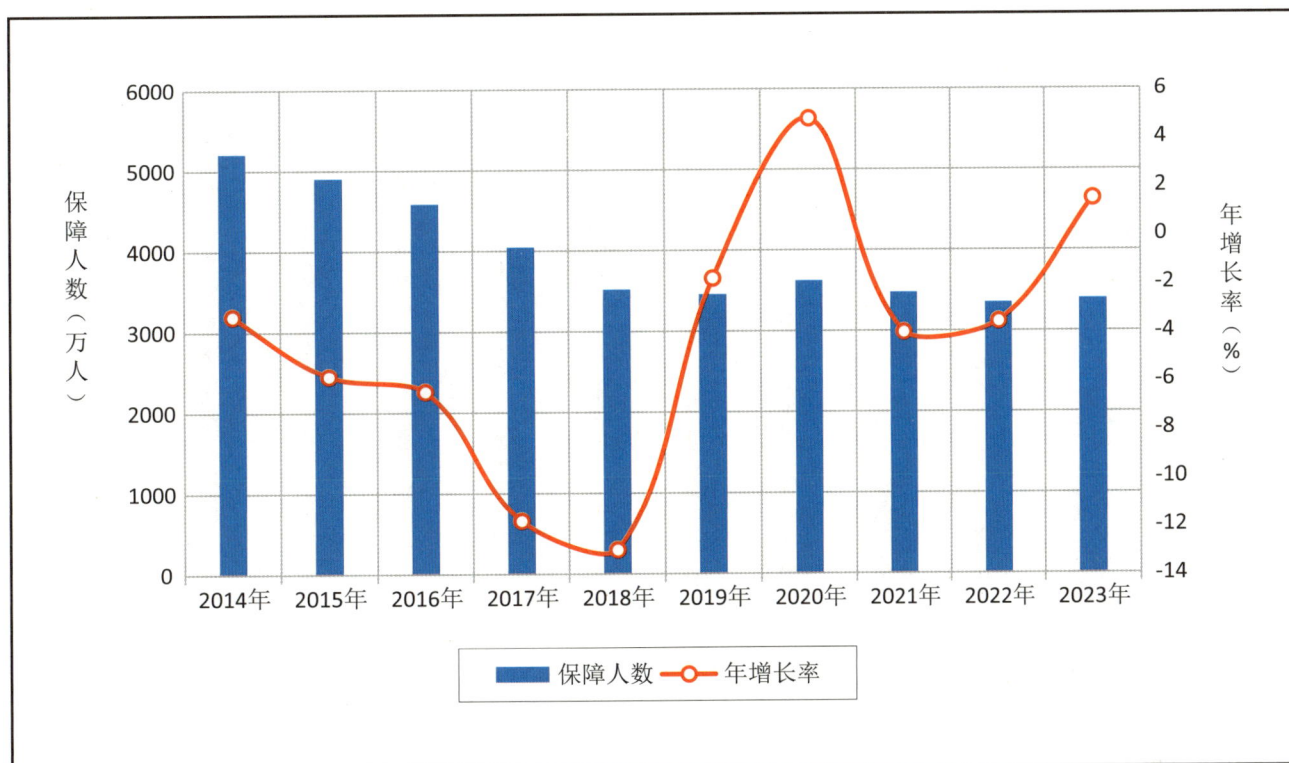

单位：万人、%

指 标	2014年	2015年	2016年	2017年	2018年	2019年	2020年	2021年	2022年	2023年
保障人数	5207.2	4903.6	4586.5	4045.1	3519.1	3455.4	3620.8	3474.5	3349.6	3399.7
年增长率	-3.4	-5.8	-6.5	-11.8	-13.0	-1.8	4.8	-4.0	-3.6	1.5

图2-11 农村最低生活保障平均标准

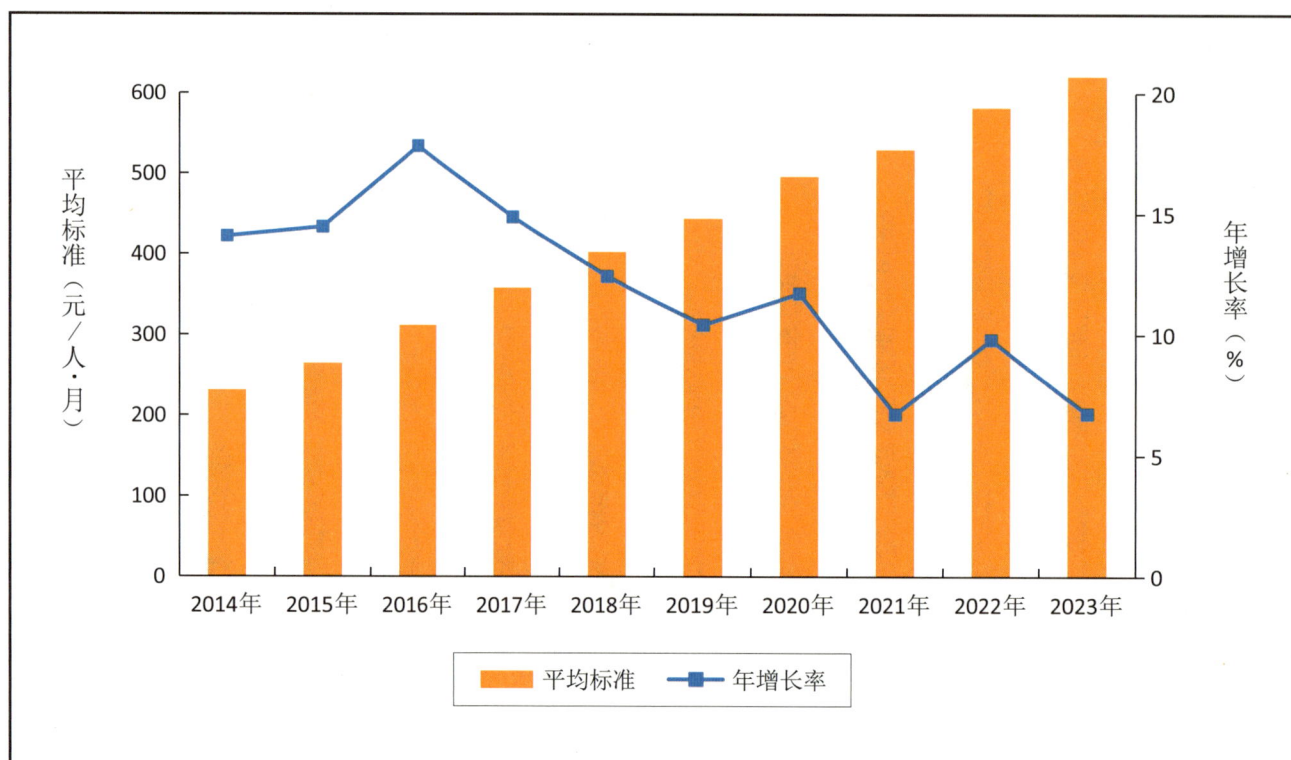

单位：元/人·月、%

指　标	2014年	2015年	2016年	2017年	2018年	2019年	2020年	2021年	2022年	2023年
平均标准	231.4	264.9	312.0	358.4	402.8	444.6	496.9	530.2	582.1	621.3
年增长率	14.1	14.5	17.8	14.9	12.4	10.4	11.7	6.7	9.8	6.7

图2-12 分地区农村最低生活保障平均标准

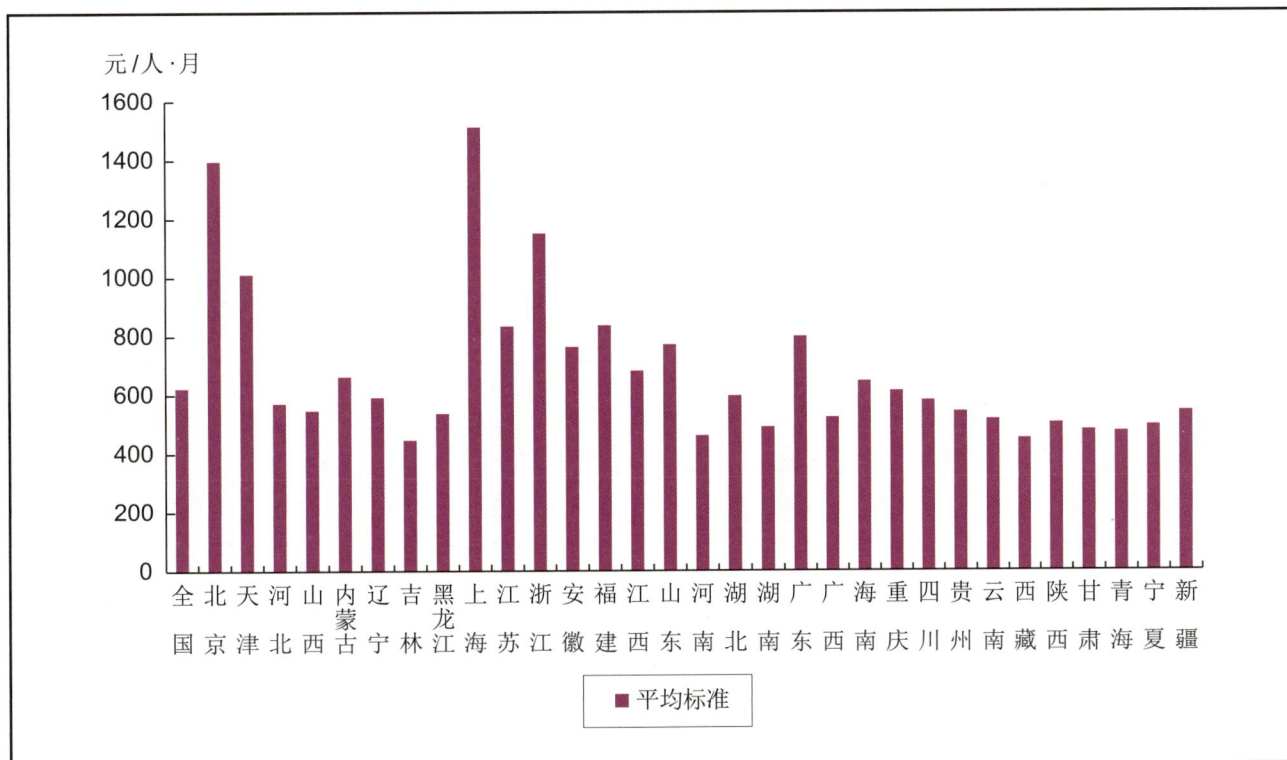

单位：元/人·月

地 区	平均标准	地 区	平均标准	地 区	平均标准	地 区	平均标准
全 国	**621.3**	黑龙江	534.9	河 南	458.7	贵 州	539.8
北 京	1395.0	上 海	1510.0	湖 北	594.0	云 南	513.2
天 津	1010.0	江 苏	832.2	湖 南	487.4	西 藏	448.0
河 北	569.6	浙 江	1148.2	广 东	796.7	陕 西	500.8
山 西	545.6	安 徽	761.8	广 西	520.2	甘 肃	476.6
内蒙古	660.6	福 建	834.8	海 南	643.3	青 海	471.6
辽 宁	590.0	江 西	680.1	重 庆	610.1	宁 夏	492.4
吉 林	444.6	山 东	769.3	四 川	578.0	新 疆	540.8

图2-13　农村特困人员人数

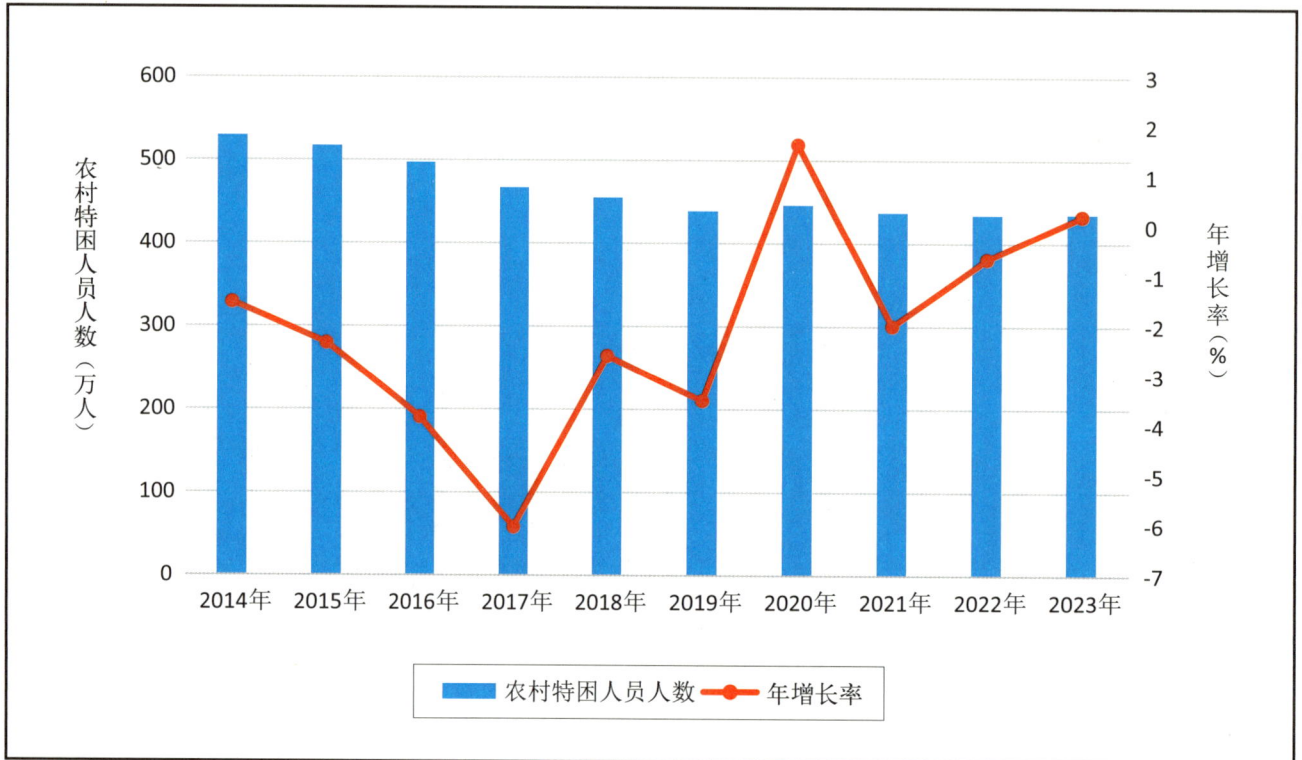

单位：万人、%

指　标	2014年	2015年	2016年	2017年	2018年	2019年	2020年	2021年	2022年	2023年
农村特困人员人数	529.1	516.7	496.9	466.9	455.0	439.1	446.3	437.3	434.5	435.4
年增长率	-1.5	-2.3	-3.8	-6.0	-2.6	-3.5	1.6	-2.0	-0.7	0.2

图2-14 分地区孤儿基本生活保障平均标准

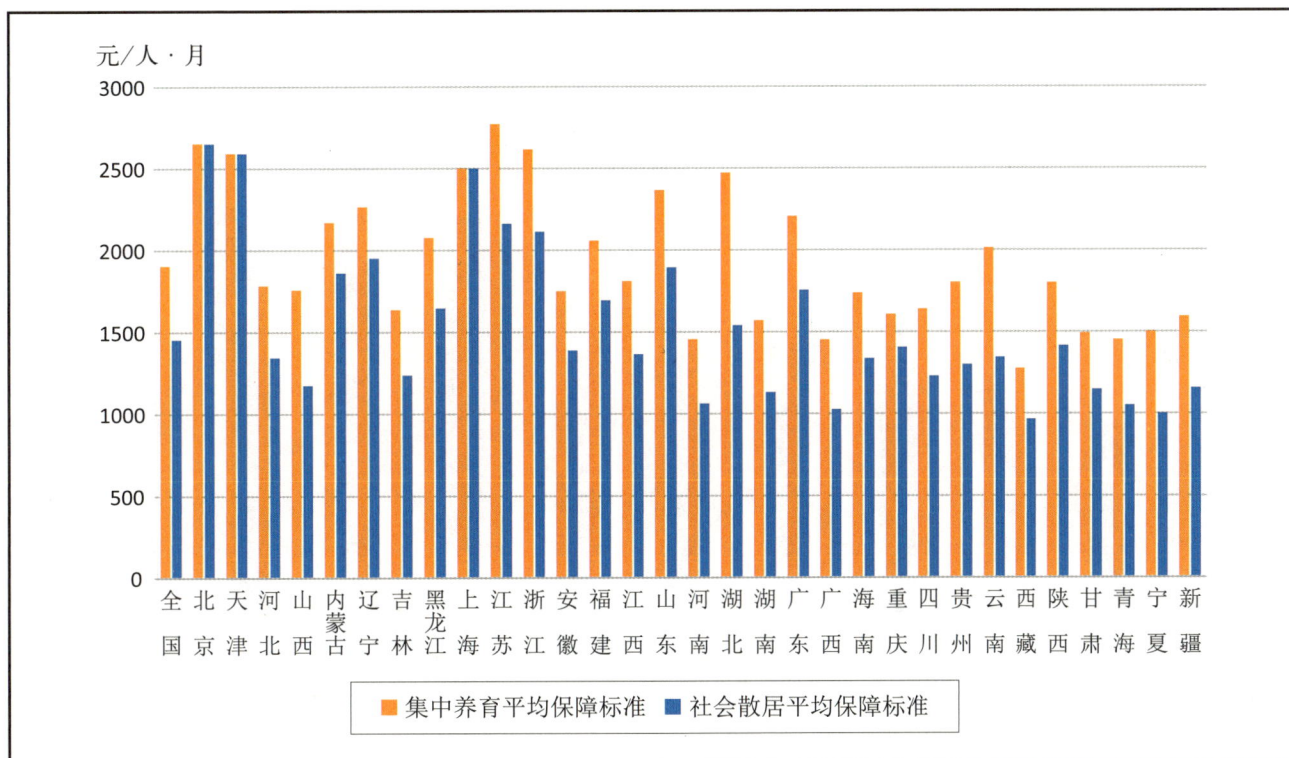

集中养育平均保障标准　社会散居平均保障标准

单位：元/人·月

地　区	集中养育平均保障标准	社会散居平均保障标准	地　区	集中养育平均保障标准	社会散居平均保障标准	地　区	集中养育平均保障标准	社会散居平均保障标准	地　区	集中养育平均保障标准	社会散居平均保障标准
全　国	**1902.1**	**1453.9**	黑龙江	2074.5	1645.3	河　南	1453.5	1061.1	贵　州	1800.0	1300.0
北　京	2650.0	2650.0	上　海	2500.0	2500.0	湖　北	2469.4	1539.8	云　南	2009.0	1344.2
天　津	2590.0	2590.0	江　苏	2767.9	2162.8	湖　南	1568.7	1129.6	西　藏	1274.5	964.5
河　北	1781.7	1344.3	浙　江	2614.2	2113.5	广　东	2205.4	1754.4	陕　西	1797.1	1414.6
山　西	1755.1	1172.8	安　徽	1748.0	1387.5	广　西	1450.1	1025.1	甘　肃	1489.8	1146.2
内蒙古	2168.7	1860.2	福　建	2055.4	1692.9	海　南	1735.7	1337.5	青　海	1450.0	1050.0
辽　宁	2263.9	1949.5	江　西	1808.4	1363.9	重　庆	1605.0	1405.0	宁　夏	1500.0	1000.0
吉　林	1635.0	1235.0	山　东	2364.2	1892.9	四　川	1637.1	1227.4	新　疆	1590.9	1154.5

图2-15 社会组织捐赠收入

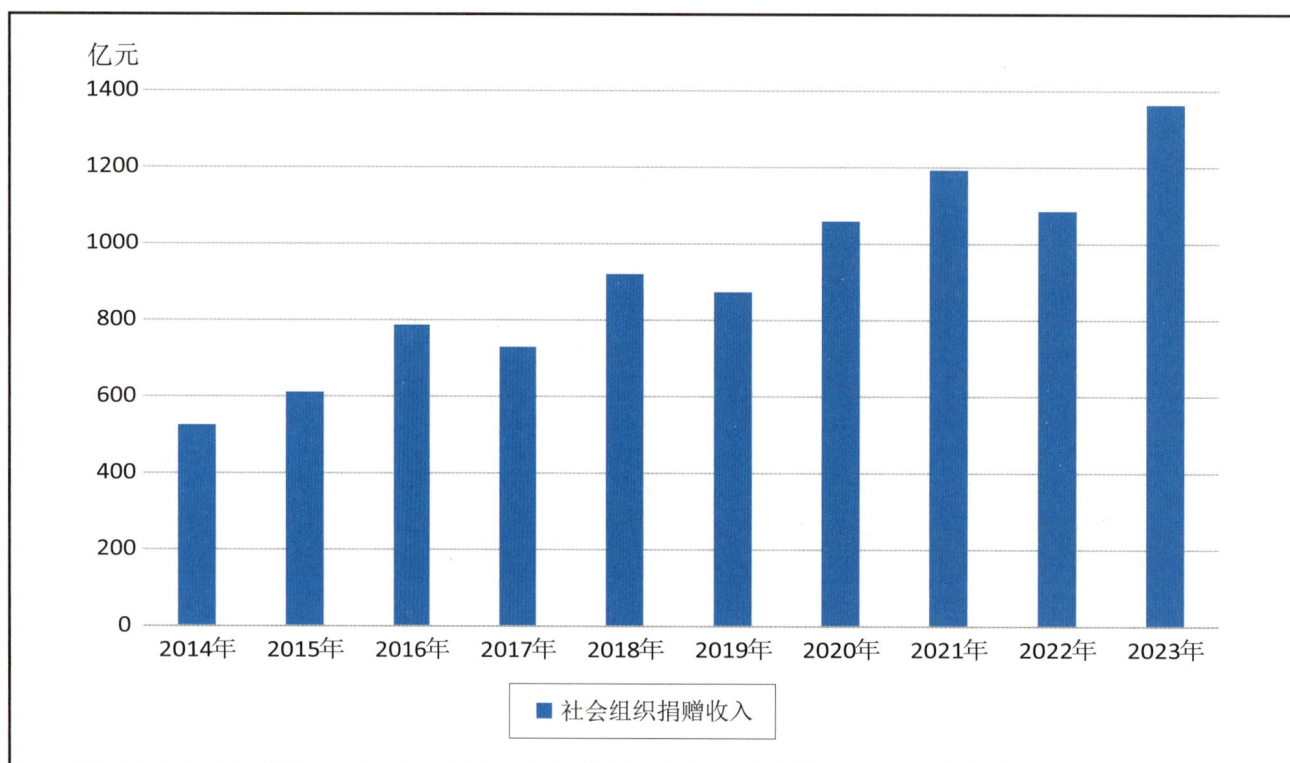

单位：亿元

指 标	2014年	2015年	2016年	2017年	2018年	2019年	2020年	2021年	2022年	2023年
社会组织捐赠收入	524.9	610.3	786.7	729.2	919.7	873.2	1059.1	1192.5	1085.3	1363.8

图2-16 福利彩票

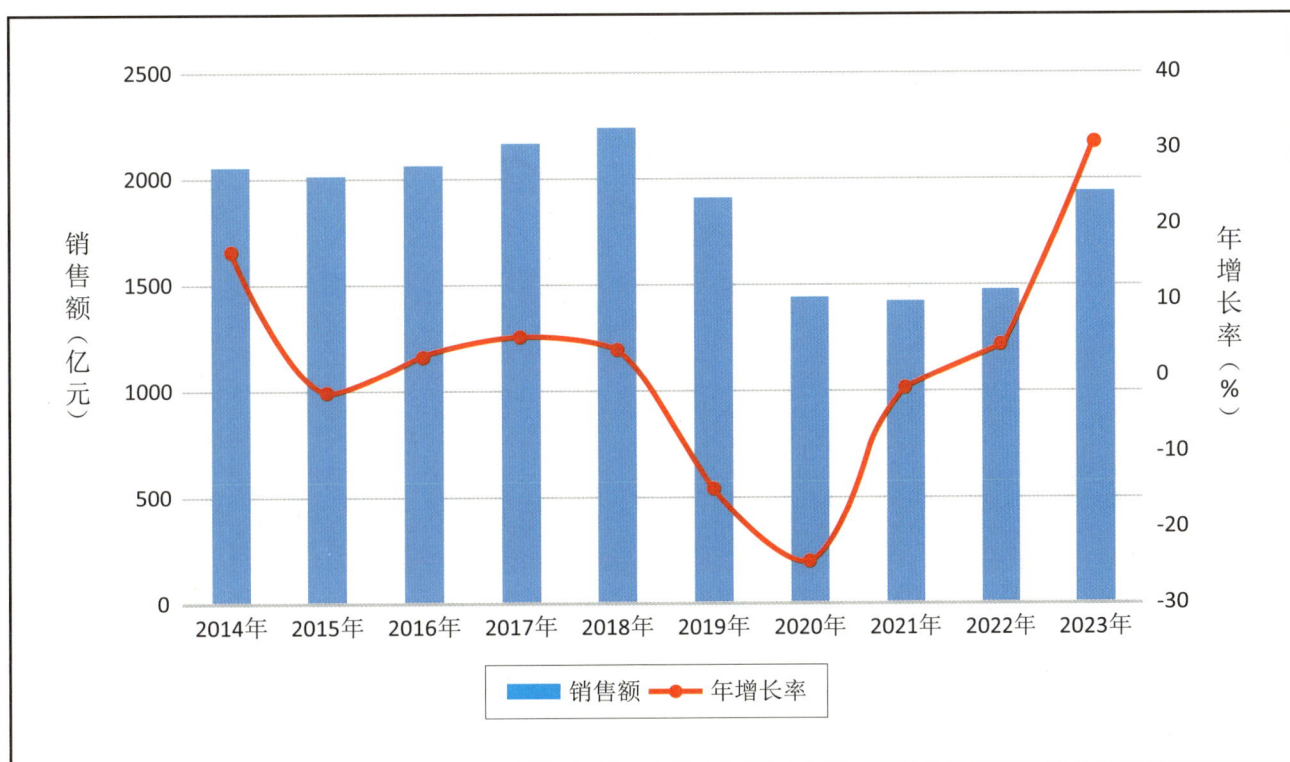

单位：亿元、%

指 标	2014年	2015年	2016年	2017年	2018年	2019年	2020年	2021年	2022年	2023年
销售额	2059.7	2015.1	2064.9	2169.8	2245.6	1912.4	1444.9	1422.5	1481.3	1944.4
年增长率	16.7	-2.2	2.5	5.1	3.5	-14.8	-24.4	-1.5	4.1	31.3

图3-1 社会组织

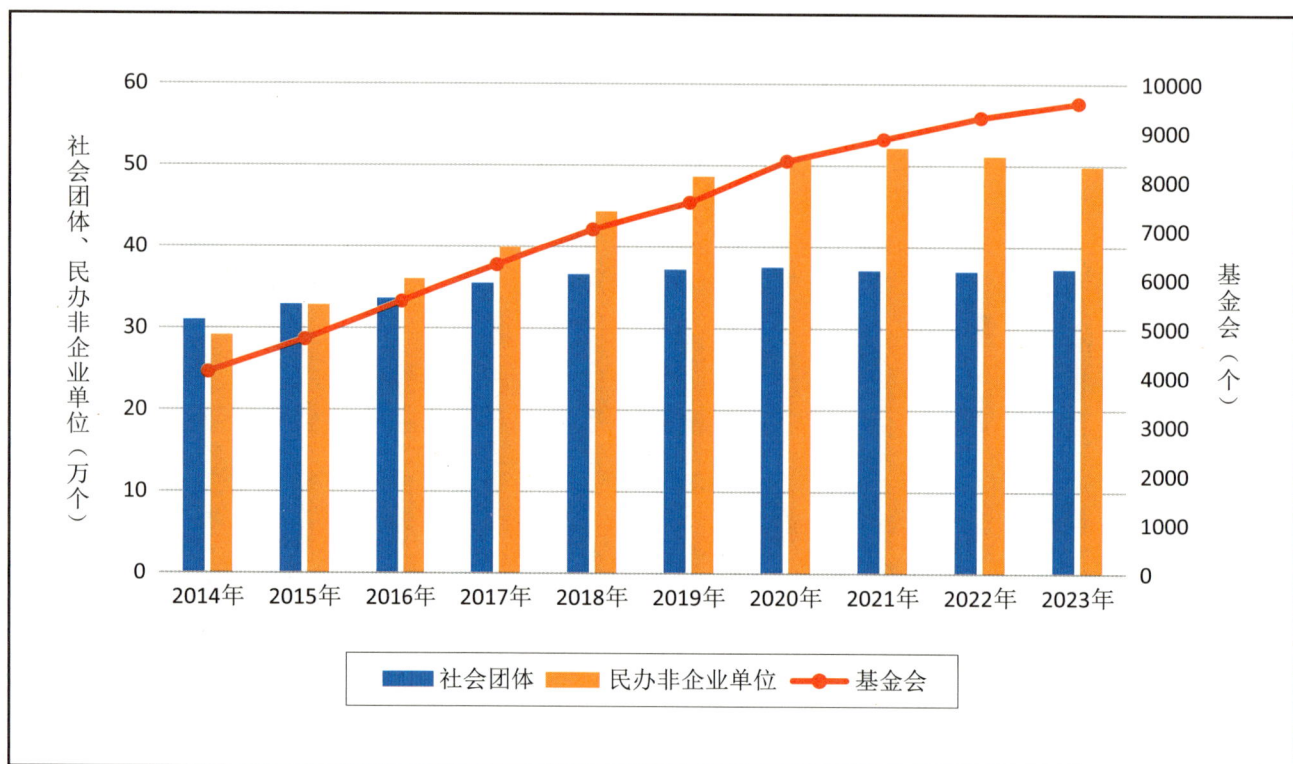

单位：万个、个

指　标	2014年	2015年	2016年	2017年	2018年	2019年	2020年	2021年	2022年	2023年
社会组织	60.6	66.2	70.2	76.2	81.7	86.6	89.4	90.2	89.1	88.2
社会团体	31.0	32.9	33.6	35.5	36.6	37.2	37.5	37.1	37.0	37.3
基金会	4117	4784	5559	6307	7034	7585	8432	8877	9319	9617
民办非企业单位	29.2	32.9	36.1	40.0	44.4	48.7	51.1	52.2	51.2	49.9

图3-2 结婚登记

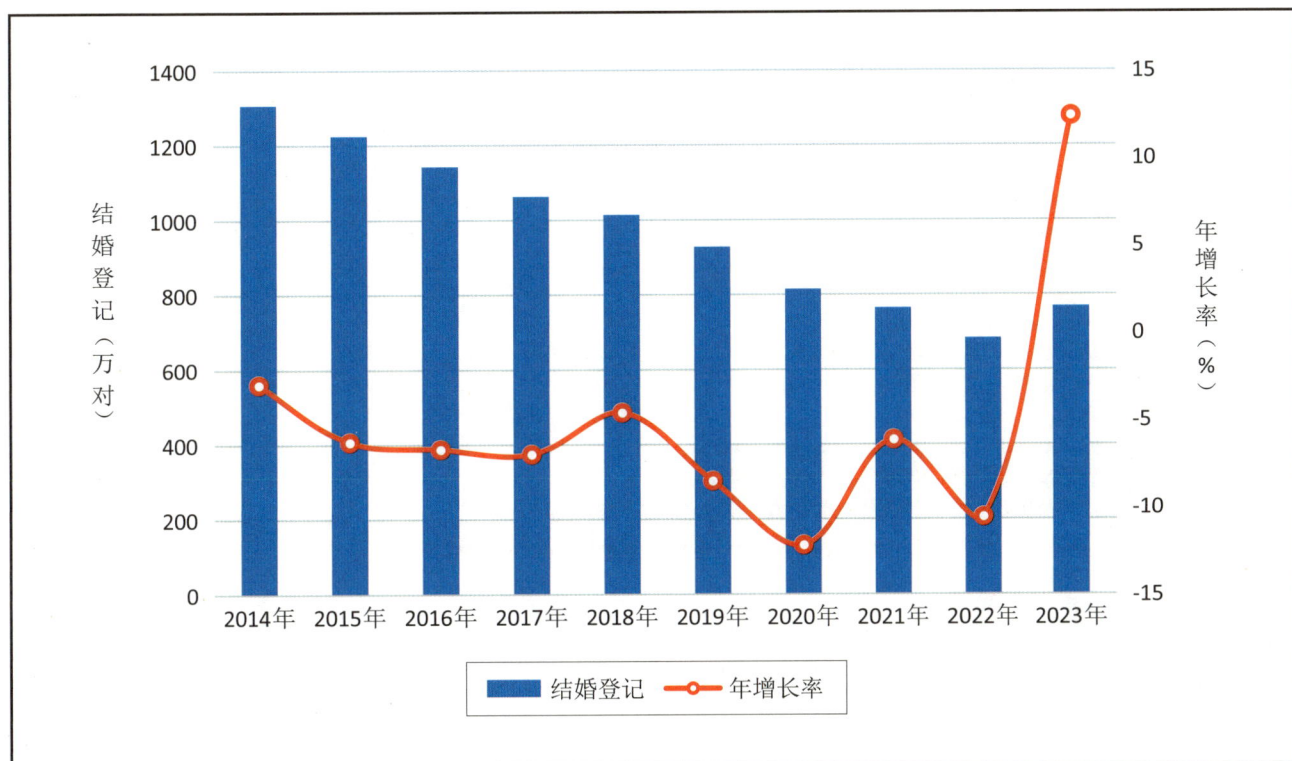

单位：万对、%

指　标	2014年	2015年	2016年	2017年	2018年	2019年	2020年	2021年	2022年	2023年
结婚登记	1306.7	1224.7	1142.8	1063.1	1013.9	927.3	814.3	764.3	683.5	768.2
年增长率	-3.0	-6.3	-6.7	-7.0	-4.6	-8.5	-12.2	-6.1	-10.6	12.4

图3-3 分年龄组结婚登记

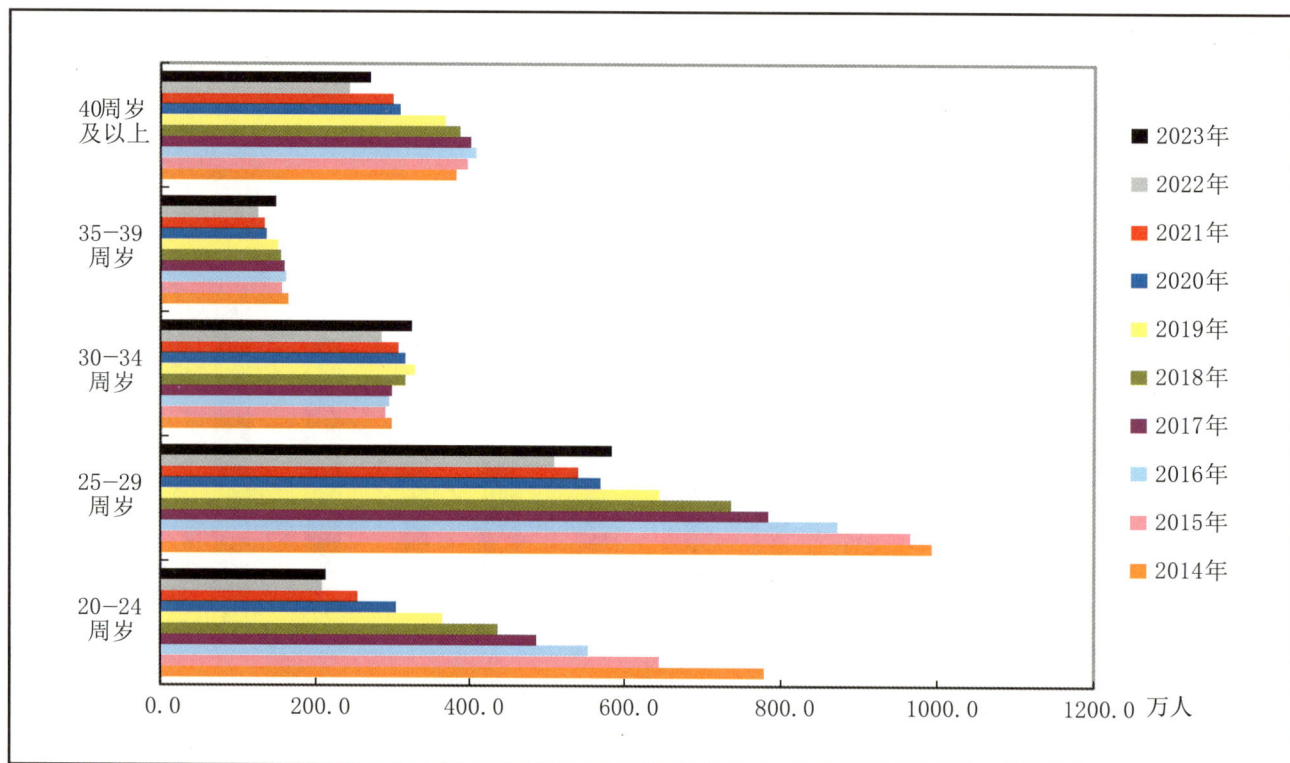

单位：万人

年 份	20—24周岁	25—29周岁	30—34周岁	35—39周岁	40周岁及以上
2014	778.2	993.1	296.5	163.5	382.2
2015	643.9	965.7	288.1	155.3	396.4
2016	552.3	872.2	293.0	160.6	407.3
2017	486.6	783.5	296.7	158.7	400.7
2018	435.6	736.2	314.7	154.2	387.2
2019	365.4	644.2	328.0	150.5	368.5
2020	302.7	568.3	314.7	135.7	307.3
2021	252.9	539.3	305.2	133.2	297.9
2022	207.8	509.1	283.2	124.9	242.0
2023	212.5	583.2	323.9	147.9	268.8

图3-4 民政部门办理离婚和法院判决、调解离婚

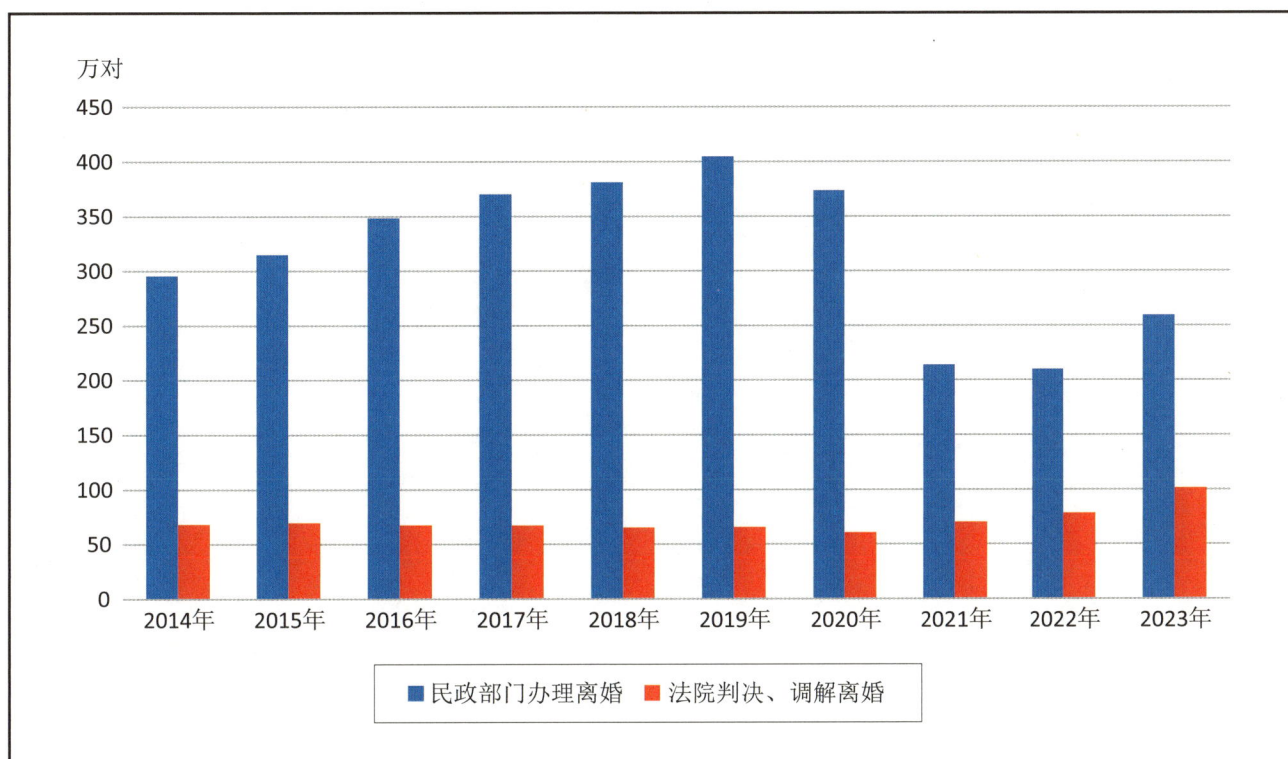

单位：万对

指　标	2014年	2015年	2016年	2017年	2018年	2019年	2020年	2021年	2022年	2023年
离婚对数	363.6	384.1	415.8	437.4	446.1	470.1	433.9	283.9	287.9	360.5
民政部门办理离婚	295.7	314.9	348.6	370.4	381.2	404.7	373.6	214.1	210.0	259.4
法院判决、调解离婚	67.9	69.3	67.2	66.9	64.9	65.3	60.3	69.8	77.9	101.2

图3-5 结婚率和离婚率

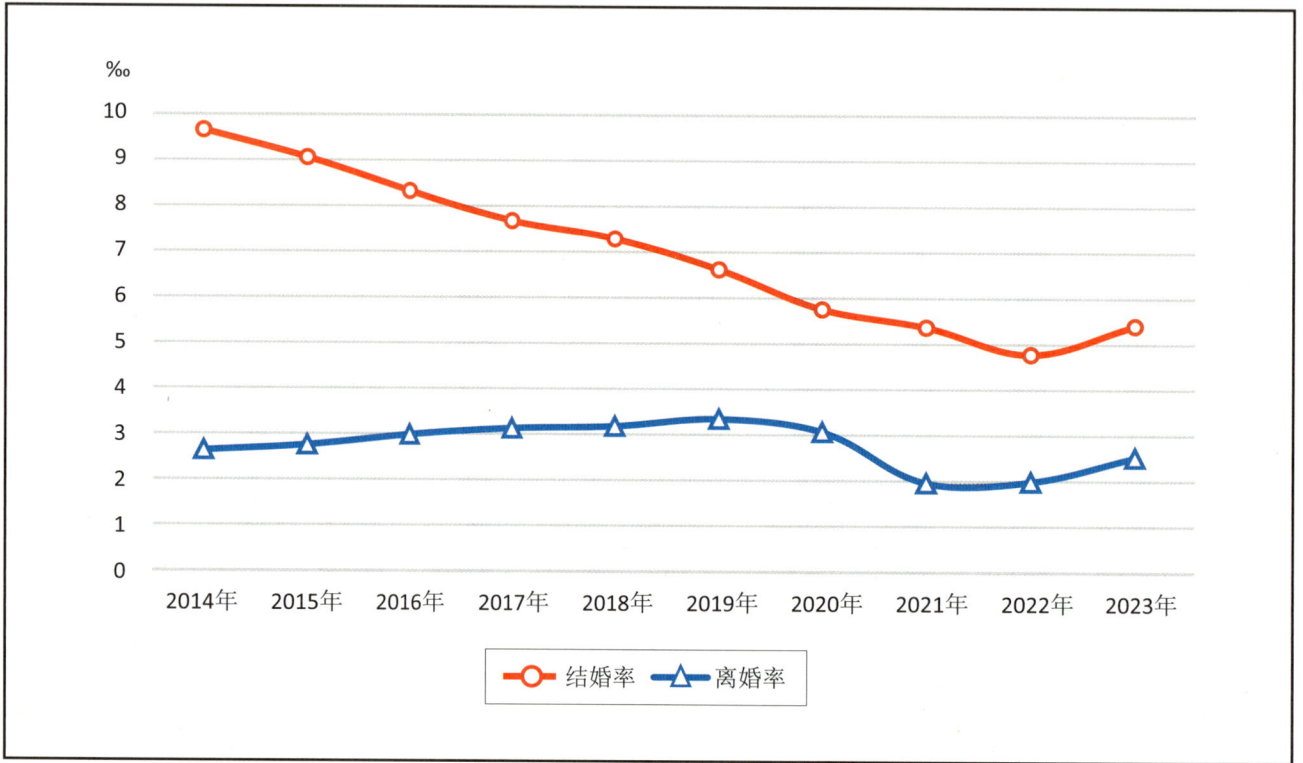

单位：‰

指 标	2014年	2015年	2016年	2017年	2018年	2019年	2020年	2021年	2022年	2023年
结婚率	9.58	9.00	8.29	7.66	7.28	6.63	5.79	5.41	4.84	5.45
离婚率	2.67	2.79	3.01	3.15	3.20	3.36	3.09	2.01	2.04	2.56

注：结（离）婚率计算方法是当期结（离）婚对数除以当期人口平均数。

第三部分

综合统计资料

A-1-1 "七五"—"十四五"时期民政事业发展速度

单位：%

指 标	"七五"时期平均增长速度	"八五"时期平均增长速度	"九五"时期平均增长速度	"十五"时期平均增长速度	"十一五"时期平均增长速度	"十二五"时期平均增长速度	"十三五"时期平均增长速度	"十四五"时期前三年平均增长速度
一、综合								
行政区划								
镇	5.7	7.7	3.0	-0.8	-0.1	1.1	0.6	0.4
乡	-11.6	-7.8	-4.7	-7.2	-1.8	-4.9	-4.9	-2.4
60周岁及以上老年人口					4.3	4.6	3.5	4.0
民政事业费支出	11.9	14.8	17.3	25.6	30.3	12.8	-0.5	3.0
固定资产原价	20.8	22.5	53.1	9.9	16.3	4.4	-0.9	6.4
二、民政服务								
民政服务床位	9.7	4.6	3.0	7.7	13.8	14.6	3.0	—
#养老床位				5.0	15.3	16.3	3.5	0.1
精神卫生福利床位				10.0	8.8	6.7	-2.8	2.9
儿童服务床位				11.7	11.5	21.2	0.2	-0.7
收养登记				-2.0	-7.5	-8.9	-12.9	-9.7
销售福利彩票		54.5	14.6	29.4	18.7	15.8	-6.4	10.4
城市最低生活保障人数				40.9	0.7	-5.9	-13.9	-6.2
农村最低生活保障人数				28.3	47.9	-1.2	-5.9	-1.1
三、成员组织和其他社会服务								
社会组织		75.5	-3.2	15.8	6.9	8.2	6.2	-0.4
社会团体				5.6	7.5	6.1	2.7	-0.2
基金会					17.7	16.8	12.0	4.5
民办非企业单位				45.5	6.1	10.7	9.2	-0.8
婚姻服务								
结婚登记	2.7	-0.4	-0.2	-0.6	8.6	-0.3	-7.8	-1.9
离婚登记	11.7	5.7	2.8	8.0	8.5	7.5	2.5	-6.0

注：乡包含民族乡、苏木、民族苏木。

A-1-2 2019—2023年民政事业发展主要指标

指　　标	单 位	2019年	2020年	2021年	2022年	2023年
一、综合						
县级行政区划	个	**2846**	**2844**	**2843**	**2843**	**2844**
市辖区	个	965	973	977	977	977
县级市	个	387	388	394	394	397
县	个	1323	1312	1301	1301	1299
自治县	个	117	117	117	117	117
旗	个	49	49	49	49	49
自治旗	个	3	3	3	3	3
林区	个	1	1	1	1	1
特区	个	1	1	1	1	1
乡级行政区划	个	**38755**	**38741**	**38558**	**38602**	**38658**
镇	个	21013	21157	21322	21389	21421
乡	个	8101	7693	7197	7116	7080
民族乡	个	966	962	958	957	956
苏木	个	153	153	153	153	153
民族苏木	个	1	1	1	1	1
街道	个	8519	8773	8925	8984	9045
区公所	个	2	2	2	2	2
省级行政区域界线联合检查						
联检省级行政区域界线数量	条	14	14	13	13	14
联检省级行政区域界线长度	公里	7874	14468	13629	14450	11982
民政事业基本情况						
民政部门登记和管理的机构和设施数	万个	201.5	229.3	238.0	250.1	131.6
职工人数	万人	1545.7	1644.8	1730.4	1781.3	1274.5
固定资产原价	亿元	6515.3	7278.0	8610.0	9538.8	8763.9
民政事业费支出	亿元	4279.2	4808.2	4679.0	5090.4	5247.6
社会福利	亿元	1228.8	1327.3	1402.4	1582.7	1694.1
社会救助	亿元	2281.4	2711.9	2549.4	2707.9	2707.6
民政管理事务	亿元	497.7	501.2	493.8	536.0	569.2
行政事业单位养老支出	亿元	46.1	47.6	33.3	41.6	45.6
其他	亿元	225.2	220.3	200.1	222.2	231.2
#公益金支出	亿元	259.9	229.9	196.8	212.9	234.4
#基本建设投资	亿元	184.8	190.9	201.3	172.4	184.3
#预算内投资	亿元	72.6	75.0	60.5	66.5	90.1

A－1－2续表1

指　标	单　位	2019年	2020年	2021年	2022年	2023年
预算内投资占民政事业费比重	%	1.7	1.6	1.3	1.3	1.7
#公益金投资	亿元	37.9	29.3	23.0	16.9	16.9
公益金投资占公益金支出比重	%	14.6	12.7	11.7	7.9	7.2
中央财政转移支付的民政事业费	亿元	1566.6	1704.2	1578.1	1687.3	1696.4
中央财政转移支付占民政事业费比重	%	36.6	35.4	33.7	33.1	32.3
民政事业费占国家财政支出的比重	%	1.8	2.0	1.9	2.0	1.9
二、民政服务						
机构和设施数	万个	56.6	84.4	92.9	105.5	48.5
#养老机构和设施数	万个	20.4	32.9	35.8	38.7	40.4
机构和设施床位数	万张	803.6	848.2	842.8	856.3	849.3
#养老机构和设施床位数	万张	775.0	821.0	815.9	829.4	823.0
每千人口民政服务床位数	张/千人	5.7	6.0	6.0	6.1	6.0
#每千老年人口养老床位数	张/千人	30.5	31.1	30.5	29.6	27.7
机构和设施收养人数	万人	387.9	282.3	273.6	262.3	264.7
#养老机构和设施收养照料人数	万人	373.8	269.0	261.0	250.3	253.0
提供住宿的民政服务						
机构数*	万个	3.7	4.1	4.3	4.3	4.4
#养老机构数	万个	3.4	3.8	4.0	4.1	4.1
床位数	万张	467.4	515.4	530.5	545.2	543.6
#养老机构床位数	万张	438.8	488.2	503.6	518.3	517.2
不提供住宿的民政服务						
机构和设施数	万个	52.9	80.3	88.6	101.2	44.2
#社区养老服务机构和设施数	万个	16.9	29.1	31.8	34.7	36.3
#社区养老服务机构和设施床位数	万张	336.2	332.8	312.3	311.1	305.8
老年人福利						
60周岁及以上老年人口	万人	25388	26402	26736	28004	29697
占全国总人口比重	%	18.1	18.7	18.9	19.8	21.1
老龄补贴人数	万人	3579.1	3853.7	3994.7	4143.0	4334.4
残疾人福利						
困难残疾人生活补贴人数	万人	1085.7	1214.0	1194.1	1178.5	1180.4
重度残疾人护理补贴人数	万人	1368.5	1475.1	1503.2	1545.4	1584.0
儿童福利						
孤儿	万人	23.3	19.3	17.3	15.8	14.4

注：机构数是指在市场监管部门、编制部门或民政部门办理了注册登记手续的民政服务机构。

A-1-2续表2

指　标	单位	2019年	2020年	2021年	2022年	2023年
事实无人抚养儿童	万人		25.4	31.4	36.5	39.9
家庭收养登记	件	13044	11103	12447	8432	8162
流浪儿童救助	万人次	6.2	3.1	2.4	2.2	3.5
社会救助						
最低生活保障						
城市最低生活保障人数	万人	860.9	805.1	737.8	682.4	663.6
城市最低生活保障平均标准	元/人·月	624.0	677.6	711.4	752.3	785.9
农村最低生活保障人数	万人	3455.4	3620.8	3474.5	3349.6	3399.7
农村最低生活保障平均标准	元/人·月	444.6	496.9	530.2	582.1	621.3
特困人员救助供养						
农村特困人员救助供养	万人	439.1	446.3	437.3	434.5	435.4
城市特困人员救助供养	万人	29.5	31.2	32.8	35.0	37.3
临时救助						
临时救助	万人次	993.2	1380.6	1198.6	1100.1	741.1
流浪乞讨人员救助						
流浪乞讨人员救助*	万人次	133.3	84.1	74.6	75.1	70.6
福利彩票						
销售福利彩票	亿元	1912.4	1444.9	1422.5	1481.3	1944.4
筹集公益金	亿元	557.3	444.6	443.6	461.0	580.1
三、成员组织和其他社会服务						
社会组织	万个	86.6	89.4	90.2	89.1	88.2
社会团体	万个	37.2	37.5	37.1	37.0	37.3
基金会	个	7585	8432	8877	9319	9617
民办非企业单位	万个	48.7	51.1	52.2	51.2	49.9
社会组织捐赠收入	亿元	873.2	1059.1	1192.5	1085.3	1363.8
婚姻登记						
结婚登记	万对	927.3	814.3	764.3	683.5	768.2
#涉外及华侨、港澳台	万对	4.9	1.7	1.6	1.6	5.0
结婚率	‰	6.6	5.8	5.4	4.8	5.4
离婚登记	万对	470.1	433.9	283.9	287.9	360.5
#民政部门办理离婚登记	万对	404.7	373.6	214.1	210.0	259.4
离婚率	‰	3.4	3.1	2.0	2.0	2.6

注：2023年流浪乞讨人员救助包含"寒冬送温暖"专项救助11.5万人次。

A-1-3 民政事业发展主要数据与上年比较

指　标	单　位	2023年	2022年	比上年增长(%)
一、综合				
县级行政区划	个	2844	2843	—
市辖区	个	977	977	—
县级市	个	397	394	0.8
县	个	1299	1301	-0.2
自治县	个	117	117	—
旗	个	49	49	—
自治旗	个	3	3	—
林区	个	1	1	—
特区	个	1	1	—
乡级行政区划	个	38658	38602	0.1
镇	个	21421	21389	0.1
乡	个	7080	7116	-0.5
民族乡	个	956	957	-0.1
苏木	个	153	153	—
民族苏木	个	1	1	—
街道	个	9045	8984	0.7
区公所	个	2	2	—
省级行政区域界线联合检查				
联检省级行政区域界线数量	条	14	13	7.7
联检省级行政区域界线长度	公里	11982	14450	-17.1
民政事业基本情况				
民政部门登记和管理的机构和设施数	万个	131.6	250.1	1.0
职工人数	万人	1274.5	1781.3	4.1
固定资产原价	亿元	8763.9	9538.8	0.3
民政事业费支出	亿元	5247.6	5090.4	3.1
社会福利	亿元	1694.1	1582.7	7.0
社会救助	亿元	2707.6	2707.9	0.0
民政管理事务	亿元	569.2	536.0	6.2
行政事业单位养老支出	亿元	45.6	41.6	9.6
其他	亿元	231.2	222.2	4.1
#公益金支出	亿元	234.4	212.9	10.1
#基本建设投资	亿元	184.3	172.4	6.9

A-1-3续表1

指　标	单　位	2023年	2022年	比上年增长(%)
#预算内投资	亿元	90.1	66.5	35.4
预算内投资占民政事业费比重	%	1.7	1.3	0.4(百分点)
#公益金投资	亿元	16.9	16.9	0.1
公益金投资占公益金支出比重	%	7.2	7.9	-0.7(百分点)
中央财政转移支付的民政事业费	亿元	1696.4	1687.3	0.5
中央财政转移支付占民政事业费比重	%	32.3	33.1	-0.8(百分点)
民政事业费占国家财政支出的比重	%	1.9	2.0	-0.1(百分点)
二、民政服务				
机构和设施数	万个	48.5	105.5	4.4
#养老机构和设施数	万个	40.4	38.7	4.2
机构和设施床位数	万张	849.3	856.3	-0.8
#养老机构和设施床位数	万张	823.0	829.4	-0.8
每千人口民政服务床位数	张/千人	6.0	6.1	-0.7
#每千老年人口养老床位数	张/千人	27.7	29.6	-6.4
机构和设施收养人数	万人	264.7	262.3	0.9
#养老机构和设施收养照料人数	万人	253.0	250.3	1.1
提供住宿的民政服务				
机构数	万个	4.4	4.3	0.5
#养老机构数	万个	4.1	4.1	0.5
床位数	万张	543.6	545.2	-0.3
#养老机构床位数	万张	517.2	518.3	-0.2
不提供住宿的民政服务				
机构和设施数	万个	44.2	101.2	4.8
#社区养老服务机构和设施数	万个	36.3	34.7	4.6
#社区养老服务机构和设施床位数	万张	305.8	311.1	-1.7
老年人福利				
60周岁及以上老年人口	万人	29697	28004	6.0
占全国总人口比重	%	21.1	19.8	1.3(百分点)
老龄补贴人数	万人	4334.4	4143.0	4.6
残疾人福利				
困难残疾人生活补贴人数	万人	1180.4	1178.5	0.2
重度残疾人护理补贴人数	万人	1584.0	1545.4	2.5

A-1-3续表2

指　标	单　位	2023年	2022年	比上年增长(%)
儿童福利				
孤儿	万人	14.4	15.8	-8.6
事实无人抚养儿童	万人	39.9	36.5	9.4
家庭收养登记	件	8162	8432	-3.2
流浪儿童救助	万人次	3.5	2.2	58.1
社会救助				
最低生活保障				
城市最低生活保障人数	万人	663.6	682.4	-2.8
城市最低生活保障平均标准	元/人·月	785.9	752.3	4.5
农村最低生活保障人数	万人	3399.7	3349.6	1.5
农村最低生活保障平均标准	元/人·月	621.3	582.1	6.7
特困人员救助供养				
农村特困人员救助供养	万人	435.4	434.5	0.2
城市特困人员救助供养	万人	37.3	35.0	6.6
临时救助				
临时救助	万人次	741.1	1100.1	-32.6
流浪乞讨人员救助				
流浪乞讨人员救助	万人次	70.6	75.1	-5.9
福利彩票				
销售福利彩票	亿元	1944.4	1481.3	31.3
筹集公益金	亿元	580.1	461.0	25.8
三、成员组织和其他社会服务				
社会组织	**万个**	88.2	89.1	-1.1
社会团体	万个	37.3	37.0	0.7
基金会	个	9617	9319	3.2
民办非企业单位	万个	49.9	51.2	-2.5
社会组织捐赠收入	亿元	1363.8	1085.3	25.7
婚姻登记				
结婚登记	万对	768.2	683.5	12.4
#涉外及华侨、港澳台	万对	5.0	1.6	202.8
结婚率	‰	5.45	4.84	0.61(千分点)
离婚登记	万对	360.5	287.9	25.2
#民政部门办理离婚登记	万对	259.4	210.0	23.5
离婚率	‰	2.56	2.04	0.52(千分点)

A-1-4 行政区划与上年比较

单位：个

指　标	2023年	2022年	比上年增长 (%)
地级行政区划合计	**333**	**333**	—
地级市	293	293	—
地区	7	7	—
自治州	30	30	—
盟	3	3	—
县级行政区划合计	**2844**	**2843**	—
市辖区	977	977	—
县级市	397	394	0.8
县	1299	1301	-0.2
自治县	117	117	—
旗	49	49	—
自治旗	3	3	—
特区	1	1	—
林区	1	1	—
乡级行政区划合计	**38658**	**38602**	**0.1**
镇	21421	21389	0.1
乡	7080	7116	-0.5
民族乡	956	957	-0.1
苏木	153	153	—
民族苏木	1	1	—
街道	9045	8984	0.7
区公所	2	2	—

Λ-1-5 民政部门登记和管理的机构和设施与上年比较

单位：个

指　标	2023年	2022年	比上年增长 (%)
合计	1316337	2500926	1.0
一、民政服务	485213	1055442	4.4
提供住宿的民政服务	43619	43410	0.5
养老机构	40786	40587	0.5
社会福利院	1463	1493	-2.0
特困人员供养服务机构	16187	16913	-4.3
其他各类养老机构	23136	22181	4.3
精神卫生福利机构	134	142	-5.6
儿童福利和救助保护机构	990	925	7.0
儿童福利机构	472	529	-10.8
未成年人救助保护机构	518	396	30.8
其他提供住宿机构	1709	1756	-2.7
救助管理机构	1567	1573	-0.4
其他提供住宿的机构	142	183	-22.4
不提供住宿的民政服务	441594	1012032	4.8
民政部门直属康复辅具机构	22	20	10.0
社会救助服务机构	930	896	3.8
福利彩票发行管理机构	621	642	-3.3
社区养老服务机构和设施	362843	346823	4.6
乡、镇（街道）民政服务站	21752	21783	-0.1
城乡社区民政服务室	55426	51106	8.5
二、成员组织和其他社会服务	889940	1504859	-0.8
成员组织	884217	1499282	-0.9
社会组织	881574	891267	-1.1
社会团体	372662	370093	0.7
基金会	9617	9319	3.2
民办非企业单位	499295	511855	-2.5
宗教活动场所法人	2643	674	—
其他社会服务	5723	5577	2.6
婚姻登记机构	1118	1103	1.4
殡葬服务机构	4605	4474	2.9
殡仪馆	1788	1778	0.6
公墓	1837	1761	4.3
殡葬管理机构	782	815	-4.0
殡仪服务站	198	120	65.0
三、其他事业单位	1308	1339	-2.3
行政机关	3284	3274	0.3

A-1-6 民政部门登记和管理的机构和设施职工与上年比较

单位：万人

指　标	2023年	2022年	比上年增长（%）
合计	**1274.5**	**1781.3**	**4.1**
一、民政服务	**157.5**	**429.0**	**2.6**
提供住宿的民政服务	**65.8**	**62.4**	**5.5**
养老机构	59.7	56.3	6.0
社会福利院	4.8	4.8	0.3
特困人员供养服务机构	13.7	13.3	3.7
其他各类养老机构	41.2	38.3	7.6
精神卫生福利机构	2.1	2.2	-4.3
儿童福利和救助保护机构	1.9	1.7	7.7
儿童福利机构	1.4	1.4	2.5
未成年人救助保护机构	0.5	0.4	27.4
其他提供住宿机构	2.1	2.1	-1.6
救助管理机构	1.7	1.7	-1.2
其他提供住宿的机构	0.4	0.4	-3.5
不提供住宿的民政服务	**91.7**	**366.7**	**0.7**
民政部门直属康复辅具机构	0.1	0.1	0.8
社会救助服务机构	0.9	0.9	6.9
福利彩票发行管理机构	0.9	0.9	-3.1
社区养老服务机构和设施	74.1	77.5	-4.4
乡、镇（街道）民政服务站	5.9	4.9	21.0
城乡社区民政服务室	9.8	6.8	44.2
二、成员组织和其他社会服务	**1165.2**	**1400.5**	**4.2**
成员组织	**1155.4**	**1390.7**	**4.2**
社会组织	1152.3	1108.3	4.0
社会团体	471.6	428.7	10.0
基金会	5.1	4.5	11.8
民办非企业单位	675.6	675.1	0.1
宗教活动场所法人	3.0	0.6	—
其他社会服务	**9.9**	**9.8**	**0.7**
婚姻登记机构	0.8	0.7	6.4
殡葬服务机构	9.1	9.1	0.2
殡仪馆	4.8	4.9	-2.7
公墓	3.4	3.3	3.3
殡葬管理机构	0.8	0.8	-1.6
殡仪服务站	0.2	0.1	51.1
三、其他事业单位	**2.1**	**1.9**	**7.7**
行政机关	**8.3**	**8.6**	**-2.9**

A-1-7　职工性别统计

指　标	职工总数（人）	女性（人）	女性占比（%）	比上年增长（%）
合计	12745424	5381347	42.2	0.8
一、民政服务	1574857	712460	45.2	0.9
提供住宿的民政服务	657856	411192	62.5	0.7
养老机构	597251	376253	63.0	0.6
社会福利院	47995	31315	65.2	0.9
特困人员供养服务机构	137449	75832	55.2	0.9
其他各类养老机构	411807	269106	65.3	0.4
精神卫生福利机构	21182	13910	65.7	0.4
儿童福利和救助保护机构	18710	12350	66.0	1.7
儿童福利机构	14091	10000	71.0	1.8
未成年人救助保护机构	4619	2350	50.9	4.8
其他提供住宿机构	20713	8679	41.9	0.4
救助管理机构	17048	6378	37.4	0.7
其他提供住宿的机构	3665	2301	62.8	-0.5
不提供住宿的民政服务	917001	301268	32.9	0.4
民政部门直属康复辅具机构	1197	470	39.3	1.6
社会救助服务机构	9206	4370	47.5	0.8
福利彩票发行管理机构	8812	3722	42.2	-0.3
社区养老服务机构和设施	740550	292706	39.5	2.5
乡、镇（街道）民政服务站	59363	—	—	—
城乡社区民政服务室	97873	—	—	—
二、成员组织和其他社会服务	11652258	4908505	42.1	0.8
成员组织	11553600	4875392	42.2	0.8
社会组织	11523375	4875392	42.3	0.8
社会团体	4716430	1237168	26.2	2.5
基金会	50822	16370	32.2	0.4
民办非企业单位	6756123	3621854	53.6	0.8
宗教活动场所法人	30225	—	—	—
其他社会服务	98658	33113	33.6	0.2
婚姻登记机构	7611	4994	65.6	—
殡葬服务机构	91047	28119	30.9	0.1
殡仪馆	47735	12989	27.2	0.1
公墓	34154	12528	36.7	0.1
殡葬管理机构	7529	2080	27.6	-1.5
殡仪服务站	1629	522	32.0	-4.7
三、其他事业单位	20681	10186	49.3	1.9
行政机关	83269	32166	38.6	1.1

A-1-8 民政部门登记和管理的机构和设施固定资产原价与上年比较

单位：亿元

指　标	2023年	2022年	比上年增长 (%)
合计	8763.9	9538.8	0.3
一、民政服务	1764.5	2170.9	-17.5
提供住宿的民政服务	1565.0	1932.7	-19.0
养老机构	1291.1	1625.7	-20.6
社会福利院	304.0	325.0	-6.4
特困人员供养服务机构	304.2	363.7	-16.4
其他各类养老机构	683.0	937.0	-27.1
精神卫生福利机构	118.8	138.9	-14.5
儿童福利和救助保护机构	87.7	84.7	3.6
儿童福利机构	72.9	71.2	2.4
未成年人救助保护机构	14.8	13.4	10.1
其他提供住宿机构	67.4	83.5	-19.2
#救助管理机构	57.8	68.2	-15.3
不提供住宿的民政服务	199.5	238.2	-2.7
#民政部门直属康复辅具机构	16.2	13.7	18.5
社会救助服务机构	4.8	4.5	6.9
福利彩票发行管理机构	168.1	173.9	-3.3
二、成员组织和其他社会服务	7278.7	7830.3	3.1
成员组织	6709.2	7292.8	2.9
社会组织	6709.2	6521.3	2.9
社会团体	537.6	508.2	5.8
基金会	90.5	83.0	9.1
民办非企业单位	6081.0	5930.1	2.5
其他社会服务	569.5	537.5	5.9
婚姻登记机构	5.3	5.9	-9.3
殡葬服务机构	564.1	531.7	6.1
殡仪馆	363.3	336.2	8.1
公墓	157.5	160.2	-1.7
殡葬管理机构	35.3	32.4	9.1
殡仪服务站	8.0	2.9	178.5
三、其他事业单位	114.9	123.6	-7.1
行政机关	580.5	470.1	23.5

A-1-9　民政基本建设投资与上年比较

单位：亿元、万平方米

指　标	2023年	2022年	比上年增长（%）
计划总投资	**754.0**	**722.3**	**4.4**
本年计划投资	**157.4**	**144.1**	**9.3**
民政服务	103.7	84.2	23.1
提供住宿的民政服务机构	101.9	81.6	24.9
养老机构	89.8	71.5	25.5
精神卫生福利机构	1.9	3.1	-38.2
儿童福利和救助保护机构	7.4	4.0	83.7
其他提供住宿机构	2.8	3.0	-3.5
不提供住宿的民政服务机构	1.8	2.6	-32.9
其他社会服务机构	43.9	53.7	-18.2
其他	9.8	6.1	59.8
本年实际完成投资	**184.3**	**172.4**	**6.9**
按项目类别分			
民政服务	113.5	104.4	8.7
提供住宿的民政服务机构	111.0	101.3	9.6
养老机构	97.9	89.9	8.9
精神卫生福利机构	2.4	3.2	-23.2
儿童福利和救助保护机构	7.3	4.8	52.6
其他提供住宿机构	3.4	3.4	-0.8
不提供住宿的民政服务机构	2.5	3.1	-20.6
其他社会服务机构	58.9	60.4	-2.5
其他	12.0	7.6	56.6
按资金性质分			
国家预算内投资	90.1	66.5	35.4
国内贷款	11.6	5.6	107.6
利用外资	0.4	0.2	53.4
彩票公益金	16.9	16.9	0.1
其他	65.3	83.1	-21.4
开工累计完成投资	**441.5**	**399.4**	**10.5**
本年完工项目规模	**759.1**	**715.3**	**6.1**

A-1-10　民政事业费支出与上年比较

单位：亿元

指　标	2023年	2022年	比上年增长（%）
民政事业费支出	5247.6	5090.4	3.1
#中央财政转移支付的民政事业费	1696.4	1687.3	0.5
占民政事业费的比重（%）	32.3	33.1	-0.8(百分点)
#国家预算内基本建设投资	90.1	66.5	35.4
#公益金支出	234.4	212.9	10.1
民政事业费按支出性质分类			
社会福利	1694.1	1582.7	7.0
老年福利	421.7	423.0	-0.3
养老服务	223.2	170.1	31.3
儿童福利	111.3	99.5	11.9
残疾人福利	440.3	412.3	6.8
社会救助	2707.6	2707.9	——
最低生活保障	1948.6	1946.9	0.1
特困人员救助供养	559.3	533.0	4.9
临时救助	124.8	143.3	-13.0
其他生活救助	74.9	84.7	-11.6
民政管理事务	569.2	536.0	6.2
行政事业单位养老支出	45.6	41.6	9.6
其他	231.2	222.2	4.1
民政事业费支出占国家财政支出比重（%）	1.9	2.0	-0.1
中央财政转移支付的民政事业费	1696.4	1687.3	0.5
一般预算财政拨款	1568.9	1546.8	1.4
彩票公益金	45.4	56.0	-18.9
中央预算内基本建设投资	82.1	84.5	-2.8
养老服务	55.5	65.3	-15.1
社会福利	26.7	18.3	45.6
中央财政转移支付的民政事业费占比（%）	32.3	33.1	-0.8

A-1-11 民政事业费支出按用项分类

单位：亿元

指　标	2023年	占比（%）	2022年	2023年比2022年增加	2023年比2022年增长（%）
合计	**5247.6**	**100.0**	**5090.4**	**157.3**	**3.1**
社会福利	**1694.1**	**32.3**	**1582.7**	**111.4**	**7.0**
儿童福利	111.3	2.1	99.5	11.8	11.9
老年福利	421.7	8.0	423.0	-1.4	-0.3
养老服务	223.2	4.3	170.1	53.2	31.3
残疾人福利	440.3	8.4	412.3	28.1	6.8
殡葬	188.4	3.6	169.4	18.9	11.2
社会福利事业单位	213.3	4.1	212.1	1.2	0.6
其他社会福利支出	95.8	1.8	96.2	-0.4	-0.4
社会救助	**2707.6**	**51.6**	**2707.9**	**-0.4**	**—**
最低生活保障	1948.6	37.1	1946.9	1.7	0.1
城市最低生活保障	464.7	8.9	483.3	-18.5	-3.8
农村最低生活保障	1483.9	28.3	1463.6	20.2	1.4
临时救助	124.8	2.4	143.3	-18.6	-13.0
临时救助	105.7	2.0	120.0	-14.2	-11.9
流浪乞讨人员救助	19.0	0.4	23.4	-4.3	-18.6
特困人员救助供养	559.3	10.7	533.0	26.3	4.9
城市特困人员	59.0	1.1	55.9	3.1	5.6
农村特困人员	500.2	9.5	477.1	23.2	4.9
其他社会救助	74.9	1.4	84.7	-9.8	-11.6
民政管理事务	**569.2**	**10.8**	**536.0**	**33.2**	**6.2**
#行政运行	150.5	2.9	148.3	2.2	1.5
一般行政管理事务	31.7	0.6	31.1	0.6	2.0
机关服务	5.0	0.1	4.5	0.5	11.3
社会组织管理	13.4	0.3	11.9	1.5	12.5
行政区划和地名管理	5.3	0.1	6.3	-0.9	-14.8
其他民政管理事务支出	181.8	3.5	169.4	12.4	7.3
行政事业单位养老支出	**45.6**	**0.9**	**41.6**	**4.0**	**9.6**
其他	**231.2**	**4.4**	**222.2**	**9.0**	**4.1**

A-2-1　民政服务机构财务状况与上年比较

单位：万元

指　标	2023年	2022年	比上年增长 (%)
执行企业会计制度			
存货	67274.4	34083.2	97.4
固定资产原价	2937723.1	3725283.8	-21.1
累计折旧	405009.8	292535.3	38.4
其中：本年折旧	102717.1	88479.4	16.1
资产总计	3666220.0	2901277.6	26.4
负债合计	2842744.9	2243812.3	26.7
营业收入	874187.8	756768.4	15.5
营业成本	692697.2	446467.0	55.2
营业税金及附加	13083.0	5480.2	138.7
销售费用	56655.4	43040.8	31.6
管理费用	265737.0	185474.3	43.3
其中：差旅费	2664.0	1642.5	62.2
财务费用	38603.3	33965.0	13.7
其中：利息支出	19937.2	16979.2	17.4
资产减值损失	14871.9	4702.6	216.2
公允价值变动收益	635.1	2829.3	-77.6
投资收益	1309.5	1337.7	-2.1
其他收益	4817.3	—	—
营业利润	-158059.2	-104258.4	-51.6
营业外收入	58892.9	51973.3	13.3
其中：政府补助	36924.1	40106.5	-7.9
应付职工薪酬	257709.3	133707.8	92.7
本年应交增值税	7059.9	5295.9	33.3

单位：万元

指　标	2023年	2022年	比上年增长 (%)
执行政府会计制度（事业单位）			
存货	85123.3	79271.7	7.4
固定资产原价	10998546.3	12237369.0	-10.1
资产总计	11061304.1	10049696.9	10.1
负债合计	3213897.7	2883524.4	11.5
本年收入合计	4968944.6	5070055.2	-2.0
其中：事业收入	1639549.6	1801118.0	-9.0
经营收入	114535.3	161588.3	-29.1
本年支出合计	5005732.3	4985113.5	0.4
其中：工资福利支出	1676914.1	1684955.5	-0.5
商品和服务支出	1459704.7	1509006.0	-3.3
其中：取暖费	25304.7	26036.9	-2.8
差旅费	14483.0	10259.2	41.2
因公出国（境）费用	1639.2	174.2	841.0
劳务费	185665.9	162452.3	14.3
工会经费	17514.1	15960.6	9.7
福利费	17072.8	15845.7	7.7
对个人和家庭的补助	804415.9	815502.7	-1.4
其中：抚恤金	8452.2	5315.7	59.0
生活补助	148985.9	205008.8	-27.3
救济费	391718.6	329364.7	18.9
助学金	2090.6	3243.2	-35.5
奖励金	2245.1	5757.0	-61.0
生产补贴	449.6	277.0	62.3
经营支出	50035.0	53119.2	-5.8
销售税金	12394.3	1730.7	616.1

单位：万元

指　标	2023年	2022年	比上年增长 (%)
执行民间非营利组织单位会计制度			
存货	93322.8	62095.9	50.3
固定资产原价	3709168.1	5746480.2	-35.5
资产总计	3012002.9	2957985.1	1.8
负债合计	1954627.4	1664848.3	17.4
本年收入合计	2393200.2	3196715.2	-25.1
其中：捐赠收入	23057.9	44229.1	-47.9
会费收入	22884.0	28662.3	-20.2
政府补助收入	178916.1	191806.8	-6.7
本年费用合计	1789462.8	2207254.6	-18.9
其中：业务活动成本	1024611.7	1271270.5	-19.4
其中：人员费用	374313.7	431818.9	-13.3
日常费用	367370.4	369906.9	-0.7
固定资产折旧	63173.9	127194.4	-50.3
税费	4789.8	8052.0	-40.5
管理费用	568923.8	642930.1	-11.5
其中：人员费用	188777.5	230430.1	-18.1
日常费用	161468.9	147168.8	9.7
固定资产折旧	44343.2	53896.2	-17.7
税费	6332.8	10280.4	-38.4
净资产变动额	94593.9	682839.5	-86.1

A-2-2　提供住宿的民政服务机构和社区养老情况与上年比较

指　标	机构和设施数（个）			职工人数（万人）		
	2023年	2022年	比上年增长(%)	2023年	2022年	比上年增长(%)
机构和设施合计	406462	390233	4.2	139.8	139.9	—
机构合计	43619	43410	0.5	65.8	62.4	5.5
养老机构和设施	403629	387410	4.2	133.8	133.8	—
机构养老	40786	40587	0.5	59.7	56.3	6.0
社会福利院	1463	1493	-2.0	4.8	4.8	0.3
特困人员供养服务机构	16187	16913	-4.3	13.7	13.3	3.7
其他各类养老机构	23136	22181	4.3	41.2	38.3	7.6
社区养老	362843	346823	4.6	74.1	77.5	-4.4
未登记的特困人员供养服务机构	2958	3083	-4.1	1.6	1.6	-2.2
全托服务社区养老服务机构和设施	14219	14781	-3.8	8.0	7.9	0.9
日间照料社区养老服务机构和设施	135662	131785	2.9	33.4	33.2	0.5
互助型社区养老服务设施	157567	153048	3.0	22.1	23.4	-5.6
其他社区养老服务机构和设施	52437	44126	18.8	9.0	11.4	-20.5
精神卫生福利机构	134	142	-5.6	2.1	2.2	-4.3
儿童福利和救助保护机构	990	925	7.0	1.9	1.7	7.7
儿童福利院	472	529	-10.8	1.4	1.4	2.5
未成年人救助保护机构	518	396	30.8	0.5	0.4	27.4
其他提供住宿机构	1709	1756	-2.7	2.1	2.1	-1.6
救助管理机构	1567	1573	-0.4	1.7	1.7	-1.2
其他提供住宿的机构	142	183	-22.4	0.4	0.4	-3.5

A-2-2续表

指　标	床位数（万张）			收留抚养救助人数（万人）		
	2023年	2022年	比上年增长（%）	2023年	2022年	比上年增长（%）
机构和设施床位合计	**849.3**	**856.3**	**-0.8**	**264.7**	**262.3**	**0.9**
机构合计	**543.6**	**545.2**	**-0.3**	**235.1**	**229.9**	**2.3**
养老机构和设施	**823.0**	**829.4**	**-0.8**	**253.0**	**250.3**	**1.1**
机构养老	517.2	518.3	-0.2	223.5	217.9	2.5
社会福利院	35.7	36.9	-3.2	16.8	17.0	-0.9
特困人员供养服务机构	170.7	182.5	-6.5	74.1	77.3	-4.2
其他各类养老机构	310.8	298.9	4.0	132.6	123.6	7.2
社区养老	305.8	311.1	-1.7	29.5	32.4	-8.8
未登记的特困人员供养服务机构	17.3	18.0	-4.0	5.5	6.1	-10.7
全托服务社区养老服务机构和设施	44.8	48.4	-7.4	9.5	11.0	-13.1
日间照料社区养老服务机构和设施	108.0	108.8	-0.7	——	——	——
互助型社区养老服务设施	135.6	135.9	-0.2	14.5	15.3	-4.9
精神卫生福利机构	**7.3**	**7.2**	**0.8**	**6.0**	**5.8**	**3.6**
儿童福利和救助保护机构	**9.9**	**10.1**	**-2.5**	**4.0**	**4.2**	**-4.7**
儿童福利院	8.5	8.9	-4.7	4.0	4.2	-4.6
未成年人救助保护机构	1.4	1.2	13.3	0.1	0.1	-9.3
其他提供住宿机构	**9.2**	**9.5**	**-3.7**	**1.6**	**2.0**	**-18.4**
救助管理机构	8.0	8.1	-1.4	1.0	1.3	-24.3
其他提供住宿的机构	1.2	1.4	-17.3	0.6	0.7	-7.2

A-2-3 孤儿、家庭收养登记与上年比较

单位：人、件、元/人·月

指　标	2023年	2022年	比上年增长 (%)
孤儿	**144447**	**157969**	**-8.6**
集中养育孤儿	42311	47409	-10.8
集中养育孤儿基本生活保障平均标准	1902.1	1802.3	5.5
社会散居孤儿	102136	110560	-7.6
社会散居孤儿基本生活保障平均标准	1453.9	1364.7	6.5
事实无人抚养儿童	**399142**	**364918**	**9.4**
事实无人抚养儿童基本生活保障平均标准	1445.3	1359.5	6.3
儿童关爱保护			
儿童督导员	42933	50484	-15.0
儿童主任	581809	650897	-10.6
家庭收养登记	**8162**	**8432**	**-3.2**
#港澳台及华侨收养登记	58	23	152.2
被收养人合计	8162	8432	-3.2
#女性	4295	4714	-8.9
#残疾儿童	105	78	34.6
#儿童福利机构抚养的孤儿	1594	1982	-19.6
社会散居孤儿	420	714	-41.2
儿童福利机构抚养的未成年人	405	639	-36.6
生父母有特殊困难无力抚养的子女	1164	1038	12.1

A-2-4　社会救助与上年比较

指　标	单位	2023年	2022年	比上年增长 (%)
城市最低生活保障	**万人**	**663.6**	**682.4**	**-2.8**
#女性	万人	311.8	320.1	-2.6
残疾人	万人	144.3	143.0	0.9
老年人	万人	142.4	138.1	3.1
未成年人	万人	105.7	108.5	-2.5
城市低保资金支出	亿元	464.7	483.3	-3.8
平均保障标准	元／人·月	785.9	752.3	4.5
农村最低生活保障	**万人**	**3399.7**	**3349.6**	**1.5**
农村低保支出	亿元	1483.9	1463.6	1.4
平均保障标准	元／人·月	621.3	582.1	6.7
特困人员救助供养	**万人**	**472.7**	**469.5**	**0.7**
农村特困人员	万人	435.4	434.5	0.2
农村特困支出	亿元	500.2	477.1	4.9
城市特困人员	万人	37.3	35.0	6.6
城市特困支出	亿元	59.0	55.9	5.6
临时救助	**万人次**	**741.1**	**1100.1**	**-32.6**
本地户籍	万人次	736.3	1073.9	-31.4
非本地户籍	万人次	4.8	26.2	-81.8
临时救助支出	亿元	105.7	120.0	-11.9
流浪乞讨人员救助	**万人次**	**70.6**	**75.1**	**-5.9**
#未成年人	万人次	3.5	2.2	58.1
其他生活救助（传统救济）	**万人**	**19.9**	**15.8**	**25.7**

A-2-5　分地区城市最低生活保障平均标准与上年比较

单位：元/人·月

地　区	2023年	2022年	比上年增长（%）
全　国	**785.9**	**752.3**	**4.5**
北　京	1395.0	1320.0	5.7
天　津	1010.0	1010.0	—
河　北	757.6	710.6	6.6
山　西	651.5	629.0	3.6
内蒙古	835.6	801.7	4.2
辽　宁	750.7	725.6	3.4
吉　林	612.4	612.4	—
黑龙江	710.6	683.5	4.0
上　海	1510.0	1420.0	6.3
江　苏	847.3	824.8	2.7
浙　江	1148.2	1083.2	6.0
安　徽	786.9	738.3	6.6
福　建	841.6	832.5	1.1
江　西	881.0	830.7	6.1
山　东	944.0	898.6	5.0
河　南	641.2	638.2	0.5
湖　北	739.6	703.1	5.2
湖　南	657.0	618.7	6.2
广　东	983.4	950.8	3.4
广　西	785.7	785.3	—
海　南	685.4	628.0	9.1
重　庆	735.0	717.0	2.5
四　川	762.1	690.7	10.3
贵　州	733.3	678.7	8.0
云　南	730.7	702.7	4.0
西　藏	971.7	987.8	-1.6
陕　西	702.7	652.4	7.7
甘　肃	723.2	691.5	4.6
青　海	719.1	700.8	2.6
宁　夏	649.1	649.1	—
新　疆	676.1	637.9	6.0

A-2-6 分地区农村最低生活保障平均标准与上年比较

单位：元/人·月

地 区	2023年	2022年	比上年增长（%）
全 国	621.3	582.1	6.7
北 京	1395.0	1320.0	5.7
天 津	1010.0	1010.0	—
河 北	569.6	501.3	13.6
山 西	545.6	517.4	5.4
内蒙古	660.6	595.0	11.0
辽 宁	590.0	551.8	6.9
吉 林	444.6	444.6	—
黑龙江	534.9	494.7	8.1
上 海	1510.0	1420.0	6.3
江 苏	832.2	810.2	2.7
浙 江	1148.2	1083.2	6.0
安 徽	761.8	727.5	4.7
福 建	834.8	828.2	0.8
江 西	680.1	628.4	8.2
山 东	769.3	721.0	6.7
河 南	458.7	442.7	3.6
湖 北	594.0	546.3	8.7
湖 南	487.4	466.1	4.6
广 东	796.7	765.8	4.0
广 西	520.2	514.4	1.1
海 南	643.3	577.2	11.5
重 庆	610.1	591.2	3.2
四 川	578.0	514.0	12.5
贵 州	539.8	473.8	13.9
云 南	513.2	454.1	13.0
西 藏	448.0	430.0	4.2
陕 西	500.8	448.7	11.6
甘 肃	476.6	448.2	6.3
青 海	471.6	469.4	0.5
宁 夏	492.4	492.4	—
新 疆	540.8	503.3	7.4

A-2-7 分地区孤儿基本生活保障平均标准与上年比较

单位：元/人·月

地 区	集中养育平均保障标准			社会散居平均保障标准		
	2023年	2022年	比上年增长(%)	2023年	2022年	比上年增长(%)
全 国	**1902.1**	**1802.3**	**5.5**	**1453.9**	**1364.7**	**6.5**
北 京	2650.0	2450.0	8.2	2650.0	2450.0	8.2
天 津	2590.0	2590.0	—	2590.0	2590.0	—
河 北	1781.7	1782.2	—	1344.3	1344.6	—
山 西	1755.1	1720.0	2.0	1172.8	1148.0	2.2
内蒙古	2168.7	1960.0	10.6	1860.2	1669.2	11.4
辽 宁	2263.9	2134.5	6.1	1949.5	1782.6	9.4
吉 林	1635.0	1500.0	9.0	1235.0	1100.0	12.3
黑龙江	2074.5	1906.1	8.8	1645.3	1518.5	8.3
上 海	2500.0	2100.0	19.0	2500.0	1900.0	31.6
江 苏	2767.9	2690.0	2.9	2162.8	2060.7	5.0
浙 江	2614.2	2475.6	5.6	2113.5	2003.2	5.5
安 徽	1748.0	1662.7	5.1	1387.5	1289.5	7.6
福 建	2055.4	1843.6	11.5	1692.9	1478.7	14.5
江 西	1808.4	1622.8	11.4	1363.9	1214.0	12.3
山 东	2364.2	2192.9	7.8	1892.9	1756.3	7.8
河 南	1453.5	1443.5	0.7	1061.1	1054.3	0.6
湖 北	2469.4	2311.4	6.8	1539.8	1446.9	6.4
湖 南	1568.7	1447.0	8.4	1129.6	1006.7	12.2
广 东	2205.4	2141.3	3.0	1754.4	1707.1	2.8
广 西	1450.1	1438.8	0.8	1025.1	1022.5	0.2
海 南	1735.7	1736.4	—	1337.5	1338.0	—
重 庆	1605.0	1579.4	1.6	1405.0	1382.0	1.7
四 川	1637.1	1602.4	2.2	1227.4	1196.6	2.6
贵 州	1800.0	1700.0	5.9	1300.0	1200.0	8.3
云 南	2009.0	2000.3	0.4	1344.2	1300.3	3.4
西 藏	1274.5	1151.5	10.7	964.5	873.5	10.4
陕 西	1797.1	1438.9	24.9	1414.6	1075.4	31.5
甘 肃	1489.8	1451.8	2.6	1146.2	1132.4	1.2
青 海	1450.0	1450.0	—	1050.0	1050.0	—
宁 夏	1500.0	1500.0	—	1000.0	1000.0	—
新 疆	1590.9	1572.8	1.2	1154.5	1140.7	1.2

A-3-1　社会组织与上年比较

单位：个、亿元

指　　标	2023年	2022年	比上年增长（%）
社会组织合计	**881567**	**891267**	**-1.1**
社会组织捐赠收入	1363.8	1085.3	25.7
社会团体	**372662**	**370093**	**0.7**
按活动区域分			
全国性	1996	1995	0.1
省级	32415	32210	0.6
地级	91483	90761	0.8
县级	246768	245127	0.7
基金会	**9617**	**9319**	**3.2**
按性质分			
具有公开募捐资格的基金会	2152	2214	-2.8
不具有公开募捐资格的基金会	7465	7105	5.1
民办非企业单位	**499295**	**511855**	**-2.5**
按性质分			
法人	455375	460652	-1.1
合伙	5281	5678	-7.0
个体	38639	45525	-15.1

注：社会组织捐赠收入使用的是2023年完成年检社会组织的相关数据。

A-3-2 其他社会服务与上年比较

指　　标	单位	2023年	2022年	比上年增长 (%)
婚姻服务				
婚姻登记机构	个	1118	1103	1.4
办理婚姻登记业务的处数	处	4171	4310	-3.2
结婚登记	对	7682141	6834972	12.4
内地居民登记结婚对数	对	7632473	6818568	11.9
初婚人数	人	11939822	10517560	13.5
再婚人数	人	3424460	3152384	8.6
#女性	人	1945986	1763574	10.3
恢复结婚	对	442530	416459	6.3
涉外及华侨、港澳台居民登记结婚	对	49668	16404	202.8
结婚率	‰	5.45	4.84	0.61(千分点)
离婚登记	对	3605344	2879214	25.2
民政部门登记离婚对数	对	2593723	2100242	23.5
内地居民登记离婚	对	2587888	2097385	23.4
涉外及华侨、港澳台居民登记离婚	对	5835	2857	104.2
各级法院办理离婚件数	件	1011621	778972	29.9
离婚率	‰	2.56	2.04	0.52(千分点)
殡葬服务				
殡葬服务机构	个	4605	4474	2.9
火化炉数	台	7713	7293	5.8
穴位数	个	25907787	24722119	4.8
安葬数	具	20029635	18305578	9.4

A-3-3 其他社会服务机构财务状况与上年比较

单位：万元

指　标	2023年	2022年	比上年增长（%）
执行企业会计制度			
存货	1002387.9	853471.0	17.4
固定资产原价	2159911.6	2072198.2	4.2
累计折旧	733723.0	604076.0	21.5
其中：本年折旧	85832.7	84506.5	1.6
资产总计	8512448.8	6748224.6	26.1
负债合计	4936096.1	4096874.8	20.5
营业收入	2500182.4	2004205.5	24.7
营业成本	948966.8	828818.3	14.5
营业税金及附加	21701.7	21829.2	-0.6
销售费用	218371.1	174721.6	25.0
管理费用	443508.3	406386.8	9.1
其中：差旅费	3164.4	1640.3	92.9
财务费用	38563.0	31039.8	24.2
其中：利息支出	22906.5	12648.0	81.1
资产减值损失	1855.2	6442.8	-71.2
公允价值变动收益	172.0	160.2	7.4
投资收益	56129.4	57846.3	-3.0
营业利润	853911.9	599800.8	42.4
营业外收入	49290.6	86649.2	-43.1
其中：政府补助	13951.2	13769.5	1.3
应付职工薪酬	241387.2	200017.5	20.7
本年应交增值税	19611.1	18112.8	8.3

单位：万元

指　标	2023年	2022年	比上年增长（%）
执行政府会计制度（事业单位）			
存货	108858.9	91697.0	18.7
固定资产原价	3435957.3	3189215.8	7.7
资产总计	4301442.1	4045365.4	6.3
负债合计	644628.9	718337.9	-10.3
本年收入合计	2087663.2	1931781.5	8.1
其中：事业收入	818135.8	874519.8	-6.4
经营收入	511520.1	433283.2	18.1
本年支出合计	2047475.6	1786411.3	14.6
其中：工资福利支出	601945.8	558298.9	7.8
商品和服务支出	717329.3	648556.6	10.6
其中：取暖费	6727.9	5384.3	25.0
差旅费	3418.7	2803.9	21.9
因公出国（境）费用	72.1	4.5	1502.2
劳务费	82062.7	63871.8	28.5
工会经费	6689.6	5831.4	14.7
福利费	8704.4	7097.5	22.6
对个人和家庭的补助	60509.1	51281.8	18.0
其中：抚恤金	2224.0	988.5	125.0
生活补助	9108.0	7888.8	15.5
救济费	1640.4	1983.6	-17.3
助学金	43.1	74.2	-41.9
奖励金	761.4	2703.4	-71.8
生产补贴	640.3	19.0	3270.0
经营支出	283570.4	205821.9	37.8
销售税金	7449.3	2096.0	255.4

A-3-3续表2 单位：万元

指　　标	2023年	2022年	比上年增长（%）
执行民间非营利组织单位会计制度			
存货	13654.0	10111.1	35.0
固定资产原价	98795.3	113878.3	-13.2
资产总计	132751.4	143572.5	-7.5
负债合计	67411.8	76177.0	-11.5
本年收入合计	47897.4	50380.4	-4.9
其中：捐赠收入	30.1	24.5	22.9
会费收入	463.8	673.8	-31.2
政府补助收入	1573.7	1592.3	-1.2
本年费用合计	33846.8	31303.1	8.1
其中：业务活动成本	17605.0	18985.3	-7.3
其中：人员费用	4281.7	4313.9	-0.7
日常费用	8555.2	7900.2	8.3
固定资产折旧	1728.2	2590.5	-33.3
税费	309.0	129.2	139.2
管理费用	11023.7	7727.4	42.7
其中：人员费用	3708.2	3138.0	18.2
日常费用	5497.9	2222.2	147.4
固定资产折旧	940.0	1223.7	-23.2
税费	25.0	36.2	-30.9
净资产变动额	250.2	1971.2	-87.3

第四部分

历年统计资料

B-1-1　县级及以上行政区划

单位：个

年份	省级	地级（不含地级市）	县级（不含县级市、市辖区）	市	#地级市	#县级市	市辖区	县级合计
1978	30	212	2153	193	98	92	408	2653
1979	30	211	2153	216	104	109	428	2690
1980	30	211	2151	223	107	113	511	2775
1981	30	208	2144	233	108	122	514	2780
1982	30	210	2140	245	112	130	527	2797
1983	30	178	2091	289	144	142	552	2785
1984	30	175	2069	300	147	150	595	2814
1985	30	165	2046	324	162	159	621	2826
1986	30	159	2017	353	166	184	629	2830
1987	30	156	1986	381	170	208	632	2826
1988	31	151	1936	434	183	248	647	2831
1989	31	151	1919	450	185	262	648	2829
1990	31	151	1903	467	185	279	651	2833
1991	31	151	1894	479	187	289	650	2833
1992	31	148	1848	517	191	323	662	2833
1993	31	139	1795	570	196	371	669	2835
1994	31	127	1735	622	206	413	697	2845
1995	31	124	1716	640	210	427	706	2849
1996	31	117	1696	666	218	445	717	2858
1997	33	110	1693	668	222	442	727	2862
1998	33	104	1689	668	227	437	737	2863
1999	34	95	1682	667	236	427	749	2858
2000	34	74	1674	663	259	400	787	2861
2001	34	67	1660	662	265	393	808	2861
2002	34	57	1649	660	275	381	830	2860
2003	34	51	1642	660	282	374	845	2861
2004	34	50	1636	661	283	374	852	2862
2005	34	50	1636	661	283	374	852	2862
2006	34	50	1635	656	283	369	856	2860
2007	34	50	1635	655	283	368	856	2859
2008	34	50	1635	655	283	368	856	2859
2009	34	50	1636	654	283	367	855	2858
2010	34	50	1633	657	283	370	853	2856
2011	34	48	1627	657	284	369	857	2853
2012	34	48	1624	657	285	368	860	2852
2013	34	47	1613	658	286	368	872	2853
2014	34	45	1596	653	288	361	897	2854
2015	34	43	1568	656	291	361	921	2850
2016	34	41	1537	657	293	360	954	2851
2017	34	40	1526	661	294	363	962	2851
2018	34	40	1506	672	293	375	970	2851
2019	34	40	1494	684	293	387	965	2846
2020	34	40	1483	685	293	388	973	2844
2021	34	40	1472	691	293	394	977	2843
2022	34	40	1472	691	293	394	977	2843
2023	34	40	1470	694	293	397	977	2844

B-1-2　乡级行政区划

年份	乡级	镇	乡	民族乡	街道	区公所
1978	6195	2173				4022
1979	10424	2361			4444	3619
1980						
1981	11434	2678			4965	3791
1982						
1983	49695	2968	35514		5304	5909
1984	106439	7186	85290		5844	8119
1985	104900	9140	82450	3144	5402	7908
1986	83954	10718	61353	2936	5718	6165
1987	81025	11103	58739	3020	5680	5503
1988	65345	11481	45195	1571	5099	3570
1989	65419	11873	44624	1755	5420	3502
1990	65188	12084	44397	1980	5269	3438
1991	63391	12455	42654	1403	5186	3096
1992	54830	14539	33827	1348	5233	1231
1993	54863	15805	32445	1351	5470	1143
1994	54605	16702	31463	1322	5372	1068
1995	53360	17532	29502	1330	5596	730
1996	51336	18171	27056	1383	5565	544
1997	50967	18925	25966	1545	5678	398
1998	50999	19216	25712	1517	5732	339
1999	50750	19756	24745	1222	5904	345
2000	51024	20312	24555	1356	5902	255
2001	46369	20358	20012	1165	5972	27
2002	44822	20600	18640	1162	5516	66
2003	44067	20226	18064	1149	5751	26
2004	43275	19892	17534	1127	5829	20
2005	41636	19522	15951	1093	6152	11
2006	41040	19369	15306	1089	6355	10
2007	40813	19249	15120	1094	6434	10
2008	40828	19234	15067	1097	6524	3
2009	40858	19322	14848	1098	6686	2
2010	40906	19410	14571	1096	6923	2
2011	40466	19683	13587	1086	7194	2
2012	40446	19881	13281	1064	7282	2
2013	40497	20117	12812	1035	7566	2
2014	40381	20401	12282	1020	7696	2
2015	39789	20515	11315	991	7957	2
2016	39862	20883	10872	989	8105	2
2017	39888	21116	10529	982	8241	2
2018	39945	21297	10253	981	8393	2
2019	38755	21013	9221	966	8519	2
2020	38741	21157	8809	962	8773	2
2021	38558	21322	8309	958	8925	2
2022	38602	21389	8227	957	8984	2
2023	38658	21421	8190	956	9045	2

注：乡包括民族乡、苏木、民族苏木。

B-1-3　全国人口情况

単位：万人、%

年份	总人口	城镇	乡村	65周岁及以上老年人口	65周岁及以上人口比重	60周岁及以上老年人口	60周岁及以上人口比重
1978	96259	17245	79014				
1979	97542	18495	79047				
1980	98705	19140	79565				
1981	100072	20171	79901				
1982	101654	21480	80174	4991	4.9		
1983	103008	22274	80734				
1984	104357	24017	80340				
1985	105851	25094	80757				
1986	107507	26366	81141				
1987	109300	27674	81626	5968	5.4		
1988	111026	28661	82365				
1989	112704	29540	83164				
1990	114333	30195	84138	6368	5.6		
1991	115823	31203	84260				
1992	117171	32175	84996				
1993	118517	33173	85344				
1994	119850	34169	85681				
1995	121121	35174	85947	7510	6.2		
1996	122389	37304	85085	7833	6.4		
1997	123626	39449	84177	8085	6.5		
1998	124761	41608	83153	8359	6.7		
1999	125786	43748	82038	8679	6.9		
2000	126743	45906	80837	8821	7.0		
2001	127627	48064	79563	9062	7.1		
2002	128453	50212	78241	9377	7.3		
2003	129227	52376	76851	9692	7.5		
2004	129988	54283	75705	9857	7.6		
2005	130756	56212	74544	10055	7.7	14408	11.0
2006	131448	57706	73742	10419	7.9	14901	11.3
2007	132129	59379	72750	10636	8.1	15340	11.6
2008	132802	60667	72135	10956	8.3	15989	12.0
2009	133450	62186	71288	11309	8.5	16714	12.5
2010	134091	66558	67415	11883	8.9	17765	13.3
2011	134735	69079	65656	12288	9.1	18499	13.7
2012	135404	71182	64222	12714	9.4	19390	14.3
2013	136072	73111	62961	13161	9.7	20243	14.9
2014	136782	74916	61866	13755	10.1	21242	15.5
2015	137462	77116	60346	14386	10.5	22200	16.1
2016	138271	79298	58973	15003	10.8	23086	16.7
2017	139008	81347	57661	15831	11.4	24090	17.3
2018	139538	83137	56401	16658	11.9	24949	17.9
2019	140005	84843	55162	17603	12.6	25388	18.1
2020	141178	90199	50979	19064	13.5	26402	18.7
2021	141260	91425	49835	20056	14.2	26736	18.9
2022	141175	92071	49104	20978	14.9	28004	19.8
2023	140967	93267	47700	21676	15.4	29697	21.1

注：本表资料来源于国家统计局。

B-1-4　民政部门登记和管理的机构和设施（按登记类型分类）

年份	合计	事业单位及设施合计	事业单位	企业性质机构	社会组织	社会服务类	自治组织	行政机关
1978	1.1	1.1		0.1				
1979	1.3	1.2		0.1				
1980	1.4	1.3		0.1				
1981	1.5	1.3		0.2				
1982	1.7	1.6		0.2				
1983	40.2	1.9		0.6			37.7	
1984	103.6	2.6		0.7			100.3	
1985	107.7	3.3		1.5			103.0	
1986	101.2	3.9		2.0			95.3	
1987	100.1	4.2		2.8			93.2	
1988	106.7	4.3		4.0	0.4		97.8	
1989	111.8	4.4		4.2	0.5		102.8	
1990	119.8	4.5		4.2	1.1		110.0	
1991	129.2	4.7		4.4	8.3		111.9	
1992	136.1	4.8		5.0	15.5		110.8	
1993	139.7	5.3		5.7	16.8		112.0	
1994	140.3	5.2		6.0	17.4		111.7	
1995	133.7	5.2		6.0	18.1		104.4	
1996	133.9	5.3		5.9	18.5		104.2	
1997	131.4	5.3		5.6	18.1		102.4	
1998	122.2	5.4		5.1	16.6		95.2	
1999	115.7	5.4		4.5	14.3		91.6	
2000	109.5	6.1		4.1	15.3		84.0	
2001	109.8	5.7		3.8	21.1		79.2	0.6
2002	110.5	5.8		3.6	24.5		76.7	0.5
2003	109.9	5.8		3.4	26.7		74.0	0.4
2004	111.1	6.7		3.2	28.9		72.2	0.4
2005	112.6	6.6		3.1	32.0		70.9	0.4
2006	115.7	6.7		3.0	35.4		70.5	0.4
2007	117.7	7.0		2.5	38.7		69.5	0.3
2008	119.2	6.6		2.4	41.4		68.8	0.4
2009	125.9	12.1		2.3	43.1		68.4	0.3
2010	126.6	11.6		2.2	44.6	6.3	68.2	0.3
2011	129.4	13.1		2.2	46.2	6.6	67.9	0.3
2012	146.2	26.3		2.0	49.9	7.5	68.0	0.3
2013	156.2	31.4	2.6	1.8	54.7	8.0	68.3	0.3
2014	166.5	36.0	2.9	1.7	60.6	8.8	68.2	0.3
2015	176.5	40.7	3.1	1.5	66.2	9.9	68.1	0.3
2016	174.5	37.9	3.1	0.1	70.2	10.4	66.2	0.3
2017	182.1	39.7	2.9	0.1	76.2	11.3	66.1	0.3
2018	187.6	40.7	2.3	0.2	81.7	12.5	65.0	0.3
2019	201.4	50.2	2.5	0.3	86.6		64.3	0.3
2020	229.3	77.8	2.5	0.6	89.4		61.5	0.3
2021	238.0	86.4	2.5	0.8	90.2	13.7	60.6	0.3
2022	250.1	99.4	2.5	0.9	89.1	13.9	60.7	0.3
2023	131.6	48.5	2.4	1.0	88.2	14.0		0.3

B-1-5　民政部门登记和管理的机构和设施（按国民经济行业分类）

单位：万个

年份	合计	民政服务	成员组织	社会组织	自治组织	其他社会服务机构	其他事业单位	行政机关
1978	1.1	0.8				0.3		
1979	1.3	1.0				0.3		
1980	1.4	1.1				0.3		
1981	1.5	1.2				0.3		
1982	1.7	1.4				0.3		
1983	40.2	2.2	37.7		37.7	0.3		
1984	103.6	3.0	100.3		100.3	0.3		
1985	107.7	4.5	103.0		103.0	0.3		
1986	101.2	5.6	95.3		95.3	0.3		
1987	100.1	6.6	93.2		93.2	0.3		
1988	106.7	8.1	98.3	0.4	97.8	0.3		
1989	111.8	8.3	103.3	0.5	102.8	0.3		
1990	119.8	8.4	111.1	1.1	110.0	0.3		
1991	129.2	8.7	120.2	8.3	111.9	0.3		
1992	136.1	9.5	126.3	15.5	110.8	0.3		
1993	139.7	10.7	128.7	16.8	112.0	0.3		
1994	140.3	10.9	129.1	17.4	111.7	0.3		
1995	133.6	10.9	122.4	18.1	104.4	0.3		
1996	133.9	10.9	122.7	18.5	104.2	0.3		
1997	131.4	10.6	120.5	18.1	102.4	0.3		
1998	122.2	10.2	111.8	16.6	95.2	0.3		
1999	115.7	9.5	105.9	14.3	91.6	0.3		
2000	109.5	9.8	99.3	15.3	84.0	0.3		
2001	109.8	9.2	100.3	21.1	79.2	0.3		0.6
2002	110.5	9.1	101.2	24.5	76.7	0.3		0.5
2003	109.9	8.9	100.7	26.7	74.0	0.3		0.4
2004	111.1	9.6	101.1	28.9	72.2	0.3		0.4
2005	112.6	9.5	102.9	32.0	70.9	0.3		0.4
2006	115.7	9.2	105.9	35.4	70.5	0.5		0.4
2007	117.7	9.0	108.2	38.7	69.5	0.5		0.3
2008	119.2	8.4	110.2	41.4	68.8	0.6		0.4
2009	125.9	13.8	111.5	43.1	68.4	0.6		0.3
2010	126.6	13.2	112.8	44.6	68.2	0.6		0.3
2011	129.4	14.6	114.1	46.2	67.9	0.7		0.3
2012	146.2	27.5	117.9	49.9	68.0	0.6	0.2	0.3
2013	156.1	32.3	123.0	54.7	68.3	0.6	0.2	0.3
2014	166.8	37.1	128.8	60.6	68.2	0.7	0.2	0.3
2015	176.5	41.3	134.3	66.2	68.1	0.7	0.2	0.3
2016	174.5	42.3	136.4	70.2	66.2	0.6	0.2	0.3
2017	182.1	44.4	142.2	76.2	66.1	0.5	0.2	0.3
2018	187.6	45.9	146.7	81.7	65.0	0.5	0.2	0.3
2019	201.4	56.6	150.9	86.6	64.3	0.5	0.2	0.3
2020	229.3	84.4	150.9	89.4	61.5	0.5	0.2	0.3
2021	238.0	92.9	150.9	90.2	60.6	0.5	0.1	0.3
2022	250.1	105.5	149.9	89.1	60.7	0.6	0.1	0.3
2023	131.6	48.5	88.4	88.2		0.6	0.1	0.3

B-1-6 民政部门登记和管理的机构和设施职工

单位：万人

年份	合计	民政服务	成员组织	社会组织	自治组织	其他社会服务机构	其他事业单位	行政机关	乡、镇、街道民政助理员
1978	19.7	19.7							
1979	21.9	21.9							
1980	25.3	25.3							
1981	27.8	27.8							
1982	29.1	29.1							
1983	41.5	41.5							
1984	48.0	48.0							
1985	497.9	83.4	414.5		414.5				
1986	506.2	104.1	402.1		402.1				
1987	529.1	132.2	396.9		396.9				
1988	569.6	166.9	402.7		402.7				
1989	587.5	171.5	416.0		416.0				
1990	631.8	179.3	452.5		452.5				
1991	661.2	192.7	468.5		468.5				
1992	691.3	213.9	477.4		477.4				
1993	733.9	230.0	503.9		503.9				
1994	749.6	243.1	506.5		506.5				
1995	694.2	245.7	448.5		448.5				
1996	676.0	229.2	446.8		446.8				
1997	666.8	238.2	428.6		428.6			14.3	
1998	634.4	225.0	409.4		409.4			14.8	
1999	615.1	213.7	401.4		401.4			14.8	5.9
2000	566.8	203.4	363.4		363.4			13.5	5.7
2001	565.2	202.4	362.8		362.8			12.1	4.6
2002	526.2	192.4	333.8		333.8			11.2	4.1
2003	551.8	193.0	358.8		358.8			10.8	3.7
2004	532.4	197.8	334.6		334.6			11.3	3.9
2005	500.6	189.5	311.1		311.1			8.4	5.5
2006	895.5	183.0	712.5	425.2	287.3			8.3	4.6
2007	930.0	190.4	739.6	456.9	282.7			8.4	4.7
2008	958.7	206.9	751.8	475.8	276.0			8.7	4.5
2009	1029.3	207.5	821.8	544.7	277.1			8.8	4.7
2010	1129.5	234.0	895.5	618.2	277.3			8.9	5.0
2011	1120.8	235.7	876.6	599.3	277.3	8.5		9.0	4.9
2012	1144.7	241.4	892.5	613.3	279.2	8.6	2.2	9.3	5.2
2013	1197.6	269.2	917.3	636.6	280.7	9.1	2.0	9.4	5.2
2014	1250.9	277.3	962.5	682.3	280.2	9.3	1.9	9.5	5.4
2015	1308.9	281.9	1015.7	734.8	280.9	9.5	1.8	9.5	5.3
2016	1239.3	185.7	1043.0	763.7	279.3	9.0	1.6	9.6	5.3
2017	1355.8	199.8	1145.5	864.7	280.8	9.0	1.6	9.8	5.6
2018	1470.0	200.1	1259.7	980.4	279.4	8.7	1.5	9.5	5.8
2019	1545.7	248.4	1286.8	1009.2	277.6	8.6	1.8	8.6	5.8
2020	1644.8	355.9	1330.8	1061.9	268.9	9.3	1.9	8.5	5.7
2021	1730.4	396.4	1375.2	1100.0	274.5	9.4	2.0	8.6	5.7
2022	1781.3	429.0	1400.5	1108.3	281.7	9.8	1.9	8.6	5.7
2023	1274.5	157.5	1155.4	1152.3	—	9.9	2.1	8.3	5.6

注：合计数不含行政机关人员和民政助理员。

B-1-7 民政服务对象及民政从业人员性别情况

年份	城市最低生活保障人数（万人）	女性	农村最低生活保障人数（万人）	女性	农村特困人员人数（万人）	女性	本年在站救助人次数（人次）	女性
1996	84.9							
1997	87.9							
1998	184.1							
1999	256.9							
2000	402.6							
2001	1170.7		304.6					
2002	2064.7		407.8					
2003	2246.8		367.1				634528	
2004	2205.0		488.0				820254	
2005	2234.2	592.4	825.0	235.1			1196305	209632
2006	2240.1	787.5	1593.1	455.1			1295506	221164
2007	2272.1	922.5	3566.3	1169.2	531.3	137.5	1544492	281987
2008	2334.8	947.7	4305.5	1337.0	548.6	127.5	1573484	269609
2009	2345.6	961.4	4760.0	1502.4	553.4	123.9	1680532	281387
2010	2310.5	943.4	5214.0	1673.4	556.3	120.7	1719008	314866
2011	2276.8	920.2	5305.7	1700.6	551.0	115.6	2409701	373103
2012	2143.5	889.9	5344.5	1814.5	545.6	109.4	2765761	383262
2013	2064.2	867.0	5388.0	1866.5	537.3	102.0	3479536	609333
2014	1877.0	792.4	5207.2	1826.4	529.1	94.1	2953359	568551
2015	1701.1	727.1	4903.6	1795.0	516.7	87.2	3233912	608786
2016	1480.2	643.6	4586.5	1774.2	496.9	76.2	2886925	467503
2017	1261.0	561.4	4045.2	1649.2	466.9	61.5	1665633	257040
2018	1007.0	451.6	3519.1	1476.5	455.0	57.0	1220283	169045
2019	860.9	386.3	3455.4	1502.8	439.1	47.0	1000958	130783
2020	805.1	372.2	3620.8	1673.4	446.3	49.1	589501	73984
2021	737.8	345.2	3474.5	1627.8	437.3	45.4	491355	59991
2022	682.4	320.1	3349.6	1582.8	434.5	42.9	329863	43244
2023	663.6	311.8	3399.7	1615.4	435.4	41.4	423757	69687

B-1-7续表

年份	社会团体负责人（万人）	女性	基金会负责人（人）	女性	民办非企业单位负责人（万人）	女性
1996						
1997						
1998						
1999	47.6	6			0.9	0.2
2000	45.4	6.1			3.2	0.7
2001	43.3	5.7			10.1	3.6
2002	45.5	6.1			14.4	5.1
2003	51.8	6.2			16.6	5.8
2004	56	6.6			19.1	6.5
2005	64	6.9	2940	450	23.1	7
2006	36.4	7	3014	738	20.9	6.5
2007	39.2	7.9	3113	925	25.9	7.4
2008	49.5	10.2	3231	600	30.6	8.9
2009	49.4	9.4	3856	637	31.1	9.6
2010	56.9	9.1	4797	1019	35.7	10.1
2011	59.4	8.2	6257	1388	33.6	11
2012	61.6	9.1	6896	1167	35.9	11.9
2013	61	10	7331	1429	37.7	12.6
2014	63.9	10.7	8952	1687	41.3	13.9
2015	66.3	12.2	12491	2852	48.4	16
2016	73.8	12.7	11902	2504	51.6	18
2017	76.3	14.1	13640	3259	56.8	20.2
2018	83	16.4	15758	3110	69.1	25.9
2019	86.4	14.9	17781	2980	78.5	29.3
2020	83.1	14.2	19988	3892	82.5	30.8
2021	95	14.7	23507	6296	87.9	34
2022	98.3	15.2	25194	7119	89.8	34.9
2023	104.4	15.6	30624	8080	87.9	34.9

B-1-8 民政部门登记和管理的机构固定资产原价

年份	合计	民政服务	成员组织	社会组织	自治组织	其他 社会服务	其他 事业单位	行政机关
1982								
1983	13.0	13.0						
1984	14.9	14.9						
1985	20.1	20.1						
1986	24.2	24.2						
1987	28.7	28.7						
1988	40.8	40.8						
1989	44.1	44.1						
1990	51.7	51.7						
1991	63.6	63.6						
1992	75.6	75.6						
1993	100.3	100.3						
1994	119.0	119.0						
1995	142.6	142.6						
1996	168.1	168.1						
1997	211.5	211.5						
1998	962.4	962.4						
1999	1017.3	1017.3						
2000	1199.3	1199.3						
2001	1317.0	1317.0						
2002	1394.9	1394.9						
2003	1644.3	1644.3						
2004	1755.6	1755.6						62.8
2005	3032.9	1858.0	1174.9		1174.9			64.9
2006	3972.4	2103.0	1869.4	423.0	1446.4			94.3
2007	3840.2	1934.3	1905.9	682.0	1223.9			132.8
2008	4592.8	2186.8	2273.1	805.8	1467.3			132.9
2009	5198.0	2326.4	2752.4	1030.0	1722.4			119.2
2010	6589.3	2671.9	3795.6	1864.1	1931.5			121.8
2011	6676.7	2790.4	3684.2	1885.0	1799.2	231.0		284.2
2012	6675.4	2898.9	3477.7	1425.4	2052.3	251.8	47.0	344.1
2013	6810.2	3030.7	3465.7	1496.6	1969.1	267.0	46.8	185.4
2014	7212.9	3273.0	3609.3	1560.6	2048.6	283.8	46.8	169.3
2015	8183.1	2892.2	4950.4	2311.1	2639.3	292.0	48.5	251.5
2016	5393.6	1238.6	3807.3	2740.0	1067.3	293.3	54.4	192.4
2017	5434.8	1422.9	3635.7	2802.2	833.5	318.4	57.6	224.3
2018	5736.2	1206.6	4129.3	3542.3	587.0	345.9	54.5	247.8
2019	6515.3	1555.0	4525.7	3889.1	636.6	358.1	76.5	285.8
2020	7278.0	1715.1	5616.3	4793.1	823.2	418.6	86.1	305.6
2021	8610.0	1918.0	6664.5	5840.9	823.6	476.2	118.9	399.0
2022	9538.8	2170.9	7292.8	6521.3	771.5	537.5	123.6	470.1
2023	8763.9	1764.5	6709.2	6709.2	—	569.5	114.9	580.5

B-1-9 历年国家财政支出和民政事业费支出情况

单位：亿元、%

年份	国家财政支出	民政事业费支出	占国家财政支出	年份	国家财政支出	民政事业费支出	占国家财政支出
1950	68.04	1.32	1.94	1987	2262.18	35.93	1.59
1951	122.32	1.37	1.12	1988	2491.21	39.56	1.59
1952	175.78	2.83	1.61	1989	2823.78	46.65	1.65
1953	220.50	3.55	1.61	1990	3083.59	51.94	1.68
1954	280.93	6.04	2.15	"八五"时期	24387.46	386.59	1.59
1955	474.29	4.98	1.05	1991	3386.62	62.54	1.85
"一五"时期	1367.89	25.99	1.90	1992	3742.20	63.71	1.70
1956	536.79	5.69	1.06	1993	4642.30	69.87	1.51
1957	303.43	5.31	1.75	1994	5792.62	87.02	1.50
1958	408.75	3.27	0.80	1995	6823.72	103.45	1.52
1959	553.09	4.48	0.81	"九五"时期	57043.46	840.90	1.47
1960	652.25	7.24	1.11	1996	7937.55	121.15	1.53
"二五"时期	3760.99	53.03	1.41	1997	9233.56	133.52	1.45
1961	367.66	9.89	2.69	1998	10798.18	161.84	1.50
1962	305.33	7.45	2.44	1999	13187.67	194.70	1.48
1963	339.15	8.75	2.58	2000	15886.50	229.69	1.45
1964	398.77	16.15	4.05	"十五"时期	127800.69	2471.74	1.93
1965	467.10	10.79	2.31	2001	18902.58	284.75	1.51
"三五"时期	2523.24	35.83	1.42	2002	22053.15	392.27	1.78
1966	540.49	8.81	1.63	2003	24649.95	498.92	2.02
1967	441.40	8.21	1.86	2004	28486.89	577.39	2.03
1968	359.62	5.61	1.56	2005	33930.28	718.41	2.12
1969	525.20	6.67	1.27	"十一五"时期	318970.83	9156.70	2.87
1970	646.53	6.53	1.01	2006	40422.73	915.35	2.26
"四五"时期	3924.37	46.70	1.19	2007	49781.35	1215.49	2.44
1971	734.41	6.83	0.93	2008	62592.66	2146.45	3.43
1972	768.87	8.15	1.06	2009	76299.93	2181.90	2.86
1973	810.57	9.97	1.23	2010	89874.16	2697.51	3.00
1974	792.98	9.04	1.14	"十二五"时期	703076.19	20529.88	2.92
1975	820.00	12.71	1.55	2011	109247.79	3229.14	2.96
"五五"时期	5198.77	84.22	1.62	2012	125952.97	3683.74	2.92
1976	804.48	16.17	2.01	2013	140212.10	4276.50	3.05
1977	842.27	18.53	2.20	2014	151785.56	4414.10	2.91
1978	1122.09	13.71	1.22	2015	175877.77	4926.40	2.80
1979	1281.79	18.33	1.43	"十三五"时期	1096208.82	24537.21	2.24
1980	1228.83	17.48	1.42	2016	187755.21	5440.15	2.90
"六五"时期	7483.18	113.85	1.52	2017	203085.49	5932.68	2.92
1981	1138.41	19.23	1.69	2018	220906.07	4076.93	1.85
1982	1229.98	19.19	1.56	2019	238874.02	4279.24	1.79
1983	1409.52	21.61	1.53	2020	245588.03	4808.21	1.96
1984	1701.02	24.24	1.43	"十四五"时期	781505.00	15017.02	1.92
1985	2004.25	29.58	1.48	2021	246322.00	4679.01	1.90
"七五"时期	12865.67	208.49	1.62	2022	260609.20	5090.38	1.95
1986	2204.91	34.41	1.56	2023	274573.80	5247.63	1.91

B-1-10　民政事业费支出按用项分类

单位：亿元

年份	民政事业费总支出	抚恤	离休费	社会福利及其他社会救济费	最低生活保障事业费	自然灾害救济费	退休费	其他民政事业费
1978	13.7	2.8		4.4		4.2	2.3	
1979	18.4	3.5		5.2		6.8	2.9	
1980	17.5	4.4		5.2		4.5	3.4	
"六五"时期	114.2	27.3	0.9	32.1		35.2	16.8	1.7
1981	19.2	4.4		5.1		6.3	3.4	
1982	19.6	4.8		5.1		6.0	3.5	
1983	21.6	5.3		6.5		6.4	3.4	
1984	24.2	6.1	0.2	8.0		6.9	3.0	
1985	29.6	6.7	0.7	7.4		9.6	3.5	1.7
"七五"时期	208.4	59.2	11.4	46.7		56.4	22.0	12.8
1986	34.4	8.4	1.2	8.3		10.7	3.8	1.9
1987	35.9	9.6	1.8	8.6		9.9	4.1	2.0
1988	39.6	11.0	2.3	9.0		10.4	4.3	2.5
1989	46.6	14.0	2.9	10.0		12.3	4.6	2.9
1990	51.9	16.2	3.2	10.8		13.1	5.2	3.5
"八五"时期	386.6	107.8	23.2	75.6		94.1	45.5	40.5
1991	62.5	16.8	3.6	11.7		20.9	5.4	4.2
1992	63.7	18.0	4.2	12.4		17.1	6.6	5.4
1993	69.9	20.1	3.6	14.5		14.9	8.3	8.4
1994	87.0	24.4	5.5	17.3		17.7	12.1	10.1
1995	103.5	28.5	6.3	19.7		23.5	13.1	12.4

年份	民政事业费总支出	抚恤	军队离退休、退职费	社会福利及其他社会救济费	最低生活保障事业费	自然灾害救济费	地方离、退休人员费	其他民政事业费
"九五"时期	840.9	220.6	76.9	201.8	48.7	171.5	58.0	112.2
1996	121.2	31.9	6.2	22.8	3.0	30.8	13.9	15.5
1997	133.5	36.1	12.4	27.1	2.9	28.7	10.3	19.0
1998	161.8	39.4	15.2	34.0	7.1	41.2	10.9	21.3
1999	194.7	49.7	18.4	52.5	13.8	35.6	11.2	27.2
2000	229.7	63.5	24.7	65.4	21.9	35.2	11.7	29.2

年份	民政事业费总支出	抚恤	退役安置	社会福利	社会救助	城市低保及其他城市社会救济	农村低保及其他农村社会救济	医疗救助	自然灾害生活救助	离退休人员经费	其他
"十五"时期	2471.8	479.8	302.7	206.8	924.3	660.0	176.5	11.0	247.6	66.9	242.6
2001	284.8	69.5	31.2	30.1	90.6	49.6	10.9		41.0	13.0	8.4
2002	392.3	74.7	49.5	29.2	138.3	108.7	14.2		40.0	13.2	47.3
2003	498.9	87.9	59.0	39.8	192.2	153.1	23.8		52.9	13.1	54.0
2004	577.4	104.1	74.1	52.1	223.6	172.7	47.7	3.2	51.1	13.9	58.5
2005	718.4	143.6	88.9	55.6	279.6	191.9	79.9	7.8	62.6	13.7	74.4

单位：亿元

年份	民政事业费总支出	抚恤	退役安置	社会福利	社会救助	城市低保及其他城市社会救济	农村低保及其他农村社会救济	医疗救助	自然灾害生活救助	离退休人员经费	其他
"十一五"时期	9156.8	1316.2	956.0	490.0	3673.6	1941.7	1710.7	436.1	1205.0	125.7	975.4
2006	915.4	178.8	115.7	65.3	372.0	224.2	126.6	21.2	79.0	14.0	90.6
2007	1215.5	210.8	165.0	87.6	509.7	277.4	189.8	42.5	79.8	24.8	137.8
2008	2146.5	253.6	180.6	103.1	806.7	393.4	326.8	86.5	609.8	26.5	166.2
2009	2181.9	310.3	225.7	124.1	1098.1	482.1	487.9	128.1	199.2	30.0	194.5
2010	2697.5	362.7	269.0	109.9	1302.0	564.6	579.6	157.8	237.2	30.4	386.3

年份	民政事业费总支出	抚恤	退役安置	社会福利	社会救助	城乡低保	其他社会救助	医疗救助	自然灾害生活救助	民政管理事务	行政事业单位养老支出	其他
"十二五"时期	20520.0	2887.1	2149.2	1993.1	10349.7	7586.3	1471.4	1292.0	743.7	1496.1	212.2	688.9
2011	3229.2	428.3	302.3	232.2	1766.3	1327.6	222.4	216.3	128.7	220.8	35.3	115.3
2012	3683.8	517.0	372.1	319.5	1866.1	1392.3	243.2	230.6	163.4	248.5	39.0	158.2
2013	4276.5	618.4	435.3	397.6	2172.4	1623.6	291.4	257.4	178.7	296.7	43.6	133.8
2014	4404.1	636.6	456.8	481.0	2197.5	1592.0	321.5	284.0	124.4	330.5	44.2	133.1
2015	4926.4	686.8	582.7	562.8	2347.4	1650.8	392.9	303.7	148.5	399.6	50.1	148.5
"十三五"时期	24537.2	1597.1	1349.0	5294.8	12319.9	8637.1	2974.2	708.5	284.1	2441.9	228.2	1022.3
2016	5440.2	769.8	625.6	753.4	2492.8	1702.4	458.0	332.3	156.1	441.7	48.4	152.2
2017	5932.7	827.3	723.4	920.5	2609.8	1692.3	541.3	376.2	128.0	501.0	47.9	175.0
2018	4076.9			1064.8	2224.0	1632.1	591.9			500.3	38.2	249.6
2019	4279.2			1228.8	2281.4	1646.7	634.7			497.7	46.1	225.2
2020	4808.2			1327.3	2711.9	1963.6	748.3			501.2	47.6	220.3

年份	民政事业费总支出	社会福利	社会救助	城乡低保	民政管理事务	行政事业单位养老支出	其他
"十四五"时期	15017.0	4679.2	7964.9	5728.5	1599.0	120.5	653.5
2021	4679.0	1402.4	2549.4	1833.0	493.8	33.3	200.1
2022	5090.4	1582.7	2707.9	1946.9	536.0	41.6	222.2
2023	5247.6	1694.1	2707.6	1948.6	569.2	45.6	231.2

注：2018年民政机构改革，抚恤、退役安置、医疗救助、救灾等职能从民政部门转出。

B-1-11 中央财政转移支付的民政事业费

年份	合计	中央级民政事业费	中央专项转移支付	抚恤、退休、救济费	救灾	社会福利救济事业费	其他
1978	11	11					
1979	44	44					
1980	103	103					
"六五"时期	335594	1108	334486	63306	270745	220	215
1981	138	138					
1982	74120	78	74042	14247	59795		
1983	74368	163	74205	14205	60000		
1984	78872	286	78586	18586	60000		

年份	合计	中央级民政事业费	中央专项转移支付	抚恤	安置	救灾	社会福利救济事业费	其他
1985	108096	443	107653	9698	6570	90950	220	215
"七五"时期	778310	9267	769043	148718	105230	512500		
1986	132802	2526	130276	16396	9285	102000		
1987	133877	2742	131135	21726	19409	90000		
1988	158355	1297	157058	24110	21948	111000		
1989	174374	1185	173189	43206	26483	103500		
1990	178902	1517	177385	43280	28105	106000		
"八五"时期	1488090	15897	1472193	328272	315101	828820		
1991	309432	1792	307640	49010	34210	224420		
1992	209360	3217	206143	52156	40587	113400		
1993	238083	3108	234975	60494	53481	121000		
1994	353831	4077	349754	79084	90670	180000		
1995	377384	3703	373681	87528	96153	190000		
"九五"时期	2943934	104302	2839632	749824	773058	1122750	190000	4000
1996	426354	6371	419983	102394	102589	215000		
1997	455309	5954	449355	110430	114925	220000		4000
1998	568049	50783	517266	120000	149516	247750		

单位：亿元

年份	合计	中央级民政事业费	中央专项转移支付	抚恤	安置	福利	低保	临时救助	流浪乞讨救助	医疗救助	救灾	其他
1999	62.8	1.2	61.6	18.0	17.6		4.0				22.0	
2000	86.6	2.9	83.7	23.7	23.0		15.0				22.0	
"十五"时期	1004.3	11.9	992.4	212.1	217.3		373.1			12.0	170.1	7.9
2001	109.6	1.4	108.2	26.3	28.7		23.0				30.2	
2002	140.2	1.8	138.4	31.6	37.0		45.5				24.3	
2003	213.6	1.8	211.8	37.1	39.2		92.0			3.0	40.5	0.1
2004	227.7	3.9	223.8	40.7	47.4		100.6			3.0	32.0	0.1
2005	313.2	2.9	310.3	76.4	65.0		112.0			6.0	43.1	7.7
"十一五"时期	4745.9	87.0	4658.9	767.6	699.9		1941.6			319.6	856.1	74.2
2006	406.8	2.8	404.0	111.7	73.9		136.0			14.3	49.4	18.7
2007	507.7	3.3	504.4	110.9	117.4		189.9			36.3	49.9	0.1
2008	1207.7	26.6	1181.1	142.1	142.9		363.1			54.5	478.4	0.1
2009	1232.5	5.5	1227.0	187.3	160.2		620.0			84.5	174.7	0.3
2010	1391.2	48.8	1342.4	215.6	205.5		632.6			130.0	103.7	55.0
"十二五"时期	10189.2	61.5	10127.7	1668.5	1390.9	258.0	5312.0	73.0		785.6	489.5	150.2
2011	1817.4	9.4	1808.0	277.4	206.4	25.2	1004.7			150.0	84.0	60.3
2012	1804.6	10.0	1794.6	333.3	265.4	42.0	870.5			150.0	112.7	20.7
2013	2163.5	13.7	2149.7	369.8	277.4	54.4	1168.8			156.7	101.9	20.8
2014	2117.8	12.8	2105.0	338.0	288.8	63.4	1101.3	32.0		165.0	96.3	20.2
2015	2285.9	15.6	2270.3	350.0	352.9	73.0	1166.7	41.0		163.9	94.6	28.2
"十三五"时期	9812.8	80.1	9732.7	803.6	833.7	79.1	7181.1		20.0	355.8	137.9	312.8
2016	2500.6	16.6	2484.0	390.9	384.7	79.1	1341.5		20.0	177.9	54.0	27.3
2017	2519.1	26.9	2492.3	412.7	449.0		1326.6			177.9	83.9	42.2
2018	1498.5	12.9	1485.6				1399.5					86.1
2019	1578.8	12.1	1566.6				1471.7					94.9
2020	1715.8	11.6	1704.2				1641.8					62.3

年份	合计	中央级民政事业费	中央专项转移支付	困难群众救助补助资金	彩票公益金	中央预算内基本建设投资
"十四五"时期	5046.6	84.8	4961.8	4591.9	144.9	225.0
2021	1608.8	30.7	1578.1	1476.2	43.5	58.4
2022	1714.8	27.5	1687.3	1546.8	56.0	84.5
2023	1723.0	26.6	1696.4	1568.9	45.4	82.1

B-1-12 彩票公益金支出

单位：亿元

年份	合计	抚恤	退役安置	社会福利	低保及其他社会救济	医疗救助	自然灾害生活救助	其他
"十一五"时期	485.3	17.6	6.0	204.9	26.2	48.8		175.6
2006	52.6	2.6	1.0	24.1	3.3			21.6
2007	77.6	3.0	0.9	35.5	4.3			33.9
2008	119.2	3.7	1.3	44.9	7.2	17.5		38.5
2009	113.4	3.4	1.2	49.3	5.9	15.5		38.0
2010	122.5	4.9	1.6	51.1	5.5	15.8		43.6
"十二五"时期	1002.6	30.5	2.6	596.4	42.7	90.4	8.8	206.7
2011	127.9	4.8	0.4	61.4	7.4	16.3	0.8	36.6
2012	159.0	5.4	0.5	92.2	7.3	16.8	1.3	35.6
2013	195.5	7.5	0.6	117.1	8.7	17.5	2.6	41.5
2014	231.3	5.9	0.9	143.6	10.0	19.1	2.2	49.4
2015	288.9	6.9	0.2	182.1	9.3	20.7	1.9	43.6
"十三五"时期	1285.0	13.3	1.4	864.3	53.5	40.1	6.2	306.2
2016	268.3	7.1	0.8	172.9	10.4	19.6	2.7	54.7
2017	275.2	6.2	0.6	173.6	14.9	20.5	3.5	55.9
2018	251.7			171.5	9.1			71.1
2019	259.9			185.6	8.6			65.8
2020	229.9			160.7	10.5			58.7
"十四五"时期	644.1			483.0	14.7			146.4
2021	196.8			146.6	5.2			45.0
2022	212.9			158.2	4.3			50.4
2023	234.4			178.2	5.2			51.0

B-1-13 中央彩票公益金安排情况

单位：亿元

年份	合计	中央级	转移支付	养老	残疾人	儿童	社会公益	医疗救助	居家和社区养老服务改革试点
"十五"时期	14.9		14.9	0.7		2.1	0.2	12.0	
2001									
2002									
2003	3.0		3.0					3.0	
2004	5.9		5.9	0.7		2.1	0.2	3.0	
2005	6.0		6.0					6.0	
"十一五"时期	112.3	2.5	109.8	21.6		16.4	1.8	70.0	
2006	14.0	0.1	13.9	1.6		3.2	0.1	9.0	
2007	17.0	0.9	16.1	1.5		1.2	0.3	13.0	
2008	28.1	0.1	28.0	4.8		6.7	0.6	16.0	
2009	26.6	0.1	26.5	7.8		2.1	0.7	16.0	
2010	26.5	1.3	25.2	5.9		3.2	0.1	16.0	
"十二五"时期	220.8	8.2	212.6	75.8	25.3	22.9	8.6	80.0	
2011	30.0	1.3	28.7	7.9		3.5	1.4	16.0	
2012	36.0	2.3	33.7	10.7	1.0	4.4	1.7	16.0	
2013	48.7	1.8	46.9	22.2	2.0	5.1	1.7	16.0	
2014	36.0	1.1	34.9	10.2	3.0	4.0	1.7	16.0	
2015	70.1	1.7	68.4	24.9	19.4	6.0	2.1	16.0	
"十三五"时期	216.8	3.9	213.0	68.1	20.0	28.8	10.1	36.0	49.9
2016	54.4	1.8	52.6	13.1	3.0	6.0	2.5	18.0	10.0
2017	54.4	0.8	53.6	13.2	4.9	4.9	2.6	18.0	10.0
2018	39.8	0.9	39.0	14.8	5.6	6.8	1.7		10.0
2019	48.7	0.2	48.5	22.2	5.4	8.2	2.8		10.0
2020	19.5	0.2	19.3	4.8	1.1	2.9	0.5		9.9
"十四五"时期	145.0	0.1	144.9	50.6	13.5	13.5	34.4		33.0
2021	43.6	0.1	43.5	15.3	4.1	4.1	9.0		11.0
2022	56.0		56.0	19.9	5.3	5.3	14.5		11.0
2023	45.4		45.4	15.4	4.1	4.1	10.9		11.0

B-1-14　民政事业基本建设投资（按投资来源分类）

单位：亿元、个、万平方米

年份	计划总投资	本年完成投资	国家投资	国内贷款	自筹	彩票公益金	其他	本年完工项目个数
1989	5.8	2.0	0.7	0.1	0.8		0.2	
1990	6.9	2.4	0.8	0.1	1.0		0.3	
"八五"时期	63.4	27.6	10.3	1.2	13.4		2.8	
1991	7.0	3.0	1.0	0.1	1.5		0.3	
1992	7.3	3.2	1.0	0.1	1.9		0.4	
1993	12.8	5.6	1.4	0.2	3.4		0.7	
1994	15.5	6.2	2.3	0.5	2.9		0.6	
1995	20.9	9.6	4.6	0.3	3.8		0.9	
"九五"时期	237.9	89.8	21.3	5.9	54.3	6.8	8.3	2793
1996	29.8	10.1	2.1	0.4	6.4		1.1	
1997	35.7	13.8	2.7	0.8	8.6		1.6	
1998	41.0	16.6	2.8	0.8	11.1		1.9	
1999	63.2	24.7	6.0	2.3	14.6	3.5	1.8	1456
2000	68.2	24.7	7.7	1.6	13.6	3.3	1.9	1337
"十五"时期	376.9	151.7	47.9	8.8	78.4	21.0	16.6	22117
2001	77.5	30.8	10.4	2.2	15.1	3.6	3.1	1360
2002	88.7	30.1	9.5	1.4	15.9	3.3	3.3	3659
2003	87.3	30.0	9.9	1.7	15.1	3.5	3.3	3867
2004	89.7	29.2	8.9	2.4	14.4	4.7	3.5	8982
2005	33.8	31.6	9.1	1.0	17.9	5.8	3.5	4249
"十一五"时期	485.6	487.8	210.7	12.4	148.8	96.8	82.3	62453
2006	34.8	33.5	9.9	0.9	19.9	8.4	2.5	3626
2007	47.6	47.7	14.5	3.0	26.9	13.0	2.9	2446
2008	63.5	66.6	26.6	1.9	34.6	16.5	3.2	3906
2009	166.5	157.0	70.6	3.7	67.4	26.6	15.3	6457

年份	本年计划总投资	本年完成投资	国家投资	国内贷款	利用外资	彩票公益金	其他	本年完工项目个数（规模）
2010	173.2	183.0	89.1	2.9	0.2	32.3	58.5	46018
"十二五"时期	1234.7	1268.1	499.9	19.6	5.8	288.3	454.5	38309
2011	217.3	218.5	78.5	6.2	0.5	53.4	79.9	4533
2012	222.3	234.7	104.2	3.8	1.1	51	74.6	6095
2013	311.9	292.8	120.1	1.4	1.7	64.7	104.8	15328
2014	266	282.2	104.3	3.5	1.7	57.5	115.3	11355
2015	217.2	239.9	92.8	4.7	0.8	61.7	79.9	1048
"十三五"时期	860.5	1018.7	381.7	16.8	0.9	238.9	380.4	5017
2016	208.9	245.8	84.4	2.7		68.4	90.3	1243
2017	180.3	209.2	77.8	5.2	0.1	55.3	70.9	1154
2018	157.9	188.0	71.9	2.7	0.3	48.0	65.1	669
2019	156.0	184.8	72.6	3.4	0.1	37.9	70.7	900
2020	157.4	190.9	75.0	2.8	0.4	29.3	83.4	1051
"十四五"时期	468.7	558.0	217.1	28.4	1.5	56.8	254.2	2475.8
2021	167.2	201.3	60.5	11.2	0.9	23.0	105.8	1001.4
2022	144.1	172.4	66.5	5.6	0.2	16.9	83.1	715.3
2023	157.4	184.3	90.1	11.6	0.4	16.9	65.3	759.1

注：自2015年起，本年完工项目个数指标更改为本年完工项目规模，单位为万平方米。

B-1-15　国家预算内基本建设投资（按项目分类）

单位：亿元

年份	国家预算内基本建设投资	优抚安置单位	社区服务设施	收养性福利机构	殡葬	救助	其他
1989	0.7						0.7
1990	0.8			0.2	0.1		0.5
"八五"时期	**10.3**	**4.2**		**1.4**	**1.1**	**0.2**	**3.4**
1991	1.0	0.1		0.2	0.1		0.6
1992	1.0			0.2			0.8
1993	1.4			0.2	0.4		0.8
1994	2.3	1.2		0.3	0.3		0.5
1995	4.6	2.9		0.5	0.3	0.2	0.7
"九五"时期	**21.3**	**2.0**	**1.6**	**6.6**	**6.5**		**4.6**
1996	2.1	0.1		0.5	0.5		1.0
1997	2.7			0.7	1.1		0.9
1998	2.8	0.2		1.8	0.8		
1999	6.0	0.9	0.6	1.5	1.7		1.3
2000	7.7	0.8	1.0	2.1	2.4		1.4
"十五"时期	**47.9**	**5.0**	**9.4**	**14.3**	**9.2**		**10.0**
2001	10.4	0.7	1.5	3.1	2.1		3.0
2002	9.5	0.7	2.1	2.8	1.9		2.0
2003	9.9	1.2	2.4	3.3	1.5		1.5
2004	9.0	1.1	2.3	2.5	1.1		2.0
2005	9.1	1.3	1.1	2.6	2.6		1.5

单位：亿元

年份	国家预算内基本建设投资	优抚安置单位	社区服务设施	收养性福利机构	殡葬	救助	其他
"十一五"时期	**210.8**	**27.8**	**31.5**	**85.2**	**19.2**	**8.1**	**39.0**
2006	9.9	1.8	0.8	3.9	1.4	0.3	1.6
2007	14.5	2.5	0.9	6.5	2.4	0.4	1.8
2008	26.6	8.2	1.9	8.5	3.7	1.1	3.2
2009	70.6	7.4	14.0	30.1	5.7	2.5	11.0
2010	89.2	7.9	13.9	36.2	6.0	3.8	21.4
"十二五"时期	**499.9**	**20.8**	**29.4**	**277.3**	**12.9**	**63.5**	**95.9**
2011	78.5	9.5	11.1	31.1	5.8	3.8	17.2
2012	104.2	11.3	18.3	45.1	7.1	6.1	16.2

年份	国家预算内基本建设投资	提供住宿的民政服务机构	养老机构	精神卫生福利机构	儿童福利和救助保护机构	不提供住宿的民政服务机构	其他
2013	120.1	76.2	66.5	3.2	4.6	22.2	21.7
2014	104.3	66.4	58.1	2.7	4.5	16.2	21.7
2015	92.8	58.5	51.6	2.2	4.0	15.2	19.1
"十三五"时期	**381.7**	**251.3**	**209.8**	**13.7**	**20.9**	**27.1**	**103.3**
2016	84.4	54.0	46.7	2.3	4.1	10.0	20.4
2017	77.8	50.7	40.4	3.7	5.9	10.5	16.6
2018	71.9	53.7	46.3	2.7	4.0	3.3	14.9
2019	72.6	47.6	38.2	1.7	4.1	1.7	23.3
2020	75.0	45.3	38.2	3.3	2.8	1.6	28.1
"十四五"时期	**217.1**	**144.0**	**128.3**	**3.9**	**7.8**	**3.2**	**69.9**
2021	60.5	36.3	29.3	1.7	3.8	0.8	23.4
2022	66.5	45.3	41.1	1.3	1.7	1.0	20.2
2023	90.1	62.4	57.9	0.9	2.3	1.4	26.3

年份	项目合计	投资合计	本级情况		地方项目小计	补助地方投资小计	养老	
			本级项目数	本级投资			项目数	资金额
1990		0.1		0.1				
"八五"时期		0.2		0.2				
1991		0.2		0.2				
"十五"时期	24	0.8	24	0.8				
2001	3	0.3	3	0.3				
2002	10	0.2	10	0.2				
2003	6	0.1	6	0.1				
2004	3	0.1	3	0.1				
2005	2	0.1	2	0.1				
"十一五"时期	2088	35.9	18	5.5	2070	30.37	189	5.0
2006	2	0.2	2	0.2				
2007	218	2.8	5	0.8	213	2.0		
2008	575	6.8	3	2.1	572	4.7		
2009	774	13.0	4	1.3	770	11.7	63	2.0
2010	519	13.1	4	1.1	515	12.0	126	3
"十二五"时期	1874	143.2	51	6.9	—	136.3	1364	108.0
2011	433	26.0	4	0.7	429	25.3	338	9
2012	699	33.3	7	0.31	692	33.0	669	31
2013	742	17.2	7	0.21	735	17.0	357	15

年份	建设规模	投资合计	本级情况		建设规模	补助地方投资小计	养老	
			建设规模	本级投资			建设规模	资金额
2014	385.5	30.3	7.6	1.3	377.9	29.0	330.0	25.0
2015	368.4	36.4	25.4	4.4	343.0	32.0	302.0	28.0
"十三五"时期	—	227.9	—	15.4	—	212.5	—	148.0
2016	329.5	39.3	32.2	1.3	297.3	38.0	206.4	28.0

年份	建设规模	投资合计	本级情况		建设规模	补助地方投资小计	养老	
			建设规模	本级投资			建设规模	资金额
2017	—	44.2	—	2.2	—	42.0	—	30.0
2018	—	47.6	—	4.6	—	43.0	—	31.0
2019	—	52.7	—	6.3	—	46.4	—	32.0
2020	—	44.1	—	1.0	—	43.1	—	28.0
"十四五"时期	—	—	—	2.8	—	—	—	160.8
2021	—	—	—	2.1	—	—	—	40.0
2022	—	—	—	0.5	—	—	—	65.3
2023	—	—	—	0.2	—	—	—	55.5

基本建设投资

单位：个、亿元、万平方米

补助地方情况									
精神卫生		儿童		流浪		社区		烈建	
项目数	资金额	项目数	资金额	项目数	资金额	项目数	资金额	项目数	资金额
26	4.4	134	5.0	254	5.0	1334	6.0	133	5.0
		15	0.5	28	0.8	170	0.7		
		32	1.3	65	1.4	475	2.0		
		33	1.3	78	1.4	463	2.0	133	5.0
26	4.37	54	1.9	83	1.4	226	1.3		
131	20.3		0.0		4.0	401	4.0		
91	16.3								
						23	2		
						378	2		

补助地方情况					
儿童和精神病人		社会事务		社区	
建设规模	资金额	建设规模	资金额	建设规模	资金额
22.3	2.0			25.6	2.0
17.5	2.0			23.5	2.0
—	—	—		—	—
44.7	5.0	46.2	5.0		

补助地方情况	
社会福利	
建设规模	资金额
—	12.0
—	12.0
—	14.4
—	15.1
—	63.4
—	18.4
—	18.3
—	26.7

B-2-1 提供住宿的民政服务机构

单位：个

年份	合计	养老机构	精神卫生福利机构	儿童福利和救助保护机构	其他提供住宿机构	救助管理站
1978	8571	8365	139	67		
1979	8988	8801	135	52		
1980	9669	9460	150	59		
1981	10031	9813	155	63		
1982	12275	12046	165	64		
1983	15807	15582	165	60		
1984	22796	22566	167	63		
1985	29100	28852	161	59	28	
1986	35008	34750	166	58	34	
1987	37372	37109	170	60	33	
1988	39030	38767	173	62	28	
1989	39743	39472	180	64	27	
1990	40583	40340	181	62		
1991	42264	42013	188	63		
1992	43319	43063	189	67		
1993	43681	43375	190	67	49	
1994	43240	42911	188	73	68	
1995	43074	42735	190	77	72	
1996	42829	42518	155	84	72	
1997	42385	42027	192	91	75	
1998	42131	41755	195	105	76	
1999	40430	40030	191	110	99	
2000	40491	39321	201	126	843	
2001	38785	38106	200	160	319	
2002	38200	37591	200	178	231	
2003	37294	36224	205	192	1587	
2004	38593	37880	211	208	1320	
2005	42487	40641	226	224	1396	
2006	43187	40964	219	249	1755	
2007	44958	42713	234	269	1742	
2008	41099	38674	244	290	1891	
2009	43944	39671	266	419	3588	
2010	44482	39904	251	480	3847	
2011	45973	42828	251	638	2256	1547
2012	48078	44304	257	724	2793	1770
2013	45977	42475	261	803	2438	1891
2014	36810	33044	254	890	2622	1949
2015	31187	27753	242	753	2439	1766
2016	31912	28592	244	705	2371	1736
2017	31929	28770	242	663	2254	1623
2018	31291	28671	145	651	1824	1534
2019	37021	34369	138	686	1828	1545
2020	40852	38158	141	760	1793	1555
2021	42696	39961	140	815	1780	1562
2022	43410	40587	142	925	1756	1573
2023	43619	40786	134	990	1709	1567

B-2-2　提供住宿的民政服务机构床位

单位：万张、张/千人

年份	合计	养老床位	精神疾病服务床位	儿童福利和救助保护床位	其他提供住宿床位	救助管理站	每千人口拥有民政服务床位数	每千老年人口拥有养老床位数
1978	16.3	15.7	0.6				0.2	
1979	22.6	20.1	2.1	0.4			0.2	
1980	24.2	21.3	2.4	0.5			0.2	
1981	25.3	22.2	2.5	0.6			0.3	
1982	28.2	24.8	2.8	0.6			0.3	
1983	32.4	29.0	2.8	0.6			0.3	
1984	42.5	39.0	2.9	0.6			0.4	
1985	49.1	45.7	2.9	0.5	0.2		0.5	
1986	58.7	55.0	3.1	0.6	0.3		0.5	
1987	64.9	61.0	3.3	0.6	0.3		0.6	
1988	69.5	65.5	3.4	0.6	0.2		0.6	
1989	73.8	69.5	3.6	0.7	0.2		0.7	
1990	78.0	73.5	3.7	0.8			0.7	
1991	82.8	78.3	3.8	0.7			0.7	
1992	89.8	85.2	3.8	0.8			0.8	
1993	92.7	87.8	4.0	0.9	0.4		0.8	
1994	95.5	90.6	4.0	0.9	0.5		0.8	
1995	97.6	92.5	4.0	1.1	0.6		0.8	
1996	100.8	95.6	4.0	1.2	0.6		0.8	
1997	103.1	97.8	4.0	1.3	0.6		0.8	
1998	105.8	100.2	4.1	1.5	0.6		0.8	
1999	108.9	102.4	4.1	1.6	0.8		0.9	
2000	113.0	104.5	4.1	1.8	2.6		0.9	
2001	140.7	114.6	4.2	2.3	19.6		1.1	
2002	141.5	114.9	4.3	2.5	19.8		1.1	
2003	142.9	120.6	4.5	2.7	15.1		1.1	
2004	157.2	139.5	4.5	3.0	10.2		1.2	
2005	180.7	158.1	4.4	3.2	15.0		1.4	11.0
2006	204.5	179.6	4.4	3.2	17.3		1.6	12.1
2007	269.6	242.9	4.7	3.4	18.6		2.0	15.8
2008	300.3	267.4	5.4	4.3	23.2		2.3	16.7
2009	326.5	293.5	5.9	4.8	22.3		2.5	17.6
2010	349.6	316.1	6.1	5.5	21.9		2.6	17.8
2011	396.4	369.2	6.5	6.8	13.9	7.1	2.9	20.0
2012	449.3	416.5	6.7	8.7	17.4	9.0	3.3	21.5
2013	462.4	429.5	7.4	9.8	15.7	9.7	3.9	24.4
2014	426.0	390.2	8.0	10.8	17.0	9.9	4.5	27.2
2015	393.2	358.2	7.9	10.0	17.1	10.3	5.3	30.3
2016	414.0	378.8	8.4	10.0	16.7	10.2	5.5	31.6
2017	419.6	383.5	8.8	10.3	17.1	10.1	5.7	30.9
2018	408.1	379.4	6.3	9.7	12.7	10.2	5.4	29.1
2019	467.4	438.8	6.5	9.9	12.2	9.6	5.7	30.5
2020	515.4	488.2	6.7	10.1	10.4	8.4	6.0	31.1
2021	530.5	503.6	7.1	9.8	10.0	8.5	6.0	30.5
2022	545.2	518.3	7.2	10.1	9.5	8.1	6.1	29.6
2023	543.6	517.2	7.3	9.9	9.2	8.0	6.0	27.7

B-2-3　提供住宿的民政服务机构收养人员情况

单位：万人

年份	合计	养老机构	精神卫生福利机构	儿童福利和救助保护机构	其他提供住宿机构
1978	16.3	14.0	1.9	0.4	
1979	18.6	16.3	1.9	0.4	
1980	19.1	16.7	2.0	0.4	
1981	19.7	17.0	2.2	0.5	
1982	22.5	19.7	2.3	0.5	
1983	25.9	23.0	2.4	0.5	
1984	34.1	31.0	2.6	0.5	
1985	40.8	37.5	2.6	0.5	0.2
1986	47.4	43.9	2.8	0.5	0.2
1987	51.8	48.2	2.9	0.5	0.2
1988	54.8	51.1	3.0	0.6	0.1
1989	56.9	53.0	3.1	0.6	0.2
1990	59.9	56.1	3.2	0.6	
1991	64.6	60.8	3.2	0.6	
1992	69.6	65.6	3.3	0.7	
1993	72.4	68.0	3.4	0.7	0.3
1994	73.6	69.2	3.3	0.8	0.3
1995	74.7	70.1	3.2	1.0	0.4
1996	76.9	72.3	3.1	1.1	0.4
1997	78.5	73.7	3.2	1.2	0.4
1998	80.0	74.9	3.2	1.4	0.5
1999	82.7	77.6	3.2	1.4	0.5
2000	85.4	78.6	3.2	1.8	1.8
2001	88.5	82.0	3.3	2.1	1.1
2002	91.6	85.0	3.4	2.2	1.0
2003	96.5	89.1	3.5	2.5	1.4
2004	110.9	103.9	3.6	2.8	0.6
2005	123.6	116.2	3.7	2.9	0.8
2006	147.0	138.5	3.8	3.2	1.5
2007	200.0	191.3	4.1	3.0	1.6
2008	240.0	211.5	4.5	3.4	20.6
2009	256.0	227.5	5.0	3.7	19.8
2010	278.2	247.0	5.3	4.2	21.7
2011	293.4	279.7	5.5	4.6	3.6
2012	309.5	293.6	5.8	5.4	4.7
2013	322.5	307.4	6.0	5.6	3.5
2014	337.0	320.4	6.5	5.9	4.2
2015	231.7	214.8	6.4	5.6	4.9
2016	236.3	219.8	6.9	5.5	4.2
2017	228.8	211.1	7.4	5.9	4.4
2018	211.9	197.6	5.4	4.9	4.0
2019	231.6	217.5	5.5	4.8	3.8
2020	235.6	222.4	5.7	4.6	3.0
2021	238.1	225.5	5.8	4.4	2.4
2022	229.9	217.9	5.8	4.2	2.0
2023	235.1	223.5	6.0	4.0	1.6

B-2-4 按城乡分类的提供住宿的民政服务机构情况

年份	单位数（个）	城市	农村	床位数（万张）	城市	农村	收养人数（万人）	城市	农村
1978	8571	728	7843	16.3	0.1	16.2	16.3	5.7	10.6
1979	8988	1518	7470	22.6	6.4	16.2	18.6	8.0	10.6
1980	9669	1407	8262	24.2	7.1	17.1	19.1	7.9	11.2
1981	10031	1487	8544	25.3	7.4	17.9	19.7	8.2	11.5
1982	12275	1689	10586	28.2	7.6	20.6	22.5	8.7	13.8
1983	15807	1760	14047	32.4	7.7	24.7	25.9	9.0	16.9
1984	22796	1925	20871	42.5	8.5	34.0	34.1	10.0	24.1
1985	29100	5478	23622	49.1	18.2	30.9	40.8	14.6	26.2
1986	35008	8330	26678	58.7	23.6	35.1	47.4	18.9	28.5
1987	37372	9358	28014	64.9	25.8	39.1	51.8	20.5	31.3
1988	39030	10498	28532	69.5	28.4	41.1	54.8	22.3	32.5
1989	39743	10118	29625	73.8	28.7	45.1	56.9	22.3	34.6
1990	40583	12697	27886	78.0	34.5	43.5	59.9	26.8	33.1
1991	42264	13197	29067	82.8	36.7	46.1	64.6	28.5	36.1
1992	43319	16847	26472	89.8	44.6	45.2	69.6	34.5	35.1
1993	43681	17400	26281	92.7	47.0	45.7	72.4	37.2	35.2
1994	43240	18035	25205	95.5	50.0	45.5	73.6	39.1	34.5

年份	单位数（个）	国有社会福利院	社会办敬老院	床位数（万张）	国有社会福利院	社会办敬老院	收养人数（万人）	国有社会福利院	社会办敬老院
1995	43074	11184	31890	97.6	18.6	79.0	74.7	14.4	60.3
1996	42829	11216	31613	100.8	19.2	81.6	76.9	14.8	62.1
1997	42385	10417	31968	103.1	19.9	83.2	78.5	15.4	63.1
1998	42131	9895	32236	105.8	21.0	84.8	80.0	16.1	63.9
1999	40430	3086	37344	108.9	23.6	85.3	82.7	17.9	64.8

B-2-4续表

年份	单位数（个）	城市	农村	床位数（万张）	城市	农村	收养人数（万人）	城市	农村
2000	40491	14915	25576	113	57.4	55.6	85.4	42.6	42.8
2001	38785	12135	26650	140.7	72.3	68.4	88.5	39.6	48.9
2002	38200	12503	25697	141.5	75.3	66.2	91.6	42.2	49.4
2003	37294	12951	24343	142.9	75.3	67.6	96.5	46.1	50.4
2004	38593	12151	26442	157.2	79.7	77.5	110.9	51.5	59.4
2005	42487	12806	29681	180.7	91.2	89.5	123.6	55.7	67.9
2006	43187	11814	31373	204.5	90.9	113.6	147.0	55.0	92.0
2007	44958	10274	34684	269.6	89.8	179.8	200.0	43.9	149.3
2008	41099	10731	30368	300.3	107.2	193.1	240.0	79.5	160.5
2009	43944	12658	31286	326.5	117.7	208.8	256.0	83.0	173.0
2010	44482	13010	31472	349.6	124.7	224.9	278.2	95.7	182.5
2011	45973	13833	32140	396.4	154.5	241.9	293.4	100.9	192.5
2012	48078	15291	32787	449.3	188.3	261.1	309.5	109.5	200.0
2013	45977	15730	30247	462.4	189.6	272.8	322.5	121.3	201.2
2014	36810	16549	20261	426.0	206.4	219.6	334.0	127.6	206.4
2015	31187	15600	15587	393.2	216.1	177.1	231.7	116.5	115.2
2016	31912	16514	15398	414.0	234.1	179.9	236.3	123.1	113.2
2017	31929	16923	15006	419.6	242.9	176.7	228.8	127.3	101.3
2018	31291	17406	13885	408.1	253.9	154.2	211.9	124.9	87.0
2019	37021	21089	15932	467.4	302.9	164.5	231.6	143.9	87.7
2020	40852	23699	17153	515.4	340.6	174.8	235.6	152.2	83.4
2021	42696	25404	17292	530.5	351.6	178.8	238.1	157.1	81.0
2022	43410	26497	16913	545.2	362.7	182.5	229.9	152.6	77.3
2023	43619	27432	16187	543.6	372.9	170.7	235.1	161.0	74.1

B-2-5　老年人和残疾人福利

单位：万人

年份	老年人福利				残疾人福利	
	享受高龄津贴的老年人数	享受护理补贴的老年人数	享受养老服务补贴的老年人数	享受综合补贴的老年人数	困难残疾人生活补贴人数	重度残疾人护理补贴人数
2006	233.5					
2007	247.1					
2008	349.3					
2009	430.9					
2010	576.4					
2011	883.1					
2012	1257.7					
2013	1557.9	11.7	101.9			
2014	1719.6	20.0	154.7			
2015	2155.1	26.5	257.9			
2016	2355.4	40.5	282.9		521.3	500.0
2017	2682.2	61.3	354.4		1019.2	1053.7
2018	2972.3	74.8	521.7	3.0	1005.8	1193.0
2019	2963.0	66.3	516.3	33.5	1085.7	1368.5
2020	3104.4	81.3	535.0	132.9	1214.0	1475.1
2021	3246.6	90.3	573.6	84.2	1194.1	1503.2
2022	3406.4	94.4	574.9	67.4	1178.5	1545.4
2023	3547.8	98.5	621.4	66.7	1180.4	1584.0

B-2-6 孤儿和家庭收养登记

单位：人、元/人·月、件

年份	孤儿数	集中养育孤儿	社会散居孤儿	集中养育平均保障标准	社会散居平均保障标准	收养登记总数
2008	67921					42550
2009	127599					44260
2010	252110					34529
2011	509695	77144	432551			31424
2012	570075	95251	474824			27278
2013	548845	93899	454946			24460
2014	525179	93522	431657			22772
2015	502105	91712	410393			22348
2016	460450	87502	372948			18736
2017	409840	86025	323815			18820
2018	305110	69760	235350	1344.0	924.0	16267
2019	233117	64482	168635	1499.2	1073.5	13044
2020	193281	58989	134292	1611.3	1184.3	11103
2021	172716	53302	119414	1697.4	1257.2	12447
2022	157969	47409	110560	1802.3	1364.7	8432
2023	144447	42311	102136	1902.1	1453.9	8162

B-2-7 城市社会救济和城市最低生活保障

单位：万人

年份	城市居民传统救济总人数	城市居民传统定救人数	城市精减退职老职工人数	40%救济对象人数	定量救济人数
1980	32.9	22.9	10.0		
1981	31.5	21.5	10.0		
1982	34.7	21.4	13.3		
1983	47.1	22.6	24.5		
1984	207.4	160.6	46.8	25.3	
1985	30.0	18.2	11.8	6.4	5.4
1986	49.0	35.6	13.4	7.1	6.3
1987	29.8	16.2	13.6	7.2	6.4
1988	32.9	17.6	15.3	7.7	7.6
1989	30.5	16.2	14.3	7.1	7.2
1990	41.8	16.4	25.4	16.4	9.0
1991	33.7	16.1	17.6	8.5	9.0
1992	39.5	19.2	20.3	9.7	10.6
1993	24.6	13.8	10.8	5.0	5.8
1994	23.0	12.4	10.6	4.9	5.7
1995	109.0	55.2	53.8	23.9	29.9
1996	120.1	66.5	53.6	23.6	30.0

注：1984年的精减退职老职工人数含农村的数据。

单位：万人

年份	城市最低生活保障人数	在职人员	下岗人员	退休人员	失业人员	"三无"人员	其他人员
1996	84.9						
1997	87.9						
1998	184.1						
1999	256.9						
2000	402.6						
2001	1170.7						
2002	2064.7	186.8	554.5	90.8	358.3	91.9	783.1
2003	2246.8	179.3	518.4	90.7	409.0	99.9	949.3
2004	2205.0	141.0	468.9	73.1	423.1	95.4	1003.5
2005	2234.2	114.1	430.7	61.3	410.1	95.8	1122.1
2006	2240.1	97.6	350.0	53.2	420.8	93.1	1225.3

年份	城市最低生活保障人数	残疾人	"三无"人员	老年人	成年人				未成年人	城市特困人员
					在职人员	灵活就业	登记失业	无就业条件		
2007	2272.1	161.0	125.8	298.4	93.9	343.8	627.2	364.3	544.6	
2008	2334.8	169.1	106.9	316.7	82.2	381.7	564.3	402.2	587.7	
2009	2345.6	181.0	94.1	333.5	79.0	432.2	510.2	410.9	579.8	
2010	2310.5	180.7	89.3	338.6	68.2	432.4	492.8	420.0	558.5	
2011	2276.8	184.1	80.3	346.9	61.5	429.7	472.5	426.7	539.5	
2012	2143.5	174.5	64.9	339.3	49.6	459.3	400.4	422.1	472.8	
2013	2064.2	169.2	58.0	330.3	45.1	462.1	365.5	416.8	444.5	
2014	1877.0	161.1	50.0	315.8	37.5	425.8	312.5	398.7	386.7	
2015	1701.1	165.7	43.8	293.5	31.1	377.3	264.1	394.0	341.0	
2016	1480.2	156.5		258.0	22.7	304.4	252.9	370.9	271.4	9.1
2017	1261.0	159.9		219.0	18.6	265.0	153.5	399.6	205.4	25.4
2018	1007.0	145.5		180.4	14.0	219.2	109.2	320.6	163.6	27.7
2019	860.9	139.4		158.6	10.2	171.8	81.0	300.3	138.9	29.5
2020	805.1	146.2		148.1	8.9	155.9	68.7	295.9	127.5	31.2
2021	737.8	147.6		139.8	6.7	142.8	54.2	278.6	115.6	32.8
2022	682.4	143.0		138.1	5.5	132.4	46.3	251.7	108.5	35.0
2023	663.6	144.3		142.4					105.7	37.3

注：2016年开始，城市低保中的"三无"人员纳入特困人员救助供养保障。

B-2-8 农村社会救济和农村最低生活保障

单位：万人、万户

年份	农村社会救济总人数	农村定期定量救济人数	农村精减退职老职工人数	40%救济对象人数	定量救济人数
1980	4651.8	4641.8	10.0		
1981	4265.1	4255.1	10.0		
1982	4270.7	4257.4	13.3		
1983	3526.7	3502.2	24.5		
1984	3842.7	3795.9	46.8	25.3	
1985	116.7	75.1	41.6	18.1	23.5
1986	103.0	63.1	39.9	18.1	21.7
1987	92.2	53.2	39.0	17.7	21.3
1988	93.0	54.1	38.9	17.6	21.4
1989	75.7	35.0	40.7	18.3	22.3
1990	100.2	46.7	53.5	23.6	29.9
1991	97.0	43.8	53.2	23.5	29.8
1992	97.5	45.6	51.9	23.3	28.6
1993	80.1	36.3	43.8	19.5	24.3
1994	82.1	38.5	43.6	19.2	24.3
1995	98.3	55.2	43.1	19.0	24.1
1996	109.2	66.5	42.7	18.6	24.1
1997	104.5	51.4	53.1	23.2	29.8
1998	120.5	65.6	54.9	24.9	30.0
1999	107.1	55.6	51.5	22.5	28.7
2000	112.2	62.5	49.7	22.1	27.6
2001	130.5	80.7	49.8	21.3	27.8
2002	138.7	90.0	48.7	20.9	27.8

注：1984年以前的"农村社会救济总人数"含应保未保的农村救济人数。

单位：万人、万户

年份	农村困难群众救助总人数	农村最低生活保障人数	农村特困户救助人数	农村困难群众救助总户数	农村最低生活保障户数	困难户	其他	农村特困户救助户数	困难户	其他	农村特困供养户数	农村传统救济人数
2001	385.3	304.6	80.7									
2002	497.8	407.8	90.0	156.7	156.7							
2003	1160.5	367.1	793.4	632.8	146.5	114.5	32.0	282.1	192.7	89.3	204.2	
2004	1402.1	488.0	914.1	780.8	197.9	165.2	33.6	317.1	260.4	56.6	265.8	
2005	1891.8	825.0	1066.8	1061.0	356.5	298.8	57.7	354.8	290.4	64.4	349.7	
2006	2987.8	1593.1	775.8	1606.3	777.2			325.8			503.3	115.6

年份	农村救助总人数	农村最低生活保障人数	农村特困人员集中供养人数	农村特困人员分散供养人数	传统救济人数
2007	4172.6	3566.3	138.0	393.3	75.0
2008	4926.3	4305.5	155.6	393.0	72.2
2009	5375.6	4760.0	171.8	381.6	62.2
2010	5829.8	5214.0	177.4	378.9	59.5
2011	5925.4	5305.7	184.5	366.5	68.7
2012	5969.7	5344.5	185.3	360.3	79.6
2013	5998.3	5388.0	183.5	353.8	73.0
2014	5810.8	5207.2	174.3	354.8	74.5
2015	5484.1	4903.6	162.3	354.4	63.8
2016	5143.6	4586.5	139.7	357.2	60.2
2017	4573.8	4045.2	99.6	367.2	61.8
2018	4030.9	3519.1	86.2	368.8	56.8
2019	3931.9	3455.4	75.0	364.1	37.4
2020	4099.4	3620.8	73.9	372.4	32.3
2021	3941.9	3474.5	69.2	368.1	30.1
2022	3799.9	3349.6	64.4	370.1	15.8
2023	3855.0	3399.7	61.4	374.0	19.9

B-2-9 最低生活保障平均标准

单位：元/人·月

年份	城市最低生活保障平均标准	农村最低生活保障平均标准
2004	152.0	
2005	156.0	
2006	169.6	70.9
2007	182.4	70.0
2008	205.3	82.3
2009	227.8	100.8
2010	251.2	117.0
2011	287.6	143.2
2012	330.1	172.3
2013	373.3	202.8
2014	410.5	231.4
2015	451.1	264.9
2016	494.6	312.0
2017	540.6	358.4
2018	579.7	402.8
2019	624.0	444.6
2020	677.6	496.9
2021	711.4	530.2
2022	752.3	582.1
2023	785.9	621.3

B-2-10 流浪乞讨人员救助

单位：个、人次、张

年份	救助站	未成年人救助保护机构	流浪乞讨人员救助总数	未成年人救助总数	救助类单位床位总数	未成年人救助保护机构床位
1978	783					
1979	845					
1980	665					
1981	598					
1982	610					
1983	615					
1984	628					
1985	636					
1986	647					
1987	639					
1988	644					
1989	669					
1990	666					
1991	691					
1992	692					
1993	719					
1994	712					
1995	722					
1996	720					
1997	728					
1998	742					
1999	800					
2000	857					
2001	838					
2002	861					
2003	864		634528	60257		
2004	977		820254	104455	47086	
2005	1079	40	1196305	120487	45603	1849
2006	1189	50	1295506	129337	45661	1133
2007	1261	90	1544492	159989	46800	3621
2008	1334	88	1573484	155794	50642	3543
2009	1372	116	1680532	167283	51049	3670
2010	1448	145	1719008	146329	55562	5221
2011	1547	241	2409701	178705	71109	8165
2012	1770	261	2765761	152070	99901	10038
2013	1891	274	3484727	183802	108360	11499
2014	1949	345	3474544	128033	110806	11584
2015	1766	275	3752106	166723	113402	10682
2016	1736	240	3338221	167029	112944	10473
2017	1623	194	2188572	93783	109683	8411
2018	1534	176	1572077	76380	109683	7681
2019	1545	202	1333365	61919	104524	8334
2020	1555	252	840816	31268	94102	9924
2021	1562	276	746077	24331	93643	9096
2022	1573	396	750592	21837	93672	12221
2023	1567	518	706000	34516	94128	13841

B-2-11 福利彩票

单位：个、亿元

年份	福利彩票发行管理单位	福利彩票销售额	筹集公益金	公益金支出
"七五"时期		14.2	4.6	
1986				
1987		0.2	0.1	
1988		3.8	1.2	
1989		3.8	1.3	
1990		6.5	2.0	
"八五"时期		115.2	34.3	
1991		7.7	2.5	
1992		13.8	4.1	
1993		18.4	5.5	
1994		18.0	5.3	
1995		57.3	16.9	
"九五"时期		358.7	103.4	72.7
1996		64.8	19.1	
1997		36.4	10.1	
1998		63.2	19.6	14.1
1999	1169	104.4	30.4	19.9
2000	1253	89.9	24.2	38.7
"十五"时期		1145.2	393.6	161.9
2001	1185	139.6	41.9	19.7
2002	1121	168.0	58.8	25.5
2003	1145	200.1	70.0	30.6
2004	1128	226.4	79.2	33.8
2005	1113	411.2	143.7	52.3
"十一五"时期		3455.4	1130.2	484.0
2006	989	495.7	171.5	52.6
2007	985	631.6	215.7	77.6
2008	999	604.0	199.0	119.2
2009	988	756.1	246.3	113.4
2010	993	968.0	297.7	121.2
"十二五"时期		8628.4	2488.2	1002.6
2011	974	1278.0	382.0	127.9
2012	955	1510.3	446.1	159.0
2013	940	1765.3	510.7	195.5
2014	893	2059.7	585.7	231.3
2015	861	2015.1	563.7	288.9
"十三五"时期		9837.6	2858.9	1284.7
2016	788	2064.9	592.0	268.3
2017	729	2169.8	621.4	275.2
2018	700	2245.6	643.6	251.4
2019	702	1912.4	557.3	259.9
2020	688	1444.9	444.6	229.9
"十四五"时期		4848.2	1484.7	644.1
2021	655	1422.5	443.6	196.8
2022	642	1481.3	461.0	212.9
2023	621	1944.4	580.1	234.4

B-2-12　社区养老服务机构和设施

单位：个

年份	合计	社区服务中心	其他社区服务机构	便民利民网点
1988	69699		69699	
1989	71357		71357	
1990	84757		84757	
1991	89918		89918	
1992	112171		112171	
1993	92946	3711	89235	169503
1994	98679	4034	94645	204229
1995	115175	4380	110795	234024
1996	132309	5055	127254	259201
1997	138366	5113	133253	307226
1998	154196	6154	148042	345075
1999	164962	7623	157339	405740
2000	187888	6444	181444	451567
2001	201758	6179	195579	539544
2002	206743	7898	198845	622986
2003	203945	7520	196425	668418
2004	205926	7804	198122	703760
2005	203275	8479	194796	664764
2006	160007	8565	151442	457896

B-2-12续表   単位：个

年份	社区服务机构和设施合计	社区指导中心	社区服务中心	社区服务站	其他社区服务机构	便民利民网点
2007	134852		9319	50116	75417	892656
2008	146322		9873	30021	106428	748684
2009	146341		10003	53170	83168	692625
2010	152941		12720	44237	95984	539136
2011	160352		14391	56156	89805	452868
2012	200162	809	15497	87931	95925	397222
2013	251939	890	19014	108377	123658	358518

年份	社区服务机构和设施合计	社区指导中心	社区服务中心	社区服务站	社区养老照料机构和设施	社区互助型的养老设施	未登记的特困人员供养机构	其他社区服务机构和设施
2014	310652	918	23088	120188	18927	40357		107174
2015	360956	863	24138	128083	26067	62027		119778
2016	386186	809	23493	137533	34924	76374		113053
2017	407453	619	25015	142823	43212	82648		113136
2018	426524	569	27635	148779	44558	91057	3991	109935
2019	527757	548	27489	224986	63618	101276	4312	105528

年份	合计	社区综合服务机构和设施	社区指导中心	社区服务中心	社区服务站	社区专项服务机构和设施	社区养老服务机构和设施	未登记的特困人员救助供养机构	全托服务社区养老服务机构和设施	日间照料社区养老服务机构和设施	互助型社区养老服务设施	其他社区养老服务机构和设施
2020	801789	510510	503	27835	420552	61620	291279	3660	20368	109306	147485	10460
2021	884772	567077	490	28892	485964	51731	317695	3394	17063	117843	147735	31660
2022	937585	590762	473	29520	512877	47892	346823	3083	14781	131785	153048	44126

年份	社区养老服务机构和设施	未登记的特困人员供养服务机构	全托服务社区养老服务机构和设施	日间照料社区养老服务机构和设施	互助型社区养老服务设施	其他社区养老服务机构和设施
2023	362843	2958	14219	135662	157567	52437

B-3-1 社会组织

年份	社会组织合计	社会团体	基金会	民办非企业单位	社会组织捐赠收入合计
1988	4446	4446			
1989	4544	4544			
1990	10855	10855			
1991	82814	82814			
1992	154502	154502			
1993	167506	167506			
1994	174060	174060			
1995	180583	180583			
1996	184821	184821			
1997	181318	181318			
1998	165600	165600			
1999	142665	136764		5901	2.0
2000	153322	130668		22654	3.9
2001	210939	128805		82134	4.1
2002	244509	133297		111212	7.9
2003	266612	141167	954	124491	11.9
2004	289432	153359	892	135181	16.9
2005	319762	171150	975	147637	29.0
2006	354393	191946	1144	161303	40.1
2007	386916	211661	1340	173915	81.9
2008	413660	229681	1597	182382	265.2
2009	431069	238747	1843	190479	417.2
2010	445631	245256	2200	198175	417.0
2011	461971	254969	2614	204388	393.5
2012	499268	271131	3029	225108	470.8
2013	547245	289026	3549	254670	458.8
2014	606048	309736	4117	292195	524.9
2015	662425	328500	4784	329141	610.3
2016	702405	335932	5559	360914	786.7
2017	761539	354794	6307	400438	729.2
2018	817360	366234	7034	444092	919.7
2019	866335	371638	7585	487112	873.2
2020	894162	374771	8432	510959	1059.1
2021	901870	371110	8877	521883	1192.5
2022	891267	370093	9319	511855	1085.3
2023	881574	372662	9617	499295	1363.8

注：2001年以前的基金会含在社会团体内。

B-3-2 结婚登记

单位：万对、万人、‰

年份	结婚登记	内地居民登记结婚	涉外及华侨、港澳台登记结婚	结婚登记人数	初婚人数	再婚人数	#女	#恢复结婚	结婚率
1978	597.8	597.8							6.2
1979	637.1	636.3	0.8						6.7
1980	720.9	719.8	1.1						7.3
1981	1041.7	1040.3	1.4						10.4
1982	836.9	835.5	1.4						8.3
1983	765.4	764.2	1.3						7.5
1984	784.8	783.4	1.4						7.5
1985	831.3	829.1	2.2						7.9
1986	884.0	882.3	1.7						8.2
1987	926.7	924.7	2.0						8.6
1988	899.2	897.2	2.0						8.3
1989	937.2	935.2	2.0						8.4
1990	951.1	948.7	2.4						8.2
1991	953.6	951.0	2.6						8.3
1992	957.5	954.5	3.0						8.3
1993	915.4	912.2	3.3						7.8
1994	932.4	929.0	3.4						7.8
1995	934.1	929.7	4.4						7.7
1996	938.7	934.0	4.7	1877.4	1781.7	86.2	41.1	4.8	7.7
1997	914.1	909.1	5.1	1828.3	1726.0	92.2	46.3	6.3	7.4
1998	891.7	886.7	5.0	1783.4	1675.4	97.9	49.8	6.9	7.2
1999	885.3	879.9	5.4	1770.6	1659.4	100.5	50.0	5.8	7.1

注：结婚率＝ 登记结婚对数 ／（当年期初人口数＋当年期末人口数）／2 ×1000‰

B-3-2续表

单位：万对、万人、‰

年份	结婚登记	内地居民登记结婚	涉外及华侨、港澳台登记结婚	结婚登记人数	初婚人数	再婚人数	#女	#恢复结婚	结婚率
2000	848.5	842.0	6.5	1697.0	1581.4	102.6	50.8	5.6	6.7
2001	805.0	797.1	7.9	1610.0	1481.7	112.5	58.0	6.3	6.3
2002	786.0	778.8	7.3	1572.0	1440.3	117.2	60.2	6.8	6.1
2003	811.4	803.5	7.8	1622.8	1483.9	123.3	60.7	6.8	6.3
2004	867.2	860.8	6.4	1734.4	1569.6	152.0	77.1	8.5	6.7
2005	823.1	816.6	6.4	1646.2	1483.0	163.1	74.3	11.5	6.3
2006	945.0	938.2	6.8	1890.0	1705.6	184.4	86.7	10.7	7.2
2007	991.4	986.3	5.1	1982.8	1779.7	203.1	97.3	13.9	7.5
2008	1098.3	1093.2	5.1	2196.6	1972.5	224.1	108.0	16.2	8.3
2009	1212.4	1207.5	4.9	2424.8	2168.8	256.0	124.7	18.1	9.1
2010	1241.0	1236.1	4.9	2482.0	2200.9	281.1	138.8	19.0	9.3
2011	1302.4	1297.5	4.9	2604.8	2309.9	294.9	146.5	21.0	9.7
2012	1323.6	1318.3	5.3	2647.2	2361.2	286.0	145.8	23.0	9.8
2013	1346.9	1341.4	5.5	2693.8	2386.0	307.9	156.5	30.0	9.9
2014	1306.7	1302.0	4.7	2613.5	2286.8	326.7	168.7	34.8	9.6
2015	1224.7	1220.6	4.1	2449.4	2109.0	340.4	177.2	39.9	9.0
2016	1142.8	1138.6	4.2	2285.6	1913.3	372.4	195.0	47.4	8.3
2017	1063.1	1059.0	4.1	2126.2	1746.3	379.9	201.4	52.3	7.7
2018	1013.9	1009.1	4.8	2027.9	1598.7	429.2	230.6	56.3	7.3
2019	927.3	922.4	4.9	1854.7	1398.7	455.9	246.8	61.9	6.6
2020	814.3	812.6	1.7	1628.7	1228.6	400.1	219.0	55.5	5.8
2021	764.3	762.7	1.6	1528.6	1157.8	370.8	205.4	49.6	5.4
2022	683.5	681.9	1.6	1367.0	1051.8	315.2	176.4	41.6	4.8
2023	768.2	763.2	5.0	1536.4	1194.0	342.4	194.6	44.3	5.4

B-3-3　离婚登记

单位：万对、万人、万件、‰

年份	离婚总数	民政部门登记离婚数	内地居民登记离婚数	涉外及华侨、港澳台登记离婚	法院判决、调解离婚数	离婚率
1978	28.5	17.0	17.0		11.5	0.2
1979	31.9	19.3	19.3	82	12.6	0.3
1980	34.1	18.0	18.0	330	16.1	0.4
1981	38.9	18.7	18.7	46	20.2	0.4
1982	42.8	21.1	21.1	116	21.7	0.4
1983	41.8	19.7	19.7	126	22.1	0.4
1984	45.4	19.9	19.9	110	25.5	0.4
1985	45.8	19.6	19.6	108	26.2	0.4
1986	50.6	21.4	21.4	205	29.2	0.5
1987	58.1	23.6	23.6	220	34.5	0.6
1988	65.5	26.4	26.4	310	39.1	0.6
1989	75.3	28.8	28.7	518	46.5	0.7
1990	80.0	30.1	30.0	602	49.9	0.7
1991	83.1	30.1	30.0	588	53.0	0.7
1992	85.0	31.6	31.5	833	53.4	0.7
1993	91.0	33.6	33.5	968	57.4	0.8
1994	98.2	35.5	35.4	737	62.7	0.8
1995	105.6	36.8	36.7	813	68.8	0.9
1996	113.4	39.4	39.3	1175	74.0	0.9
1997	119.9	44.0	43.9	1385	75.9	1.0
1998	119.2	46.6	46.5	948	72.6	1.0
1999	120.2	47.8	47.7	975	72.4	1.0

注：离婚率 $= \dfrac{\text{离婚对数}}{(\text{当年期初人口数}+\text{当年期末人口数})/2} \times 1000‰$

单位：万对、万人、万件、‰

年份	离婚总数	民政部门登记离婚数	内地居民登记离婚数	涉外及华侨、港澳台登记离婚	法院判决、调解离婚数	离婚率
2000	121.3	48.9	48.8	1075	72.4	1.0
2001	125.0	52.8	52.5	2856	72.2	1.0
2002	117.7	57.3	56.8	5221	60.4	0.9
2003	133.0	69.0	68.7	3333	64.0	1.1
2004	166.5	104.6	104.0	5830	61.9	1.3
2005	178.5	118.4	117.5	8267	60.1	1.4
2006	191.3	129.1	128.3	8414	62.2	1.5
2007	209.8	145.7	144.8	8852	64.1	1.6
2008	226.9	161.0	160.0	9470	65.9	1.7
2009	246.8	180.2	179.6	5608	66.6	1.9
2010	267.8	201.0	200.4	5783	66.8	2.0
2011	287.4	220.7	220.2	5761	66.7	2.1
2012	310.4	242.3	241.7	6161	68.1	2.3
2013	350.0	281.5	280.9	6538	68.5	2.6
2014	363.9	295.7	295.1	6714	67.9	2.7
2015	384.3	314.9	314.3	6237	69.3	2.8
2016	415.8	348.6	348.0	6315	67.2	3.0
2017	437.4	370.4	369.8	6307	66.9	3.2
2018	446.1	381.2	380.5	7567	64.9	3.2
2019	470.1	404.7	404.0	7104	65.3	3.4
2020	433.9	373.6	373.2	4125	60.3	3.1
2021	283.9	214.1	213.9	2231	69.8	2.0
2022	287.9	210.0	209.7	2857	77.9	2.0
2023	360.5	259.4	258.8	5835	101.2	2.6

B-3-4 殡葬服务

年份	殡仪馆	公墓	殡仪服务站	殡葬管理机构	火化炉
1978					*1712*
1979					*2300*
1980					*2510*
1981					*2586*
1982					*2622*
1983					*2622*
1984					*2686*
1985	*9*	*24*		*122*	*2729*
1986	*5*	*25*		*143*	*2745*
1987	*6*	*29*		*195*	*2752*
1988	*14*	*37*		*219*	*2729*
1989	*17*	*50*		*217*	*2768*
1990	1260	73		211	2795
1991	1283	84		234	2714
1992	1288	88		228	2852
1993	1264	136		296	2891
1994	1272	163		284	2882
1995	1281	209		302	2927
1996	1283	256		313	3005
1997	1289	359		340	2959
1998	1310	425		374	3157
1999	1318	624		402	3340

注：1. 斜体数据经过修正。
    2. 1989年以前部分数据统计不完全。

B-3-4续表 单位：个、台

年份	殡仪馆	公墓	殡仪服务站	殡葬管理机构	火化炉
2000	1363	692		466	3565
2001	1415	757		540	4299
2002	1486	854		542	3945
2003	1515	855		599	4159
2004	1549	937		633	4792
2005	1594	1009		681	5037
2006	1635	1109		805	5649
2007	1708	1162		799	4838
2008	1692	1209		853	4789
2009	1729	1266		901	5123
2010	1724	1308		919	5229
2011	1745	1406		952	5209
2012	1782	1597		978	5539
2013	1784	1535		1063	5743
2014	1801	1617		1141	5908
2015	1821	1582		1127	6063
2016	1775	1386		1005	6206
2017	1760	1420		952	6361
2018	1730	1367		946	6444
2019	1677	1443	50	890	6400
2020	1722	1536	78	865	6619
2021	1774	1659	111	815	7043
2022	1778	1761	120	815	7293
2023	1788	1837	198	782	7713

第五部分

当年分地区统计资料

C-1-1 省级行政区划

单位：个

地　　区	省级合计	直辖市	省	自治区	特别行政区
全　　国	**34**	**4**	**23**	**5**	**2**
北　京	1	1			
天　津	1	1			
河　北	1		1		
山　西	1		1		
内蒙古	1			1	
辽　宁	1		1		
吉　林	1		1		
黑龙江	1		1		
上　海	1	1			
江　苏	1		1		
浙　江	1		1		
安　徽	1		1		
福　建	1		1		
江　西	1		1		
山　东	1		1		
河　南	1		1		
湖　北	1		1		
湖　南	1		1		
广　东	1		1		
广　西	1			1	
海　南	1		1		
重　庆	1	1			
四　川	1		1		
贵　州	1		1		
云　南	1		1		
西　藏	1			1	
陕　西	1		1		
甘　肃	1		1		
青　海	1		1		
宁　夏	1			1	
新　疆	1			1	
香　港	1				1
澳　门	1				1
台　湾	1		1		

C-1-2 地级与县级行政区划

单位：个

地　区	地级合计	地级市	地区	自治州	盟	县级合计	市辖区	县级市	县	自治县	旗	自治旗	特区	林区
全　国	333	293	7	30	3	2844	977	397	1299	117	49	3	1	1
北　京						16	16							
天　津						16	16							
河　北	11	11				167	49	21	91	6				
山　西	11	11				117	26	11	80					
内蒙古	12	9			3	103	23	11	17		49	3		
辽　宁	14	14				100	59	16	17	8				
吉　林	9	8		1		60	21	20	16	3				
黑龙江	13	12	1			121	54	21	45	1				
上　海						16	16							
江　苏	13	13				95	55	21	19					
浙　江	11	11				90	37	20	32	1				
安　徽	16	16				104	45	9	50					
福　建	9	9				84	31	11	42					
江　西	11	11				100	27	12	61					
山　东	16	16				136	58	26	52					
河　南	17	17				157	54	21	82					
湖　北	13	12		1		103	39	26	35	2				1
湖　南	14	13		1		122	36	19	60	7				
广　东	21	21				122	65	20	34	3				
广　西	14	14				111	41	10	48	12				
海　南	4	4				25	10	5	4	6				
重　庆						38	26		8	4				
四　川	21	18		3		183	55	19	105	4				
贵　州	9	6		3		88	16	10	50	11			1	
云　南	16	8		8		129	17	18	65	29				
西　藏	7	6	1			74	8	2	64					
陕　西	10	10				107	31	7	69					
甘　肃	14	12		2		86	17	5	57	7				
青　海	8	2		6		44	7	5	25	7				
宁　夏	5	5				22	9	2	11					
新　疆	14	4	5	5		108	13	29	60	6				

C-1-3 乡级行政区划

单位：个

地 区	乡级合计	镇	乡合计	乡	民族乡	苏木	民族苏木	街道	区公所
全 国	38658	21421	8190	7080	956	153	1	9045	2
北 京	343	143	35	30	5			165	
天 津	252	125	3	2	1			124	
河 北	2254	1332	611	573	38			310	1
山 西	1280	631	430	430				219	
内蒙古	1025	509	270	99	17	153	1	246	
辽 宁	1354	640	201	147	54			513	
吉 林	970	426	181	153	28			363	
黑龙江	1315	574	334	282	52			407	
上 海	215	106	2	2				107	
江 苏	1237	701	17	16	1			519	
浙 江	1364	618	258	244	14			488	
安 徽	1522	1011	224	215	9			287	
福 建	1108	653	252	233	19			203	
江 西	1581	832	560	552	8			189	
山 东	1825	1072	57	57				696	
河 南	2459	1192	567	556	11			700	
湖 北	1260	761	161	151	10			338	
湖 南	1946	1134	388	305	83			424	
广 东	1613	1112	11	4	7			490	
广 西	1256	806	312	253	59			138	
海 南	218	175	21	21				22	
重 庆	1031	625	161	147	14			245	
四 川	3101	2016	626	543	83			459	
贵 州	1510	831	314	122	192			365	
云 南	1426	666	537	397	140			223	
西 藏	711	142	534	525	9			35	
陕 西	1317	973	17	17				327	
甘 肃	1356	892	337	305	32			127	
青 海	404	140	222	194	28			42	
宁 夏	243	103	90	90				50	
新 疆	1162	480	457	415	42			224	1

C-1-4 民政部门

地 区	单位数	年末职工人数	#女性	受教育程度	
				大学专科	大学本科及以上
全 国	3284	83269	32166	25213	48292
中央级	1	302	94		302
北 京	18	1349	649	101	1235
天 津	17	472	190	72	361
河 北	185	5966	2427	1935	2557
山 西	129	1272	388	319	802
内蒙古	118	2930	1212	904	1730
辽 宁	118	2207	806	571	1427
吉 林	70	872	265	133	716
黑龙江	139	2327	938	801	1308
上 海	18	643	336	26	614
江 苏	115	3134	1044	651	2205
浙 江	102	2892	1124	499	2161
安 徽	121	2303	830	666	1521
福 建	94	1661	561	477	928
江 西	115	3229	953	1238	1160
山 东	172	3357	1204	575	2634
河 南	179	6085	2377	2170	2814
湖 北	120	3486	1320	1132	1828
湖 南	142	5826	2213	2329	2788
广 东	149	4229	1770	1033	2935
广 西	126	1946	779	612	1200
海 南	23	733	259	218	413
重 庆	40	877	387	215	637
四 川	213	5426	2135	1873	3073
贵 州	100	3755	1486	1287	2207
云 南	148	4016	1625	1222	2452
西 藏	82	1289	624	334	681
陕 西	118	3001	1036	1074	1578
甘 肃	103	3284	1203	1143	1658
青 海	54	913	340	283	473
宁 夏	28	745	338	206	490
新 疆	127	2742	1253	1114	1404

行政机构

职业资格水平		年龄结构			
助理社会工作师	社会工作师	35岁及以下	36—45岁	46—55岁	56岁及以上
3062	3067	18928	29298	27209	7834
		55	155	69	23
44	27	251	529	435	134
15		80	154	171	67
130	116	1252	2201	2010	503
12	12	187	300	613	172
60	88	813	980	902	235
17	19	369	774	814	250
2		179	213	365	115
18	37	641	791	773	122
10	16	151	226	199	67
338	279	604	1012	1144	374
285	254	615	963	998	316
188	153	530	729	781	263
80	166	330	433	649	249
68	87	646	1248	986	349
129	326	625	999	1312	421
176	153	1398	2225	1985	477
121	147	737	1040	1163	546
272	274	1145	2237	1848	596
180	188	1086	1381	1333	429
33	48	363	520	820	243
29	11	201	283	195	54
41	60	225	206	304	142
231	146	1384	1942	1631	469
104	139	938	1465	1122	230
194	127	739	1557	1384	336
26	6	649	473	156	11
34	39	723	1139	903	236
138	93	926	1325	832	201
18	10	215	401	249	48
27	32	202	236	255	52
42	14	669	1161	808	104

C-1-4续表

地 区	职工按行政层级分				乡、镇、街道民政助理员
	中央级	省级	地级	县级	
全 国	**302**	**3613**	**10994**	**68360**	**55667**
中央级	302				
北 京		288		1061	618
天 津		118		354	305
河 北		111	548	5307	3204
山 西		80	226	966	1327
内蒙古		57	337	2536	1900
辽 宁		84	553	1570	1441
吉 林		93	236	543	970
黑龙江		121	427	1779	1406
上 海		226		417	376
江 苏		126	551	2457	1675
浙 江		109	333	2450	2203
安 徽		104	436	1763	2241
福 建		103	227	1331	1576
江 西		69	342	2818	1948
山 东		107	553	2697	3053
河 南		127	623	5335	3336
湖 北		169	454	2863	1772
湖 南		133	602	5091	3324
广 东		143	884	3202	2372
广 西		86	338	1522	2087
海 南		95	103	535	273
重 庆		117		760	2348
四 川		135	615	4676	3518
贵 州		79	417	3259	2303
云 南		121	488	3407	2663
西 藏		91	254	944	710
陕 西		103	322	2576	2248
甘 肃		127	543	2614	2124
青 海		74	155	684	512
宁 夏		97	105	543	268
新 疆		120	322	2300	1566

单位：人、万元

政府会计制度准则（行政单位）财务指标		
固定资产原价	本年收入合计	本年支出合计
5804546.2	**18912221.2**	**18937537.9**
14588.2	22047.3	23201.0
244994.5	750555.1	791104.6
73252.4	326679.5	296671.0
211015.3	597625.6	581654.2
189346.5	739625.6	731577.6
326502.4	452830.9	474693.3
99569.5	571154.4	611652.9
71630.8	70751.0	62802.2
106123.1	298349.0	293807.6
155929.5	1722683.4	1628907.9
214372.1	999213.8	998841.5
231895.5	1539580.4	1545601.6
113613.1	568000.2	582692.3
241255.8	534692.6	559711.3
93880.8	373268.0	389911.4
169453.5	665875.9	671430.4
128231.7	521110.4	524394.4
135531.6	500777.4	490673.6
140136.2	722376.8	722538.2
392329.8	1132068.9	1130466.0
226259.9	948491.5	966525.0
69960.8	175322.2	196554.7
53346.5	243883.5	244859.0
296659.6	787173.2	801065.7
205960.9	900891.5	905765.3
312246.0	777613.9	767517.3
237103.5	266915.1	275493.6
197541.8	563357.7	564811.0
125438.9	273195.4	255845.3
221310.8	219726.6	189292.5
150433.8	200682.2	215613.4
354631.4	445702.2	441862.1

C-1-5 民政部门登记和管理

地 区	机构和设施数	按登记类型分			
		市场监管部门登记	编制部门登记	民政部门登记	设施和多牌子机构
全 国	1316337	10036	23059	851950	432412
中央级	2312		17	2295	
北 京	14362	176	248	11536	2413
天 津	8429	57	56	6497	1820
河 北	73075	519	638	38281	33678
山 西	27516	107	299	19052	8070
内蒙古	22173	77	380	16809	4932
辽 宁	36154	223	319	26463	9190
吉 林	18481	724	695	12709	4418
黑龙江	24901	435	398	19210	4889
上 海	27865	98	127	14102	13555
江 苏	78435	736	1216	63661	12893
浙 江	100197	493	745	61768	37242
安 徽	50290	521	451	38569	10779
福 建	52360	359	634	31988	19410
江 西	53092	227	1509	28648	22731
山 东	108857	824	860	67180	40084
河 南	69003	1124	2350	49640	15954
湖 北	62032	316	1707	31080	29018
湖 南	78092	346	2014	36478	39333
广 东	104473	443	1617	70380	32096
广 西	42207	176	589	28356	13144
海 南	9279	24	79	8696	481
重 庆	33610	710	571	17425	14943
四 川	64013	649	2131	43776	17525
贵 州	26005	196	826	15432	9565
云 南	31924	183	1052	22423	8292
西 藏	852		93	736	24
陕 西	42723	89	615	30553	11492
甘 肃	29483	49	257	19416	9774
青 海	7814	10	59	6230	1516
宁 夏	6211	41	85	4410	1676
新 疆	10117	104	422	8151	1475

的机构和设施总表

单位：个、人

按行业分类分				年末职工人数	#女性
*民政服务	*成员组织	*其他社会服务	其他事业单位		
485213	**884217**	**5723**	**1308**	**12745424**	**5381347**
4	2295		13	50199	22466
3108	12407	48	34	222399	139581
2291	6578	27	14	93502	40236
35881	38635	224	30	841709	281946
8940	19061	80	38	277455	112045
5679	16990	153	24	181998	63678
11495	26813	576	74	279079	128703
6137	12750	191	4	97706	32379
6984	19734	157	21	124414	41438
14634	17326	96	31	404913	234320
20668	75798	296	48	724047	210562
39666	68787	350	133	735670	328497
13652	38743	175	25	490405	184161
20843	33388	203	49	270031	95047
24650	28652	133	49	516745	151943
43580	67691	302	61	1240450	597930
20127	50125	384	89	737509	348000
31166	31283	233	64	405481	176692
41665	36848	235	84	1144104	570867
34165	71377	313	31	1148436	560765
13936	28377	173	59	283961	168860
583	9002	22	4	81234	24633
16260	18116	169	25	283068	147332
20435	45062	316	145	573305	225242
10621	15436	168	32	227668	83110
9386	22447	219	29	366354	124276
113	745	5		17234	6171
12820	30694	155	28	422378	127462
10198	19777	86	15	232596	53380
1653	6470	16	3	102726	33497
1849	4440	50	3	38000	14093
2024	8370	168	49	130648	52035

注："成员组织"中的一些机构，也隶属于行业分类中的"民政服务"类和"其他社会服务"类行业，在计算"机构和设施数"时，对其进行了剔重处理。

地　区	受教育程度		按登记类型分			
	大学专科人数	大学本科及以上人数	市场监管部门登记	编制部门登记	民政部门登记	设施和多牌子机构
全　国	**2655140**	**2753180**	**173841**	**315731**	**11388518**	**867334**
中央级	500	45513		1348	48851	
北　京	57007	100813	6008	8093	201333	6965
天　津	15406	29792	1243	2089	84845	5325
河　北	120290	106371	6675	12786	766525	55723
山　西	61379	44479	1247	5995	248598	21615
内蒙古	38880	25898	984	6521	163774	10719
辽　宁	68746	68121	3262	9574	240140	26103
吉　林	21261	8709	6995	9567	77235	3909
黑龙江	19115	13150	2385	9412	101134	11483
上　海	124298	27458	4395	5334	374636	20548
江　苏	99251	106797	17479	19563	634324	52681
浙　江	177274	209172	10491	12306	646060	66813
安　徽	137935	115898	6271	6801	455076	22257
福　建	35287	45880	6307	5793	230856	27075
江　西	67739	85122	3391	12464	462007	38883
山　东	331516	383195	13741	15178	1173372	38159
河　南	179699	140497	13401	26488	659746	37874
湖　北	79112	69332	5950	19505	324659	55367
湖　南	218139	261402	6868	18884	1060358	57994
广　东	277312	353602	13495	24911	1022042	87988
广　西	67420	44172	4696	10388	244024	24853
海　南	11706	18623	699	1091	77674	1770
重　庆	68543	81940	10324	6375	229809	36560
四　川	121360	134446	12024	24021	487808	49452
贵　州	46721	49732	5640	7469	187017	27542
云　南	53926	68650	4635	8147	338697	14875
西　藏	4287	5406		1934	15083	217
陕　西	61786	44552	2093	9803	382139	28343
甘　肃	34671	22666	1026	4526	209790	17254
青　海	22172	17009	138	1108	92091	9389
宁　夏	9937	9523	1171	1668	32572	2589
新　疆	22465	15260	807	6589	116243	7009

単位：人

职业资格水平		年龄结构			
助理社会工作师人数	社会工作师人数	35岁及以下人数	36—45岁人数	46—55岁人数	56岁及以上人数
166175	203123	4713958	4014434	2511926	1317645
17	54	11584	21168	15918	1529
1816	1640	78035	117607	8938	17366
551	554	23559	50992	12109	5036
4566	10704	488967	202834	104360	43955
1798	1879	91789	94532	54424	35298
1920	1557	69802	58751	35183	13345
12384	2805	103661	91545	56183	25872
2191	2512	30573	36517	22589	7982
1513	1352	37628	47388	28433	10244
1629	20389	76305	112062	116975	98670
7057	5520	255370	261905	146611	59457
14503	12929	245327	194623	164257	119842
4442	3286	166388	204691	86350	28243
1950	1171	91364	89330	58155	29175
4993	1310	151587	189086	113256	62017
31755	36120	446336	364866	258405	153747
9063	7565	342946	218906	111710	61559
2262	1267	138654	133223	89276	36238
12270	12600	396890	339721	234999	162326
27897	53755	508147	311898	200859	91403
1713	1434	106515	93055	54339	28472
309	135	30160	33621	12608	4722
3046	3248	114346	66937	52062	26226
7035	7311	213751	187354	98547	49330
2464	1035	86597	73686	46806	18451
1021	755	110229	109427	87849	50198
174	158	8807	5221	2499	702
2352	3052	130445	126094	127565	35055
792	780	64853	78792	52671	26627
545	1735	43040	31995	14908	6300
731	3463	10366	15074	9036	3493
1416	1048	39937	51533	34046	4765

C-1-5续表2

地 区	企业会计制度财务指标			
	固定资产原价	营业收入	费用合计	营业利润
全 国	**5146454.8**	**3393137.0**	**1067082.8**	**695627.6**
中央级	29342.6	12330.4	6764.5	-726.9
北 京	339328.8	315178.9	112381.4	3955.3
天 津	28504.3	38741.4	16831.7	6076.7
河 北	163349.3	53644.7	25404.1	1579.4
山 西	60887.1	23355.3	11931.5	1927.7
内蒙古	40677.2	11878.5	6160.5	985.5
辽 宁	122228.8	45331.4	18580.2	10000.2
吉 林	33315.5	10376.5	3359.0	2877.0
黑龙江	55288.1	22504.1	8169.8	3659.2
上 海	394960.2	963767.3	180581.6	531587.0
江 苏	229180.8	182185.5	44164.9	52259.9
浙 江	305225.8	211553.5	77274.6	-1998.0
安 徽	250093.6	38459.1	13021.2	3027.6
福 建	205694.8	117132.1	35449.6	18244.5
江 西	82611.6	35712.8	17940.7	473.4
山 东	155989.3	53150.4	13875.3	7389.5
河 南	310064.2	47680.4	28079.6	103.3
湖 北	151846.1	135990.8	38500.5	17981.0
湖 南	252229.9	56191.5	26435.7	-5135.5
广 东	343753.8	332571.6	112361.9	21604.7
广 西	121903.0	57947.6	25275.8	2786.6
海 南	34410.1	15193.6	5131.9	-526.6
重 庆	364591.0	116584.5	51702.3	-2326.4
四 川	287085.2	197147.3	70850.1	6908.3
贵 州	345530.1	151544.0	69830.7	6712.2
云 南	226001.0	58845.3	15465.9	1918.9
西 藏	1002.4		110.0	
陕 西	91872.5	35146.8	14270.1	2174.9
甘 肃	39378.3	22952.1	6865.7	337.5
青 海	1809.0	363.0	27.7	
宁 夏	47113.6	21957.7	9195.8	1672.3
新 疆	31186.8	7718.9	1088.5	98.4

政府会计制度准则（事业单位）财务指标			民间非营利组织会计制度财务指标		
固定资产原价	本年收入合计	本年支出合计	固定资产原价	本年收入合计	本年费用合计
15534394.7	**7359712.9**	**7387077.6**	**66958071.3**	**74175986.7**	**75212188.2**
467656.0	166748.5	187376.7	1906096.4	9427927.5	7933633.0
458692.3	435450.3	454019.2	2407730.5	7995193.8	7359466.9
220632.9	131737.9	136735.5	506464.4	561604.6	527367.8
505111.2	189361.2	191968.6	3054917.4	4494087.5	4271189.4
365401.1	190937.0	194329.4	1441829.9	570182.4	591237.8
339220.4	139527.6	141827.7	195591.7	202533.5	230853.1
321904.5	148351.4	152276.6	1809432.1	1217000.0	1343837.4
272377.7	113281.1	113399.2	42323.8	51924.6	36408.6
539104.9	226760.8	240324.4	98718.3	41906.8	90439.5
327651.7	350161.4	349805.4	3435112.1	8783627.9	8252287.2
1085770.1	540762.7	507015.7	1210131.2	1781989.0	1488957.4
621629.4	429617.3	426003.1	5309200.8	7261034.5	6825002.2
377215.4	160890.3	161543.0	1624046.0	986675.2	926336.1
257964.0	185039.2	172961.2	1764150.4	1666959.3	1438345.8
479540.7	114788.9	107980.4	250254.9	310820.3	524679.2
798762.2	261833.8	263164.9	8561241.3	1754231.5	5672412.8
551702.7	206764.5	208518.7	3948134.4	1330561.7	1908684.7
961214.6	415088.6	409146.8	875689.3	1052546.8	965389.7
752847.6	303159.5	309092.3	3941083.6	3050276.9	3011056.0
1521094.4	820893.4	788612.1	11148453.6	11946147.9	10573548.5
446848.8	287283.8	281852.5	1645404.6	1767685.6	2137797.3
99053.8	25998.0	37891.8	1177543.4	470688.3	412946.3
405111.2	251123.4	257861.1	2317559.4	1963864.4	2283117.0
999823.8	481380.5	470519.4	3192120.5	2551491.3	2326780.0
309776.2	118963.0	113532.4	1296864.2	698895.4	932898.4
464347.5	122845.4	119868.2	1993932.3	1274092.9	1316309.4
72085.3	16801.1	24016.4	2742.0	2750.0	2259.5
604828.2	212138.3	222197.7	962082.6	334301.8	447380.3
261471.5	58194.4	65850.1	312156.2	392664.6	1013650.8
57183.0	111134.2	113440.1	68165.4	36150.2	52190.1
167372.7	31353.4	31951.7	318519.1	74627.0	189563.9
420998.9	111342.0	131995.3	140379.5	121543.5	126162.1

地　　区	人均民政事业费支出（元/人）	民政事业费占财政支出比重（%）	每万人拥有民政服务机构和设施（个/万人）	每万人拥有民政服务机构和设施职工（人/万人）	孤儿集中养育标准占当地人均消费支出比重（%）	孤儿社会散居标准占当地人均消费支出比重（%）
全　　国	372.3	1.9	3.5	11.9	85.2	65.1
北　京	838.8	2.3	1.4	14.0	66.8	66.8
天　津	487.9	2.0	1.7	10.6	89.0	89.0
河　北	231.7	1.8	4.9	12.8	93.3	70.4
山　西	374.2	2.0	2.6	10.5	106.6	71.2
内蒙古	619.1	2.2	2.4	10.1	96.3	82.6
辽　宁	335.2	2.1	2.9	13.0	109.3	94.1
吉　林	385.3	2.0	2.7	11.9	91.6	69.2
黑龙江	378.6	2.0	2.3	10.6	112.9	89.5
上　海	896.8	2.3	5.9	23.4	57.1	57.1
江　苏	333.3	1.9	2.5	15.9	93.6	73.1
浙　江	391.1	2.1	6.0	16.2	74.3	60.1
安　徽	406.2	2.9	2.3	9.0	88.9	70.5
福　建	295.7	2.1	5.0	11.2	77.4	63.7
江　西	395.2	2.4	5.5	13.8	92.8	70.0
山　东	271.2	2.2	4.3	9.5	116.8	93.5
河　南	236.6	2.1	2.1	9.5	83.0	60.6
湖　北	370.0	2.3	5.4	15.2	109.3	68.2
湖　南	288.6	2.0	6.4	13.6	73.9	53.2
广　东	286.3	2.0	2.7	10.7	77.1	61.3
广　西	375.5	3.1	2.8	9.1	88.1	62.3
海　南	304.7	1.4	0.6	3.7	87.7	67.6
重　庆	412.2	2.5	5.1	17.8	72.6	63.6
四　川	389.9	2.6	2.5	11.4	83.4	62.5
贵　州	452.7	2.8	2.8	11.4	107.1	77.4
云　南	416.4	2.9	2.1	6.4	114.8	76.8
西　藏	836.0	1.1	0.3	5.9	88.8	67.2
陕　西	397.6	2.2	3.3	12.4	98.0	77.1
甘　肃	565.5	3.1	4.2	10.0	94.0	72.3
青　海	759.8	2.1	2.8	20.5	85.6	62.0
宁　夏	570.7	2.4	2.6	9.2	83.2	55.5
新　疆	484.2	1.7	0.8	7.0	96.8	70.3

注：人口数、居民人均消费支出数据使用国家统计局发布数据。

发展情况分析

城市低保标准占当地城镇居民人均消费支出比重（%）	农村低保标准占当地农村居民人均消费支出比重（%）	农村低保标准占城市低保标准比例（%）	每千名老年人拥有养老床位数（张/千人）	老龄补贴人数占老年人比例（%）	残疾人两项补贴对象人数占持证残疾人数比例（%）	人均福利彩票销售额（元/人）
28.6	**41.0**	**79.1**	**27.7**	**14.6**	**73.1**	**137.9**
32.9	63.7	100.0	25.9	19.2	35.0	236.1
32.2	56.2	100.0	21.2	2.8	49.4	126.5
32.6	39.6	75.2	27.5	9.3	69.3	81.2
31.9	47.8	83.8	22.4	3.8	71.4	93.7
31.1	42.5	79.1	38.9	17.4	81.1	161.8
31.0	44.1	78.6	21.0	3.4	67.5	165.7
27.5	37.2	72.6	25.7	2.5	74.3	125.4
32.9	39.0	75.3	25.4	2.8	71.5	100.2
33.0	58.9	100.0	28.2	68.0	47.6	227.1
25.1	39.9	98.2	35.6	29.4	79.1	156.2
28.8	45.2	100.0	25.6	16.7	67.3	247.1
33.8	48.4	96.8	30.0	20.2	92.2	116.5
26.8	46.1	99.2	39.6	16.9	87.7	136.1
38.1	44.3	77.2	32.0	13.4	75.0	90.0
37.4	57.4	81.5	30.2	2.6	69.2	108.8
30.1	33.1	71.5	27.0	11.8	72.6	63.5
28.2	34.1	80.3	36.9	11.9	73.0	124.6
25.4	30.4	74.2	27.6	5.3	73.6	122.3
30.0	43.0	81.0	24.3	17.7	85.1	170.5
38.6	40.4	66.2	27.6	13.3	81.4	92.0
28.4	45.6	93.9	8.7	13.3	77.1	69.3
28.0	40.8	83.0	27.4	8.4	55.4	138.3
31.2	38.7	75.8	21.3	15.8	70.6	115.4
31.8	45.4	73.6	21.9	13.3	59.8	93.0
30.9	40.7	70.2	17.6	17.9	68.8	201.9
40.4	42.6	46.1	35.5	3.3	103.9	242.7
30.9	38.4	71.3	25.7	41.1	83.3	194.7
32.1	45.5	65.9	32.0	5.2	75.3	108.3
34.0	38.3	65.6	24.4	53.9	77.0	214.2
28.8	40.3	75.9	31.5	6.0	93.7	239.9
31.0	47.6	80.0	26.8	11.5	72.3	320.4

注：残疾人两项补贴人数占比、老龄补贴人数占比均采用简单加总数据计算，暂无法区分一人同时享受两种或多种补贴情况，数据仅供参考分析。

地　区	1952年	1953年	1954年	1955年	1956年	1957年	1958年
全　国	28265	35484	60390	49842	56906	53119	32693
中央级	6	443	20619	8736	270	85	82
北　京	198	237	276	247	584	302	376
天　津	208	315	131	157	217	240	194
河　北	2849	4558	4764	4526	9681	6640	2494
山　西	1253	1398	1531	1373	2096	1953	2279
内蒙古	912	370	306	364	625	417	505
辽　宁	611	1434	1392	1298	1638	1339	1098
吉　林	346	595	880	856	1331	1610	1126
黑龙江	640	831	912	952	1442	1336	948
上　海	550	306	411	729	1121	1073	464
江　苏	1980	1993	2051	3003	4052	5051	2617
浙　江	398	426	505	757	1430	988	672
安　徽	2051	4061	3382	3453	4748	4306	1642
福　建	828	732	789	933	1473	866	823
江　西	1519	1040	1368	2253	1889	1802	1717
山　东	2624	3993	5082	3975	3664	5261	3795
河　南	1440	2745	2307	2494	4360	5539	2990
湖　北	2719	1058	2765	2664	1306	1505	1210
湖　南	1255	1089	3381	2205	2259	2177	1344
广　东	1762	1454	1270	1407	2725	2729	1223
广　西	516	645	735	700	1414	1589	582
海　南							
重　庆							
四　川	1583	2035	2052	2646	3570	2606	1982
贵　州	368	686	633	567	618	494	331
云　南	630	695	875	740	908	599	514
西　藏			43	207	91		2
陕　西	519	1023	984	1135	1794	1250	588
甘　肃	390	1074	675	1171	1083	871	539
青　海	52	134	140	154	281	237	164
宁　夏							92
新　疆	58	114	131	140	236	254	300

事业费支出情况

1959年	1960年	1961年	1962年	1963年	1964年	1965年
44786	**72444**	**98912**	**74475**	**87533**	**161510**	**107869**
192	262	39			31	2325
751	824	658	542	638	816	1047
4148	5070	10807	5780	15681	31433	18545
1656	2659	2896	2556	2640	2361	2899
873	525	785	1468	1124	1360	1440
1249	4475	4392	3933	3467	3382	2942
764	1055	1271	1660	2138	2235	1798
782	991	1485	2151	2362	2796	2611
475	471	422	539	874	1074	1220
2956	4843	4107	4873	7282	11070	5506
874	857	1414	1597	1166	1152	1351
3169	3161	4704	3530	5431	10567	3347
4141	2823	2798	1493	1687	1394	1463
1691	2179	3224	3168	2273	3081	1989
4494	8141	11332	6963	7201	11079	15807
2672	10271	11417	8107	10099	48554	17841
2466	4428	4569	3767	3468	3319	2790
967	1690	4299	2697	2834	4522	2482
2982	4608	3475	2830	3146	3056	2664
903	997	2687	1505	2125	4006	1983
2583	6315	9758	5918	4227	4495	5179
613	750	2390	1429	1792	1808	1726
675	880	1692	773	1250	1494	1596
1	25	48	117		133	192
1109	1113	1530	1422	1640	1918	3137
681	1778	4522	2464	2988	2310	1611
447	576	1028	1005		465	695
239	428	303	365		378	284
233	249	860	1823		1212	1399

C-1-7续表1

地 区	1966年	1967年	1968年	1969年	1970年	1971年	1972年
全 国	88112	81887	56154	66683	65349	68269	81549
中央级	454	534	308	11			
北 京	914	939	868	820	895	974	1192
天 津		473	439	572	405	407	546
河 北	12395	6983	4443	5333	2054	3591	5482
山 西	4447	2692	2478	2579	4777	4563	4025
内蒙古	2182	2401	1194	842	891	649	1020
辽 宁	2572	2781	2473	3542	2867	3922	4574
吉 林	1704	1745	1579	1890	1837	1968	1753
黑龙江	2548	2169	1775	2355	2247	2317	2768
上 海	1472	1654	1410	1359	1442	1554	1676
江 苏	7298	5400	3756	3839	4191	4969	7368
浙 江	1142	1366	1486	1481	1496	1517	2399
安 徽	4119	6861	4025	4246	5547	3365	4639
福 建	1673	1738	1727	1922	1463	1481	1721
江 西	2145	2318	1637	1924	2047	2357	2357
山 东	9458	9844	5878	7622	6442	9034	8801
河 南	9303	8611	4105	6983	4947	4699	4799
湖 北	2579	3177	2651	3509	4197	3116	3462
湖 南	2141	2562	1848	2019	1668	1602	2272
广 东	2454	2644	2046	2639	2734	2410	2800
广 西	1997	2541	1641	1607	1555	1827	1713
海 南							
重 庆							
四 川	4774	4067	3374	3439	3678	4518	5615
贵 州	1730	1926	1224	1314	1646	1535	2116
云 南	1772	1412	807	1018	2460	1454	1746
西 藏	374			96	100	104	173
陕 西	3623	1874	1477	1733	1778	2099	2415
甘 肃	1161	1963	671	989	952	968	2206
青 海	409	185	190	246	207	291	366
宁 夏	272	287	200	238	242	354	810
新 疆	1000	740	444	516	584	651	727

158

1973年	1974年	1975年	1976年	1977年	1978年	1979年
99675	**90406**	**127082**	**161690**	**185288**	**137135**	**183279**
8	10				11	44
1506	1284	1461	1742	3068	1990	2238
762	937	881	933	13670	1061	1482
8727	5925	5960	7041	36568	11605	9140
4696	3587	3420	4111	4813	5437	8154
1914	1575	1559	2502	1873	2040	5922
5590	3902	18731	14705	7427	6103	5607
2174	2500	2448	2834	3677	3869	3477
3701	3884	3701	4176	5463	5545	5149
1885	2088	2263	2469	2581	2777	3290
6988	7258	8001	7719	8031	9208	10019
2103	1973	1984	2424	2641	2853	3475
4625	3981	5828	15690	6300	6756	13263
2142	2150	1991	2432	2826	2730	3272
4039	3220	2964	3606	3981	3953	8610
8110	8601	10417	9746	10599	12292	15169
5474	4190	24152	40056	21437	14140	19495
4747	3487	4471	5463	5160	6149	9597
3321	2580	2942	3442	3550	4380	6747
4041	5051	3836	4884	5546	5435	8146
1597	1669	1653	1963	2355	2073	4019
6780	5936	6061	9037	12602	8511	12722
3574	1955	2352	2748	3296	2740	4767
1509	2245	2242	3428	3783	2948	3478
228	195	206	289	270	379	1366
3435	2986	2579	3174	4575	4834	5780
3421	4183	2603	2240	5485	4030	5204
311	342	521	407	514	696	853
1369	1813	600	1150	1780	1090	1040
896	909	1255	1279	1417	1500	1754

C-1-7续表2

地 区	1980年	1981年	1982年	1983年	1984年	1985年	1986年
全 国	174769	192267	191874	216116	242371	295841	344064
中央级	103	138	78	163	286	443	2526
北 京	2802	3167	3416	4063	4904	5719	7287
天 津	1474	1670	1669	2194	3101	3583	4113
河 北	11165	13597	10179	9692	12427	16654	16581
山 西	6749	7893	7854	7015	7924	10683	10193
内蒙古	5714	6218	5135	7379	7909	9030	11684
辽 宁	6671	8073	10591	11727	11741	18341	22112
吉 林	4482	4970	4951	6300	5952	8391	13570
黑龙江	5370	6562	8005	9546	8782	10119	13791
上 海	3375	3381	3215	3170	3540	4467	5503
江 苏	11269	12914	11991	14750	16403	16254	20586
浙 江	3703	3897	4070	4808	6480	8174	10211
安 徽	9385	9550	7521	12093	14059	14340	13524
福 建	3625	4268	4773	5506	5601	8298	7657
江 西	6289	5309	6183	7093	8360	8364	9768
山 东	16327	14126	18998	17811	17413	22757	22496
河 南	12007	10921	12862	15216	13710	18456	20939
湖 北	9265	12458	7956	10798	10760	11860	14581
湖 南	7026	8924	7546	10428	10373	12357	15013
广 东	8337	7767	9550	9035	12337	14516	15526
广 西	3213	3674	3897	4779	6382	9438	9634
海 南							
重 庆							
四 川	12063	15429	14542	13943	17823	20667	24973
贵 州	4123	4718	4354	5211	5833	9182	8657
云 南	4172	4599	4231	5251	7025	10137	13752
西 藏	1704	1208	1151	1357	1821	1391	1789
陕 西	5390	8198	6271	5820	6313	7545	8586
甘 肃	4801	4338	5778	4902	8983	6541	7655
青 海	862	915	1068	1270	1674	1918	2134
宁 夏	1385	1118	1819	2329	1497	1826	1990
新 疆	1918	2267	2220	2467	2958	4395	4768

1987年	1988年	1989年	1990年	1991年	1992年	1993年
359278	**395646**	**466492**	**519383**	**625359**	**637097**	**698708**
2742	1297	1185	1517	1792	3217	3108
8906	11355	12805	14738	16249	19073	26105
4531	5209	5861	6585	7176	8173	9218
20578	24272	26484	32162	30785	33344	38161
11833	13977	15845	15976	17378	19264	19515
10867	11254	10975	13510	13449	14250	15314
18104	19595	22233	26318	26380	29561	32903
14016	10692	11439	14155	14619	16553	18461
13686	14205	15127	15982	18411	19734	19377
5603	3965	4741	5364	6270	7742	10368
21208	23816	27647	33150	50604	48290	47590
12353	16113	18710	21111	22094	22124	26924
12942	14854	16444	19755	80611	39002	26982
9238	10332	11213	13935	15070	18423	20141
11546	13240	15076	15791	16915	21249	21410
29017	31890	39382	44965	46744	52525	62616
22760	21784	26566	24275	27675	31304	34498
14846	17804	20704	21092	23318	23677	28918
15167	19110	22384	24981	23436	24712	29096
17076	16675	20206	21863	25022	29602	43983
9054	9757	11955	11313	12728	14317	16760
	2338	3659	3366	3843	4270	4630
25524	28123	32186	36228	39004	42563	49037
9092	9408	11568	12079	11043	11761	15154
12712	14934	31640	33901	38725	41026	30502
1828	1795	2116	2909	3499	2647	2598
9299	10602	12277	13688	13412	16805	20107
7238	8346	7681	8813	9124	11256	12186
1837	1750	1802	2086	2036	2387	2965
1780	2609	1805	2000	2206	2456	2464
4896	4549	4776	5775	5741	5790	7617

C-1-7续表3

地 区	1994年	1995年	1996年	1997年	1998年	1999年
全 国	**870194**	**1034502**	**1211500**	**1335202**	**1618445**	**1946843**
中央级	4077	3703	6371	5954	50783	11856
北 京	36146	44073	54012	61184	74406	97748
天 津	11970	15023	17254	19738	20952	20611
河 北	48303	58804	74364	71151	79064	88202
山 西	22995	31008	37882	37150	39519	45466
内蒙古	18378	20470	26012	26773	35484	35659
辽 宁	44239	60067	59580	65370	74946	85394
吉 林	24648	30876	31416	33928	52337	53311
黑龙江	26195	28798	30459	33020	55977	60566
上 海	15557	19773	23984	30860	37336	54151
江 苏	59349	69907	80163	93383	108862	121349
浙 江	40044	43610	50852	60657	65733	88269
安 徽	26883	37348	43979	50559	56473	72895
福 建	25502	31904	34498	46134	49421	50996
江 西	23815	30354	33883	35962	47177	45334
山 东	71995	76826	88009	101613	112960	131746
河 南	44163	52458	59353	64155	68311	80338
湖 北	39148	40291	50385	58511	85285	75622
湖 南	35093	42680	53778	48234	54533	73272
广 东	53653	64806	75354	88748	96993	112133
广 西	30480	28730	36280	28944	30995	31950
海 南	6163	7210	8828	8274	9472	10818
重 庆				25048	35054	51123
四 川	59629	70257	77059	63016	72283	89492
贵 州	15641	20528	26419	27866	27126	30834
云 南	31529	36916	46048	52043	53384	63169
西 藏	5304	4466	5228	6987	11749	6824
陕 西	20404	26336	32108	31702	25791	43230
甘 肃	13897	17748	21484	20366	20554	26371
青 海	3454	4342	6473	8088	8669	23784
宁 夏	3244	3458	4279	4397	5442	8651
新 疆	8297	11732	15706	25387	22690	55676

2000年	2001年	2002年	2003年	2004年	2005年
2296954	**2847548**	**3922695**	**4989171.8**	**5773906.5**	**7184146**
29338	13965	18467	18027.2	39289.8	37423
150746	196540	233429	303795.3	327957	370918
30547	41580	58202	62682.2	71091.4	92462
113381	125698	153525	185640.8	216769.6	283480
56815	71776	105897	124002.5	147569.6	192257
44674	55328	70606	99367.7	126236.7	141727
131675	180547	227704	279736.9	304551.2	368476
51153	76026	118392	166702.2	182133.4	218688
61753	80658	177852	167487.2	193823.3	222865
87021	121538	167719	222539.6	228764.3	282196
159691	170800	205763	256062.6	309196	419996
97755	124023	159432	189645.4	294720.4	354320
72568	89476	138918	208605.9	195411.9	250782
67797	68897	85353	94060.8	139539.3	157015
49521	57966	92013	149217.2	176371.5	225667
159315	180470	233918	283989.3	311522.3	408419
102698	117574	159157	221712.8	251438.9	337872
113381	122382	167653	229233.9	270653.4	345556
80343	104818	158443	210815.4	252891.5	326694
144461	198362	278022	341821	386221.4	483430
35135	49819	82929	109901	113722.5	156841
13568	15372	18032	24304.1	27949.8	38103
55934	70571	117114	125112.4	145713	174682
105249	139493	194774	244374.4	302566.3	376043
36085	51264	67973	82093.5	102696.6	151257
78944	98782	115945	150814	183854.7	202346
9920	14979	15358	17912.7	23199.7	22574
54365	72136	103474	147038.8	149120.1	186935
35251	42851	58315	75346	91876.1	111530
16159	19790	24812	36616	39139.1	47402
13775	21289	28724	30448.1	34071.3	35346
56940	52768	104762	130065	133844.4	160847

C-1-7续表4

地 区	2006年	2007年	2008年	2009年	2010年
全 国	**9153527**	**12154874**	**21464484**	**21819430.2**	**26975149.0**
中央级	27907	32841	263213	55240.2	488035.9
北 京	450229	575756	575302	745435.4	982144.3
天 津	121917	149046	196893	244982.6	313824.7
河 北	356510	488387	678036	843485.2	969269.1
山 西	236469	339210	457567	562518.4	634004.6
内蒙古	187147	283105	420111	575897.9	768526.2
辽 宁	437608	575209	724799	887386.5	1066504.6
吉 林	284676	341920	470519	642777.6	750632.3
黑龙江	376619	478896	643011	800947.6	854398.8
上 海	316864	406118	515828	557187.9	572521.7
江 苏	502744	632560	811832	996449.2	1265312.3
浙 江	415110	508925	610800	704117.9	884859.5
安 徽	312519	490974	659432	804010.6	971558.4
福 建	226313	247500	282403	322487.9	422187.8
江 西	340990	434664	596019	693704.1	847650.9
山 东	526836	715079	885720	1122739.0	1437374.8
河 南	425038	598726	785189	1035342.8	1230796.6
湖 北	440298	514067	748412	897367.7	1082788.8
湖 南	422998	521304	771404	997685.9	1165255.4
广 东	635940	720130	834465	1021108.9	1154286.9
广 西	175928	247212	410162	492763.3	731162.4
海 南	49003	65929	96527	142315.6	190264.1
重 庆	216847	307697	435014	514479.6	674873.3
四 川	500440	734868	4848630	2289514.1	2408738.2
贵 州	181266	264299	443051	560108.4	728242.8
云 南	228950	420914	687354	930167.6	1224026.2
西 藏	30224	38363	69982	82169.4	85017.8
陕 西	244342	365358	849627	867024.3	1139380.6
甘 肃	149598	226791	1063855	577204.8	740624.8
青 海	51844	81455	123508	189659.7	330701.5
宁 夏	57593	79705	110375	143479.2	161335.6
新 疆	222762	267867	395446	519670.9	698848.1

2011年	2012年	2013年	2014年	2015年
32291356.0	**36837379.4**	**42765370.8**	**44041244.2**	**49264448.4**
93505.4	100110.8	137419.9	128646.0	155949.2
1031493.0	1260515.9	1555734.8	1600353.6	2220633.5
375011.5	444250.9	552118.0	591814.0	769084.9
1244217.3	1438698.1	1672465.7	1653297.9	1805161.2
876097.5	936468.5	1130400.3	1144649.5	1201392.7
968084.5	1127395.6	1236610.0	1409253.2	1410121.9
1347428.2	1567755.2	1672890.8	1694087.8	1844543.3
801698.3	765275.0	986245.5	942015.8	1057440.4
1050480.9	1152380.1	1589618.1	1373441.2	1504605.0
662862.5	727872.8	832211.6	857287.8	966471.0
1711513.8	1970955.5	2335259.9	2460508.3	2605552.1
1061597.3	1253870.2	1428845.7	1502557.1	1674651.1
1263090.4	1421837.3	1601142.2	1699609.2	1812233.9
503195.6	614533.8	729824.6	775607.4	903162.9
986614.7	1075144.7	1224409.1	1472214.2	1571857.7
1691804.7	2183629.3	2502270.9	2706751.9	2871388.9
1586875.1	1740800.2	2097496.0	2054924.0	2292633.2
1408483.1	1531263.7	1849392.5	1852790.6	2269799.1
1545645.5	2003252.4	1996276.3	2085354.4	2305544.2
1480652.6	1668953.2	1981669.0	2237116.3	2595187.3
971372.9	1173997.1	1292515.6	1391271.4	1492923.0
223849.3	240254.6	254400.4	287775.5	296623.7
783120.4	907587.4	999446.7	1027739.5	1146517.8
2168767.6	2375722.4	2880631.2	2917857.6	3152459.5
1116447.6	1248670.9	1341494.8	1391678.3	1472311.4
1432131.1	1730472.3	1845730.7	1979476.0	2310934.8
130279.7	155073.7	156074.8	136789.5	175034.3
1356364.3	1424205.1	1838401.7	1679000.3	1847868.8
1000902.5	1051754.7	1299304.5	1214834.5	1367615.6
359785.5	341516.9	377594.3	381598.0	462567.9
195226.4	220055.6	266258.2	264662.5	409809.1
862756.8	983105.5	1101217.0	1126280.9	1292369.0

C−1−7续表5

地　区	2016年	2017年	2018年	2019年
全　国	**54401503.4**	**59326813.1**	**40769320.0**	**42792437.9**
中央级	165749.1	269330.6	128747.8	121352.7
北　京	2558934.6	2830370.7	1410839.6	1638311.6
天　津	895069.9	976094.3	723647.0	697325.4
河　北	2115331.3	2491031.8	1267321.2	1451118.4
山　西	1291517.7	1427974.2	965414.8	1068424.9
内蒙古	1400524.5	1530138.7	1229044.8	1242620.6
辽　宁	1845473.1	2000385.4	1345926.0	1136119.9
吉　林	1041251.7	1229440.2	833078.7	865328.9
黑龙江	1526756.7	1621673.2	1016669.9	939507.0
上　海	1532275.2	1774025.0	1440387.9	1639409.9
江　苏	2872252.8	3252262.8	2541719.9	2511988.2
浙　江	1899440.0	2100207.6	1423390.2	1610842.0
安　徽	1970515.8	2205766.4	1654232.3	1907107.4
福　建	1041706.7	1038592.5	812950.4	896362.5
江　西	1717261.4	1868755.5	1436320.2	1434244.3
山　东	3048812.9	3394553.1	1570595.4	1691002.8
河　南	2469598.6	2606924.3	1762338.9	1979422.4
湖　北	2423266.1	2564107.9	1776866.8	1849894.4
湖　南	2716411.4	2759086.8	1707022.3	1730690.3
广　东	3056715.3	3723480.8	2631089.6	2826465.3
广　西	1577969.5	1785362.3	1301233.1	1437469.5
海　南	300733.3	299638.3	299986.6	259235.4
重　庆	1299701.7	1563300.9	1091804.0	1071546.9
四　川	3486433.8	3663630.9	2489797.5	2512033.7
贵　州	1602657.5	1734040.9	1363187.2	1445052.1
云　南	2348845.7	2404442.3	1799879.2	1865562.9
西　藏	235821.1	273337.7	221186.6	201015.4
陕　西	2020674.1	2099088.3	1385599.4	1483555.2
甘　肃	1631306.1	1490098.4	1254450.3	1283731.0
青　海	492304.9	577580.9	404933.9	459092.4
宁　夏	420877.6	426405.6	375733.0	386732.1
新　疆	1395313.3	1345684.8	1103925.5	1149872.4

単位：万元

2020年	2021年	2022年	2023年
48082138.5	**46790091.8**	**50903809.6**	**52476312.4**
115741.3	244602.0	220310.8	215681.9
1712782.0	1623058.1	1819331.2	1833540.9
658421.3	636545.0	638218.7	665557.8
1832081.1	1587262.2	1618368.9	1712789.2
1146730.5	1166474.6	1325410.9	1296881.7
1329014.9	1274615.7	1387242.6	1483310.5
1200285.6	1202052.6	1318689.9	1401951.6
866067.3	866096.2	904275.6	901103.0
996573.0	981255.1	1093610.1	1159416.7
1729957.3	1714316.5	2087868.4	2230382.4
2692853.3	2671536.5	2813882.4	2841449.1
1914409.0	1971280.5	2424988.2	2591714.5
2151662.1	2170879.9	2446945.0	2486561.6
1035956.8	1052031.8	1152313.8	1236757.7
1474742.5	1526123.8	1711855.5	1784396.1
2147801.8	2542677.2	2742618.5	2745551.0
2324396.7	2186332.6	2366254.1	2321778.3
2270361.0	2022914.8	2210302.4	2160288.1
1803685.7	1793504.6	1893264.5	1895361.4
3112302.8	3242658.5	3541215.8	3637142.1
2056114.3	1630503.9	1803658.2	1887660.6
256183.2	248377.8	260908.9	317805.7
1166173.6	1161259.1	1230563.0	1315379.1
2927582.6	2786479.7	3094372.2	3262376.2
1767795.9	1509244.3	1579465.4	1749865.4
2150926.9	1873080.7	1874895.0	1945919.7
235165.5	253883.5	267351.6	305149.4
1530428.6	1447753.1	1480424.9	1571158.7
1357819.5	1358773.4	1446509.2	1393953.0
491604.4	470326.4	469608.7	451317.9
390738.4	389597.8	414398.7	416059.2
1235779.6	1184593.9	1264686.5	1258051.9

地　区	合计	困难群众救助补助资金
全　国	**16964191**	**15688717**
北　京	13194	10570
天　津	43902	40585
河　北	703807	637839
山　西	452261	418206
内蒙古	588211	559131
辽　宁	406652	352132
吉　林	414008	370175
黑龙江	615394	565216
上　海	14953	13859
江　苏	189727	165194
浙　江	107423	90071
安　徽	765449	716766
福　建	177452	161530
江　西	757290	706228
山　东	512495	476256
河　南	965562	847949
湖　北	860268	814657
湖　南	854884	800760
广　东	280447	234052
广　西	934855	890403
海　南	85967	79252
重　庆	378622	342075
四　川	1334669	1244128
贵　州	1021408	968113
云　南	1181360	1113478
西　藏	92367	80628
陕　西	703982	642276
甘　肃	1063542	998337
青　海	275838	259887
宁　夏	252641	236183
新　疆	869729	814409
兵　团	45832	38372

专项拨款对账单简表

单位：万元

彩票公益金	中央预算内投资
454137	**821337**
2624	
2717	600
18190	47778
7796	26259
9233	19847
14519	40001
6108	37725
22048	28130
1094	
16729	7804
10442	6910
16202	32481
6891	9031
10910	40152
19845	16394
54891	62722
17239	28372
19986	34138
40875	5520
21099	23353
2521	4194
9042	27505
26363	64178
15773	37522
16062	51820
7114	4625
13401	48305
13121	52084
5145	10806
5516	10942
19000	36320
1641	5819

专项拨款对账单简表

地　区	困难群众救助补助资金合计	财社〔2023〕38号 财政部 民政部《关于下达2023年中央财政困难群众救助补助资金预算的通知》	财社〔2023〕89号 财政部 民政部《关于下达2023年中央财政困难群众救助补助资金预算（第二批）的通知》	财社〔2023〕97号 财政部 民政部《关于下达2023年中央财政困难群众救助补助资金（支持困难失能老年人基本养老服务救助方向）预算的通知》
全　国	15688717	15468326	20391	200000
北　京	10570	10355	25	190
天　津	40585	40218	53	314
河　北	637839	626949	621	10269
山　西	418206	411315	161	6730
内蒙古	559131	550625	88	8418
辽　宁	352132	345922	23	6187
吉　林	370175	364761	66	5348
黑龙江	565216	556725	1013	7478
上　海	13859	13403	273	183
江　苏	165194	161195	391	3608
浙　江	90071	86321	1005	2745
安　徽	716766	705439	708	10619
福　建	161530	158728	480	2322
江　西	706228	695155	4311	6762
山　东	476256	466862	145	9249
河　南	847949	828231	152	19566
湖　北	814657	805702	607	8348
湖　南	800760	792849	336	7575
广　东	234052	229062	260	4730
广　西	890403	880938	250	9215
海　南	79252	78771	92	389
重　庆	342075	339729	424	1922
四　川	1244128	1222077	584	21467
贵　州	968113	956549	542	11022
云　南	1113478	1099637	846	12995
西　藏	80628	80334		294
陕　西	642276	634375	1214	6687
甘　肃	998337	990378	1444	6515
青　海	259887	257154	1580	1153
宁　夏	236183	233530	38	2615
新　疆	814409	806816	2626	4967
兵　团	38372	38221	33	118

专项拨款对账单明细表

单位：万元

彩票公益金合计	中央集中彩票公益金	财社〔2023〕62号 财政部 民政部《关于下达2023年中央集中彩票公益金支持社会福利事业专项资金预算的通知》
454137	258750	258750
2624	876	876
2717	1140	1140
18190	11011	11011
7796	6303	6303
9233	5627	5627
14519	8042	8042
6108	4986	4986
22048	6752	6752
1094	1094	1094
16729	9335	9335
10442	5717	5717
16202	12163	12163
6891	4052	4052
10910	9545	9545
19845	14111	14111
54891	17836	17836
17239	11125	11125
19986	14276	14276
40875	11069	11069
21099	12436	12436
2521	1351	1351
9042	6777	6777
26363	21207	21207
15773	9993	9993
16062	10204	10204
7114	6488	6488
13401	7906	7906
13121	8602	8602
5145	3794	3794
5516	1890	1890
19000	12009	12009
1641	1033	1033

C-1-9续表

地 区	中央专项彩票公益金 （居家养老提升行动）	财社〔2023〕61号 财政部 民政部《关于下达2023年中央专项彩票公益金支持居家和社区基本养老服务提升行动项目资金预算的通知》	中央专项彩票公益金 （支持地方社会公益事业发展）	财社〔2023〕14号 财政部《关于下达2023年中央专项彩票公益金支持地方社会公益事业发展资金预算的通知》
全 国	**110000**	**110000**	**85387**	**85387**
北 京	748	748	1000	1000
天 津	1577	1577		
河 北	7179	7179		
山 西	1493	1493		
内蒙古	2276	2276	1330	1330
辽 宁	2877	2877	3600	3600
吉 林	1122	1122		
黑龙江	6248	6248	9048	9048
上 海				
江 苏	7394	7394		
浙 江	4725	4725		
安 徽	4039	4039		
福 建	2839	2839		
江 西	1365	1365		
山 东	5734	5734		
河 南	5164	5164	31891	31891
湖 北	6114	6114		
湖 南	5710	5710		
广 东	2306	2306	27500	27500
广 西	5306	5306	3357	3357
海 南	660	660	510	510
重 庆	1495	1495	770	770
四 川	5156	5156		
贵 州	4943	4943	837	837
云 南	5858	5858		
西 藏	626	626		
陕 西	5495	5495		
甘 肃	4519	4519		
青 海	1351	1351		
宁 夏	3626	3626		
新 疆	1447	1447	5544	5544
兵 团	608	608		

预算内投资合计	发改投资〔2023〕256号 国家发展改革委《关于下达积极应对人口老龄化工程和托育建设2023年中央预算内投资计划的通知》	发改投资〔2023〕76号 国家发展改革委《关于下达社会服务设施兜底线工程2023年中央预算内投资计划的通知》
821337	**554607**	**266730**
600		600
47778	35469	12309
26259	18402	7857
19847	11008	8839
40001	27237	12764
37725	28553	9172
28130	16061	12069
7804	2655	5149
6910	2250	4660
32481	25118	7363
9031	5936	3095
40152	31274	8878
16394	3754	12640
62722	45431	17291
28372	19786	8586
34138	22044	12094
5520		5520
23353	11520	11833
4194		4194
27505	20771	6734
64178	40590	23588
37522	26159	11363
51820	41681	10139
4625	3900	725
48305	33850	14455
52084	40653	11431
10806	6425	4381
10942	8400	2542
36320	23880	12440
5819	1800	4019

C-1-10 民政事业费预算

地 区	本年预算指标 合计	上年结转 预算指标	本级财政安排 预算指标	本年上级下达 预算指标
全 国	**53992711.5**	**1425887.3**	**52655434.2**	**67971564.1**
中央级	266411.7	57403.7	17173199.2	
北 京	1781335.1	68378.8	1723947.1	258175.3
天 津	725767.9	52069.5	629796.4	85766.6
河 北	1760356.7	49584.0	1006965.7	2704730.3
山 西	1336605.7	69001.4	819128.0	1968598.8
内蒙古	1518624.2	65331.7	865658.4	2581189.4
辽 宁	1403066.6	22578.0	992336.4	1468277.0
吉 林	933559.2		519551.2	955809.0
黑龙江	1154928.2	8088.8	532085.0	1927757.5
上 海	2172936.0	4334.6	2153648.4	27693.4
江 苏	2731159.6	13635.6	2527797.0	1530044.4
浙 江	2728419.7	67053.4	2555360.1	1385141.7
安 徽	2528032.1	33487.7	1729095.4	2717008.6
福 建	1283878.0	49775.6	1056650.4	1226121.8
江 西	1775834.7	5923.9	1012620.8	3136036.1
山 东	2844151.7	50608.9	2282307.2	3057771.1
河 南	2560767.7	32341.4	1562931.1	3836349.0
湖 北	2250546.4	73513.8	1340622.2	3427779.0
湖 南	1881509.7	12177.4	1014448.3	3449168.3
广 东	3603098.0	36267.3	3288753.2	3119117.0
广 西	1891044.4	88595.3	868792.7	3772454.6
海 南	340758.7	9118.7	246246.4	235357.2
重 庆	1385746.5	62564.0	945680.9	1133843.6
四 川	3301139.4	91445.4	1875382.4	4953113.1
贵 州	1933497.7	116480.7	795707.1	3630184.7
云 南	2092814.7	56272.3	858746.5	4282637.3
西 藏	514360.1	48894.2	373098.9	275105.0
陕 西	1641195.8	29644.7	908176.0	2789126.9
甘 肃	1447092.2	30748.4	353601.0	3617016.5
青 海	451088.8	42715.4	132535.4	908367.8
宁 夏	447202.3	34344.7	160216.6	593282.1
新 疆	1305782.0	43508.0	350348.8	2918541.0

指标来源情况表

单位：万元

本年下达所属地方预算指标	划转平级其他部门预算指标	一般公共预算财政拨款	上年结转预算指标	本级财政安排预算指标
67971564.1	88610.0	48024359.6	730016.1	47288785.0
16964191.2		77975.2	21137.7	15745554.5
244981.3	24184.8	1238447.8	53481.7	1198575.5
41864.6		594526.3	3733.8	549283.5
2000923.3		1557402.3	18513.2	900918.5
1516337.8	3784.7	1187455.6	41412.8	732181.9
1992978.4	576.9	1385385.4	26289.5	799823.7
1061625.0	18499.8	1301548.4	18371.3	919339.7
541801.0		864266.0		493678.4
1312363.3	639.8	1073593.3	6780.9	501560.9
12740.4		1976977.3	3067.2	1960051.1
1340317.4		2565372.6	8473.2	2385356.5
1277718.7	1416.8	2223384.5	14810.8	2119168.8
1951559.6		2343585.8	5596.2	1620118.3
1048669.8		1142481.1	28413.1	952538.0
2378746.1		1640327.5	2046.3	932053.2
2545276.1	1259.4	2609186.2	28498.5	2105124.1
2870787.0	66.8	2239426.0	3480.7	1388026.9
2567511.0	23857.6	2034583.7	60557.8	1182320.1
2594284.3		1745369.0	8094.1	909854.6
2838670.0	2369.5	3225721.4	20884.7	2971121.5
2837599.6	1198.6	1704092.7	21840.5	792595.2
149390.2	573.4	314450.2	7391.1	228019.4
755221.6	1120.4	1178364.9	22793.6	814076.7
3618444.1	357.4	3032526.1	50416.6	1727033.8
2608776.7	98.1	1709901.3	69761.9	672026.5
3101277.3	3564.1	1907014.0	32482.3	763510.2
182738.0		399249.7	21548.7	297410.8
2085144.9	606.9	1444966.1	21819.7	780954.4
2553474.5	799.2	1338217.5	19000.6	321782.0
632529.8		422179.0	38032.8	117271.7
340641.1		399529.2	29027.1	133462.2
2002980.0	3635.8	1146853.5	22257.7	273992.4

C-1-10续表1

地 区	本年上级下达 预算指标	本年下达所属地方 预算指标	划转平级其他部门 预算指标	彩票公益金 预算指标
全 国	**62616384.8**	**62534567.5**	**76258.8**	**2950514.7**
中央级		15688717.0		698.6
北 京	192927.3	182357.3	24179.4	68674.4
天 津	81430.0	39921.0		24868.1
河 北	2434875.2	1796904.6		120536.6
山 西	1825480.1	1408474.1	3145.1	69709.9
内蒙古	2423347.6	1864052.2	23.2	85480.1
辽 宁	1284697.0	904817.2	16042.4	72537.7
吉 林	865467.6	494880.0		29689.2
黑龙江	1792197.2	1226837.0	108.7	36937.7
上 海	25567.4	11708.4		66435.9
江 苏	1443952.0	1272409.1		106764.5
浙 江	1157015.0	1066944.7	665.4	248170.5
安 徽	2519436.0	1801564.7		98331.4
福 建	1113005.1	951475.1		93571.4
江 西	2948245.9	2242017.9		59787.4
山 东	2799202.2	2322879.2	759.4	171147.7
河 南	3272414.1	2424465.1	30.6	158346.5
湖 北	3225429.8	2410772.8	22951.2	95188.0
湖 南	3187553.9	2360133.6		107933.2
广 东	2904438.5	2670712.7	10.6	243590.8
广 西	3561563.7	2671160.7	746.0	112795.8
海 南	217608.1	138356.0	212.4	11902.0
重 庆	1057794.6	715719.6	580.4	66860.8
四 川	4649666.2	3394585.1	5.4	184603.0
贵 州	3404333.4	2436220.5		107320.8
云 南	3975918.9	2862440.9	2456.5	100288.1
西 藏	234838.7	154548.5		105015.1
陕 西	2531091.5	1888899.5		105201.9
甘 肃	3403258.1	2405029.4	793.8	44345.7
青 海	867111.1	600236.6		23643.6
宁 夏	545301.8	308261.9		27554.4
新 疆	2671216.8	1817065.1	3548.3	102583.9

上年结转 预算指标	本级财政安排 预算指标	本年上级下达 预算指标	本年下达所属地方 预算指标	划转平级其他部门 预算指标
390613.1	**2587648.2**	**3122855.2**	**3138857.2**	**11744.6**
98.6	454737.2		454137.2	
1844.7	64211.1	65248.0	62624.0	5.4
5772.4	17302.7	3646.6	1853.6	
15789.3	86556.9	130681.5	112491.1	
12486.6	50066.9	58598.3	50802.3	639.6
27936.7	49028.5	105402.8	96334.2	553.7
4099.5	58651.3	123000.1	110755.8	2457.4
	23628.8	15256.4	9196.0	
828.1	14252.7	73876.3	51888.3	131.1
960.5	64381.4	2126.0	1032.0	
2137.5	99221.4	70152.9	64747.3	
49569.4	188810.2	209548.1	199105.4	651.8
8367.7	74867.0	108601.6	93504.9	
15869.9	70810.5	86476.7	79585.7	
1050.6	47826.8	75574.2	64664.2	
21760.4	130042.3	218346.9	198501.9	500.0
11508.6	91983.1	302915.9	248024.9	36.2
8646.0	70209.4	115437.2	98198.2	906.4
2539.8	88780.6	201388.5	184775.7	
9975.7	194772.8	199655.5	158454.3	2358.9
39440.7	52708.7	143021.9	121922.9	452.6
429.2	9165.9	9401.1	6840.2	254.0
20237.9	38120.9	21623.0	12581.0	540.0
31761.9	126990.6	147866.5	121664.0	352.0
25191.6	66454.2	105612.3	89839.2	98.1
14261.3	71072.4	130498.6	114436.6	1107.6
26052.3	71511.0	27443.3	19991.5	
7537.3	84870.5	123344.4	109943.4	606.9
5827.4	25463.5	62499.3	49439.1	5.4
3627.2	15217.9	19644.7	14846.2	
3468.8	18569.1	26953.7	21437.2	
11535.5	67361.9	139012.9	115238.9	87.5

C-1-10续表2

地　区	预算内投资资金 预算指标	上年结转 预算指标	本级财政安排 预算指标	本年上级下达 预算指标	本年下达所属 地方预算指标	划转平级其他 部门预算指标
全　国	**941948.9**	**117817.3**	**902195.1**	**2076136.7**	**2153593.6**	**606.6**
中央级			821337.0		821337.0	
北　京						
天　津	600.0			690.0	90.0	
河　北	58869.4	6457.4	4766.0	139173.6	91527.6	
山　西	41914.2	12848.1	2807.1	71300.4	45041.4	
内蒙古	23561.4	3714.4		52439.0	32592.0	
辽　宁	11657.0			56572.0	44915.0	
吉　林	39604.0		2244.0	75085.0	37725.0	
黑龙江	39601.6	352.6	11603.0	61684.0	33638.0	400.0
上　海	27909.4		27909.4			
江　苏	15205.0	2629.6	197.6	15538.8	3161.0	
浙　江	8192.8		1382.4	18578.6	11668.6	99.6
安　徽	51924.8	19443.8		88971.0	56490.0	
福　建	9991.0	960.0		26640.0	17609.0	
江　西	42152.1	1491.0	509.1	112216.0	72064.0	
山　东	19405.0	350.0	2728.0	40222.0	23895.0	
河　南	63429.0	707.0		181998.0	119276.0	
湖　北	38408.9	425.0	9611.9	86912.0	58540.0	
湖　南	11641.0	870.0	680.0	56111.0	46020.0	
广　东	20075.5	2250.0	12305.5	15023.0	9503.0	
广　西	36305.4	11535.0	1417.4	61313.0	37960.0	
海　南	5546.7	675.0	824.7	8348.0	4194.0	107.0
重　庆	44942.5	17437.5		54426.0	26921.0	
四　川	56674.9	6482.9	406.6	151980.4	102195.0	
贵　州	50977.3	13455.3		100739.0	63217.0	
云　南	52958.0	800.0	338.0	153263.0	101443.0	
西　藏	4625.0			12823.0	8198.0	
陕　西	48365.4		317.4	134350.0	86302.0	
甘　肃	57290.0	5206.0		151090.0	99006.0	
青　海	4165.0			21612.0	17447.0	
宁　夏	11143.9	1059.3		21026.6	10942.0	
新　疆	44812.7	8667.4	810.0	106011.3	70676.0	

其他民政事业费 预算指标	上年结转 预算指标	本级财政安排 预算指标	本年上级下达 预算指标	本年下达所属 地方预算指标
2075888.3	**187440.8**	**1876805.9**	**156187.4**	**144545.8**
187737.9	36167.4	151570.5		
474212.9	13052.4	461160.5		
105773.5	42563.3	63210.2		
23548.4	8824.1	14724.3		
37526	2253.9	34072.1	13220	12020
24197.3	7391.1	16806.2		
17323.5	107.2	14345.4	4007.9	1137
4795.6	127.2	4668.4		
101613.4	306.9	101306.5		
43817.5	395.3	43021.5	400.7	
248671.9	2673.2	245998.7		
34190.1	80	34110.1		
37834.5	4532.6	33301.9		
33567.7	1336	32231.7		
44412.8		44412.8		
99566.2	16645.1	82921.1	79021	79021
82365.8	3885	78480.8		
16566.5	673.5	15133.1	4114.9	3355
113710.3	3156.9	110553.4		
37850.5	15779.1	22071.4	6556	6556
8859.8	623.4	8236.4		
95578.3	2095	93483.3		
27335.4	2784	20951.4	3600	
65298.3	8071.9	57226.4	19500	19500
32554.6	8728.7	23825.9	22956.8	22956.8
5470.3	1293.2	4177.1		
42662.4	287.7	42033.7	341	
7239	714.4	6355.5	169.1	
1101.2	1055.4	45.8		
8974.8	789.5	8185.3		
11531.9	1047.4	8184.5	2300	

地 区	预算指标合计			2023年
	2023年	2022年	增长（%）	
全　国	**52655434.2**	**50799050.4**	**3.7**	**17173199.2**
中央级	209008.0	220629.0	-5.3	209008.0
北　京	1737141.1	1677943.0	3.5	13194.0
天　津	673698.4	574423.3	17.3	43902.0
河　北	1710772.7	1649732.4	3.7	703807.0
山　西	1271389.0	1039961.0	22.3	452261.0
内蒙古	1453869.4	1403584.7	3.6	588211.0
辽　宁	1398988.4	1425326.3	-1.8	406652.0
吉　林	933559.2	915996.5	1.9	414008.0
黑龙江	1147479.2	1103879.6	3.9	615394.2
上　海	2168601.4	2014076.3	7.7	14953.0
江　苏	2717524.0	2745939.4	-1.0	189727.0
浙　江	2662783.1	2463816.5	8.1	107423.0
安　徽	2494544.4	2479003.8	0.6	765449.0
福　建	1234102.4	1156621.1	6.7	177452.0
江　西	1769910.8	1718274.5	3.0	757290.0
山　东	2794802.2	2710168.3	3.1	512495.0
河　南	2528493.1	2443174.7	3.5	965562.0
湖　北	2200890.2	2236775.1	-1.6	860268.0
湖　南	1869332.3	1865344.2	0.2	854884.0
广　东	3569200.2	3350644.8	6.5	280447.0
广　西	1803647.7	1839063.8	-1.9	934855.0
海　南	332213.4	282375.2	17.6	85967.0
重　庆	1324302.9	1267702.3	4.5	378622.0
四　川	3210051.4	3056046.1	5.0	1334669.0
贵　州	1817115.1	1719184.3	5.7	1021408.0
云　南	2040106.5	1980179.3	3.0	1181360.0
西　藏	465465.9	243420.1	91.2	92367.0
陕　西	1612158.0	1557393.2	3.5	703982.0
甘　肃	1417143.0	1490267.0	-4.9	1063542.0
青　海	408373.4	470703.6	-13.2	275838.0
宁　夏	412857.6	428998.0	-3.8	252641.0
新　疆	1265909.8	1268403.0	-0.2	915561.0

预算与上年比较

单位：万元

中央安排预算指标		地方安排预算指标		
2022年	增长（%）	2023年	2022年	增长（%）
17093923.4	**0.5**	**35482235.0**	**33705127.0**	**5.3**
220629.0	-5.3			
13208.0	-0.1	1723947.1	1664735.0	3.6
45550.0	-3.6	629796.4	528873.3	19.1
664910.0	5.8	1006965.7	984822.4	2.2
457628.0	-1.2	819128.0	582333.0	40.7
565879.0	3.9	865658.4	837705.7	3.3
429546.0	-5.3	992336.4	995780.3	-0.3
410114.0	0.9	519551.2	505882.5	2.7
599727.0	2.6	532085.0	504152.6	5.5
15865.0	-5.7	2153648.4	1998211.3	7.8
175850.0	7.9	2527797.0	2570089.4	-1.6
100412.0	7.0	2555360.1	2363404.5	8.1
791653.0	-3.3	1729095.4	1687350.8	2.5
176698.0	0.4	1056650.4	979923.1	7.8
721017.0	5.0	1012620.8	997257.5	1.5
484943.0	5.7	2282307.2	2225225.3	2.6
900697.0	7.2	1562931.1	1542477.7	1.3
854645.0	0.7	1340622.2	1382130.1	-3.0
847840.0	0.8	1014448.3	1017504.2	-0.3
264613.0	6.0	3288753.2	3086031.8	6.6
920725.0	1.5	868792.7	918338.8	-5.4
100404.0	-14.4	246246.4	181971.2	35.3
390086.0	-2.9	945680.9	877616.3	7.8
1297830.0	2.8	1875382.4	1758216.1	6.7
1060769.4	-3.7	795707.1	658414.9	20.9
1142634.0	3.4	858746.5	837545.3	2.5
123290.0	-25.1	373098.9	120130.1	210.6
651666.0	8.0	908176.0	905727.2	0.3
1154256.0	-7.9	353601.0	336011.0	5.2
304137.0	-9.3	132535.4	166566.6	-20.4
252174.0	0.2	160216.6	176824.0	-9.4
954528.0	-4.1	350348.8	313875.0	11.6

C-1-12 民政事业费预算

地　区	全国预算 安排合计	中央 安排合计	全省 安排合计	省级	市级
全　国	52655434.2	17173199.2	35482235.0	10067109.1	5361274.0
中央级	209008.0	209008.0			
北　京	1737141.1	13194.0	1723947.1	478763.6	
天　津	673698.4	43902.0	629796.4	113449.6	
河　北	1710772.7	703807.0	1006965.7	283539.4	129363.0
山　西	1271389.0	452261.0	819128.0	275944.1	209770.2
内蒙古	1453869.4	588211.0	865658.4	372173.9	180360.3
辽　宁	1398988.4	406652.0	992336.4	52408.2	279243.1
吉　林	933559.2	414008.0	519551.2	153599.6	67132.2
黑龙江	1147479.2	615394.2	532085.0	78558.7	77596.2
上　海	2168601.4	14953.0	2153648.4	166732.4	
江　苏	2717524.0	189727.0	2527797.0	444251.3	398702.5
浙　江	2662783.1	107423.0	2555360.1	510866.2	333951.7
安　徽	2494544.4	765449.0	1729095.4	167756.8	268876.5
福　建	1234102.4	177452.0	1056650.4	322383.1	187630.0
江　西	1769910.8	757290.0	1012620.8	459034.4	79452.1
山　东	2794802.2	512495.0	2282307.2	582541.4	544136.9
河　南	2528493.1	965562.0	1562931.1	526147.0	138552.3
湖　北	2200890.2	860268.0	1340622.2	447917.4	274316.2
湖　南	1869332.3	854884.0	1014448.3	448154.7	163855.0
广　东	3569200.2	280447.0	3288753.2	1062527.6	789467.9
广　西	1803647.7	934855.0	868792.7	495387.3	93412.3
海　南	332213.4	85967.0	246246.4	58235.5	30139.3
重　庆	1324302.9	378622.0	945680.9	486731.2	
四　川	3210051.4	1334669.0	1875382.4	474706.1	302702.0
贵　州	1817115.1	1021408.0	795707.1	326028.1	155679.4
云　南	2040106.5	1181360.0	858746.5	351975.6	126526.4
西　藏	465465.9	92367.0	373098.9	176399.2	49787.4
陕　西	1612158.0	703982.0	908176.0	256915.5	325923.5
甘　肃	1417143.0	1063542.0	353601.0	223163.0	51452.8
青　海	408373.4	275838.0	132535.4	63109.9	4172.2
宁　夏	412857.6	252641.0	160216.6	98758.3	12779.9
新　疆	1265909.8	915561.0	350348.8	108950.0	86292.7

指标各级安排情况表

单位：万元

县级及以下	一般公共预算财政拨款	中央安排	全省安排	省级
20053851.9	47288785.1	15745554.6	31543230.5	8539696.4
	56837.5	56837.5		
1245183.5	1209145.5	10570.0	1198575.5	337846.4
516346.8	589868.5	40585.0	549283.5	50359.9
594063.3	1538757.5	637839.0	900918.5	244063.9
333413.7	1150387.9	418206.0	732181.9	249113.9
313124.2	1358954.7	559131.0	799823.7	318958.0
660685.1	1271471.7	352132.0	919339.7	26337.2
298819.4	863853.4	370175.0	493678.4	142674.8
375930.1	1066776.9	565216.0	501560.9	67620.5
1986916.0	1973910.1	13859.0	1960051.1	129279.8
1684843.2	2550550.5	165194.0	2385356.5	427859.0
1710542.2	2209239.8	90071.0	2119168.8	408389.6
1292462.1	2336884.3	716766.0	1620118.3	132410.0
546637.3	1114068.0	161530.0	952538.0	278780.9
474134.3	1638281.2	706228.0	932053.2	414204.5
1155628.9	2581380.1	476256.0	2105124.1	526641.4
898231.8	2235975.9	847949.0	1388026.9	365060.3
618388.6	1996977.1	814657.0	1182320.1	411421.4
402438.6	1710614.6	800760.0	909854.6	348795.8
1436757.7	3205173.5	234052.0	2971121.5	1024330.6
279993.1	1682998.3	890403.1	792595.2	440665.3
157871.6	307271.4	79252.0	228019.4	52700.1
458949.7	1156151.7	342075.0	814076.7	424026.9
1097974.3	2971161.8	1244128.0	1727033.8	414316.0
313999.6	1640139.5	968113.0	672026.5	253728.7
380244.5	1876988.2	1113478.0	763510.2	293013.9
146912.3	378038.8	80628.0	297410.8	143862.7
325337.0	1423230.4	642276.0	780954.4	214504.0
78985.2	1320119.0	998337.0	321782.0	209163.0
65253.3	377158.7	259887.0	117271.7	50723.3
48678.4	369645.2	236183.0	133462.2	74244.6
155106.1	1126773.4	852781.0	273992.4	64600.0

C-1-12续表1

地 区	市级	县级及以下	彩票公益金	中央安排
全 国	**4375544.5**	**18627989.6**	**2587648.1**	**454737.1**
中央级			600.0	600.0
北 京		860729.1	66835.1	2624.0
天 津		498923.6	20019.7	2717.0
河 北	107017.5	549837.1	104746.9	18190.0
山 西	175041.4	308026.6	57862.9	7796.0
内蒙古	170264.2	310601.5	58261.5	9233.0
辽 宁	235494.8	657507.7	73170.3	14519.0
吉 林	62860.1	288143.5	29736.8	6108.0
黑龙江	71293.6	362646.8	36300.9	22048.2
上 海		1830771.3	65475.4	1094.0
江 苏	329489.5	1628008.0	115950.4	16729.0
浙 江	199535.3	1511243.9	199252.2	10442.0
安 徽	221006.6	1266701.7	91069.0	16202.0
福 建	159271.8	514485.3	77701.5	6891.0
江 西	68446.2	449402.5	58736.8	10910.0
山 东	442528.2	1135954.5	149887.3	19845.0
河 南	131143.2	891823.4	146874.1	54891.0
湖 北	212772.8	558125.9	87448.4	17239.0
湖 南	161763.6	399295.2	108766.6	19986.0
广 东	598465.7	1348325.2	235647.8	40875.0
广 西	89203.0	262726.9	73807.6	21098.9
海 南	29438.6	145880.7	11686.9	2521.0
重 庆		390049.8	47162.9	9042.0
四 川	270106.1	1042611.7	153353.6	26363.0
贵 州	129405.0	288892.8	82227.2	15773.0
云 南	102513.7	367982.6	87134.4	16062.0
西 藏	23658.5	129889.6	78625.0	7114.0
陕 西	268206.4	298244.0	98271.5	13401.0
甘 肃	43363.0	69256.0	38584.5	13121.0
青 海	1816.4	64732.0	20362.9	5145.0
宁 夏	11406.8	47810.8	24085.1	5516.0
新 疆	60032.5	149359.9	88002.9	20641.0

全省安排	省级	市级	县级及以下
2132911.0	**1067683.9**	**572750.6**	**492476.5**
64211.1	62624.0		1587.1
17302.7	5738.6		11564.1
86556.9	34709.5	17210.1	34637.3
50066.9	14213.0	21117.3	14736.6
49028.5	48604.0		424.5
58651.3	26071.0	29543.9	3036.4
23628.8	10924.8	4272.1	8431.9
14252.7	8564.1	2828.4	2860.2
64381.4	15211.1		49170.3
99221.4	16392.3	39257.1	43572.0
188810.2	80059.2	61739.3	47011.7
74867.0	23327.8	35343.7	16195.5
70810.5	27980.2	21066.3	21764.0
47826.8	27100.0	9818.9	10907.9
130042.3	55900.0	59367.9	14774.4
91983.1	91570.0	356.0	57.1
70209.4	33496.0	18213.8	18499.6
88780.6	87707.4	978.7	94.5
194772.8	14084.0	105536.5	75152.3
52708.7	51444.0	959.7	305.0
9165.9	3702.0	100.7	5363.2
38120.9	11000.0		27120.9
126990.6	60390.1	32590.9	34009.6
66454.2	57045.7	5814.0	3594.5
71072.4	43914.3	21960.0	5198.1
71511.0	28397.2	26091.1	17022.7
84870.5	42411.5	27852.2	14606.8
25463.5	14000.0	5367.6	6095.9
15217.9	12386.6	2355.8	475.5
18569.1	16356.5	1345.0	867.6
67361.9	42359.0	21663.6	3339.3

C-1-12续表2

地 区	预算内投资资金	中央安排	全省安排	省级	市级	县级及以下
全 国	902195.1	821337.0	80858.1	13856.0	16790.5	50211.6
中央级						
北 京						
天 津	600.0	600.0				
河 北	52544.0	47778.0	4766.0	4766.0		
山 西	29066.1	26259.0	2807.1	2500.0		307.1
内蒙古	19847.0	19847.0				
辽 宁	40001.0	40001.0				
吉 林	39969.0	37725.0	2244.0			2244.0
黑龙江	39733.0	28130.0	11603.0		1746.3	9856.7
上 海	27909.4		27909.4	3590.0		24319.4
江 苏	8001.6	7804.0	197.6			197.6
浙 江	8292.4	6910.0	1382.4			1382.4
安 徽	32481.0	32481.0				
福 建	9031.0	9031.0				
江 西	40661.1	40152.0	509.1			509.1
山 东	19122.0	16394.0	2728.0			2728.0
河 南	62722.0	62722.0				
湖 北	37983.9	28372.0	9611.9	3000.0		6611.9
湖 南	34818.0	34138.0	680.0		680.0	
广 东	17825.5	5520.0	12305.5		12259.5	46.0
广 西	24770.4	23353.0	1417.4		1345.7	71.7
海 南	5018.7	4194.0	824.7			824.7
重 庆	27505.0	27505.0				
四 川	64584.6	64178.0	406.6		5.0	401.6
贵 州	37522.0	37522.0				
云 南	52158.0	51820.0	338.0		300.0	38.0
西 藏	4625.0	4625.0				
陕 西	48622.4	48305.0	317.4			317.4
甘 肃	52084.0	52084.0				
青 海	10806.0	10806.0				
宁 夏	10942.0	10942.0				
新 疆	42949.0	42139.0	810.0		454.0	356.0

单位：万元

其他民政事业费支出	中央安排	全省安排	省级	市级
1876805.9	**151570.5**	**1725235.4**	**445872.8**	**396188.4**
151570.5	151570.5			
461160.5		461160.5	78293.2	
63210.2		63210.2	57351.1	
14724.3		14724.3		5135.4
34072.1		34072.1	10117.2	13611.5
16806.2		16806.2	4611.9	10096.1
14345.4		14345.4		14204.4
4668.4		4668.4	2374.1	1727.9
101306.5		101306.5	18651.5	
43021.5		43021.5		29955.9
245998.7		245998.7	22417.4	72677.1
34110.1		34110.1	12019.0	12526.2
33301.9		33301.9	15622.0	7291.9
32231.7		32231.7	17729.9	1187.0
44412.8		44412.8		42240.8
82921.1		82921.1	69516.7	7053.1
78480.8		78480.8		43329.6
15133.1		15133.1	11651.5	432.7
110553.4		110553.4	24113.0	73206.2
22071.4		22071.4	3278.0	1903.9
8236.4		8236.4	1833.4	600.0
93483.3		93483.3	51704.3	
20951.4		20951.4		
57226.4		57226.4	15253.7	20460.4
23825.9		23825.9	15047.4	1752.7
4177.1		4177.1	4139.3	37.8
42033.7		42033.7		29864.9
6355.5		6355.5		2722.2
45.8		45.8		
8185.3		8185.3	8157.2	28.1
8184.5		8184.5	1991.0	4142.6

地　区	民政事业费 实际支出	社会福利	儿童福利	集中养育孤儿 基本生活保障	社会散居孤儿 基本生活保障	事实无人抚养儿 童基本生活保障
全　国	**52476312.4**	**16941243.1**	**1113218.2**	**124691.5**	**183035.9**	**561169.3**
中央级	215681.9					
北　京	1833540.9	1202599.5	28944.3	3740.5	534.0	2935.4
天　津	665557.8	197528.3	7493.3	1263.3	642.8	2958.6
河　北	1712789.2	562845.6	27830.5	3485.5	5247.2	16425.7
山　西	1296881.7	356312.0	19451.1	5137.1	2907.0	9323.7
内蒙古	1483310.5	382921.2	17005.9	1675.1	2959.2	9146.9
辽　宁	1401951.6	258894.3	18368.0	1261.6	5113.4	8611.2
吉　林	901103.0	201360.1	9550.6	2675.4	3182.7	3039.5
黑龙江	1159416.7	238547.6	14429.2	1283.8	4625.9	7146.7
上　海	2230382.4	1182085.8	10259.6	2499.1	432.9	2781.3
江　苏	2841449.1	1573154.3	107456.7	6997.9	8267.8	39465.3
浙　江	2591714.5	1238030.0	67282.9	4170.7	2637.6	21045.3
安　徽	2486561.6	687763.1	48521.1	2784.8	6309.6	35370.1
福　建	1236757.7	451262.8	31744.9	2318.0	2319.4	23079.5
江　西	1784396.1	412965.9	36397.8	2287.8	4038.8	25555.7
山　东	2745551.0	872099.4	101638.6	4774.8	13624.6	55472.4
河　南	2321778.3	710473.9	57899.4	6534.6	14912.6	32608.7
湖　北	2160288.1	614830.5	37774.6	3785.5	6566.8	23833.1
湖　南	1895361.4	541015.5	45273.4	2791.1	11768.7	26650.4
广　东	3637142.1	1480285.3	85458.7	17553.2	10569.3	48642.7
广　西	1887660.6	422988.0	43675.3	2890.6	9309.0	26542.5
海　南	317805.7	105249.0	9513.2	398.1	700.4	2801.7
重　庆	1315379.1	320527.5	16702.6	485.6	4381.2	9681.3
四　川	3262376.2	1013769.5	74871.8	4238.7	23134.8	36906.7
贵　州	1749865.4	368174.0	51209.7	2912.4	11498.8	31656.8
云　南	1945919.7	410170.2	48291.6	8267.1	13975.6	23679.3
西　藏	305149.4	68936.1	11296.1	8781.3	551.4	1374.5
陕　西	1571158.7	363419.1	19555.7	4213.7	4285.8	7623.9
甘　肃	1393953.0	237243.6	27943.6	2024.6	5356.8	18480.9
青　海	451317.9	101235.0	4254.0	439.0	1149.4	1849.8
宁　夏	416059.2	88679.5	8163.4	487.1	906.3	5970.6
新　疆	1258051.9	275876.5	24960.6	12533.5	1126.1	509.1

支出情况

单位：万元

其他儿童福利支出	老年福利	高龄津贴	护理补贴	养老服务补贴	综合补贴	其他老年福利支出
244321.5	4216933.1	2921930.3	268267.9	366790.8	111229.2	548714.9
21734.4	336554.8	114013.0	190282.4	10627.1	2777.5	18854.8
2628.6	37718.8	12941.6			15058.2	9719.0
2672.1	121870.3	69099.1	5804.3	15832.4	906.5	30228.0
2083.3	39797.4	15004.0	2944.7	722.2	38.1	21088.4
3224.7	121516.5	82189.0	2854.8	17250.5	1625.5	17596.7
3381.8	50086.6	38082.0	4244.8	3329.7	354.5	4075.6
653.0	22718.6	16136.9	222.2	2017.2	466.9	3875.4
1372.8	34184.1	26722.8	1303.4	10.4	1544.9	4602.6
4546.3	798450.8	696648.1	1406.8	37192.1		63203.8
52725.7	414484.5	262208.3	13057.9	81688.0	1398.6	56131.7
39429.3	246829.4	140619.9	2534.1	56258.2	1256.8	46160.4
4056.6	186994.2	112219.9	14823.2	41135.9	820.1	17995.1
4028.0	87127.7	55989.4	751.9	7330.3	584.0	22472.1
4515.5	133341.8	92224.7	6822.3	8769.1	184.8	25340.9
27766.8	100467.7	347.3			77255.3	22865.1
3843.5	210629.9	185378.8	1329.0	510.3	264.0	23147.8
3589.2	145718.0	115214.2	4125.5	11323.3	152.0	14903.0
4063.2	91010.7	63544.5		8489.3	35.0	18941.9
8693.5	291973.2	248502.6	1419.8	15764.9	170.1	26115.8
4933.2	97139.8	87418.8		153.5		9567.5
5613.0	37567.1	32914.5	1133.8	1568.9		1949.9
2154.5	50343.3	27416.2	8197.2	12023.2		2706.7
10591.6	203013.1	168390.7	122.2	11229.7	1028.0	22242.5
5141.7	72243.4	64549.2	268.8	13.0	30.2	7382.2
2369.6	98285.8	75440.4		4757.0	2600.3	15488.1
588.9	2009.4	540.4	560.3		3.4	905.3
3432.3	24770.3	15655.6	309.9	322.8	9.0	8473.0
2081.3	23288.8	658.2	3316.0	10459.8	1963.1	6891.7
815.8	57995.4	43612.8	22.0	6661.6	458.3	7240.7
799.4	27681.9	18400.1	386.3	1328.6	237.7	7329.2
10791.9	51119.8	39847.3	24.3	21.8	6.4	11220.0

C-1-13续表1

地 区	养老服务	养老机构建设 补助资金	养老机构运营 补助资金	其他养老服务 支出	残疾人福利	困难残疾人 生活补贴
全 国	2232319.0	875915.0	466381.1	890022.9	4403482.5	2005111.3
中央级						
北 京	97260.8	3131.3	51234.2	42895.3	100174.0	78049.0
天 津	20509.0	8897.9	2699.8	8911.3	49615.4	16828.0
河 北	99650.9	31370.6	27292.8	40987.5	134471.7	60163.7
山 西	72809.3	46542.8	8820.8	17445.7	77445.1	24511.7
内蒙古	31347.1	8661.5	6217.1	16468.5	82852.8	39662.5
辽 宁	35568.1	14747.2	7560.7	13260.2	76958.9	35072.7
吉 林	33417.3	13926.2	3017.8	16473.3	58032.3	27264.2
黑龙江	23110.7	5895.7	4215.6	12999.4	75198.5	31350.5
上 海	83552.8	21641.1	22401.2	39510.5	98163.4	37991.6
江 苏	130846.3	27749.7	32284.1	70812.5	591984.4	479354.6
浙 江	252989.2	96639.0	82596.2	73754.0	307947.5	119278.3
安 徽	90993.8	28028.2	22986.1	39979.5	214595.5	99570.3
福 建	66210.7	25006.4	17131.9	24072.4	128519.4	63169.1
江 西	68737.0	35758.8	7811.2	25167.0	118863.6	58497.1
山 东	94804.1	25135.2	30667.4	39001.5	364200.4	125715.9
河 南	94763.3	36484.4	12435.6	45843.3	222694.0	87796.2
湖 北	69441.1	23524.2	16408.1	29508.8	138668.6	44629.7
湖 南	87040.2	35508.0	16886.9	34645.3	152572.0	64831.0
广 东	99196.1	42437.6	20470.7	36287.8	494845.1	111571.0
广 西	33731.3	12887.2	1012.2	19831.9	116409.6	48488.3
海 南	6151.2	894.7	1377.8	3878.7	37744.0	6705.4
重 庆	62295.3	35931.3	9688.7	16675.3	51998.4	19427.4
四 川	194841.5	113412.1	15659.4	65770.0	230179.4	105595.7
贵 州	83397.2	24577.6	1597.9	57221.7	57409.1	16384.6
云 南	44472.0	28589.9	8298.0	7584.1	114315.3	59911.3
西 藏	15761.6	3945.7	3906.0	7909.9	27050.3	11773.7
陕 西	95556.2	47115.1	19376.4	29064.7	94192.9	46785.6
甘 肃	70046.1	33640.9	6908.1	29497.1	77084.0	35794.1
青 海	9313.8	3366.1	789.4	5158.3	16392.1	7307.8
宁 夏	9313.2	4346.2	1321.6	3645.4	31880.2	15372.9
新 疆	55191.8	36122.4	3307.4	15762.0	61024.6	26257.4

重度残疾人护理补贴	康复辅具	其他残疾人福利支出	殡葬	殡仪馆经费	其他殡葬类单位经费
2244914.9	**14975.7**	**138480.6**	**1883644.3**	**1298444.6**	**585199.7**
16146.5	2747.0	3231.5	106181.3	40063.4	66117.9
30168.3	1601.5	1017.6	50168.6	29187.8	20980.8
72922.6	240.0	1145.4	104639.3	77903.2	26736.1
52304.7		628.7	74674.2	61622.0	13052.2
40963.5		2226.8	42193.1	31779.5	10413.6
40554.3		1331.9	40797.4	27494.5	13302.9
30383.5	149.5	235.1	24722.5	22760.3	1962.2
41360.7		2487.3	27509.4	22203.5	5305.9
50597.9	239.6	9334.3	38246.0	25737.6	12508.4
102393.4		10236.4	122180.2	95615.7	26564.5
183018.9		5650.3	173601.2	127495.1	46106.1
111549.3		3475.9	79441.5	56323.2	23118.3
64439.7	50.9	859.7	62115.6	46406.9	15708.7
55189.0		5177.5	26423.1	16043.8	10379.3
234739.8	19.0	3725.7	114949.0	98441.6	16507.4
107059.1	359.8	27478.9	44726.1	31774.6	12951.5
86506.3	1716.3	5816.3	92038.5	73234.8	18803.7
83807.1	611.8	3322.1	56087.9	18770.6	37317.3
369123.9		14150.2	224123.1	129517.8	94605.3
64422.4	1984.8	1514.1	38627.6	19940.2	18687.4
29267.2	0.2	1771.2	4814.5	19.5	4795.0
29227.0	1238.1	2105.9	67751.2	61284.9	6466.3
111357.8		13225.9	87258.5	60064.8	27193.7
40068.0	87.5	869.0	35708.8	27323.4	8385.4
51418.1	2680.1	305.8	36456.9	22003.0	14453.9
9595.0		5681.6	4731.4	4504.5	226.9
45825.7	328.4	1253.2	52045.5	43771.9	8273.6
38508.5		2781.4	14917.5	13528.7	1388.8
8668.1	221.2	195.0	4761.2	2210.6	2550.6
15058.5		1448.8	215.2	127.4	87.8
28270.1	700.0	5797.1	31538.0	11289.8	20248.2

地 区	社会福利事业单位	社会福利院经费	儿童福利院经费	精神卫生福利机构经费
全 国	2133171.3	708794.8	250971.2	417196.8
中央级				
北 京	95796.5	60362.8	11461.3	
天 津	30341.4	2810.8	5597.3	12160.5
河 北	65628.4	14230.1	3842.2	4695.9
山 西	45207.8	9504.2	8134.0	10404.0
内蒙古	63793.0	17005.0	8332.8	22209.4
辽 宁	21744.5	8301.3	1688.3	
吉 林	49395.1	21302.5	2469.0	12832.7
黑龙江	62293.3	13175.0	3819.1	15674.6
上 海	137674.7	44727.6	14586.4	31537.3
江 苏	169773.5	56068.7	24756.6	62164.0
浙 江	138662.1	66583.7	19525.6	9513.6
安 徽	46090.7	21346.9	12935.5	
福 建	63268.4	18538.1	5699.3	30855.5
江 西	19062.4	5743.7	1352.6	6.0
山 东	59081.0	21415.7	12625.2	
河 南	59173.5	18055.1	9146.4	4070.1
湖 北	107561.2	51665.2	12674.0	2570.8
湖 南	95725.7	24970.7	6934.1	18048.2
广 东	254849.6	74887.7	19158.4	29516.0
广 西	78904.1	18308.0	4944.7	33480.1
海 南	7175.7	6651.0	271.6	
重 庆	63946.3	29676.2	4785.4	22139.0
四 川	168543.4	34420.5	12632.9	65846.6
贵 州	46299.5	8078.4	9767.9	12828.8
云 南	32614.3	9132.5	1457.2	3510.9
西 藏	5259.5	208.6	2507.6	
陕 西	68079.0	30294.4	13353.8	912.8
甘 肃	21503.2	8506.6	4481.8	2809.0
青 海	2211.1	691.0	603.9	
宁 夏	11342.1	6891.5	3441.7	
新 疆	42170.3	5241.3	7984.6	9411.0

単位：万元

补贴安置农场经费	救助管理机构经费	未成年人救助 保护机构经费	其他社会福利单位	其他社会福利支出
7690.2	194842.8	37450.9	516224.6	958474.7
	5706.7	20.0	18245.7	437687.8
	1478.3	60.4	8234.1	1681.8
	5321.2	2628.9	34910.1	8754.5
	5015.2	321.4	11829.0	26927.1
189.2	3776.8	740.4	11539.4	24212.8
	2965.5	71.6	8717.8	15370.8
	4969.6		7821.3	3523.7
	1585.3	409.0	27630.3	1822.4
	17574.4	1.8	29247.2	15738.5
	9110.6	2333.6	15340.0	36428.7
	17775.7	1490.8	23772.7	50717.7
	6763.6	2232.3	2812.4	21126.3
589.3	2875.1	194.5	4516.6	12276.1
6.6	4555.7	1731.9	5665.9	10140.2
	8100.4	1313.5	15626.2	36958.6
38.2	10354.5	1424.3	16084.9	20587.7
	11234.8	634.1	28782.3	23628.5
34.0	7015.1	1531.2	37192.4	13305.6
	28189.2	3207.8	99890.5	29839.5
422.5	4989.6	623.8	16135.4	14500.3
		53.1	200.0	2283.3
	3286.4	820.8	3238.5	7490.4
	13566.2	5595.0	36482.2	55061.8
3381.5	3015.9	1052.0	8175.0	21906.3
2310.8	4341.2	374.3	11487.4	35734.3
	197.6	15.6	2330.1	2827.8
120.0	4729.6	2528.5	16139.9	9219.5
108.0	1310.7	511.7	3775.4	2460.4
490.1	40.1	49.0	337.0	6307.4
	253.9	230.4	524.6	83.5
	4743.9	5249.2	9540.3	9871.4

C-1-13续表3

地　区	社会救助	最低生活保障	城市最低生活保障	城市最低生活保障金	城市最低生活保障对象临时补贴
全　国	**27075674.8**	**19486240.8**	**4647432.9**	**4546820.3**	**100612.6**
中央级					
北　京	263601.1	181543.6	121889.6	118278.2	3611.4
天　津	236668.3	168939.0	97580.7	94053.3	3527.4
河　北	922299.7	638362.4	79863.3	77361.2	2502.1
山　西	727477.6	544216.1	104181.4	103242.0	939.4
内蒙古	928849.3	751925.0	180305.6	178464.7	1840.9
辽　宁	720235.5	524822.9	222660.1	214578.7	8081.4
吉　林	526918.0	414143.3	216641.6	211078.5	5563.1
黑龙江	810103.7	656509.1	309303.7	305416.1	3887.6
上　海	585089.3	249683.1	213007.2	205538.0	7469.2
江　苏	808114.6	446571.3	72064.4	69892.2	2172.2
浙　江	792479.1	630543.0	68077.8	66652.2	1425.6
安　徽	1582054.1	1160840.9	194809.4	192638.6	2170.8
福　建	577270.1	389762.2	56657.9	52885.8	3772.1
江　西	1195714.2	983946.1	201272.8	199020.7	2252.1
山　东	1452510.8	886849.8	82845.7	78055.5	4790.2
河　南	1361611.4	895899.8	132227.9	131557.4	670.5
湖　北	1191114.9	741086.2	171600.1	157387.6	14212.5
湖　南	1081185.5	655648.7	173726.8	172751.6	975.2
广　东	1242097.0	818698.4	152096.4	147671.0	4425.4
广　西	1206201.9	918281.5	198758.0	196943.4	1814.6
海　南	153095.5	110441.0	22398.2	22092.4	305.8
重　庆	809488.1	517594.8	170142.9	165131.2	5011.7
四　川	1861258.5	1341195.6	232393.0	231907.3	485.7
贵　州	1191298.3	999328.4	316715.5	311814.2	4901.3
云　南	1315890.4	1067696.0	211832.3	211499.3	333.0
西　藏	94219.3	59963.6	19394.0	19182.8	211.2
陕　西	956460.8	734580.9	134307.0	125953.3	8353.7
甘　肃	1069194.2	794146.6	223211.5	222425.3	786.2
青　海	289274.7	226479.8	61592.3	60039.5	1552.8
宁　夏	255134.6	222066.3	50607.4	48973.5	1633.9
新　疆	868764.3	754475.4	155268.4	154334.8	933.6

农村最低生活保障	农村最低 生活保障金	农村最低生活保障 对象临时补贴	临时救助合计	临时救助	流浪乞讨人员救助
14838807.9	14628212.7	210595.2	1247535.5	1057286.5	190249.0
59654.0	57850.5	1803.5	13260.7	3478.4	9782.3
71358.3	69818.0	1540.3	30283.6	27843.6	2440.0
558499.1	547949.1	10550.0	29296.0	23512.1	5783.9
440034.7	436824.7	3210.0	35537.1	31005.9	4531.2
571619.4	570195.5	1423.9	38519.0	36077.6	2441.4
302162.8	294015.7	8147.1	12254.0	8892.7	3361.3
197501.7	189782.6	7719.1	17874.2	16639.4	1234.8
347205.4	344686.5	2518.9	21934.8	20623.7	1311.1
36675.9	35159.1	1516.8	11852.4	3852.6	7999.8
374506.9	362116.4	12390.5	39192.6	22128.6	17064.0
562465.2	552020.4	10444.8	26838.4	18418.4	8420.0
966031.5	964174.6	1856.9	29961.7	24444.3	5517.4
333104.3	324435.7	8668.6	44850.1	37148.3	7701.8
782673.3	776573.0	6100.3	33296.2	27499.5	5796.7
804004.1	784022.3	19981.8	34832.0	29851.7	4980.3
763671.9	760430.0	3241.9	30597.1	23734.8	6862.3
569486.1	528115.0	41371.1	48826.4	40239.6	8586.8
481921.9	480787.4	1134.5	80802.8	69766.2	11036.6
666602.0	656542.7	10059.3	52989.5	18407.3	34582.2
719523.5	714000.8	5522.7	20405.3	15893.8	4511.5
88042.8	87357.6	685.2	7913.6	5770.0	2143.6
347451.9	339716.4	7735.5	44773.2	41625.5	3147.7
1108802.6	1105888.4	2914.2	59695.9	49765.6	9930.3
682612.9	677291.8	5321.1	34875.3	32243.1	2632.2
855863.7	855133.9	729.8	73290.1	69285.1	4005.0
40569.6	40564.9	4.7	13890.1	13020.8	869.3
600273.9	579197.8	21076.1	73081.4	66991.8	6089.6
570935.1	569441.0	1494.1	159874.7	156122.4	3752.3
164887.5	162005.3	2882.2	32837.2	32160.2	677.0
171458.9	165642.4	5816.5	18265.3	17827.2	438.1
599207.0	596473.2	2733.8	75634.8	73016.3	2618.5

C-1-13续表4

地 区	特困人员救助供养	城市特困人员救助供养	城市特困人员救助供养金	城市特困人员临时补贴	农村特困人员救助供养
全 国	**5592763.8**	**590301.3**	**576686.9**	**13614.4**	**5002462.5**
中央级					
北 京	25131.7	6754.1	6645.4	108.7	18377.6
天 津	27441.2	6308.9	6003.4	305.5	21132.3
河 北	246896.1	7760.4	7657.7	102.7	239135.7
山 西	139875.2	5660.8	5624.2	36.6	134214.4
内蒙古	123511.2	25236.3	24960.0	276.3	98274.9
辽 宁	169338.5	23255.6	22676.8	578.8	146082.9
吉 林	91092.5	15676.3	15486.6	189.7	75416.2
黑龙江	130017.4	26676.1	26534.2	141.9	103341.3
上 海	16222.5	11914.9	11740.2	174.7	4307.6
江 苏	269798.0	18351.2	18049.4	301.8	251446.8
浙 江	86148.9	10629.0	10461.5	167.5	75519.9
安 徽	376651.7	21346.9	21139.8	207.1	355304.8
福 建	127420.3	16068.1	15715.1	353.0	111352.2
江 西	166731.1	18052.3	17783.6	268.7	148678.8
山 东	520016.5	14162.3	13708.4	453.9	505854.2
河 南	422609.6	14821.4	14734.1	87.3	407788.2
湖 北	374890.3	33497.5	31798.3	1699.2	341392.8
湖 南	328182.6	23951.0	22786.0	1165.0	304231.6
广 东	348432.6	45335.7	44418.8	916.9	303096.9
广 西	254414.3	36270.5	34812.1	1458.4	218143.8
海 南	34600.9	2733.8	2705.4	28.4	31867.1
重 庆	217016.5	95173.4	93436.3	1737.1	121843.1
四 川	428499.6	48311.7	48173.1	138.6	380187.9
贵 州	153174.8	14173.8	13778.2	395.6	139001.0
云 南	167443.5	13974.7	13886.4	88.3	153468.8
西 藏	19746.9	844.1	844.1		18902.8
陕 西	144865.7	7968.4	7478.2	490.2	136897.3
甘 肃	108978.7	9279.4	8844.4	435.0	99699.3
青 海	28374.7	3327.1	3203.5	123.6	25047.6
宁 夏	11919.4	1623.9	1611.5	12.4	10295.5
新 疆	33320.9	11161.7	9990.2	1171.5	22159.2

单位：万元

农村特困人员 救助供养金	农村特困人员 临时补贴	其他社会救助	其他城市生活救助 （含传统救济）	其他农村生活救助 （含传统救济）
4915315.8	87146.7	749134.7	489113.1	260021.6
17992.6	385.0	43665.1	41807.7	1857.4
20375.8	756.5	10004.5	5228.9	4775.6
236163.8	2971.9	7745.2	990.8	6754.4
133035.5	1178.9	7849.2	1555.7	6293.5
98020.6	254.3	14894.1	8836.2	6057.9
140803.6	5279.3	13820.1	9303.4	4516.7
73953.9	1462.3	3808.0	3231.6	576.4
102593.7	747.6	1642.4	775.2	867.2
4176.4	131.2	307331.3	299884.0	7447.3
247303.7	4143.1	52552.7	25183.9	27368.8
74970.1	549.8	48948.8	10204.7	38744.1
353321.1	1983.7	14599.8	3517.5	11082.3
110646.2	706.0	15237.5	1205.4	14032.1
146799.2	1879.6	11740.8	6617.9	5122.9
490241.8	15612.4	10812.5	1549.7	9262.8
405308.1	2480.1	12504.9	2301.2	10203.7
319735.5	21657.3	26312.0	8335.3	17976.7
302366.8	1864.8	16551.4	3555.3	12996.1
293970.9	9126.0	21976.5	9163.1	12813.4
215990.6	2153.2	13100.8	891.9	12208.9
31540.3	326.8	140.0	53.2	86.8
120111.2	1731.9	30103.6	19150.9	10952.7
378957.6	1230.3	31867.4	10641.0	21226.4
138481.5	519.5	3919.8	1046.1	2873.7
153420.3	48.5	7460.8	2645.4	4815.4
18878.3	24.5	618.7	116.6	502.1
130216.6	6680.7	3932.8	1705.3	2227.5
99180.1	519.2	6194.2	3301.8	2892.4
24608.4	439.2	1583.0	721.1	861.9
10053.2	242.3	2883.6	2348.9	534.7
22098.4	60.8	5333.2	3243.4	2089.8

地 区	民政管理事务	#行政运行	一般行政管理事务	机关服务
全 国	**5691733.3**	**1504965.9**	**316765.8**	**49860.4**
中央级	42361.8	8252.4	6356.9	2658.9
北 京	197505.0	45630.4	36422.6	1752.1
天 津	201757.4	18813.0	1524.5	
河 北	191208.3	98805.6	14866.9	625.0
山 西	114176.1	27139.9	10163.1	1248.5
内蒙古	105374.9	37761.2	11408.3	1728.4
辽 宁	337384.4	38398.0	8466.3	1476.0
吉 林	119532.1	24407.3	4161.9	1331.9
黑龙江	80300.0	32651.0	5646.1	265.8
上 海	356254.6	26474.9	6263.0	
江 苏	305975.9	91590.7	20058.8	3232.0
浙 江	454570.8	90796.5	20125.2	1347.9
安 徽	158252.5	44916.7	14310.2	1956.4
福 建	117173.2	33544.4	3071.1	1701.9
江 西	129702.0	46947.7	5864.1	954.7
山 东	368690.7	100333.4	6829.9	1605.8
河 南	143919.7	66327.3	13241.2	4291.7
湖 北	297311.6	68813.4	16154.6	912.8
湖 南	210861.1	72945.3	20502.8	1572.3
广 东	540417.1	118040.0	19245.9	3109.2
广 西	98350.8	38963.9	4734.8	1079.6
海 南	41780.1	8025.1	4434.7	299.5
重 庆	139750.2	28649.6	2555.7	573.5
四 川	228773.7	78726.2	14483.4	10719.4
贵 州	115620.7	61994.0	3106.8	582.1
云 南	131995.6	52228.3	5823.6	2191.8
西 藏	70625.8	37214.7	7497.4	209.3
陕 西	199607.9	28374.6	10128.6	738.3
甘 肃	54856.1	22451.2	7944.5	284.5
青 海	28319.6	11387.5	995.5	298.0
宁 夏	39484.7	15566.9	4265.4	272.8
新 疆	69838.9	28794.8	6112.0	840.3

社会组织管理	行政区划和地名管理	其他民政管理事务	行政事业单位养老支出	其他
133856.9	53294.7	1818327.4	455521.3	2312139.9
4910.2	690.8	19300.6	6188.9	167131.2
7255.0	1438.6	95067.6	29587.0	140248.3
1467.6		28776.2	6658.4	22945.4
1297.9	2255.3	44185.2	26364.0	10071.6
658.4	2174.8	28958.5	9327.0	89589.0
1054.9	1146.7	42413.0	11553.0	54612.1
480.7	5868.1	59110.8	9710.5	75726.9
532.3	608.1	27420.3	6692.4	46600.4
259.0	755.4	15963.4	12122.2	18343.2
13427.0	96.3	302802.3	15235.2	91717.5
12926.9	2187.0	82603.3	22190.0	132014.3
21979.8	5583.8	155085.5	20713.4	85921.2
4411.1	1366.0	52054.0	14305.3	44186.6
3279.5	1677.8	42465.1	18219.7	72831.9
1006.9	1119.4	31102.7	6693.7	39320.3
4474.1	1405.1	41401.5	19821.5	32428.6
1731.9	1685.5	38905.8	18451.4	87321.9
7102.7	2566.0	60903.1	17184.2	39846.9
3225.1	2033.6	48188.7	5583.3	56716.0
21358.6	3173.8	211454.8	69187.0	305155.7
701.6	988.9	35448.0	11654.8	148465.1
1751.7	801.0	21233.2	3161.6	14519.5
2211.1	2564.3	28798.4	13295.8	32317.5
7524.9	3813.8	85523.8	34450.8	124123.7
516.5	358.6	30218.2	9927.2	64845.2
1434.8	648.3	64893.6	9492.4	78371.1
67.9	232.4	23237.1	3847.9	67520.3
1430.2	3752.4	42068.2	6299.1	45371.8
638.7	460.2	14930.6	3816.3	28842.8
623.2	198.3	9492.7	3132.3	29356.3
1560.1	391.7	12560.7	4516.7	28243.7
2556.6	1252.7	21760.5	6138.3	37433.9

地　区	集中养育孤儿 支出水平	社会散居孤儿 支出水平	困难残疾人生活 补贴支出水平	重度残疾人护理 补贴支出水平
全　国	**29677.2**	**17920.8**	**1698.7**	**1417.3**
北　京	46523.6	32363.6	7008.3	1843.2
天　津	38990.7	38491.0	3464.6	2176.2
河　北	24494.0	16710.8	1145.4	973.8
山　西	26479.9	14484.3	955.8	1168.0
内蒙古	27415.7	24846.4	1174.7	1328.5
辽　宁	14947.9	32799.2	1234.7	948.8
吉　林	22129.0	17820.3	1005.7	925.7
黑龙江	22020.6	23327.8	932.4	1151.4
上　海	30001.2	36686.4	4744.7	2438.1
江　苏	38386.7	28131.3	7160.0	1451.3
浙　江	36141.3	25558.1	4101.4	2708.3
安　徽	20165.1	19637.7	1156.9	1189.6
福　建	25870.5	18735.1	1698.8	1523.9
江　西	21726.5	16572.8	1198.4	1167.5
山　东	30277.7	23637.4	2156.0	1832.4
河　南	19356.0	13069.8	947.0	900.2
湖　北	37704.2	19984.2	928.6	1164.9
湖　南	20240.0	14889.6	1075.2	984.4
广　东	34057.4	19815.0	2640.3	3111.7
广　西	21145.6	13958.6	1038.4	1022.8
海　南	22748.6	17422.9	1347.8	2687.5
重　庆	9284.9	17296.5	950.5	991.4
四　川	22666.8	15926.5	1243.3	941.3
贵　州	25303.2	16363.7	473.1	1035.3
云　南	88798.1	22523.1	1084.0	1063.4
西　藏	27424.4	6651.4	1366.4	2975.8
陕　西	25662.0	20754.5	729.6	1047.8
甘　肃	18256.1	15558.5	1243.9	1027.7
青　海	16442.0	18659.1	1080.6	1233.5
宁　夏	23995.1	21786.1	1397.6	1515.9
新　疆	56764.0	15383.9	1358.4	1284.3

注：表中支出水平是按照民政事业费支出项目与民政对象、民政机构简单算术平均计算。

支出水平

单位：元/人·年、元/个·年

康复辅具机构（站）补助水平	殡葬类单位补助水平	社会福利院补助水平	儿童福利院补助水平
3554545.5	**968815.4**	**4040071.8**	**4277618.6**
19078000.0	17864189.2	65864666.7	5897833.3
5756000.0	8896863.6	10540000.0	25342000.0
	485346.2	4757840.0	1673818.2
	576923.1	3558800.0	11556666.7
	373416.0	2611782.6	7831857.1
	219883.4	968764.7	745692.3
1495000.0	4254.1	2899650.0	2708222.2
	412452.4	2712568.2	2916083.3
	1737277.8	25305823.5	142675000.0
	902174.1	10411153.9	16873857.1
	772150.5	8225537.0	4149137.9
	1471594.4	1996454.6	4364928.6
509000.0	579012.7	2191935.9	3636000.0
	457445.5	604195.1	1677571.4
	839536.7	9993777.8	9258153.9
	218758.6	1973137.5	5041625.0
	561958.0	3966750.0	6901533.3
6118000.0	1815798.7	2537640.5	3661909.1
	3224780.5	6826187.5	4194047.6
1497000.0	1465654.6	1798715.9	1737117.7
	457381.0	6823750.0	1358000.0
	567566.0	8876148.2	8609600.0
	477008.3	2764348.2	2599731.7
622000.0	328496.6	1212312.5	2147777.8
26801000.0	638689.5	1534422.2	523470.6
	526750.0	695333.3	2538222.2
3284000.0	432437.5	6100482.8	7870857.1
	142411.0	1520979.2	2554866.7
1892000.0	1660846.2	186250.0	99636.4
	12400.0	13432000.0	4577000.0
	2287405.8	781909.1	679043.5

C-1-14续表

地 区	精神卫生福利 机构补助水平	城市最低生活 保障支出水平	农村最低生活 保障支出水平	城市特困人员 供养支出水平
全 国	**28844582.1**	**6837.7**	**4287.7**	**15808.2**
北 京		17108.1	16366.5	44086.8
天 津	116441000.0	15090.5	11573.8	32503.4
河 北	18415000.0	5578.4	3697.8	14127.8
山 西	23664000.0	6358.0	5011.3	13109.8
内蒙古	35594200.0	7373.8	4303.4	20210.1
辽 宁		8408.2	4813.8	16832.4
吉 林	15211750.0	7532.2	3671.6	14884.5
黑龙江	17780125.0	7202.7	3949.3	16344.7
上 海	105124333.3	16168.8	9730.5	31773.1
江 苏	61053600.0	8516.2	6412.1	18551.6
浙 江	90625000.0	11910.5	10956.5	28465.5
安 徽		7330.5	5739.4	14736.2
福 建	27786000.0	7453.6	6125.8	23126.2
江 西	30000.0	6843.8	5380.2	15740.1
山 东		8602.5	5875.6	20711.2
河 南	8102750.0	4298.3	2742.2	12109.0
湖 北	4723600.0	6639.5	4220.4	21226.5
湖 南	17060600.0	5341.2	3265.0	12130.8
广 东	125211000.0	10096.3	5961.1	20466.7
广 西	63499200.0	4828.1	2938.6	14910.2
海 南		6811.3	5984.7	12604.0
重 庆	39887600.0	7841.4	5986.5	12674.1
四 川	36392352.9	4509.0	3083.8	13283.0
贵 州	10636545.5	5405.4	3949.7	14372.1
云 南	5818166.7	5637.7	3678.0	13258.7
西 藏		8278.6	2610.3	21262.0
陕 西	9128000.0	8022.0	5297.7	14519.7
甘 肃	8752000.0	7200.0	3579.4	15391.3
青 海		8289.5	5677.4	15311.1
宁 夏		6527.2	4515.9	12082.6
新 疆	6643125.0	5829.9	4354.3	18152.1

农村特困人员 供养支出水平	救助管理机构 补助水平	救助流浪乞讨人员 每次支出水平	临时救助 支出水平
11490.0	**912465.2**	**3220.7**	**1426.6**
36667.2	3912920.0	3255.0	3101.8
21126.0	903703.7	10103.5	3925.0
9592.0	838246.4	3918.6	1401.4
10848.9	809142.9	1897.4	1638.4
11430.0	567767.4	2179.8	1787.5
11622.6	460452.1	1768.3	1130.3
9880.7	257250.0	2149.4	1111.6
11157.8	204859.4	1482.6	951.1
24784.8	2857071.4	8207.5	4203.6
13124.4	1565504.6	7823.9	1386.9
24710.4	925274.7	4091.2	2320.9
11273.5	848830.8	2606.9	2386.7
18149.1	1283633.3	5413.5	2007.9
12044.7	950278.7	4444.0	1123.7
15053.8	524242.1	3646.4	1447.4
8667.6	576663.9	2069.5	1185.0
14388.1	670843.8	2982.1	2204.0
8605.5	882928.0	1613.5	1320.2
15279.9	2542808.8	5421.5	1936.6
9024.0	399247.8	2147.5	1327.3
13621.9	3062285.7	4943.7	1144.7
12078.6	874361.1	2091.5	3299.2
9491.1	511871.1	1966.7	1214.9
13777.5	506192.3	2278.8	1263.8
12397.9	460344.8	2406.7	947.1
15464.9	2173250.0	3921.1	3081.0
10883.9	751802.5	2577.1	1430.1
10295.1	1042305.6	4474.0	1323.1
15744.3	1354000.0	4442.3	2133.9
12898.4	273812.5	3245.2	1847.2
14230.2	818281.3	2559.6	1040.8

地　区	收入合计	上年结余	本年收入合计	本年实际支出
全　国	54532243.5	1865987.9	52666255.6	52476312.4
中央级	267590.7	59921.0	207669.7	215681.9
北　京	2006123.6	211174.6	1794949.0	1833540.9
天　津	721578.9	50983.8	670595.1	665557.8
河　北	1762040.3	28816.0	1733224.3	1712789.2
山　西	1371591.4	56005.0	1315586.4	1296881.7
内蒙古	1542186.2	51275.7	1490910.5	1483310.5
辽　宁	1413325.6	13287.0	1400038.6	1401951.6
吉　林	901103.0		901103.0	901103.0
黑龙江	1180574.7	12857.4	1167717.3	1159416.7
上　海	2319076.1	105960.6	2213115.5	2230382.4
江　苏	2900814.1	52161.5	2848652.6	2841449.1
浙　江	2689579.5	71509.5	2618070.0	2591714.5
安　徽	2526554.0	33328.1	2493225.9	2486561.6
福　建	1313139.2	61436.2	1251703.0	1236757.7
江　西	1794655.3	2935.8	1791719.5	1784396.1
山　东	2882982.9	56356.7	2826626.2	2745551.0
河　南	2431523.6	92080.2	2339443.4	2321778.3
湖　北	2224609.1	65213.5	2159395.6	2160288.1
湖　南	1909553.6	8464.8	1901088.8	1895361.4
广　东	3803763.4	152741.7	3651021.7	3637142.1
广　西	1961537.6	92284.4	1869253.2	1887660.6
海　南	325746.7	9358.0	316388.7	317805.7
重　庆	1358627.2	53823.9	1304803.3	1315379.1
四　川	3337334.5	67658.9	3269675.6	3262376.2
贵　州	1919588.2	155054.6	1764533.6	1749865.4
云　南	2039081.3	78980.6	1960100.7	1945919.7
西　藏	331570.6	39876.7	291693.9	305149.4
陕　西	1607900.4	14487.6	1593412.8	1571158.7
甘　肃	1464854.9	56503.2	1408351.7	1393953.0
青　海	470664.1	18271.8	452392.3	451317.9
宁　夏	470262.7	52704.0	417558.7	416059.2
新　疆	1282710.1	40475.1	1242235.0	1258051.9

收支简表

收支结余	用事业基金弥补收支差额	结余分配	年末净结余
2055931.1	**5381.8**	**55470.9**	**2005842.0**
51908.8	516.7	1193.3	51232.2
172582.7			172582.7
56021.1	0.6	7160.5	48861.2
49251.1		830.7	48420.4
74709.7	6.8	1000.6	73715.9
58875.7		1.0	58874.7
11374.0			11374.0
21158.0			21158.0
88693.7	54.8	4084.3	84664.2
59365.0	2060.0	908.6	60516.4
97865.0	369.9	5348.1	92886.8
39992.4			39992.4
76381.5	416.1	1555.1	75242.5
10259.2			10259.2
137431.9		148.7	137283.2
109745.3			109745.3
64321.0	1700.4	371.4	65650.0
14192.2			14192.2
166621.3	1.5	12941.5	153681.3
73877.0	138.2	4457.0	69558.2
7941.0		41.7	7899.3
43248.1		843.2	42404.9
74958.3		7880.4	67077.9
169722.8	116.8	1268.5	168571.1
93161.6		202.3	92959.3
26421.2			26421.2
36741.7		5234.0	31507.7
70901.9			70901.9
19346.2			19346.2
54203.5			54203.5
24658.2			24658.2

C-1-16 民政事业费

地　区	上年结余合计	社会福利	社会救助	民政管理事务	行政事业单位养老支出	其他款项用于民政支出
全　国	**1865987.9**	**957613.8**	**387986.9**	**213234.4**	**7683.8**	**299469.0**
中央级	59921.0			28934.3	2767.0	28219.7
北　京	211174.6	132443.3	17372.9	22878.0	291.5	38188.9
天　津	50983.8	36197.0	1858.1	2206.1	7.1	10715.5
河　北	28816.0	21887.0	4278.1	1870.3	127.1	653.5
山　西	56005.0	22612.5	24438.4	2916.5	4.2	6033.4
内蒙古	51275.7	22543.0	12142.7	9450.5	271.1	6868.4
辽　宁	13287.0	4137.6	2725.0	2930.2	4.3	3489.9
吉　林						
黑龙江	12857.4	5697.8	5750.4	1066.0	263.3	79.9
上　海	105960.6	66541.2	15083.6	18543.9	415.6	5376.3
江　苏	52161.5	17640.7	5257.1	4168.4	101.3	24994.0
浙　江	71509.5	54075.9	5372.7	11061.7	65.9	933.3
安　徽	33328.1	30385.0	1992.9	4.1		946.1
福　建	61436.2	31941.1	6989.0	12258.5	880.1	9367.5
江　西	2935.8	2625.8	28.6	281.4		
山　东	56356.7	39863.9	5468.8	10525.5	4.5	494.0
河　南	92080.2	72740.6	3324.5	2112.2	185.5	13717.4
湖　北	65213.5	19249.1	34056.7	5720.9	65.1	6121.7
湖　南	8464.8	2563.4	1180.5	733.4		3987.5
广　东	152741.7	45521.9	53072.2	21003.5	276.5	32867.6
广　西	92284.4	44778.0	26387.0	6164.7	173.5	14781.2
海　南	9358.0	2090.5	2720.2	1612.2	247.3	2687.8
重　庆	53823.9	37199.7	6615.7	4839.0	370.2	4799.3
四　川	67658.9	46395.0	6003.1	3610.8	333.6	11316.4
贵　州	155054.6	79233.3	61540.3	6695.2	3.8	7582.0
云　南	78980.6	27755.8	12149.7	11006.5	302.5	27766.1
西　藏	39876.7	9451.9	5017.6	7169.7	29.7	18207.8
陕　西	14487.6	7577.2	2493.5	3735.8	69.5	611.6
甘　肃	56503.2	27715.9	20607.8	3139.2	2.3	5038.0
青　海	18271.8	9289.6	4306.9	1330.6	13.4	3331.3
宁　夏	52704.0	12049.7	27536.0	4135.4	407.9	8575.0
新　疆	40475.1	25410.4	12216.9	1129.9		1717.9

收支明细表

单位：万元

本年收入合计	社会福利	社会救助	民政管理事务	行政事业单位养老支出	其他款项用于民政支出
52666255.6	**17026015.9**	**27083648.8**	**5681769.6**	**455105.1**	**2419716.2**
207669.7			37063.2	6444.7	164161.8
1794949.0	1194628.2	246863.5	183462.5	29775.6	140219.2
670595.1	195281.1	236971.9	201552.2	6659.0	30130.9
1733224.3	580628.4	923746.1	191304.9	26354.3	11190.6
1315586.4	368408.9	733701.4	114465.3	9320.7	89690.1
1490910.5	391876.9	924366.7	108369.9	11380.7	54916.3
1400038.6	252698.2	719673.4	336198.2	9739.8	81729.0
901103.0	201452.1	526918.0	119532.1	6692.4	46508.4
1167717.3	250208.1	807846.6	79486.7	12119.6	18056.3
2213115.5	1163962.3	586401.5	357023.3	15209.9	90518.5
2848652.6	1573513.6	807858.8	303769.4	22120.3	141390.5
2618070.0	1249461.5	794269.0	451989.0	20055.2	102295.3
2493225.9	688331.3	1584285.9	158278.7	14305.3	48024.7
1251703.0	453441.5	577599.3	119199.5	18319.7	83143.0
1791719.5	415532.6	1195807.2	130764.0	6693.7	42922.0
2826626.2	925103.7	1460863.2	378931.0	19846.7	41881.6
2339443.4	729227.5	1361994.1	143789.0	18435.0	85997.8
2159395.6	608507.6	1198772.4	297522.0	17119.1	37474.5
1901088.8	542491.1	1081622.7	211692.6	5656.2	59626.2
3651021.7	1460860.9	1248237.6	540705.0	69234.8	331983.4
1869253.2	418627.8	1191566.8	98820.3	11593.3	148645.0
316388.7	104834.1	152426.8	41833.2	3161.6	14133.0
1304803.3	310325.0	810223.0	139376.7	13268.1	31610.5
3269675.6	1021333.3	1864643.5	230244.4	34117.3	119337.1
1764533.6	381872.6	1186344.0	116284.1	9932.4	70100.5
1960100.7	407087.0	1314569.8	130617.6	9488.4	98337.9
291693.9	74594.5	93328.9	64328.4	3823.2	55618.9
1593412.8	376620.3	955546.0	206962.5	6703.3	47580.7
1408351.7	236522.8	1080559.9	53371.7	3816.3	34081.0
452392.3	102670.4	289778.4	27553.7	3118.9	29270.9
417558.7	86584.3	259659.3	37759.1	4482.4	29073.6
1242235.0	259328.3	867203.1	69519.4	6117.2	40067.0

C-1-16续表

地 区	本年支出合计	社会福利	社会救助	民政管理事务	行政事业单位养老支出	其他款项用于民政支出
全 国	52476312.4	16941243.1	27075674.8	5691733.3	455521.3	2312139.9
中央级	215681.9			42361.8	6188.9	167131.2
北 京	1833540.9	1202599.5	263601.1	197505.0	29587.0	140248.3
天 津	665557.8	197528.3	236668.3	201757.4	6658.4	22945.4
河 北	1712789.2	562845.6	922299.7	191208.3	26364.0	10071.6
山 西	1296881.7	356312.0	727477.6	114176.1	9327.0	89589.0
内蒙古	1483310.5	382921.2	928849.3	105374.9	11553.0	54612.1
辽 宁	1401951.6	258894.3	720235.5	337384.4	9710.5	75726.9
吉 林	901103.0	201360.1	526918.0	119532.1	6692.4	46600.4
黑龙江	1159416.7	238547.6	810103.7	80300.0	12122.2	18343.2
上 海	2230382.4	1182085.8	585089.3	356254.6	15235.2	91717.5
江 苏	2841449.1	1573154.3	808114.6	305975.9	22190.0	132014.3
浙 江	2591714.5	1238030.0	792479.1	454570.8	20713.4	85921.2
安 徽	2486561.6	687763.1	1582054.1	158252.5	14305.3	44186.6
福 建	1236757.7	451262.8	577270.1	117173.2	18219.7	72831.9
江 西	1784396.1	412965.9	1195714.2	129702.0	6693.7	39320.3
山 东	2745551.0	872099.4	1452510.8	368690.7	19821.5	32428.6
河 南	2321778.3	710473.9	1361611.4	143919.7	18451.4	87321.9
湖 北	2160288.1	614830.5	1191114.9	297311.6	17184.2	39846.9
湖 南	1895361.4	541015.5	1081185.5	210861.1	5583.3	56716.0
广 东	3637142.1	1480285.3	1242097.0	540417.1	69187.0	305155.7
广 西	1887660.6	422988.0	1206201.9	98350.8	11654.8	148465.1
海 南	317805.7	105249.0	153095.5	41780.1	3161.6	14519.5
重 庆	1315379.1	320527.5	809488.1	139750.2	13295.8	32317.5
四 川	3262376.2	1013769.5	1861258.5	228773.7	34450.8	124123.7
贵 州	1749865.4	368174.0	1191298.3	115620.7	9927.2	64845.2
云 南	1945919.7	410170.2	1315890.4	131995.6	9492.4	78371.1
西 藏	305149.4	68936.1	94219.3	70625.8	3847.9	67520.3
陕 西	1571158.7	363419.1	956460.8	199607.9	6299.1	45371.8
甘 肃	1393953.0	237243.6	1069194.2	54856.1	3816.3	28842.8
青 海	451317.9	101235.0	289274.7	28319.6	3132.3	29356.3
宁 夏	416059.2	88679.5	255134.6	39484.7	4516.7	28243.7
新 疆	1258051.9	275876.5	868764.3	69838.9	6138.3	37433.9

年末结余合计	社会福利	社会救助	民政管理事务	行政事业单位养老支出	其他款项用于民政支出
2005842.0	**1085051.9**	**392627.3**	**206325.2**	**8006.9**	**313830.7**
51232.2			22744.8	3056.4	25431.0
172582.7	122947.0	1969.9	8835.5	480.1	38350.2
48861.2	34247.8	2161.8	1961.3	7.7	10482.6
48420.4	40486.4	5724.5	1966.9	117.4	125.2
73715.9	35711.1	31063.0	2839.9	4.8	4097.1
58874.7	31449.6	7660.1	11939.4	98.8	7726.8
11374.0	3851.9	2226.8	1744.0	33.6	3517.7
21158.0	17104.1	3493.3	252.7	260.7	47.2
84664.2	44384.7	16395.8	20479.6	390.3	3013.8
60516.4	16310.4	4939.4	1982.1	31.6	37252.9
92886.8	72304.2	7162.6	10542.3	86.0	2791.7
39992.4	31302.7	4224.7	30.3		4434.7
75242.5	39721.4	7318.2	14398.3	980.1	12824.5
10259.2	5191.5	121.6	1414.4		3531.7
137283.2	93225.2	13821.2	20765.8	29.7	9441.3
109745.3	89867.5	3707.2	1981.5	169.1	14020.0
65650.0	14255.2	41714.2	5931.3		3749.3
14192.2	3559.2	1625.6	1564.9		7442.5
153681.3	47598.4	59257.2	22724.2	268.7	23832.8
69558.2	40112.3	11552.6	6433.4	236.1	11223.8
7899.3	1675.6	2051.5	1640.8	247.3	2284.1
42404.9	25503.7	7313.1	4230.7	342.5	5014.9
67077.9	39987.0	6722.8	6202.3		14165.8
168571.1	91911.9	56586.0	6930.4	9.0	13133.8
92959.3	43298.7	10828.9	9630.0	298.5	28903.2
26421.2	15110.3	4127.2	872.3	5.0	6306.4
31507.7	16428.0	1580.0	10930.4	473.7	2095.6
70901.9	33722.9	31873.5	1654.7	2.3	3648.5
19346.2	10725.0	4812.5	562.8		3245.9
54203.5	10246.2	31941.4	2527.8	373.6	9114.5
24658.2	12812.0	8650.7	610.4	3.9	2581.2

地 区	在建项目规模	使用彩票公益金项目规模	在建项目总投资	开工累计完成投资	本年计划投资	本年实际完成投资
全 国	20671355	3036684	7540347.8	4415061.2	1573944.9	1843011.0
中央级	207511		225737.8	223342.0	3491.0	2089.0
北 京	57437		37581.3	24699.0	16033.2	14369.4
天 津	136719		74972.0	61675.3	4263.8	3393.9
河 北	887030	97952	243433.1	152350.1	47738.7	62367.1
山 西	1366487	121493	565097.5	364262.7	76435.0	142480.6
内蒙古	1195720	68834	314526.3	200895.0	63245.2	83629.5
辽 宁	151475	18669	47021.5	21580.0	8026.6	12538.5
吉 林	93866	8463	59620.8	17830.3	14453.0	17380.3
黑龙江	31965	1500	11662.0	12567.4	4598.0	9700.0
上 海	223671		278175.3	236141.3	122770.8	135065.5
江 苏	420584	24954	259648.0	178806.4	61359.5	50593.3
浙 江	787289	113422	449820.0	282732.0	85448.9	94671.8
安 徽	668856	17000	251367.9	133740.3	71419.1	88264.5
福 建	901201	16165	237293.3	136448.2	61869.4	73918.1
江 西	1445881	485881	197338.2	145695.4	87204.3	115069.7
山 东	541533	129986	209465.9	90766.3	30728.4	41112.9
河 南	508747	25834	141475.0	75107.2	17886.0	31314.1
湖 北	1407187	192595	304216.7	230393.3	61988.1	69539.9
湖 南	681690	67022	233470.0	146370.7	71334.1	68743.6
广 东	1906994	657396	1310841.3	706484.5	202994.3	192216.0
广 西	832397	140321	265896.5	129865.6	46689.1	42011.0
海 南	102133		14640.4	10668.6	675.0	748.7
重 庆	994005	313917	443788.3	189602.5	68140.9	85994.9
四 川	614565	7985	272105.8	147281.0	80985.6	97474.7
贵 州	2149100	224170	424641.9	176545.3	75132.1	76803.1
云 南	1075092	41830	217139.3	110875.6	60928.4	82679.2
西 藏	300	300	300.0	1701.4		1701.4
陕 西	596015	32694	249246.6	83481.7	57857.2	57027.0
甘 肃	181396	6116	74987.7	45643.4	21279.9	29616.1
青 海	288720	190678	62042.3	28623.6	17654.8	25173.2
宁 夏	61284	1053	8903.6	8455.9	2620.0	4878.3
新 疆	154505	30454	53891.5	40429.2	28694.5	30445.7

建设投资情况总表

单位：平方米、万元、张

国家预算内投资	国内贷款	利用外资	福利彩票公益金	其他	本年完工项目规模	未投入使用项目建设床位数
900799.3	116003.4	3797.3	168912.4	653498.6	7591250	182220
2089.0						
7884.2				6485.2	21783	1093
3393.9						
39690.8			5823.3	16853.0	405357	6754
39415.5	39813.6		10049.5	53202.0	325604	8086
40812.4			16250.5	26566.6	557961	7545
10670.5			1829.2	38.8	48533	4762
8486.9			6946.8	1946.6	39481	2372
6985.1			1996.0	718.9	18390	200
122270.5			20.9	12774.1	123517	1311
23200.9	2852.6		3565.0	20974.8	298367	3164
54401.5			10358.0	29912.3	194611	5698
31859.2	20888.4	2683.6	421.5	32411.8	286916	10475
42699.0			2876.8	28342.3	197078	4467
28929.1			23667.0	62473.6	914562	12843
4197.6			2656.1	34259.2	216618	8036
6070.0			1320.1	23924.0	47403	1920
34764.8			6063.3	28711.8	539976	8212
36494.1			5758.9	26490.6	180387	4925
104594.0			10401.1	77220.9	585198	29714
24554.2			11131.5	6325.3	196248	8351
				748.7	86990	301
28707.0	18748.0		11189.6	27350.3	589886	8573
47186.2			4727.2	45561.3	255742	10837
20322.2	26400.8	1113.7	4327.5	24638.9	625635	9090
42573.3	7300.0		3737.2	29068.7	232496	7810
			1701.4		300	10
27408.5			4890.9	24727.6	165969	6920
20885.5			423.8	8306.8	69292	3194
17364.7			7077.0	731.5	198808	2156
2741.3			981.8	1155.2	58918	372
20147.4			8720.5	1577.8	109224	3029

C-1-18 提供住宿的民政服务

地 区	在建项目规模	使用彩票公益金项目规模	在建项目总投资	开工累计完成投资	本年计划投资	本年实际完成投资
全 国	9228876	2090126	4255509.3	2536652.2	1019175.5	1110162.9
北 京	57437		37581.3	24699.0	16033.2	14369.4
天 津						
河 北	278895	50242	95005.3	62020.1	28850.2	30024.6
山 西	322368	110371	195865.6	136007.6	24269.5	26116.7
内蒙古	413784	59770	178374.4	99012.0	40102.6	53099.8
辽 宁	145545	15669	45137.5	20182.6	6871.6	11299.8
吉 林	93578	8313	59333.1	17542.6	14165.3	17092.6
黑龙江	12200		4807.0	5983.4	1693.0	5887.9
上 海	178531		246703.7	213453.6	122770.8	123588.3
江 苏	171027	24954	156868.0	106305.8	29208.5	19725.1
浙 江	440394	108249	229485.3	174171.0	46673.5	49684.4
安 徽	427265	17000	126706.0	81299.0	33400.2	47447.9
福 建	212883	3380	98953.6	58936.1	28374.0	37742.8
江 西	789373	253525	158156.1	112234.6	70433.8	91348.9
山 东	314601	3788	162484.6	60285.1	21128.5	26602.0
河 南	65258	24801	24217.1	25471.7	3694.5	16553.3
湖 北	440689	68911	168946.1	139512.1	35046.5	39414.3
湖 南	219024	38507	82239.3	42460.5	21715.1	17312.9
广 东	1572672	651531	1030170.0	548763.4	167877.1	154883.6
广 西	391058	98187	144399.3	87539.4	22574.0	23309.6
海 南	15846		5320.2	4977.6		
重 庆	607766	242120	181431.1	113384.0	50484.7	51590.6
四 川	526727	7670	240714.3	132831.9	71710.7	87541.8
贵 州	418336	175156	138684.9	64282.0	36589.5	26464.3
云 南	348670	37278	132508.7	67547.9	42430.1	43874.1
西 藏	300	300	300.0	801.4		801.4
陕 西	433075	30494	200198.8	61235.7	40101.5	38060.9
甘 肃	128040	200	52952.9	32485.9	17254.4	20682.2
青 海	88266	39124	17506.0	14074.2	6481.0	13224.9
宁 夏	9457	1053	5274.1	5643.3	1550.0	3780.9
新 疆	105811	19533	35185.0	23508.7	17691.7	18637.9

机构基本建设投资情况

单位：平方米、万元、张

国家预算内投资	国内贷款	利用外资	福利彩票公益金	其他	本年完工项目规模	未投入使用项目建设床位数
623945.4	**11193.4**	**3797.3**	**124667.4**	**346559.4**	**3902776**	**181208**
7884.2				6485.2	21783	1093
17211.3			3946.0	8867.3	167312	6754
15978.9			2347.4	7790.4	70257	8046
28864.6			14085.1	10150.1	215804	7545
9515.5			1745.5	38.8	44983	4762
8348.9			6797.1	1946.6	39331	2372
4622.9			1079.4	185.6	3200	200
110793.3			20.9	12774.1	123517	1311
10942.0	2852.6		3565.0	2365.5	166225	3164
31651.9			9852.5	8180.0	169217	5698
25674.0		2683.6	339.6	18750.7	158292	10475
31800.8			1249.0	4693.0	38546	4467
23272.1			18970.4	49106.4	492673	12822
2856.6			2419.0	21326.4	75400	8036
2470.0			832.2	13251.1	16749	1920
18586.3			4703.3	16124.7	216892	8137
5276.8			2568.9	9467.2	57842	4925
89015.0			9723.6	56145.0	507825	29714
12132.0			7886.6	3291.0	127704	8193
					882	301
23721.6			8567.7	19301.3	401499	8513
43431.1			2842.5	41268.2	203467	10837
14654.3	1040.8	1113.7	4204.4	5451.1	139562	8940
29201.8	7300.0		2424.2	4948.1	128992	7430
			801.4		300	10
17452.3			4725.4	15883.2	125994	6920
13434.3			192.0	7055.9	40972	3194
9571.3			3471.1	182.5	70626	2136
2741.3			314.4	725.2	10368	372
12840.3			4992.8	804.8	66562	2921

C-1-19 不提供住宿的民政服务

地 区	在建项目规模	使用彩票公益金项目规模	在建项目总投资	开工累计完成投资	本年计划投资
全 国	132932	33099	30373.6	27637.7	17595.9
北 京					
天 津					
河 北	3075		506.0	585.9	160.0
山 西	2300		210.0	210.0	
内蒙古					
辽 宁				83.7	
吉 林					
黑龙江				221.0	
上 海					
江 苏	8892		2315.0	2269.0	1426.0
浙 江					
安 徽	6800		2000.0	1700.0	1900.0
福 建					
江 西	3900	2550	226.0	239.0	186.0
山 东	200		77.5	77.5	77.5
河 南					
湖 北	10375		1158.0	1263.0	968.0
湖 南					
广 东					
广 西	6966	4057	2120.0	1624.8	539.9
海 南	1930		726.1	617.3	
重 庆	29384	13418	2272.8	2397.2	1761.7
四 川					
贵 州	9490	2000	1849.0	1049.0	1028.0
云 南	24540	3932	8360.0	5411.6	3774.0
西 藏				900.0	
陕 西	1200	1200	320.0	320.0	320.0
甘 肃	4080	142	1385.5	1247.4	1385.5
青 海	2100	2000	928.0	240.0	120.0
宁 夏					
新 疆	17700	3800	5919.7	7181.3	3949.3

机构基本建设投资情况

单位：平方米、万元、张

本年实际完成投资	国家预算内投资	福利彩票公益金	其他	本年完工项目规模	未投入使用项目建设床位数
24516.6	14477.1	5851.3	4188.2	118851	1012
585.9	139.9	346.0	100.0	2379	
84.8			84.8	2300	40
83.7		83.7		1450	
221.0		221.0			
2006.0			2006.0	8892	
1700.0	1700.0			6800	
239.0		141.0	98.0	3500	21
77.5		43.5	34.0	200	
1263.0	458.0	405.0	400.0	10375	75
578.4	227.8	272.3	78.3	2136	158
				1930	
2252.1	832.0	1045.1	375.0	28581	60
1028.0	979.0	49.0		6600	150
4709.6	4379.7	329.9		13208	380
900.0		900.0			
320.0		78.8	241.2	2300	
1166.3	347.4	48.0	770.9	4080	
120.0		120.0		100	20
7181.3	5413.3	1768.0		24020	108

C-1-20 其他社会服务机构

地 区	在建项目规模	使用彩票公益金项目规模	在建项目总投资	开工累计完成投资	本年计划投资
全 国	**9798053**	**795938**	**2635513.0**	**1403328.5**	**439499.4**
北 京					
天 津	136719		74972.0	61675.3	4263.8
河 北	580144	45210	137000.2	85733.8	16943.2
山 西	1036313	11122	365569.7	228045.1	52165.5
内蒙古	486047	9064	126683.5	94263.0	23142.6
辽 宁	5930	3000	1884.0	1313.7	1155.0
吉 林	288	150	287.7	287.7	287.7
黑龙江	19765	1500	6855.0	5751.9	2905.0
上 海					
江 苏	221660		92098.0	65919.9	25022.3
浙 江	342934	4953	216921.7	106321.4	37857.3
安 徽	181258		99002.5	31319.8	24388.9
福 建	615360		127775.0	66034.3	25284.7
江 西	577887	219836	26318.1	25061.1	13040.5
山 东	206963	125998	32100.6	19271.6	9504.6
河 南	404121		100595.1	37106.6	7941.5
湖 北	780030	123684	71852.6	48511.1	15174.0
湖 南	449535	28515	146013.7	101128.2	45775.0
广 东	288076	5565	237394.3	145284.8	25592.6
广 西	226218	7674	48744.3	13879.3	8411.8
海 南	68959		6025.1	2504.7	675.0
重 庆	295827	26000	241077.6	64652.1	12480.2
四 川	46219	200	15328.0	9745.5	7274.9
贵 州	1719445	46886	284033.9	111140.2	37440.5
云 南	680728	420	68697.4	34668.2	13172.3
西 藏					
陕 西	153676	1000	46297.8	20368.6	17055.7
甘 肃	39110	5774	16692.6	9450.6	2640.0
青 海	157786	128032	29917.3	2254.5	2462.3
宁 夏	51827		3629.5	2785.2	1070.0
新 疆	25228	1355	11745.8	8850.3	6372.5

基本建设投资情况

单位：平方米、万元

本年实际完成投资	国家预算内投资	国内贷款	福利彩票公益金	其他	本年完工项目规模
588712.9	194716.0	104810.0	22462.5	266724.4	3062285
3393.9	3393.9				
29850.4	21479.9		879.8	7490.7	226366
116279.1	23436.6	39813.6	7702.1	45326.8	253047
23954.7	10592.8		945.4	12416.5	244835
1155.0	1155.0				2100
287.7	138.0		149.7		150
2980.0	2362.2		84.5	533.3	15190
25185.5	9891.6			15293.9	120417
44150.8	22557.8		405.5	21187.5	22494
25257.7	2088.2	20888.4		2281.1	81744
28771.6	9835.4			18936.2	94086
15321.1	1993.0		3574.1	9754.0	385969
14415.6	1341.0		176.5	12898.1	140818
12272.9	3600.0			8672.9	23779
16961.0	4920.9		555.0	11485.1	288736
48934.7	31217.3		3190.0	14527.4	109414
26133.6	5083.0		152.9	20897.7	77373
7113.8	5013.3		340.8	1759.7	4210
675.0				675.0	68780
29324.0	2919.3	18748.0	302.7	7354.0	112056
6169.6	2772.3		200.0	3197.3	28275
49236.7	4688.9	25360.0		19187.8	477713
30879.6	5903.9		855.1	24120.6	69660
17088.7	9956.2		86.7	7045.8	29853
5858.1	5194.3		183.8	480.0	14074
2254.5	1287.4		967.1		104854
1070.0			640.0	430.0	48550
3737.6	1893.8		1070.8	773.0	17742

地 区	在建项目规模	使用彩票公益金项目规模	在建项目总投资	开工累计完成投资	本年计划投资
全 国	**1511494**	**117521**	**618951.9**	**447442.8**	**97674.1**
中央级	207511		225737.8	223342.0	3491.0
北 京					
天 津					
河 北	24916	2500	10921.6	4010.3	1785.3
山 西	5506		3452.2		
内蒙古	295889		9468.4	7620.0	
辽 宁					
吉 林					
黑龙江				611.1	
上 海	45140		31471.6	22687.7	
江 苏	19005		8367.0	4311.7	5702.7
浙 江	3961	220	3413.0	2239.6	918.1
安 徽	53533		23659.4	19421.5	11730.0
福 建	72958	12785	10564.7	11477.8	8210.7
江 西	74721	9970	12638.0	8160.7	3544.0
山 东	19769	200	14803.2	11132.1	17.8
河 南	39368	1033	16662.8	12528.9	6250.0
湖 北	176093		62260.0	41107.1	10799.6
湖 南	13131		5217.0	2782.0	3844.0
广 东	46246	300	43277.0	12436.3	9524.6
广 西	208155	30403	70632.9	26822.1	15163.4
海 南	15398		2569.0	2569.0	
重 庆	61028	32379	19006.8	9169.2	3414.3
四 川	41619	115	16063.5	4703.6	2000.0
贵 州	1829	128	74.1	74.1	74.1
云 南	21154	200	7573.2	3247.9	1552.0
西 藏					
陕 西	8064		2430.0	1557.4	380.0
甘 肃	10166		3956.7	2459.5	
青 海	40568	21522	13691.0	12054.9	8591.5
宁 夏				27.4	
新 疆	5766	5766	1041.0	888.9	681.0

建设投资情况

单位：平方米、万元

本年实际 完成投资	国家预算内投资	福利彩票公益金	其他	本年完工 项目规模
119618.6	**67660.8**	**15931.2**	**36026.6**	**507338**
2089.0	2089.0			
1906.2	859.7	651.5	395.0	9300
6575.0	1355.0	1220.0	4000.0	97322
611.1		611.1		
11477.2	11477.2			
3676.7	2367.3		1309.4	2833
836.6	191.8	100.0	544.8	2900
13858.9	2397.0	81.9	11380.0	40080
7403.7	1062.8	1627.8	4713.1	64446
8160.7	3664.0	981.5	3515.2	32420
17.8		17.1	0.7	200
2487.9		487.9	2000.0	6875
11901.6	10799.6	400.0	702.0	23973
2496.0			2496.0	13131
11198.8	10496.0	524.6	178.2	
11009.2	7181.1	2631.8	1196.3	62198
73.7			73.7	15398
2828.2	1234.1	1274.1	320.0	47750
3763.3	982.8	1684.7	1095.8	24000
74.1		74.1		1760
3215.9	3087.9	128.0		20636
1557.4			1557.4	7822
1909.5	1909.5			10166
9573.8	6506.0	2518.8	549.0	23228
27.4		27.4		
888.9		888.9		900

建设投资情况

地　区	机构和设施数	市场监管部门登记	编制部门登记	民政部门登记	设施及多牌子机构
全　国	**485213**	**8277**	**18283**	**27406**	**431247**
中央级	4		4		
北　京	3108	161	175	370	2402
天　津	2291	44	26	403	1818
河　北	35881	495	403	1346	33637
山　西	8940	78	216	588	8058
内蒙古	5679	30	255	487	4907
辽　宁	11495	134	161	2080	9120
吉　林	6137	676	548	558	4355
黑龙江	6984	408	247	1471	4858
上　海	14634	42	64	990	13538
江　苏	20668	668	957	6222	12821
浙　江	39666	343	462	1677	37184
安　徽	13652	483	300	2121	10748
福　建	20843	269	464	731	19379
江　西	24650	182	1368	392	22708
山　东	43580	753	587	2247	39993
河　南	20127	983	2010	1245	15889
湖　北	31166	267	1448	523	28928
湖　南	41665	290	1747	374	39254
广　东	34165	356	1376	404	32029
广　西	13936	131	406	316	13083
海　南	583	14	64	25	480
重　庆	16260	638	459	259	14904
四　川	20435	521	1746	711	17457
贵　州	10621	87	736	247	9551
云　南	9386	136	852	132	8266
西　藏	113		89	1	23
陕　西	12820	43	489	822	11466
甘　肃	10198	15	203	219	9761
青　海	1653	2	52	84	1515
宁　夏	1849	11	70	93	1675
新　疆	2024	17	299	268	1440

服务总表

年末职工人数	#女性	按登记类型分			
		市场监管部门登记	编制部门登记	民政部门登记	设施及多牌子机构
1574857	712460	148698	227579	332760	865820
465	277		465		
29146	18781	5916	4807	11458	6965
13481	6513	1084	1130	5953	5314
90539	42242	6121	9088	19607	55723
35275	14728	851	4402	8407	21615
22313	9215	638	4595	6361	10719
47254	27373	1444	2411	18056	25343
24290	10907	5918	6956	7507	3909
29521	13321	2274	6071	9693	11483
54444	34048	1980	3503	28413	20548
130849	58275	16722	15243	46251	52633
102294	54533	8996	7913	18603	66782
52152	20877	6190	3693	20035	22234
43305	18456	4205	3823	8202	27075
59847	23055	2723	10384	7857	38883
91831	45283	13277	9979	30416	38159
86265	41155	11664	20499	16228	37874
84241	37599	5480	15392	8010	55359
85848	35046	5882	15750	6222	57994
128364	48027	12905	17292	10316	87851
42682	22067	4136	7271	6918	24357
3509	1651	521	960	258	1770
54293	19290	9327	4894	3512	36560
90084	38113	10480	19334	10818	49452
39393	14756	2482	5831	3538	27542
26810	8982	3289	6263	2383	14875
2118	1248	330	1559	12	217
46077	19413	1318	7591	8825	28343
23553	10243	867	3368	2064	17254
12003	2676	96	944	1574	9389
5828	3870	805	1254	1180	2589
16783	10440	777	4914	4083	7009

C-2-1续表1

地 区	受教育程度		职业资格水平	
	大学专科人数	大学本科及以上人数	助理社会工作师人数	社会工作师人数
全 国	**230932**	**149453**	**33086**	**24003**
中央级	52	410		5
北 京	4497	3569	376	255
天 津	2206	1880	330	325
河 北	9865	4654	1198	752
山 西	5435	3325	275	545
内蒙古	3868	3127	296	392
辽 宁	8554	5870	1302	1000
吉 林	2727	2128	228	313
黑龙江	4560	3816	808	496
上 海	5332	4888	2406	1201
江 苏	21873	14077	3416	2240
浙 江	12341	7008	1210	703
安 徽	8680	4114	866	761
福 建	5584	3063	771	564
江 西	5775	2532	3018	616
山 东	17884	11243	950	645
河 南	13424	7194	1914	1836
湖 北	10661	4960	954	632
湖 南	13952	8425	1254	1071
广 东	14914	12545	3355	2399
广 西	5928	6165	615	525
海 南	758	530	56	24
重 庆	6058	3441	849	576
四 川	15284	10724	3504	3465
贵 州	7879	4679	293	301
云 南	3050	2703	229	335
西 藏	434	263	45	58
陕 西	6826	4591	651	667
甘 肃	5025	3489	558	427
青 海	2092	630	165	118
宁 夏	1468	875	132	72
新 疆	3946	2535	1062	684

年龄结构			
35岁及以下人数	36—45岁人数	46—55岁人数	56岁及以上人数
289319	**441686**	**453341**	**233275**
179	196	63	27
4772	5999	11711	6211
2329	3153	3929	2271
17113	31188	28121	12524
5379	10119	12230	7230
4185	6125	5641	2177
8187	15259	14811	7179
3078	7179	11286	2747
5297	9424	9116	5050
6596	13517	22014	11911
27688	45673	38707	18276
12263	19511	26270	32629
8735	16231	15004	7489
6861	12170	14969	7340
9401	17571	20682	11394
18280	17955	22596	15984
15355	25977	28088	14645
14094	27841	24522	10322
14877	25741	25293	9798
26584	28638	26966	10319
11589	13189	12056	4312
881	1384	980	208
5752	8263	11360	6104
18430	23366	22067	11426
10462	13951	10336	2764
4413	6457	5781	1600
1165	648	251	49
8654	15706	14193	4439
7279	8568	4888	2167
1952	2826	3903	3322
1627	2046	1720	409
5862	5815	3787	952

C-2-1续表2

地 区	企业会计制度财务指标			
	固定资产原价	营业收入	费用合计	营业利润
全 国	**2937723.1**	**868940.1**	**355752.4**	**-156928.0**
中央级				
北 京	282789.3	172437.2	74383.3	-51000.3
天 津	4140.2	10482.0	7212.4	-3851.2
河 北	127798.8	19664.1	12696.8	-7958.3
山 西	11821.5	1980.1	1078.9	-240.0
内蒙古	8916.9	1212.3	567.9	-306.8
辽 宁	14865.4	2031.9	1047.9	-74.6
吉 林	20890.3	709.2	201.6	-35.9
黑龙江	30796.6	4550.4	2230.5	379.8
上 海	41680.6	18920.1	6463.0	-1691.8
江 苏	165699.5	94840.0	27846.1	-3229.3
浙 江	185807.2	55310.1	23938.0	-10575.2
安 徽	231687.8	10412.7	4252.8	-1328.4
福 建	73985.6	18378.7	8476.6	-2996.1
江 西	33335.8	6419.6	4772.8	212.8
山 东	115462.4	27131.2	3558.7	1023.3
河 南	242824.2	20743.8	17488.9	-4046.9
湖 北	78907.5	19144.4	4397.8	-2874.5
湖 南	163642.7	28202.7	15646.7	-7796.7
广 东	256597.0	132522.9	55124.6	-28493.8
广 西	41582.3	11543.5	6707.0	-3689.0
海 南	22925.1	4711.4	1457.9	-696.9
重 庆	282735.4	65193.8	26768.7	-4294.6
四 川	184104.4	90205.8	34696.2	-17822.3
贵 州	63425.1	12221.8	6408.6	-4337.7
云 南	179869.7	29939.8	3983.5	110.1
西 藏	1002.4		110.0	
陕 西	58003.0	3834.2	1621.1	-1034.7
甘 肃	5522.1	4232.1	1795.7	-48.0
青 海	648.0	128.0	27.7	
宁 夏	3903.1	904.4	706.4	-231.0
新 疆	2353.2	931.9	84.3	

政府会计制度准则（事业单位）财务指标			民间非营利组织会计制度财务指标		
固定资产原价	本年收入合计	本年支出合计	固定资产原价	本年收入合计	本年费用合计
10998546.3	**4968944.6**	**5005732.3**	**3709168.1**	**2391784.1**	**1787990.7**
290242.6	131179.3	142195.5			
283589.8	178271.3	184779.8	199813.1	233200.6	229858.2
110676.0	59985.2	61124.5	22638.3	19256.0	13007.9
325857.2	123913.3	127656.6	303510.0	718482.8	92076.6
244805.7	140446.1	144356.8	162159.9	27079.8	29707.6
279138.6	114944.8	110734.5	107094.5	28977.1	27878.8
132059.7	37637.5	39756.2	183363.8	36070.3	26927.7
186471.9	94756.5	94935.0	18612.0	5616.3	5948.0
365828.5	154087.4	159388.3	78501.5	17314.9	16107.8
230570.5	237003.6	239608.8	352989.3	416510.4	456306.5
725984.8	338968.7	329408.4	277788.0	135098.5	98805.9
353475.2	236643.8	237004.4	211124.4	167021.8	148705.4
284409.1	88673.1	89848.6	281475.6	73196.0	69402.1
163655.5	117615.4	108857.1	75932.2	52431.9	46534.7
437524.9	88167.6	81094.3	128505.5	25583.1	26377.7
524702.0	133856.0	136549.1	265197.6	33747.2	51621.2
428568.6	154652.3	155095.6	152298.7	39826.6	40214.4
727249.4	267386.2	255755.3	82025.3	24648.3	24083.6
624553.0	243765.2	241247.5	88385.2	24997.8	22963.3
996473.1	544507.1	530813.5	73274.6	109692.4	121135.5
324897.1	237601.5	231286.8	39281.9	32094.5	33034.7
90003.1	23946.4	36131.5	437.9	1471.9	876.2
319939.8	201858.7	207991.9	59619.4	27438.3	22956.7
758682.7	373585.2	366106.1	112620.1	53419.0	48172.9
264958.6	102179.8	96574.3	50315.8	18270.6	18555.9
376822.2	96616.2	96350.0	34985.0	4816.1	6914.0
67457.8	16487.1	23696.9			
390255.6	160656.6	176564.8	174018.7	38988.0	30007.9
235986.9	44011.2	51215.2	42313.2	5205.1	8777.8
54034.1	105164.0	108112.7	77755.2	4364.5	2696.2
71087.6	26704.9	26547.6	17966.5	4759.4	3819.4
328584.7	93672.6	114944.7	35164.9	12204.9	64516.1

C-2-2 提供住宿的民政

地　区	单位数	按登记类型分			
		市场监管部门登记	编制部门登记	民政部门登记	一个机构多块牌子
全　国	**43619**	**7986**	**16820**	**17800**	**1013**
中央级	1		1		
北　京	628	133	163	326	6
天　津	468	43	23	385	17
河　北	1996	471	385	1111	29
山　西	830	75	165	549	41
内蒙古	708	24	215	455	14
辽　宁	2446	119	146	1959	222
吉　林	1677	676	442	558	1
黑龙江	2009	402	208	1392	7
上　海	732	40	47	637	8
江　苏	2589	630	875	1034	50
浙　江	1767	341	435	947	44
安　徽	2730	482	258	1972	18
福　建	1019	269	436	288	26
江　西	1869	182	1325	346	16
山　东	2696	667	526	1466	37
河　南	3826	932	1937	930	27
湖　北	2158	267	1345	490	56
湖　南	2253	287	1625	313	28
广　东	2076	356	1325	345	50
广　西	757	127	261	291	78
海　南	93	14	54	23	2
重　庆	1276	638	422	216	
四　川	2859	517	1681	491	170
贵　州	992	83	676	211	22
云　南	1018	125	776	117	
西　藏	86		86		
陕　西	880	42	423	399	16
甘　肃	372	15	174	171	12
青　海	110	2	44	59	5
宁　夏	159	11	61	78	9
新　疆	539	16	280	241	2

服务机构总表

单位：个

按床位数分						
0—49张	50—99张	100—199张	200—299张	300—399张	400—499张	500张及以上
11883	**12766**	**11706**	**3705**	**1671**	**650**	**1238**
		1				
72	166	216	78	36	20	40
166	108	120	32	19	4	19
448	644	599	155	74	31	45
252	270	197	61	20	13	17
205	174	212	48	39	8	22
1228	609	373	130	58	18	30
790	445	280	73	43	11	35
975	505	297	107	57	24	44
30	157	253	124	68	39	61
375	613	790	410	199	93	109
392	586	460	150	80	28	71
455	849	1030	267	61	30	38
381	242	203	73	52	20	48
625	631	421	97	35	21	39
413	739	847	333	152	56	156
880	1464	1079	250	85	22	46
286	606	849	237	91	30	59
606	871	522	115	57	20	62
812	476	413	176	91	39	69
239	174	194	74	32	17	27
36	12	31	6	3	2	3
411	406	308	82	25	12	32
559	922	905	271	103	35	64
370	294	197	82	29	8	12
323	312	259	67	29	10	18
11	12	34	12	7	3	7
230	177	278	88	69	14	24
144	100	75	23	16	7	7
33	38	25	7	2	1	4
21	39	55	14	12	3	15
115	125	183	63	27	11	15

C-2-2续表1

地 区	年末职工人数	#女性	按登记类型分			
			市场监管部门登记	编制部门登记	民政部门登记	一个机构多块牌子
全 国	657856	411192	135240	220918	288212	13486
中央级	267	182		267		
北 京	21696	14420	5283	5076	11243	94
天 津	7996	4987	956	1160	5759	121
河 北	33567	22558	5818	8942	18457	350
山 西	13113	7943	679	3913	7934	587
内蒙古	10978	6273	276	4285	6193	224
辽 宁	23600	15190	1282	2138	16941	3239
吉 林	18708	8330	5588	5602	7507	11
黑龙江	17119	8790	1838	6025	9145	111
上 海	31513	23783	1688	3337	26317	171
江 苏	55659	33197	16120	14775	23761	1003
浙 江	33642	24114	8291	8127	16921	303
安 徽	28941	14455	5619	3631	19503	188
福 建	14907	9355	3978	3798	6995	136
江 西	20501	10561	2471	10214	7610	206
山 东	50487	36282	12480	9442	28230	335
河 南	45863	24551	10900	20161	14366	436
湖 北	28170	17557	5111	14737	7793	529
湖 南	26909	16218	5586	14934	5606	783
广 东	39860	27340	11548	17932	9765	615
广 西	18143	12778	3356	6696	6763	1328
海 南	1582	985	513	819	248	2
重 庆	17027	11220	9049	4676	3302	
四 川	39175	23703	9885	19092	8243	1955
贵 州	10805	6727	1959	5401	3220	225
云 南	11255	7262	2843	6110	2302	
西 藏	1849	1127		1849		
陕 西	14858	8751	914	7050	6563	331
甘 肃	5643	3337	455	3335	1781	72
青 海	1681	945	17	867	762	35
宁 夏	3066	2203	563	1265	1158	80
新 疆	9276	6068	174	5262	3824	16

受教育程度		职业资格水平		人员性质	
大学专科人数	大学本科及以上人数	助理社会工作师人数	社会工作师人数	管理人员	专业技术技能人员
112276	81653	11806	11356	160152	497704
49	215		3	44	223
3297	2821	237	169	3808	17888
1139	1392	113	141	1930	6066
4820	2508	478	486	5913	27654
2260	2091	108	165	3050	10063
2349	1892	139	266	2743	8235
2953	2070	241	348	7163	16437
1249	1276	78	134	5746	12962
2587	2008	128	251	5675	11444
3673	2756	322	301	4354	27159
10421	8294	1434	1296	10561	45098
5539	3786	633	453	4121	29521
4309	2254	512	489	9192	19749
2685	1898	390	324	3461	11446
2664	1200	1121	345	6412	14089
10779	6065	109	343	15261	35226
6108	3628	815	884	11956	33907
4240	2970	424	309	7063	21107
5998	4230	755	645	6621	20288
6521	6536	1284	882	8768	31092
4050	3411	414	388	3925	14218
328	251	34	18	441	1141
2753	1908	260	343	4729	12298
7490	6331	651	930	11739	27436
2682	1894	162	197	3421	7384
2391	2185	169	257	2914	8341
353	214	42	55	453	1396
3284	2370	246	307	4271	10587
1805	982	100	155	1617	4026
426	237	97	42	378	1303
795	583	64	51	690	2376
2279	1397	246	379	1732	7544

C-2-2续表2

地 区	年龄结构			
	35岁及以下人数	36—45岁人数	46—55岁人数	56岁及以上人数
全 国	**132930**	**169571**	**225180**	**130175**
中央级	130	100	29	8
北 京	3498	4000	9263	4935
天 津	1465	1982	2666	1883
河 北	5816	9591	11927	6233
山 西	3004	3576	3994	2539
内蒙古	2336	3086	3881	1675
辽 宁	3697	6146	8582	5175
吉 林	2038	4152	9882	2636
黑龙江	2358	5225	6601	2935
上 海	3563	6784	13016	8150
江 苏	12282	14470	17285	11622
浙 江	6454	5419	10954	10815
安 徽	4878	8326	9805	5932
福 建	3290	3431	4773	3413
江 西	3222	5868	6489	4922
山 东	10129	8767	17013	14578
河 南	8385	12444	15808	9226
湖 北	5186	8330	9422	5232
湖 南	6314	7912	8937	3746
广 东	8497	11166	14409	5788
广 西	5122	5460	5336	2225
海 南	481	478	488	135
重 庆	3019	3683	6262	4063
四 川	10277	10843	11575	6480
贵 州	3225	3008	3304	1268
云 南	3209	3432	3498	1116
西 藏	1019	580	207	43
陕 西	3662	4814	4354	2028
甘 肃	1971	1825	1494	353
青 海	567	637	364	113
宁 夏	775	1011	1026	254
新 疆	3061	3025	2536	654

年末床位数	按登记类型分			
	市场监管部门登记	编制部门登记	民政部门登记	一个机构多块牌子
5435811	**1055742**	**1957618**	**2334054**	**88397**
171		171		
118537	28499	27407	62380	251
60639	12001	5135	43276	227
248730	52688	58067	136713	1262
90223	5652	23209	58918	2444
88209	3120	29114	55180	795
203170	10704	18267	143129	31070
155128	46402	47407	61219	100
190079	20859	45699	122731	790
164872	12563	13363	138535	411
473238	106078	190531	172445	4184
246689	54322	55885	135374	1108
330281	60585	31264	236472	1960
134233	37750	36870	57857	1756
188800	22058	106237	59838	667
443646	119509	75051	247364	1722
396061	96284	186156	111938	1683
304283	43206	186053	71734	3290
245073	46418	147144	48536	2975
258185	66921	119590	68455	3219
101180	21843	25983	49258	4096
10784	3001	5685	2048	50
135819	63808	47519	24492	
356431	70205	199467	67026	19733
93396	13153	52856	25759	1628
105440	21916	68164	15360	
16750		16750		
120340	6980	63875	48120	1365
40201	2683	20056	17030	432
11430	133	6084	4662	551
29361	5004	9476	14407	474
74432	1397	39083	33798	154

C-2-2续表3

地 区	年末收养人数	#女性	按登记类型分		
			市场监管部门登记	编制部门登记	民政部门登记
全 国	2351182	794613	416785	858961	1043712
中央级	171	79		171	
北 京	48679	25031	11088	10519	26992
天 津	24271	9601	3276	2681	18307
河 北	118409	37665	20158	26832	71157
山 西	38147	8651	2268	11056	24024
内蒙古	44312	12472	976	14747	28497
辽 宁	101922	34258	3854	8687	75961
吉 林	76570	27901	24167	21819	30572
黑龙江	88189	21350	9654	20931	57296
上 海	80063	48374	4278	7021	68543
江 苏	173357	54131	39643	62068	70298
浙 江	106733	55536	20544	25787	60139
安 徽	135102	31484	23553	10481	100600
福 建	47299	18905	11701	12519	22725
江 西	92449	25564	8786	54158	29226
山 东	177489	77699	44398	28313	104498
河 南	172478	43458	38933	82974	50035
湖 北	120980	37168	17384	74194	28624
湖 南	114296	31511	17826	76010	18882
广 东	103496	51647	28820	43364	30209
广 西	37133	14336	7017	9804	19232
海 南	4303	1609	1225	2294	780
重 庆	68479	29621	33104	22967	12408
四 川	166852	43390	28449	100031	31392
贵 州	36013	9724	4854	22130	8615
云 南	35027	9281	4864	23825	6338
西 藏	9391	2588		9391	
陕 西	60775	13808	2189	37887	19998
甘 肃	18129	3596	1327	10866	5733
青 海	5284	1090	74	2778	2342
宁 夏	8395	2996	1773	3277	3290
新 疆	36989	10089	602	19379	16999

一个机构多块牌子	按年龄分			年在院（站）人天数
	老年人	青壮年	未成年人	
31724	**2144491**	**137781**	**59228**	**612567143**
	70	87	14	63873
80	45132	2093	1124	14204139
7	22751	1085	334	5592230
262	112760	4085	1480	33836174
799	32879	3234	1622	10881277
92	38706	4007	1512	10352352
13420	96344	4356	978	21465602
12	71442	3435	1686	24805126
308	81027	5944	964	17615148
221	75381	3126	943	22752592
1348	162977	7086	2763	43967926
263	100419	4615	1447	36492531
468	128640	3155	2849	35922179
354	40149	5790	1306	11227272
279	85423	5648	1144	20128197
280	175486	510	1328	40841813
536	158379	9056	4145	42986688
778	110235	8577	1562	32389215
1578	103776	7140	2352	27189853
1103	91155	5133	5837	30737406
1080	30321	4771	1804	9342161
4	3872	172	196	966962
	63901	3620	855	20997865
6980	147939	14937	3373	47740371
414	26951	6495	2507	9803654
	27008	6161	1694	8596614
	5743	339	3309	2245608
701	53894	4289	2158	15431933
203	13867	2276	1853	3369516
90	3612	556	1116	830635
55	7054	1042	279	2056542
9	27198	4961	4694	7733689

C-2-2续表4

地 区	企业会计制度财务指标			
	固定资产原价	营业收入	费用合计	营业利润
全 国	**2882648.7**	**849040.1**	**349886.7**	**-154929.3**
中央级				
北 京	282413.2	172336.3	73678.3	-50797.9
天 津	4053.2	10482.0	7212.4	-3849.5
河 北	127407.8	19664.1	12677.1	-7958.3
山 西	11821.5	1980.1	1078.9	-240.0
内蒙古	8894.9	1143.0	567.9	-306.8
辽 宁	14718.2	1934.4	1038.0	-73.8
吉 林	20890.3	709.2	201.6	-35.9
黑龙江	30796.6	4550.4	2230.5	379.8
上 海	37156.2	16228.2	6463.0	-1672.7
江 苏	165624.5	94820.0	27846.1	-3229.3
浙 江	185807.2	55310.1	23938.0	-10575.2
安 徽	230858.4	9825.3	4252.8	-1255.5
福 建	73529.0	18027.7	8315.9	-2917.1
江 西	32608.4	5979.6	4673.7	211.8
山 东	113873.7	26949.5	3547.6	1043.6
河 南	234185.6	20592.7	17330.0	-3997.6
湖 北	77418.6	17564.3	4361.2	-2874.5
湖 南	163639.7	28202.7	15646.7	-7796.7
广 东	248497.4	131168.8	54746.1	-28356.8
广 西	41582.3	11453.4	6707.0	-3680.8
海 南	22925.1	4711.4	1457.9	-696.9
重 庆	281656.3	64921.5	26556.3	-4085.0
四 川	173162.2	78860.6	30752.2	-16732.2
贵 州	63004.5	11970.3	6405.3	-4294.7
云 南	179860.8	29933.6	3980.4	110.1
西 藏	1002.4		110.0	
陕 西	43953.1	3667.0	1576.0	-968.4
甘 肃	5522.1	4232.1	1795.7	-48.0
青 海	648.0	128.0	27.7	
宁 夏	3903.1	904.4	706.4	-231.0
新 疆	1234.4	789.4	6.0	

政府会计制度准则（事业单位）财务指标			民间非营利组织会计制度财务指标		
固定资产原价	本年收入合计	本年支出合计	固定资产原价	本年收入合计	本年费用合计
9139408.3	**3693104.3**	**3719843.3**	**3628403.8**	**2333347.2**	**1727544.3**
23959.2	19017.6	20284.7			
263196.6	149851.6	154199.1	199697.2	232838.9	229165.0
90819.7	52152.3	52229.6	22578.3	19256.0	13007.9
298232.8	100343.4	104438.3	300412.2	716926.8	90076.6
188379.3	93286.2	97972.8	156353.1	26133.4	29450.9
212425.6	83744.5	78318.3	106994.5	28945.5	27878.8
44500.7	15099.5	19846.1	182656.9	35817.8	26676.8
179034.7	49859.7	49100.9	18612.0	5616.3	5948.0
309360.4	102975.0	102213.3	78258.3	17234.2	16023.0
211865.7	165504.2	167602.1	344102.3	400871.4	433575.7
614434.2	288025.6	283569.4	250336.1	116437.0	86717.4
278223.8	175992.9	176648.0	208101.7	164857.0	146597.6
215864.3	64627.9	65761.5	278701.0	71265.8	67548.6
131348.4	99645.7	91570.4	75725.9	52086.1	46228.8
382950.8	66273.2	60043.0	128285.3	25354.1	26284.0
298668.9	82498.9	82156.3	262588.7	31670.8	49044.7
332986.8	107899.3	109234.2	148271.7	38378.9	38242.9
709823.4	177230.7	178388.1	81524.9	24318.5	23816.9
555231.4	200778.8	198260.5	87814.5	24891.4	22881.0
928693.3	475535.4	462813.4	70717.6	105085.7	116455.5
268539.0	179909.8	173418.3	39240.4	32087.0	33017.1
76721.1	11186.8	23140.4	437.9	1443.3	876.2
299899.6	128116.5	132529.1	59422.8	26557.4	22048.8
709176.3	317829.6	308537.2	108953.4	51314.3	45829.2
232482.1	76379.2	71067.9	48368.5	17848.1	18487.7
319221.2	64167.4	62696.6	34920.3	4603.1	6642.7
65195.5	12347.8	18557.1			
315754.4	118942.3	131142.6	163208.4	35803.0	26206.5
211043.1	30547.8	34539.6	41643.9	4717.0	8520.8
42973.4	99587.1	103701.5	77721.2	4354.5	2686.2
56091.5	18134.0	18752.9	17833.8	4623.0	3722.6
272311.1	65613.6	87110.1	34921.0	12010.9	63886.4

地　区	单位数	按登记类型分			
		市场监管部门登记	编制部门登记	民政部门登记	一个机构多块牌子
全　国	**40786**	**7986**	**14706**	**17698**	**396**
北　京	590	133	129	326	2
天　津	438	43	10	385	
河　北	1908	471	319	1110	8
山　西	761	75	131	546	9
内蒙古	652	24	169	455	4
辽　宁	2359	119	132	1953	155
吉　林	1612	676	378	558	
黑龙江	1924	402	127	1392	3
上　海	697	40	20	637	
江　苏	2430	630	782	1010	8
浙　江	1645	341	357	946	1
安　徽	2633	482	179	1970	2
福　建	929	269	362	285	13
江　西	1798	182	1263	345	8
山　东	2588	667	454	1466	1
河　南	3680	932	1815	926	7
湖　北	2010	267	1248	490	5
湖　南	2092	287	1489	303	13
广　东	1889	356	1189	339	5
广　西	622	127	171	291	33
海　南	83	14	46	21	2
重　庆	1223	638	371	214	
四　川	2587	517	1491	488	91
贵　州	896	83	598	207	8
云　南	904	125	665	114	
西　藏	73		73		
陕　西	781	42	336	396	7
甘　肃	305	15	128	156	6
青　海	90	2	33	52	3
宁　夏	134	11	45	77	1
新　疆	453	16	196	240	1

机构总表

单位：个

按床位数分						
0—49张	50—99张	100—199张	200—299张	300—399张	400—499张	500张及以上
10323	**12232**	**11339**	**3555**	**1590**	**612**	**1135**
60	157	206	75	35	20	37
143	106	117	31	19	4	18
390	626	593	151	74	30	44
208	260	192	55	20	11	15
177	163	203	44	38	7	20
1184	584	360	126	58	18	29
754	435	273	71	41	11	27
921	498	286	105	52	23	39
10	150	253	123	66	39	56
292	578	772	400	196	88	104
324	549	452	148	78	27	67
415	829	1008	260	58	27	36
327	231	196	64	47	18	46
573	626	413	95	34	20	37
338	725	839	327	148	56	155
804	1431	1057	242	83	18	45
196	579	828	232	89	29	57
526	829	499	111	54	18	55
710	440	384	169	84	37	65
153	151	179	70	30	15	24
31	11	28	5	3	2	3
392	386	303	80	23	12	27
396	886	868	255	98	33	51
331	276	181	70	23	8	7
251	295	245	59	28	10	16
8	12	33	12	6	1	1
168	160	268	85	66	13	21
112	87	68	15	9	7	7
24	33	24	5	1	1	2
12	30	51	13	10	3	15
93	109	160	57	19	6	9

C-2-3续表1

地　区	年末职工人数	#女性	按登记类型分			
			市场监管部门登记	编制部门登记	民政部门登记	一个机构多块牌子
全　国	**597251**	**376253**	**135240**	**168860**	**286594**	**6557**
北　京	20461	13696	5283	3898	11243	37
天　津	7265	4594	956	550	5759	
河　北	32246	21836	5818	7885	18450	93
山　西	11246	6875	679	2331	7881	355
内蒙古	9218	5335	276	2696	6193	53
辽　宁	22621	14790	1282	1909	16879	2551
吉　林	17028	7518	5588	3933	7507	
黑龙江	14830	7749	1838	3769	9145	78
上　海	29800	22563	1688	1795	26317	
江　苏	52326	31145	16120	12109	23665	432
浙　江	31989	23132	8291	6775	16918	5
安　徽	27590	13742	5619	2488	19474	9
福　建	12972	8162	3978	1974	6968	52
江　西	19403	9999	2471	9249	7601	82
山　东	49030	35509	12480	8314	28230	6
河　南	43355	23304	10900	18128	14223	104
湖　北	26006	16418	5111	13002	7793	100
湖　南	23437	14189	5586	11770	5502	579
广　东	34950	24654	11548	13804	9464	134
广　西	14505	10340	3356	4063	6763	323
海　南	1456	929	513	710	231	2
重　庆	15910	10572	9049	3602	3259	
四　川	31928	19149	9885	12568	8235	1240
贵　州	8676	5419	1959	3575	3083	59
云　南	9814	6442	2843	4723	2248	
西　藏	1487	902		1487		
陕　西	13183	7959	914	5548	6549	172
甘　肃	4109	2407	455	2280	1331	43
青　海	1274	746	17	516	711	30
宁　夏	2548	1846	563	817	1153	15
新　疆	6588	4332	174	2592	3819	3

受教育程度		职业资格水平		人员性质	
大学专科人数	大学本科及以上人数	助理社会工作师人数	社会工作师人数	管理人员	专业技术技能人员
94276	53579	9217	7969	140677	456574
3086	1988	178	131	3136	17325
999	884	95	106	1575	5690
4432	1964	397	406	5517	26729
1739	1057	77	102	2679	8567
1705	1035	98	173	2233	6985
2630	1671	222	307	6655	15966
828	671	68	110	5177	11851
1881	1032	93	161	4873	9957
3240	1778	242	192	3867	25933
9744	6193	1198	1014	9701	42625
5157	2846	494	267	3505	28484
3982	1715	433	357	8646	18944
2107	1002	300	181	2998	9974
2309	903	1088	313	5917	13486
10411	5141	22	31	14723	34307
5405	2762	661	672	10889	32466
3560	2036	326	207	6204	19802
4650	2716	638	517	5644	17793
5221	4284	903	617	6757	28193
2982	1964	236	220	3121	11384
298	201	31	10	379	1077
2460	1186	213	209	4263	11647
5141	2680	491	663	10067	21861
1974	1000	91	120	2782	5894
2037	1391	114	148	2383	7431
269	130	14	49	335	1152
2717	1723	192	236	3524	9659
1174	573	71	93	1134	2975
254	131	78	32	295	979
619	363	40	22	541	2007
1265	559	113	303	1157	5431

地 区	年龄结构			
	35岁及以下人数	36-45岁人数	46-55岁人数	56岁及以上人数
全 国	**110969**	**148962**	**210630**	**126690**
北 京	3212	3502	8863	4884
天 津	1252	1689	2497	1827
河 北	5436	9048	11622	6140
山 西	2409	2943	3517	2377
内蒙古	1581	2587	3518	1532
辽 宁	3499	5763	8287	5072
吉 林	1555	3608	9376	2489
黑龙江	1799	4416	5866	2749
上 海	2935	6098	12656	8111
江 苏	11227	13296	16421	11382
浙 江	5889	4872	10525	10703
安 徽	4407	7906	9443	5834
福 建	2442	2818	4395	3317
江 西	2770	5563	6261	4809
山 东	9574	8234	16721	14501
河 南	7592	11473	15207	9083
湖 北	4474	7589	8822	5121
湖 南	4949	6747	8130	3611
广 东	7106	9456	12919	5469
广 西	3803	4288	4377	2037
海 南	457	413	460	126
重 庆	2749	3212	5947	4002
四 川	6783	8615	10334	6196
贵 州	2255	2442	2830	1149
云 南	2793	2855	3136	1030
西 藏	840	445	164	38
陕 西	3098	4144	4000	1941
甘 肃	1263	1402	1167	277
青 海	412	479	302	81
宁 夏	575	837	905	231
新 疆	1833	2222	1962	571

单位：人、张

年末床位数	按机构登记类型分				
	市场监管部门登记	编制部门登记	民政部门登记	一个机构多块牌子	其中：护理型床位
5172227	**1055742**	**1726137**	**2328552**	**61796**	**3164724**
113678	28499	22575	62380	224	79170
58967	12001	3690	43276		28816
244163	52688	54018	136673	784	149247
84665	5652	18818	58908	1287	32843
83169	3120	24479	55180	390	40245
198054	10704	16807	143037	27506	57396
145512	46402	37891	61219		76191
180801	20859	36485	122731	726	105252
158829	12563	7731	138535		93076
458090	106078	177637	172409	1966	295681
238429	54322	48714	135373	20	155959
320195	60585	23013	236437	160	227320
125904	37750	29196	57692	1266	105482
184608	22058	102275	59838	437	107811
437417	119509	70427	247364	117	327515
384750	96284	176232	111561	673	238506
294799	43206	178639	71734	1220	197862
230386	46418	133850	47719	2399	134860
242890	66921	106665	67965	1339	163849
91375	21843	18571	49258	1703	69997
10010	3001	5146	1813	50	5386
127751	63808	39611	24332		81793
323992	70205	169763	66996	17028	191027
81694	13153	42551	25500	490	37921
98381	21916	61105	15360		52162
11631		11631			861
112871	6980	56655	48050	1186	53411
33504	2683	15552	14995	274	17346
8898	133	4256	4072	437	2253
27319	5004	7888	14367	60	12232
59495	1397	24266	33778	54	23254

C-2-3续表3

地 区	年在院总 人天数	年末在院 人数	#女性
全 国	576398322	2234939	756785
北 京	13664164	47245	24515
天 津	5279019	23306	9207
河 北	33506087	117261	37262
山 西	9993532	35409	7792
内 蒙 古	9587164	41662	11888
辽 宁	21324426	101254	34141
吉 林	22680666	72442	26916
黑 龙 江	16247939	83433	19910
上 海	21317005	76098	46937
江 苏	42368262	166755	51870
浙 江	35624541	104250	54744
安 徽	35039672	132096	30407
福 建	9566576	42660	17450
江 西	19828522	91042	25062
山 东	40396052	175996	77137
河 南	41882764	168307	42104
湖 北	31491215	117804	36393
湖 南	25205017	107871	29098
广 东	28788151	97728	49455
广 西	7663545	32517	12381
海 南	939073	4193	1570
重 庆	19761157	65012	28396
四 川	41524499	147858	36808
贵 州	7795634	29946	7668
云 南	7576082	31435	8337
西 藏	1608850	6470	1858
陕 西	14745263	58166	13063
甘 肃	2628307	15111	2776
青 海	613750	4054	823
宁 夏	1894195	7889	2815
新 疆	5857193	29669	8002

按登记类型分			
市场监管部门登记	编制部门登记	民政部门登记	一个机构多块牌子
416785	**750326**	**1041002**	**26826**
11088	9089	26992	76
3276	1723	18307	
20158	25720	71147	236
2268	8510	24024	607
976	12119	28497	70
3854	8463	75907	13030
24167	17703	30572	
9654	16201	57296	282
4278	3277	68543	
39643	55960	70263	889
20544	23555	60138	13
23553	7902	100574	67
11701	8066	22627	266
8786	52825	29226	205
44398	27094	104498	6
38933	79109	49896	369
17384	71352	28624	444
17826	69893	18672	1480
28820	38548	29801	559
7017	5803	19232	465
1225	2197	767	4
33104	19606	12302	
28449	81378	31385	6646
4854	16546	8436	110
4864	20233	6338	
	6470		
2189	35324	19954	699
1327	8807	4793	184
74	1948	1949	83
1773	2826	3263	27
602	12079	16979	9

C-2-3续表4

地 区	按人员性质分			按年龄分		
	自费人员	特困人员	其他	老年人	青壮年	未成年人
全 国	**1336242**	**750698**	**147999**	**2122742**	**94565**	**17632**
北 京	41276	3281	2688	45128	2093	24
天 津	18695	974	3637	22510	710	86
河 北	89250	25422	2589	112437	3666	1158
山 西	21270	12308	1831	32495	2038	876
内蒙古	27198	12482	1982	38422	2701	539
辽 宁	76523	21660	3071	96302	4336	616
吉 林	53925	15130	3387	70366	1852	224
黑龙江	65349	13661	4423	79870	3442	121
上 海	72671	1820	1607	74450	1497	151
江 苏	97665	53915	15175	160886	4760	1109
浙 江	47793	9749	46708	100105	4015	130
安 徽	61547	64118	6431	128544	3019	533
福 建	30294	10094	2272	39374	2762	524
江 西	47249	39685	4108	85099	5283	660
山 东	125168	48288	2540	175486	510	
河 南	83174	76716	8417	158060	8378	1869
湖 北	57826	54121	5857	109960	7562	282
湖 南	41718	56527	9626	101766	4890	1215
广 东	74686	18754	4288	90452	4237	3039
广 西	22248	8608	1661	29391	2677	449
海 南	1837	2019	337	3872	172	149
重 庆	47914	16000	1098	62868	1965	179
四 川	65263	77681	4914	141819	5307	732
贵 州	9246	19206	1494	26384	3032	530
云 南	10533	20088	814	26633	4519	283
西 藏	8	6212	250	5743	339	388
陕 西	22198	34454	1514	53778	3981	407
甘 肃	3145	10913	1053	13339	1322	450
青 海	1062	2796	196	3513	488	53
宁 夏	3490	3642	757	6911	976	2
新 疆	16021	10374	3274	26779	2036	854

按自理能力分			康复和医疗门诊人次数	机构建筑面积
能力完好	部分失能	完全失能		
938346	**708814**	**587779**	**7476966**	**164806634**
10993	14946	21306	887822	3817087
3692	9643	9971	65369	2440527
34409	42229	40623	191342	7691656
17532	9850	8027	72386	3609501
22397	10425	8840	48904	2636855
49630	29748	21876	140826	3790756
38105	15369	18968	18398	3787884
58574	16053	8806	34110	4091111
20703	31894	23501	237928	5103845
74176	46751	45828	436362	12740227
38262	41527	24461	1277400	10695901
61148	45330	25618	49454	8275488
11880	14892	15888	257105	4164284
44125	26868	20049	113915	7276387
27385	76049	72562	16207	16006345
92789	47727	27791	280601	11526463
56131	30586	31087	417306	7998954
47126	34285	26460	286094	7769932
20139	35038	42551	1153505	8077377
6188	10818	15511	381518	3822731
1531	1232	1430	11476	521070
33633	17091	14288	246463	3830117
82287	41353	24218	459222	9916920
17094	8151	4701	57068	2321570
11762	11375	8298	124404	2853928
3794	2027	649		555299
28245	17609	12312	128368	3594810
6166	5855	3090	25320	1901512
1470	1746	838	5277	427215
2712	3336	1841	16559	1694905
14268	9011	6390	36257	1865977

C-2-3续表5

地 区	企业会计制度财务指标			
	固定资产原价	营业收入	费用合计	营业利润
全 国	**2882648.7**	**849040.1**	**349886.7**	**-154929.3**
北 京	282413.2	172336.3	73678.3	-50797.9
天 津	4053.2	10482.0	7212.4	-3849.5
河 北	127407.8	19664.1	12677.1	-7958.3
山 西	11821.5	1980.1	1078.9	-240.0
内蒙古	8894.9	1143.0	567.9	-306.8
辽 宁	14718.2	1934.4	1038.0	-73.8
吉 林	20890.3	709.2	201.6	-35.9
黑龙江	30796.6	4550.4	2230.5	379.8
上 海	37156.2	16228.2	6463.0	-1672.7
江 苏	165624.5	94820.0	27846.1	-3229.3
浙 江	185807.2	55310.1	23938.0	-10575.2
安 徽	230858.4	9825.3	4252.8	-1255.5
福 建	73529.0	18027.7	8315.9	-2917.1
江 西	32608.4	5979.6	4673.7	211.8
山 东	113873.7	26949.5	3547.6	1043.6
河 南	234185.6	20592.7	17330.0	-3997.6
湖 北	77418.6	17564.3	4361.2	-2874.5
湖 南	163639.7	28202.7	15646.7	-7796.7
广 东	248497.4	131168.8	54746.1	-28356.8
广 西	41582.3	11453.4	6707.0	-3680.8
海 南	22925.1	4711.4	1457.9	-696.9
重 庆	281656.3	64921.5	26556.3	-4085.0
四 川	173162.2	78860.6	30752.2	-16732.2
贵 州	63004.5	11970.3	6405.3	-4294.7
云 南	179860.8	29933.6	3980.4	110.1
西 藏	1002.4		110.0	
陕 西	43953.1	3667.0	1576.0	-968.4
甘 肃	5522.1	4232.1	1795.7	-48.0
青 海	648.0	128.0	27.7	
宁 夏	3903.1	904.4	706.4	-231.0
新 疆	1234.4	789.4	6.0	

单位：万元

政府会计制度准则（事业单位）财务指标			民间非营利组织会计制度财务指标		
固定资产原价	本年收入合计	本年支出合计	固定资产原价	本年收入合计	本年费用合计
6415571.7	**1929977.7**	**1943244.3**	**3612961.4**	**2324358.6**	**1719702.4**
154327.6	77481.3	80937.4	199697.2	232838.9	229165.0
59325.0	22748.7	22684.7	22578.3	19256.0	13007.9
243105.5	69764.5	73196.0	300412.2	716926.8	90076.6
114940.8	37350.2	41258.0	156016.0	26133.4	29434.6
119908.4	37653.0	37001.7	106994.5	28945.5	27878.8
34967.5	8381.3	12853.3	182508.9	35817.8	26676.8
110884.0	21936.8	22998.3	18612.0	5616.3	5948.0
170281.9	50598.3	47533.8	78258.3	17234.2	16023.0
122785.6	62164.0	60875.6	344102.3	400871.4	433575.7
352548.7	138989.6	132863.6	249556.1	115278.0	86603.4
238758.4	110243.1	108443.7	208088.7	164857.0	146597.6
147218.3	36977.8	36618.4	278536.0	71259.8	67342.6
66961.6	33778.7	31278.6	75108.2	52045.7	46196.5
364053.9	51039.6	46391.3	128279.3	25354.1	26284.0
219009.5	50285.5	48962.4	262588.7	31670.8	49044.7
263256.6	64374.4	64448.9	147514.0	37688.1	38230.9
637466.9	128168.5	124782.6	81524.9	24318.5	23816.9
444881.9	126453.6	125556.6	84281.2	24702.0	22690.6
707410.5	286318.9	267548.7	69494.6	101880.8	112403.0
83393.3	37269.5	37319.7	39240.4	32087.0	33017.1
75269.0	7782.4	19456.2	375.9	1443.3	836.2
201424.8	72153.5	75530.1	59322.8	26275.6	21820.8
445034.4	110590.7	111684.2	108950.4	51296.3	45829.2
162867.4	33752.5	32904.2	47205.5	17083.0	18211.5
249226.5	31569.4	29689.0	34885.3	4600.9	6641.6
27783.0	8145.4	11527.6			
252305.6	73190.7	85493.6	163166.8	35798.6	26194.0
145861.6	13715.2	18191.5	35246.8	2108.4	5863.2
32105.7	92693.3	96733.0	77691.3	4351.5	2686.2
39310.7	11872.8	11827.6	17813.8	4608.0	3719.6
128897.1	22534.5	26654.0	34911.0	12010.9	63886.4

地 区	单位数	按床位数量分						
		0—49张	50—99张	100—199张	200—299张	300—399张	400—499张	500张及以上
全 国	1463	154	250	392	236	167	89	175
北 京	9			2	1	2	2	2
天 津	2			2				
河 北	25	4	8	6	4	1	2	
山 西	20	4	4	6	2	3		1
内蒙古	46	4	10	17	3	6	2	4
辽 宁	51	1	7	15	10	6	7	5
吉 林	60		10	15	12	10	4	9
黑龙江	44	1	3	15	10	7	2	6
上 海	17			4	5	2	1	5
江 苏	52	3	2	7	10	11	7	12
浙 江	54	5	5	12	9	12	4	7
安 徽	55	9	13	16	6	4	2	5
福 建	78	11	12	13	13	11	5	13
江 西	82	8	9	24	15	8	8	10
山 东	18		1	6	4	3		4
河 南	80	16	20	27	10	2	1	4
湖 北	116	5	8	24	24	19	13	23
湖 南	89	5	26	23	13	8	3	11
广 东	96	11	18	29	11	10	4	13
广 西	88	24	21	19	10	5	4	5
海 南	4	1	1	1		1		
重 庆	27	2	2	6	4	1	2	10
四 川	112	9	13	33	22	15	6	14
贵 州	48	4	16	15	8	4	1	
云 南	45	9	8	10	9	2	3	4
西 藏	3			2	1			
陕 西	29	4	6	4	5	6	3	1
甘 肃	48	5	18	18	3	2		2
青 海	16	4	3	5	2	1		1
宁 夏	5	1	1	1				2
新 疆	44	4	5	15	10	5	3	2

福利院

单位：个、人

年末职工人数	#女性	受教育程度		职业资格水平		按人员性质分	
		大学专科人数	大学本科及以上人数	助理社会工作师人数	社会工作师人数	管理人员	专业技术技能人员
47995	31315	10304	12354	1991	2229	11058	36937
863	597	187	518	16	17	208	655
88	43	18	64	5	5	27	61
673	382	190	281	7	82	154	519
652	392	166	243	6	23	187	465
1226	707	393	412	29	67	374	852
1770	1136	366	455	42	48	410	1360
1913	863	203	333	20	15	511	1402
1341	675	314	331	9	51	381	960
1629	1282	241	409	50	50	295	1334
3123	2016	566	1231	251	224	476	2647
2857	2217	330	528	96	132	401	2456
1298	897	269	279	67	77	401	897
2286	1463	474	388	62	100	413	1873
2513	1407	374	200	138	126	611	1902
1181	796	328	314	5	27	443	738
1561	872	424	344	68	93	457	1104
3468	2377	825	656	131	94	841	2627
3381	2375	1039	1133	215	200	620	2761
4161	2935	807	1187	288	200	792	3369
2319	1805	557	638	108	142	484	1835
188	135	129	46	13	5	56	132
1178	729	238	329	76	67	298	880
3320	2228	665	691	150	187	888	2432
833	537	173	239	26	27	223	610
791	477	162	254	27	70	186	605
81	14	14	5			11	70
966	546	238	338	44	52	332	634
893	530	237	189	16	27	277	616
247	111	33	40	2	4	52	195
257	174	40	136	5	2	68	189
938	597	304	143	19	15	181	757

C-2-4续表1

地 区	年龄结构				年末床位数	年在院总人天数	年末在院人数
	35岁及以下人数	36-45岁人数	46-55岁人数	56岁及以上人数			
全 国	10728	15417	16385	5465	357196	48988768	168381
北 京	216	266	324	57	3644	520534	1675
天 津	26	37	20	5	330	88960	225
河 北	132	308	192	41	3583	776168	2229
山 西	144	235	221	52	3251	549715	1721
内蒙古	301	435	376	114	9404	1316500	4416
辽 宁	232	505	681	352	13319	2456002	7564
吉 林	318	721	686	188	17920	2420943	7719
黑龙江	270	506	441	124	12525	1518771	5673
上 海	295	389	613	332	6730	867355	2735
江 苏	847	1101	904	271	20000	2931223	9081
浙 江	369	624	1274	590	16914	3115163	9412
安 徽	264	418	488	128	9820	1273674	4089
福 建	566	474	733	513	21052	2025388	7819
江 西	412	757	798	546	20178	2091519	9880
山 东	313	432	336	100	5604	609748	3172
河 南	519	527	395	120	12182	1436136	5289
湖 北	711	1016	1368	373	38432	4340859	16078
湖 南	1100	1045	1049	187	22424	3457189	11831
广 东	905	1431	1521	304	24261	4262316	12693
广 西	535	877	771	136	13932	1612284	5125
海 南	56	60	66	6	656	90463	298
重 庆	192	361	420	205	11336	1608961	5152
四 川	788	1033	1148	351	27694	4285313	14497
贵 州	185	294	287	67	6452	911779	2684
云 南	160	324	250	57	8869	977959	3572
西 藏	36	30	15		615	144900	397
陕 西	247	378	275	66	6085	1139586	3683
甘 肃	292	322	208	71	6427	778087	3782
青 海	41	107	79	20	2623	98481	905
宁 夏	44	110	86	17	1357	113792	488
新 疆	212	294	360	72	9577	1169000	4497

单位：人、张、人天

#女性	按人员性质分			按年龄分		
	自费人员	特困人员	其他	老年人	青壮年	未成年人
63862	66094	81384	20903	123932	30135	14314
844	867	604	204	1125	529	21
45	42	167	16	87	138	
588	33	1667	529	804	539	886
545	212	870	639	464	425	832
1043	595	3443	378	3045	1118	253
2334	3372	3918	274	5484	1780	300
3038	4329	2880	510	7120	557	42
1786	2515	2902	256	5099	557	17
1896	2484	162	89	2609	126	
3695	4462	4300	319	6260	2186	635
5560	5814	1249	2349	8234	1127	51
1662	1795	1881	413	2977	611	501
3323	4601	2697	521	6282	1079	458
2506	4655	4453	772	8427	876	577
1549	1049	1993	130	3172		
1544	238	3774	1277	1879	1758	1652
5892	6940	7831	1307	13339	2579	160
4849	3023	4803	4005	8294	2360	1177
6204	5366	4398	2929	7170	2498	3025
1831	1338	3031	756	3451	1255	419
124	28	270		56	96	146
2558	3454	1416	282	4013	982	157
5196	6519	7512	466	12001	1937	559
757	303	2197	184	1730	676	278
1014	673	2652	247	2418	909	245
46		318	79	17	2	378
952	341	2559	783	1597	1721	365
898	391	3209	182	2676	690	416
175	162	678	65	668	214	23
194	101	387		228	260	
1214	392	3163	942	3206	550	741

地 区	按护理类型分			康复和医疗门诊人次数	设有儿童部的社会福利院	家庭寄养儿童数量	机构建筑面积
	能力完好	部分失能	完全失能				
全 国	**54072**	**52219**	**62090**	**1590695**	**547**	**4414**	**14279625**
北 京	536	654	485	43730	3	2	183065
天 津	40	87	98	2979			10669
河 北	324	1153	752	29868	13	171	216757
山 西	509	624	588	12473	16	633	244567
内蒙古	1611	1403	1402	31981	8		430265
辽 宁	2728	2244	2592	78415	15	6	142390
吉 林	4191	1885	1643	9885	3	1	654107
黑龙江	3309	1271	1093	5805	6		451747
上 海	228	791	1716	13017			274606
江 苏	2027	2976	4078	156338	24	86	970129
浙 江	3507	3007	2898	183460	20	6	829035
安 徽	1154	1499	1436	11198	39	1	457286
福 建	1696	2655	3468	73329	28	54	992518
江 西	3401	2443	4036	30272	45	232	823965
山 东	456	1323	1393	13150	9	1	276811
河 南	1377	1697	2215	24631	44	118	480219
湖 北	5667	4896	5515	88326	28	43	1365818
湖 南	3874	3423	4534	104166	31	114	880130
广 东	1526	3853	7314	303256	61	204	926767
广 西	888	1295	2942	149488	21	140	548327
海 南	156	105	37		2		33772
重 庆	1652	1459	2041	64302	9	8	453629
四 川	5845	4646	4006	114497	35	133	1140381
贵 州	1229	792	663	12409	17	19	199347
云 南	1092	1320	1160	6925	9	15	279151
西 藏	393	3	1		2	13	15266
陕 西	732	1441	1510	9588	10	11	241766
甘 肃	998	1494	1290	7147	16	51	264075
青 海	275	454	176	158	5		72058
宁 夏	97	214	177	6048	1	1	71790
新 疆	2554	1112	831	3854	27	2351	349212

単位：人、人次、个、平方米、万元

政府会计制度准则（事业单位）财务指标			民间非营利组织会计制度财务指标		
固定资产原价	本年收入合计	本年支出合计	固定资产原价	本年收入合计	本年费用合计
3017711.6	**1054874.9**	**1050314.1**	**22339.5**	**17734.5**	**14500.9**
95379.9	46085.9	49609.4			
4067.7	4088.9	3683.4			
37468.0	17326.8	17276.8			
83664.1	26020.3	24074.0			
83881.6	31121.6	29648.7			
5772.1	1844.2	4509.0	22.0	219.0	182.1
85205.7	17513.3	18455.0	780.0	272.6	258.4
84619.4	19401.1	25575.9	2400.0	365.8	379.0
94231.1	50230.3	49063.1	1.0	129.9	420.1
208121.9	79950.6	79592.7	400.0	151.0	302.5
200144.6	66492.3	67257.1	20.6	145.4	174.1
82538.0	27512.9	27541.1			
49651.6	27756.4	26316.5	11210.5	12459.3	9488.8
174279.8	19128.3	12817.2	3964.1	1313.4	1185.2
104619.8	28954.7	28987.3			
84149.4	25694.8	25329.5	42.4	43.1	835.4
374833.1	69036.0	64375.7	1.0	888.9	
217292.0	68031.9	69111.0			
285603.7	117620.2	97928.2	316.0	902.5	943.0
64507.0	30513.2	29947.0			
5925.4	4304.3	4304.3			
91238.5	32136.2	34740.0	884.0	725.0	314.3
166379.8	57504.8	63354.0			
45215.3	14314.6	15054.2			
57656.2	17471.6	18483.1	56.0	2.0	7.0
2621.8		967.9			
53746.5	33491.7	34177.3			
82520.2	7121.8	10110.8	2.0		11.0
13969.7	90898.8	91353.5			
12738.1	8764.3	9025.7			
65669.6	14543.1	17644.7	2239.9	116.6	

C-2-5 特困人员

地 区	单位数	按床位数量分						
		0—49张	50—99张	100—199张	200—299张	300—399张	400—499张	500张及以上
全 国	16187	3759	5520	5077	1189	392	106	144
北 京								
天 津								
河 北	309	33	70	121	43	19	12	11
山 西	291	66	121	80	15	3	1	5
内蒙古	132	23	48	44	12	4		1
辽 宁	289	65	92	80	34	13	2	3
吉 林	322	131	130	53	7	1		
黑龙江	93	2	14	24	23	14	6	10
上 海								
江 苏	855	52	187	309	181	79	30	17
浙 江	708	149	256	227	46	9	7	14
安 徽	1552	125	492	728	167	25	6	9
福 建	490	277	136	64	8	4		1
江 西	1196	458	455	242	37	3		1
山 东	826	52	226	342	110	43	14	39
河 南	1750	373	763	516	73	20	2	3
湖 北	1046	67	303	526	110	32	5	3
湖 南	1391	372	633	340	35	10		1
广 东	1048	575	282	135	37	11	5	3
广 西	136	80	28	25	3			
海 南	38	14	4	16	2	1		1
重 庆	351	122	99	113	14	1		2
四 川	1421	130	584	549	113	34	4	7
贵 州	586	258	193	111	18	5	1	
云 南	598	181	226	154	24	9	2	2
西 藏	70	8	12	31	11	6	1	1
陕 西	317	18	60	148	43	38	4	6
甘 肃	154	78	45	21	3	3	3	1
青 海	27	4	17	5	1			
宁 夏	50	2	9	25	7	3	1	3
新 疆	141	44	35	48	12	2		

254

供养服务机构

单位：个、人

年末职工人数	#女性	受教育程度		职业资格水平	
		大学专科人数	大学本科及以上人数	助理社会工作师人数	社会工作师人数
137449	75832	15903	6206	1939	1588
5800	3714	844	278	49	36
3465	2070	496	246	14	28
1544	722	202	132	13	6
2878	1529	311	133	7	24
2186	1082	165	56	9	33
2299	1251	321	143	13	15
9969	5279	1137	426	260	47
7739	5461	825	369	74	25
12754	5319	1260	427	154	143
2475	1302	186	76	36	15
7044	3240	736	244	465	103
13542	9273	2482	971	2	
14317	6568	864	293	154	160
8027	4472	764	70	54	10
7647	3757	843	240	177	164
7319	4720	725	500	164	95
512	294	53	22	3	6
388	150	14	5		
1953	976	170	56	12	32
9234	4837	979	381	94	203
3057	1632	475	186	19	70
3461	2101	399	261	44	32
1406	888	255	125	14	49
4773	2806	719	332	39	39
1322	748	311	111	42	31
178	105	52	13		
745	545	134	50	14	4
1415	991	181	60	13	218

C-2-5续表1

地 区	按人员性质分		年龄结构		
	管理人员	专业技术技能人员	35岁及以下人数	36-45岁人数	46-55岁人数
全 国	**42209**	**95240**	**20776**	**36679**	**49598**
北 京					
天 津					
河 北	1077	4723	1213	1989	1698
山 西	914	2551	627	871	1085
内蒙古	414	1130	192	442	618
辽 宁	886	1992	438	895	1091
吉 林	909	1277	580	510	828
黑龙江	685	1614	305	732	830
上 海					
江 苏	2133	7836	1347	2772	4074
浙 江	778	6961	869	1104	2556
安 徽	4743	8011	1569	3392	4630
福 建	969	1506	216	586	955
江 西	2603	4441	610	2005	2692
山 东	4610	8932	2022	2107	4826
河 南	4340	9977	2069	3361	5350
湖 北	2378	5649	944	2573	2929
湖 南	2546	5101	899	2409	2967
广 东	2139	5180	903	1983	2971
广 西	219	293	73	154	204
海 南	192	196	50	167	123
重 庆	658	1295	220	481	808
四 川	4115	5119	1224	2741	3338
贵 州	1215	1842	605	1031	1004
云 南	1017	2444	719	1138	1260
西 藏	324	1082	804	415	149
陕 西	1416	3357	1016	1631	1593
甘 肃	451	871	333	476	437
青 海	49	129	55	76	30
宁 夏	179	566	145	239	303
新 疆	250	1165	729	399	249

单位：人、张、人天

56岁及以上人数	年末床位数	年在院总人天数	年末在院人数	#女性
30396	1706644	209588389	740915	135212
900	50337	7797863	22970	3112
882	30486	4306527	14431	1596
292	15150	2324821	8021	633
454	33000	3621792	14375	2089
268	21674	3196989	10571	1691
432	23530	2906058	11093	1794
1776	153968	18219666	57458	11885
3210	79354	11614558	33782	14700
3163	190672	21416538	77531	12196
718	33610	2360422	10201	2727
1737	85098	10671971	44869	9722
4587	135943	12549082	57511	13389
3537	158499	19383053	70332	6352
1581	133095	16492353	52798	10790
1372	108403	14374884	56913	10137
1462	68178	6997613	20001	8053
81	7778	392051	1807	436
48	3855	256396	1433	256
444	29482	4575875	14852	1931
1931	156836	23335996	72688	7994
417	40114	4001262	15908	2198
344	49741	4360945	16432	3048
38	11016	1463950	6073	1812
533	52123	9301929	32144	3418
76	11099	1114377	6247	692
17	1985	192915	1100	153
58	8667	639029	2976	674
38	12951	1719474	6398	1734

C-2-5续表2

地 区	按人员性质分			按年龄分		
	自费人员	特困人员	其他	老年人	青壮年	未成年人
全 国	122961	578219	39735	703141	36779	995
北 京						
天 津						
河 北	4655	18073	242	21419	1488	63
山 西	5090	9061	280	13418	1000	13
内蒙古	957	6981	83	7311	709	1
辽 宁	2308	10778	1289	13372	963	40
吉 林	1692	8471	408	10085	482	4
黑龙江	2365	8440	288	9582	1411	100
上 海						
江 苏	13116	42442	1900	56343	867	248
浙 江	10093	6642	17047	32226	1524	32
安 徽	15789	59509	2233	75399	2111	21
福 建	4589	4762	850	9630	567	4
江 西	10314	32507	2048	41584	3234	51
山 东	18520	37969	1022	57191	320	
河 南	1338	67401	1593	65707	4551	74
湖 北	6122	44011	2665	48856	3842	100
湖 南	6107	47687	3119	55174	1733	6
广 东	9009	10643	349	19253	744	4
广 西	458	1224	125	1764	43	
海 南	167	1221	45	1362	68	3
重 庆	1208	13239	405	14346	504	2
四 川	4906	66540	1242	69979	2667	42
贵 州	1250	14265	393	14400	1434	74
云 南	865	15185	382	13081	3322	29
西 藏	8	5894	171	5726	337	10
陕 西	1525	30271	348	30745	1392	7
甘 肃	157	5755	335	5815	401	31
青 海	22	1065	13	1015	83	2
宁 夏	233	2522	221	2585	390	1
新 疆	98	5661	639	5773	592	33

单位：人、人次、平方米

按护理类型分			康复和医疗门诊人次数	机构建筑面积
能力完好	部分失能	完全失能		
399426	**215986**	**125503**	**932757**	**48719795**
9183	8041	5746	15396	1712667
7334	4107	2990	5085	1314551
3994	2172	1855	2081	461776
7123	4277	2975	8175	568904
5308	3160	2103	4841	651743
6106	3292	1695	5119	552315
37109	12679	7670	103343	3491826
14529	13630	5623	57685	3405969
43336	23871	10324	24401	4199585
3764	3833	2604	766	606902
28123	11683	5063	6310	3647296
10482	28408	18621	1259	4739249
48013	15492	6827	69299	4087575
30968	12094	9736	113048	3289865
31241	16054	9618	39182	3118595
5938	6610	7453	248853	2092054
489	850	468		141719
728	377	328		122514
10755	2428	1669	32428	773674
47901	16790	7997	69980	4025939
11965	2548	1395	12561	984983
6041	6328	4063	61106	1325509
3401	2024	648		540033
18248	9012	4884	24659	1511775
3324	2198	725	15554	583617
400	548	152	418	101435
1080	1145	751	3238	335277
2543	2335	1520	7970	332448

C-2-5续表3

地　区	企业会计制度财务指标			
	固定资产原价	营业收入	费用合计	营业利润
全　国	**188124.3**	**26872.2**	**11974.3**	**-334.6**
北　京				
天　津				
河　北	4284.5	65.0	28.1	
山　西	3126.3	706.4	620.1	-63.1
内蒙古	1818.3			
辽　宁	57.9	22.0	66.0	
吉　林	115.0			
黑龙江	150.0	21.0		
上　海				
江　苏	3528.3	179.1	91.6	
浙　江	31304.8	4349.9	1159.7	-1854.6
安　徽	26833.9	1282.7	955.6	-81.1
福　建	13907.1	2154.4	947.4	76.8
江　西	7484.0	428.0	1721.8	555.0
山　东	10586.5	6144.6	967.0	2089.7
河　南	16327.4	867.5	894.8	
湖　北	1630.9	272.3	223.3	-90.7
湖　南	2536.8	317.4	62.5	
广　东	2644.3	4672.2	1865.4	-200.4
广　西	1771.3	263.4	170.2	-131.6
海　南	200.0			
重　庆	1990.5	331.0	811.3	-572.0
四　川	25652.1	1854.4	333.6	-19.5
贵　州	6952.2	1711.9	460.5	6.2
云　南	9286.6	544.9	144.2	2.4
西　藏	1002.4		110.0	
陕　西	12254.9	74.3	172.1	-51.7
甘　肃	1755.0			
青　海	630.0			
宁　夏	293.3	609.8	169.1	
新　疆				

政府会计制度准则（事业单位）财务指标			民间非营利组织会计制度财务指标		
固定资产原价	本年收入合计	本年支出合计	固定资产原价	本年收入合计	本年费用合计
2364591.1	**516475.7**	**541939.9**	**488841.5**	**104421.9**	**98236.1**
146307.6	41550.3	43642.3	24196.2	1837.5	2704.9
24034.2	7164.0	12493.8	33270.6	6534.4	7639.0
31598.6	5683.1	6530.1	5215.7	768.2	317.0
24526.4	5775.7	6881.8	12019.2	1263.7	711.9
25678.3	4423.5	4543.3	857.0	259.0	259.3
47883.1	13797.7	14172.5	2895.9	471.0	12.3
121466.9	45060.1	42566.2	38502.1	9450.1	4817.8
31677.2	33828.3	31640.1	32110.1	26579.7	20206.9
22133.6	2024.6	1877.6	150478.7	26207.0	31013.7
8278.0	4048.8	3338.7	6948.7	1608.9	1615.0
186762.1	31710.5	33388.8	1450.0	15.0	67.0
32910.2	11803.4	12174.7	46974.5	10690.4	9749.8
153717.0	32501.5	33264.3	1906.1	375.3	413.6
196464.9	48652.4	46731.4		25.0	
191182.3	44345.1	45076.1	1186.8	148.8	
172450.2	54641.4	47400.1	1014.3	1698.7	1551.3
3999.0	115.3	115.3	6065.3	1421.7	1583.1
65937.0	415.4	12115.4			
63238.0	18941.1	18144.8	8597.0	1278.9	1288.0
212828.8	32807.2	37635.6	7513.6	7225.2	6741.0
105908.3	8618.1	6980.2	11730.4	2762.5	2685.8
170780.7	13448.2	10596.6	4447.7	1187.2	967.8
25161.2	8145.4	10559.7			
195103.6	38321.0	49958.0	3681.2	628.0	1170.2
35639.4	2695.9	3425.2	11964.1	344.0	1584.7
1468.0		30.5	74665.1	462.1	220.8
25948.6	3021.5	2716.2	1151.2	1179.6	915.2
41507.9	2936.2	3940.6			

地　区	单位数	按床位数量分						
		0—49张	50—99张	100—199张	200—299张	300—399张	400—499张	500张及以上
全　国	23136	6410	6462	5870	2130	1031	417	816
北　京	581	60	157	204	74	33	18	35
天　津	436	143	106	115	31	19	4	18
河　北	1574	353	548	466	104	54	16	33
山　西	450	138	135	106	38	14	10	9
内蒙古	474	150	105	142	29	28	5	15
辽　宁	2019	1118	485	265	82	39	9	21
吉　林	1230	623	295	205	52	30	7	18
黑龙江	1787	918	481	247	72	31	15	23
上　海	680	10	150	249	118	64	38	51
江　苏	1523	237	389	456	209	106	51	75
浙　江	883	170	288	213	93	57	16	46
安　徽	1026	281	324	264	87	29	19	22
福　建	361	39	83	119	43	32	13	32
江　西	520	107	162	147	43	23	12	26
山　东	1744	286	498	491	213	102	42	112
河　南	1850	415	648	514	159	61	15	38
湖　北	848	124	268	278	98	38	11	31
湖　南	612	149	170	136	63	36	15	43
广　东	745	124	140	220	121	63	28	49
广　西	398	49	102	135	57	25	11	19
海　南	41	16	6	11	3	1	2	2
重　庆	845	268	285	184	62	21	10	15
四　川	1054	257	289	286	120	49	23	30
贵　州	262	69	67	55	44	14	6	7
云　南	261	61	61	81	26	17	5	10
西　藏								
陕　西	435	146	94	116	37	22	6	14
甘　肃	103	29	24	29	9	4	4	4
青　海	47	16	13	14	2		1	1
宁　夏	79	9	20	25	6	7	2	10
新　疆	268	45	69	97	35	12	3	7

养老机构

年末职工人数	#女性	受教育程度		职业资格水平	
		大学专科人数	大学本科及以上人数	助理社会工作师人数	社会工作师人数
411807	**269106**	**68069**	**35019**	**5287**	**4152**
19598	13099	2899	1470	162	114
7177	4551	981	820	90	101
25773	17740	3398	1405	341	288
7129	4413	1077	568	57	51
6448	3906	1110	491	56	100
17973	12125	1953	1083	173	235
12929	5573	460	282	39	62
11190	5823	1246	558	71	95
28171	21281	2999	1369	192	142
39234	23850	8041	4536	687	743
21393	15454	4002	1949	324	110
13538	7526	2453	1009	212	137
8211	5397	1447	538	202	66
9846	5352	1199	459	485	84
34307	25440	7601	3856	15	4
27477	15864	4117	2125	439	419
14511	9569	1971	1310	141	103
12409	8057	2768	1343	246	153
23470	16999	3689	2597	451	322
11674	8241	2372	1304	125	72
880	644	155	150	18	5
12779	8867	2052	801	125	110
19374	12084	3497	1608	247	273
4786	3250	1326	575	46	23
5562	3864	1476	876	43	46
7444	4607	1760	1053	109	145
1894	1129	626	273	13	35
849	530	169	78	76	28
1546	1127	445	177	21	16
4235	2744	780	356	81	70

地　区	按人员性质分		年龄结构		
	管理人员	专业技术技能人员	35岁及以下人数	36-45岁人数	46-55岁人数
全　国	**87410**	**324397**	**79465**	**96866**	**144647**
北　京	2928	16670	2996	3236	8539
天　津	1548	5629	1226	1652	2477
河　北	4286	21487	4091	6751	9732
山　西	1578	5551	1638	1837	2211
内蒙古	1445	5003	1088	1710	2524
辽　宁	5359	12614	2829	4363	6515
吉　林	3757	9172	657	2377	7862
黑龙江	3807	7383	1224	3178	4595
上　海	3572	24599	2640	5709	12043
江　苏	7092	32142	9033	9423	11443
浙　江	2326	19067	4651	3144	6695
安　徽	3502	10036	2574	4096	4325
福　建	1616	6595	1660	1758	2707
江　西	2703	7143	1748	2801	2771
山　东	9670	24637	7239	5695	11559
河　南	6092	21385	5004	7585	9462
湖　北	2985	11526	2819	4000	4525
湖　南	2478	9931	2950	3293	4114
广　东	3826	19644	5298	6042	8427
广　西	2418	9256	3195	3257	3402
海　南	131	749	351	186	271
重　庆	3307	9472	2337	2370	4719
四　川	5064	14310	4771	4841	5848
贵　州	1344	3442	1465	1117	1539
云　南	1180	4382	1914	1393	1626
西　藏					
陕　西	1776	5668	1835	2135	2132
甘　肃	406	1488	638	604	522
青　海	194	655	316	296	193
宁　夏	294	1252	386	488	516
新　疆	726	3509	892	1529	1353

单位：人、张、人天

56岁及以上人数	年末床位数	年在院总人天数	年末在院人数	#女性
90829	**3108387**	**317821165**	**1325643**	**557711**
4827	110034	13143630	45570	23671
1822	58637	5190059	23081	9162
5199	190243	24932056	92062	33562
1443	50928	5137290	19257	5651
1126	58615	5945843	29225	10212
4266	151735	15246632	79315	29718
2033	105918	17062734	54152	22187
2193	144746	11823110	66667	16330
7779	152099	20449650	73363	45041
9335	284122	21217373	100216	36290
6903	142161	20894820	61056	34484
2543	119703	12349460	50476	16549
2086	71242	5180766	24640	11400
2526	79332	7065032	36293	12834
9814	295870	27237222	115313	62199
5426	214069	21063575	92686	34208
3167	123272	10658003	48928	19711
2052	99559	7372944	39127	14112
3703	150451	17528222	65034	35198
1820	69665	5659210	25585	10114
72	5499	592214	2462	1190
3353	86933	13576321	45008	23907
3914	139462	13903190	60673	23618
665	35128	2882593	11354	4713
629	39771	2237178	11431	4275
1342	54663	4303748	22339	8693
130	15978	735843	5082	1186
44	4290	322354	2049	495
156	17295	1141374	4425	1947
461	36967	2968719	18774	5054

C-2-6续表2

地 区	按人员性质分			按年龄分		
	自费人员	特困人员	其他	老年人	青壮年	未成年人
全 国	**1147187**	**91095**	**87361**	**1295669**	**27651**	**2323**
北 京	40409	2677	2484	44003	1564	3
天 津	18653	807	3621	22423	572	86
河 北	84562	5682	1818	90214	1639	209
山 西	15968	2377	912	18613	613	31
内 蒙 古	25646	2058	1521	28066	874	285
辽 宁	70843	6964	1508	77446	1593	276
吉 林	47904	3779	2469	53161	813	178
黑 龙 江	60469	2319	3879	65189	1474	4
上 海	70187	1658	1518	71841	1371	151
江 苏	80087	7173	12956	98283	1707	226
浙 江	31886	1858	27312	59645	1364	47
安 徽	43963	2728	3785	50168	297	11
福 建	21104	2635	901	23462	1116	62
江 西	32280	2725	1288	35088	1173	32
山 东	105599	8326	1388	115123	190	
河 南	81598	5541	5547	90474	2069	143
湖 北	44764	2279	1885	47765	1141	22
湖 南	32588	4037	2502	38298	797	32
广 东	60311	3713	1010	64029	995	10
广 西	20452	4353	780	24176	1379	30
海 南	1642	528	292	2454	8	
重 庆	43252	1345	411	44509	479	20
四 川	53838	3629	3206	59839	703	131
贵 州	7693	2744	917	10254	922	178
云 南	8995	2251	185	11134	288	9
西 藏						
陕 西	20332	1624	383	21436	868	35
甘 肃	2597	1949	536	4848	231	3
青 海	878	1053	118	1830	191	28
宁 夏	3156	733	536	4098	326	1
新 疆	15531	1550	1693	17800	894	80

按护理类型分			康复和医疗门诊 人次数	机构建筑面积
能力完好	部分失能	完全失能		
484848	440609	400186	4953514	101807214
10457	14292	20821	844092	3634022
3652	9556	9873	62390	2429858
24902	33035	34125	146078	5762232
9689	5119	4449	54828	2050383
16792	6850	5583	14842	1744814
39779	23227	16309	54236	3079462
28606	10324	15222	3672	2482034
49159	11490	6018	23186	3087049
20475	31103	21785	224911	4829239
35040	31096	34080	176681	8278272
20226	24890	15940	1036255	6460897
16658	19960	13858	13855	3618617
6420	8404	9816	183010	2564864
12601	12742	10950	77333	2805126
16447	46318	52548	1798	10990285
43399	30538	18749	186671	6958669
19496	13596	15836	215932	3343271
12011	14808	12308	142746	3771207
12675	24575	27784	601396	5058556
4811	8673	12101	232030	3132685
647	750	1065	11476	364784
21226	13204	10578	149733	2602814
28541	19917	12215	274745	4750600
3900	4811	2643	32098	1137240
4629	3727	3075	56373	1249268
9265	7156	5918	94121	1841269
1844	2163	1075	2619	1053820
795	744	510	4701	253722
1535	1977	913	7273	1287838
9171	5564	4039	24433	1184317

地 区	企业会计制度财务指标			
	固定资产原价	营业收入	费用合计	营业利润
全 国	2694524.4	822167.9	337912.4	-154594.7
北 京	282413.2	172336.3	73678.3	-50797.9
天 津	4053.2	10482.0	7212.4	-3849.5
河 北	123123.3	19599.1	12649.0	-7958.3
山 西	8695.2	1273.7	458.8	-176.9
内蒙古	7076.6	1143.0	567.9	-306.8
辽 宁	14660.3	1912.4	972.0	-73.8
吉 林	20775.3	709.2	201.6	-35.9
黑龙江	30646.6	4529.4	2230.5	379.8
上 海	37156.2	16228.2	6463.0	-1672.7
江 苏	162096.2	94640.9	27754.5	-3229.3
浙 江	154502.4	50960.2	22778.3	-8720.6
安 徽	204024.5	8542.6	3297.2	-1174.4
福 建	59621.9	15873.3	7368.5	-2993.9
江 西	25124.4	5551.6	2951.9	-343.2
山 东	103287.2	20804.9	2580.6	-1046.1
河 南	217858.2	19725.2	16435.2	-3997.6
湖 北	75787.7	17292.0	4137.9	-2783.8
湖 南	161102.9	27885.3	15584.2	-7796.7
广 东	245853.1	126496.6	52880.7	-28156.4
广 西	39811.0	11190.0	6536.8	-3549.2
海 南	22725.1	4711.4	1457.9	-696.9
重 庆	279665.8	64590.5	25745.0	-3513.0
四 川	147510.1	77006.2	30418.6	-16712.7
贵 州	56052.3	10258.4	5944.8	-4300.9
云 南	170574.2	29388.7	3836.2	107.7
西 藏				
陕 西	31698.2	3592.7	1403.9	-916.7
甘 肃	3767.1	4232.1	1795.7	-48.0
青 海	18.0	128.0	27.7	
宁 夏	3609.8	294.6	537.3	-231.0
新 疆	1234.4	789.4	6.0	

政府会计制度准则（事业单位）财务指标			民间非营利组织会计制度财务指标		
固定资产原价	本年收入合计	本年支出合计	固定资产原价	本年收入合计	本年费用合计
1033269.0	**358627.1**	**350990.3**	**3101780.4**	**2202202.2**	**1606965.4**
58947.7	31395.4	31328.0	199697.2	232838.9	229165.0
55257.3	18659.8	19001.3	22578.3	19256.0	13007.9
59329.9	10887.4	12276.9	276216.0	715089.3	87371.7
7242.5	4165.9	4690.2	122745.4	19599.0	21795.6
4428.2	848.3	822.9	101778.8	28177.3	27561.8
4669.0	761.4	1462.5	170467.7	34335.1	25782.8
			16975.0	5084.7	5430.3
37779.4	17399.5	7785.4	72962.4	16397.4	15631.7
28554.5	11933.7	11812.5	344101.3	400741.5	433155.6
22959.9	13978.9	10704.7	210654.0	105676.9	81483.1
6936.6	9922.5	9546.5	175958.0	138131.9	126216.6
42546.7	7440.3	7199.7	128057.3	45052.8	36328.9
9032.0	1973.5	1623.4	56949.0	37977.5	35092.7
3012.0	200.8	185.3	122865.2	24025.7	25031.8
81479.5	9527.4	7800.4	215614.2	20980.4	39294.9
25390.2	6178.1	5855.1	145565.5	37269.7	36981.9
66168.9	10480.1	13675.5	81523.9	23404.6	23816.9
36407.6	14076.6	11369.5	83094.4	24553.2	22690.6
249356.6	114057.3	122220.4	68164.3	99279.6	109908.7
14887.3	6641.0	7257.4	33175.1	30665.3	31434.0
3406.6	3062.7	3036.5	375.9	1443.3	836.2
46948.3	21076.2	22645.3	49841.8	24271.7	20218.5
65825.8	20278.7	10694.6	101436.8	44071.1	39088.2
11743.8	10819.8	10869.8	35475.1	14320.5	15525.7
20789.6	649.6	609.3	30381.6	3411.7	5666.8
3455.5	1378.0	1358.3	159485.6	35170.6	25023.8
27702.0	3897.5	4655.5	23280.7	1764.4	4267.5
16668.0	1794.5	5349.0	3026.2	3889.4	2465.4
624.0	87.0	85.7	16662.6	3428.4	2804.4
21719.6	5055.2	5068.7	32671.1	11894.3	63886.4

地 区	单位数	按床位数量分						
		0−49张	50−99张	100−199张	200−299张	300−399张	400−499张	500张及以上
全 国	**134**	**2**	**2**	**10**	**27**	**20**	**10**	**63**
北 京	1		1					
天 津	1							1
河 北	2						1	1
山 西	4			1			2	1
内蒙古	5			1	2		1	1
辽 宁								
吉 林	8					1		7
黑龙江	8					3		5
上 海	3					1		2
江 苏	10	1		1	1	1	2	4
浙 江	1							1
安 徽								
福 建	11				4	3	2	2
江 西	2			1				1
山 东								
河 南	4			1	2		1	
湖 北	5			1	1	2		1
湖 南	10		1		2	1		6
广 东	2						1	1
广 西	5			1		1		3
海 南								
重 庆	5				1	1		3
四 川	17				5			12
贵 州	11	1		2	1	3		4
云 南	6			1	4			1
西 藏								
陕 西	1							1
甘 肃	3				1	2		
青 海								
宁 夏	1					1		
新 疆	8				3			5

福利机构

年末职工人数	#女性	受教育程度		职业资格水平		按人员性质分	
		大学专科人数	大学本科及以上人数	助理社会工作师人数	社会工作师人数	管理人员	专业技术技能人员
21182	13910	6948	10874	380	356	2337	18845
96	69	12	83			12	84
259	148	45	186	5	1	24	235
180	99	36	117	1	10	21	159
1068	694	313	660	4	3	61	1007
887	535	436	343	12	21	129	758
703	407	183	304	5	4	102	601
1145	576	353	558	3	27	198	947
532	420	176	320	13	13	50	482
1357	887	238	1017	20	39	144	1213
50	25	3	45		4	3	47
1201	820	420	488	30	28	76	1125
259	172	91	24		1	36	223
221	137	133	83	3	6	44	177
558	325	175	300		2	66	492
1692	1229	651	829	39	23	155	1537
625	388	144	426	25	22	38	587
1423	1015	495	694	28	20	106	1317
387	229	103	253	17	29	68	319
4700	3207	1501	2666	34	29	471	4229
964	587	364	431	17	6	148	816
458	314	99	307	5	23	73	385
236	115	89	135	3	9	34	202
290	211	169	80	1	4	26	264
113	70	38	61	1		37	76
1778	1231	681	464	114	32	215	1563

C-2-7续表1

地 区	年龄结构				年末床位数
	35岁及以下人数	36-45岁人数	46-55岁人数	56岁及以上人数	
全 国	9918	6123	4122	1019	72966
北 京	16	37	39	4	52
天 津	68	103	54	34	620
河 北	79	59	27	15	970
山 西	393	305	280	90	1787
内蒙古	501	193	139	54	1689
辽 宁					
吉 林	202	213	222	66	4695
黑龙江	306	411	337	91	4825
上 海	222	190	112	8	1780
江 苏	381	509	373	94	5226
浙 江	9	29	10	2	500
安 徽					
福 建	632	352	177	40	3900
江 西	137	33	45	44	708
山 东					
河 南	64	88	63	6	1029
湖 北	238	118	162	40	1709
湖 南	817	517	315	43	5176
广 东	123	284	195	23	1654
广 西	790	362	221	50	3589
海 南					
重 庆	100	165	104	18	3249
四 川	2736	1224	580	160	17426
贵 州	579	191	155	39	4175
云 南	183	171	84	20	1832
西 藏					
陕 西	139	68	21	8	750
甘 肃	136	50	91	13	850
青 海					
宁 夏	84	20	8	1	300
新 疆	983	431	308	56	4475

年在院 总人天数	年末在院 人数	#女性	按人员性质分		
			自费人员	特困人员	其他
20171956	**59946**	**20236**	**15240**	**20540**	**24166**
1908	10	4	10		
221338	616	224	358	258	
147504	436	155	7	193	236
627311	1668	606	275	755	638
462510	1598	434	385	714	499
1326775	2660	894	547	886	1227
1052910	3446	1170	1276	1989	181
464751	1290	383	407	144	739
949047	4355	1480	815	1603	1937
180750	500	120	329	157	14
1251606	3432	941	1599	1008	825
105787	691	255	83	232	376
265175	824	292	275	297	252
376801	1296	121	628	531	137
1479009	3884	1717	583	839	2462
507054	1332	487	61	648	623
1083586	3084	1336	1036	1152	896
937450	2604	917	1321	570	713
5337000	15825	5576	3949	4361	7515
1263385	3888	1096	284	1410	2194
608623	1704	495	178	554	972
141620	393	140	65	286	42
290540	794	219	24	455	315
66795	183	52		91	92
1022721	3433	1122	745	1407	1281

地 区	按年龄分			按护理类型分		
	老年人	青壮年	未成年人	自理（完全自理）	介助（半自理）	介护（不能自理）
全 国	19239	39697	1010	26149	22136	11661
北 京	4		6			10
天 津	241	375			527	89
河 北	117	313	6	311	98	27
山 西	384	1196	88	1194	439	35
内蒙古	282	1306	10	609	606	383
辽 宁						
吉 林	1076	1583	1	1365	1022	273
黑龙江	1080	2365	1	1331	1613	502
上 海	712	534	44	6	1284	
江 苏	1926	2326	103	1188	1576	1591
浙 江	262	238		98	291	111
安 徽						
福 建	633	2790	9	2146	1145	141
江 西	324	365	2	390	18	283
山 东						
河 南	191	621	12	498	180	146
湖 北	275	1015	6	816	173	307
湖 南	1780	2057	47	992	1600	1292
广 东	653	679		12	527	793
广 西	930	2094	60	1266	865	953
海 南						
重 庆	850	1653	101	1339	822	443
四 川	5866	9595	364	7684	5277	2864
贵 州	542	3295	51	2157	1533	198
云 南	339	1360	5	450	876	378
西 藏						
陕 西	87	303	3	29	220	144
甘 肃	150	643	1	244	436	114
青 海						
宁 夏	116	66	1			183
新 疆	419	2925	89	2024	1008	401

単位：人、人次、平方米、万元

康复和医疗门诊人次数	机构建筑面积	政府会计制度准则（事业单位）财务指标		
		固定资产原价	本年收入合计	本年支出合计
2878063	**3146945**	**1187737.1**	**737294.3**	**724486.6**
8416	7993	9941.4	9982.9	10018.2
100478	13239	5734.3	13511.4	13098.3
47767	80331	23393.2	13349.8	13805.6
168656	102317	54698.0	29236.9	29473.2
95031	88169	49365.7	28224.2	26618.2
22061	155595	48252.3	18587.7	15246.6
62852	197183	76666.4	29019.0	31297.7
8390	83854	28143.5	35005.1	32794.9
244270	278064	184204.2	88920.9	89767.8
44704	40185		9462.2	11471.0
231557	165578	40288.2	42852.6	37692.7
7000	15784	1321.8	1203.4	1070.7
84376	54402	17106.2	10084.3	10285.4
101302	52833	27840.5	14637.7	15486.8
243391	204912	70026.6	41899.3	40672.0
5805	134155	59653.3	40660.1	42667.0
128595	133776	47561.7	43068.4	36301.2
102482	138620	57955.1	28777.3	30014.9
731724	618652	193062.4	165203.8	154229.1
49378	166063	39976.7	25079.4	20102.2
16619	115070	42312.3	16214.2	15244.3
1723	25140	5455.5	4968.0	4611.0
8375	49753	23017.2	6095.4	5331.1
4392				
358719	225277	81760.6	21250.3	37186.7

地　区	单位数	按登记类型分		
		编制部门登记	民政部门登记	一个机构多块牌子
全　国	990	518	25	447
北　京	17	13		4
天　津	19	2		17
河　北	32	15		17
山　西	23	4	1	18
内蒙古	14	7		7
辽　宁	26	5	6	15
吉　林	9	8		1
黑龙江	18	14		4
上　海	11	4		7
江　苏	54	16		38
浙　江	66	26	1	39
安　徽	34	21		13
福　建	28	19	2	7
江　西	15	8		7
山　东	56	26		30
河　南	36	23	1	12
湖　北	60	20		40
湖　南	32	17	1	14
广　东	86	46	1	39
广　西	55	15		40
海　南	5	4	1	
重　庆	5	5		
四　川	105	55	1	49
贵　州	39	26		13
云　南	29	29		
西　藏	9	9		
陕　西	18	13	1	4
甘　肃	17	11	4	2
青　海	11	5	4	2
宁　夏	15	8		7
新　疆	46	44	1	1

保护机构总表

单位：个

按床位数分						
0-49张	50-99张	100-199张	200-299张	300-399张	400-499张	500张及以上
493	**156**	**177**	**72**	**38**	**24**	**30**
5	2	6	2			2
16	1	1	1			
22	6	3	1			
15	3		5			
4	4	2	2	1		1
20	2	3				1
1	1	4	1	1		1
5	2	7	2	1	1	
9	1					1
27	13	7	4		2	1
44	12	4	2	2	1	1
7	5	10	7	2	2	1
17	3	5	2	1		
10	1	1	1	1	1	
40	2	5	4	4		1
15	7	8	2		3	1
34	11	11	2		1	1
17	5	7		1	1	1
48	15	16	2	3		2
32	9	8	3	1	2	
4	1					
		3				2
63	11	17	7	5	2	
11	7	8	10	2		1
10	5	10	3			1
		1			2	6
5	2	5	2	1	1	2
3	5	2	4	3		
3	4	1		1		2
3	8	3		1		
3	8	19	3	7	5	1

C-2-8续表1

地 区	年末职工人数	#女性	按登记类型分		
			编制部门登记	民政部门登记	一个机构多块牌子
全 国	18710	12350	13220	207	5283
北 京	599	421	542		57
天 津	244	153	123		121
河 北	408	238	187		221
山 西	344	183	159	5	180
内 蒙 古	483	281	336		147
辽 宁	347	203	102	62	183
吉 林	341	170	330		11
黑 龙 江	452	266	419		33
上 海	404	313	333		71
江 苏	1107	784	540		567
浙 江	1013	700	732	3	278
安 徽	743	487	572		171
福 建	332	229	252	20	60
江 西	378	248	258		120
山 东	854	544	609		245
河 南	939	587	681	5	253
湖 北	785	513	430		355
湖 南	548	331	318	26	204
广 东	2120	1432	1665	20	435
广 西	1451	1113	616		835
海 南	36	25	29	7	
重 庆	278	216	278		
四 川	1123	686	718	4	401
贵 州	694	488	529		165
云 南	405	272	405		
西 藏	330	215	330		
陕 西	453	295	378	8	67
甘 肃	445	291	412	13	20
青 海	113	37	79	29	5
宁 夏	322	250	257		65
新 疆	619	379	601	5	13

278

受教育程度		职业资格水平		按人员性质分	
大学专科人数	大学本科及以上人数	助理社会工作师人数	社会工作师人数	管理人员	专业技术技能人员
4602	**8343**	**1319**	**1723**	**6033**	**12677**
141	361	25	23	194	405
55	162	5	25	149	95
139	138	42	36	132	276
59	196	14	24	89	255
109	272	21	56	160	323
105	190	12	14	132	215
34	69	3	15	92	249
125	235	12	41	224	228
85	289	30	51	106	298
228	620	149	133	240	867
218	560	113	118	285	728
159	275	50	86	206	537
62	155	26	50	89	243
129	111	17	14	149	229
224	540	58	176	266	588
169	406	120	116	254	685
227	376	63	59	310	475
173	225	26	53	228	320
496	790	152	120	851	1269
363	441	119	104	300	1151
10	5	1		23	13
54	211	12	79	102	176
317	465	75	124	485	638
165	302	38	53	237	457
82	194	10	20	134	271
70	68	28	6	102	228
104	215	37	30	132	321
110	126	9	32	119	326
33	12	19	5	28	85
111	117	20	24	55	267
246	217	13	36	160	459

C-2-8续表2

地 区	年龄结构			
	35岁及以下人数	36—45岁人数	46—55岁人数	56岁及以上人数
全 国	**5964**	**7027**	**4819**	**900**
北 京	162	231	188	18
天 津	65	110	63	6
河 北	110	185	85	28
山 西	71	148	95	30
内蒙古	148	189	113	33
辽 宁	59	139	112	37
吉 林	127	96	71	47
黑龙江	119	173	138	22
上 海	150	174	74	6
江 苏	391	366	294	56
浙 江	393	314	235	71
安 徽	268	240	192	43
福 建	113	107	92	20
江 西	178	112	70	18
山 东	357	313	155	29
河 南	338	377	188	36
湖 北	271	298	189	27
湖 南	163	185	174	26
广 东	594	779	651	96
广 西	348	564	472	67
海 南	2	27	6	1
重 庆	60	157	57	4
四 川	342	437	299	45
贵 州	217	223	213	41
云 南	124	176	90	15
西 藏	174	111	41	4
陕 西	130	204	95	24
甘 肃	186	152	95	12
青 海	15	67	21	10
宁 夏	97	126	85	14
新 疆	192	247	166	14

年末床位数	按登记类型分		
	编制部门登记	民政部门登记	一个机构多块牌子
98798	77856	1614	19328
2775	2748		27
589	362		227
1196	790		406
1441	718	10	713
1898	1605		293
1256	645	92	519
3047	2947		100
2277	2213		64
1134	1083		51
4461	2251		2210
4063	3083	1	979
5451	3731		1720
1840	1343	129	368
1338	1133		205
3931	2550		1381
4120	3542	7	571
4109	2502		1607
3258	2502	180	576
6030	4202	110	1718
3691	1523		2168
117	67	50	
2531	2531		
7802	6216	20	1566
4959	3891		1068
2937	2937		
4791	4791		
3094	2951	50	93
2622	2127	425	70
1954	1320	520	114
1194	780		414
8892	8772	20	100

C-2-8续表3

地 区	年末在院人数	#女性	按登记类型分		
			编制部门登记	民政部门登记	一个机构多块牌子
全 国	40266	13061	35237	887	4142
北 京	1094	361	1090		4
天 津	248	109	241		7
河 北	316	86	290		26
山 西	658	181	517		141
内蒙古	963	136	943		20
辽 宁	362	103	165	54	143
吉 林	1461	90	1449		12
黑龙江	834	216	808		26
上 海	728	275	727		1
江 苏	1551	619	1092		459
浙 江	1317	445	1068	1	248
安 徽	2316	872	1920		396
福 建	771	306	615	77	79
江 西	482	173	408		74
山 东	1328	488	1067		261
河 南	2264	798	2137	7	120
湖 北	1274	560	965		309
湖 南	1048	438	930	20	98
广 东	2737	1121	2136	80	521
广 西	1295	555	703		592
海 南	47	29	34	13	
重 庆	501	188	501		
四 川	2231	857	1957	7	267
贵 州	1926	901	1623		303
云 南	1406	307	1406		
西 藏	2921	730	2921		
陕 西	1745	555	1717	28	
甘 肃	1355	336	1148	207	
青 海	1060	192	680	373	7
宁 夏	276	108	248		28
新 疆	3751	926	3731	20	

単位：人、万元

政府会计制度准则（事业单位）财务指标			民间非营利组织会计制度财务指标		
固定资产原价	本年收入合计	本年支出合计	固定资产原价	本年收入合计	本年费用合计
874149.3	**480719.9**	**493943.5**	**3133.4**	**1416.1**	**1472.1**
32523.6	33028.5	34302.1			
9624.6	7361.9	7611.5			
6809.2	2990.1	3222.0			
11039.1	12469.6	12570.9	22.1	19.7	27.5
32778.2	9395.1	6151.6			
7605.1	3794.8	4064.4	148.0	126.1	314.3
8923.4	2656.0	4005.2			
46112.1	11145.3	11061.9			
22139.7	19831.5	19529.0			
46964.0	25254.8	25703.5			
20226.7	28420.7	27356.6	13.0	20.4	12.4
43650.4	14506.8	15445.8			
9068.5	8935.1	8663.2	612.0	244.5	210.0
8785.1	4098.9	4085.3			
57180.4	20861.6	21400.5			
23914.9	15276.7	15495.5	5.0	1.6	
25595.9	15179.8	17980.7			
8925.3	5154.6	5118.1	305.0	295.0	299.5
72949.7	51577.9	55829.4	519.7	329.3	298.0
126596.7	88432.6	88468.8			
92.5	106.9	409.1	3.0	68.4	87.8
26845.0	14141.4	13884.8			
47027.0	19086.9	19683.8	3.0		3.0
15836.7	10910.3	11054.9			
12546.0	6758.8	8368.6			
32022.8	4167.4	7000.0			
31637.7	23434.8	22220.6	21.6	172.5	36.0
28162.8	5118.3	5511.2	1447.1	8.0	30.0
3332.9	217.7	234.7	23.9	130.6	152.6
13455.4	4509.4	5173.6			
41777.9	11895.7	12336.2	10.0		1.0

C-2-9　儿童

地　区	单位数	按床位数量分						
		0—49张	50—99张	100—199张	200—299张	300—399张	400—499张	500张及以上
全　国	472	83	81	152	64	38	24	30
北　京	12	1	2	6	1			2
天　津	2			1	1			
河　北	11	5	3	2	1			
山　西	6	1	1		4			
内蒙古	7		1	2	2	1		1
辽　宁	13	7	2	3				1
吉　林	9	1	1	4	1	1		1
黑龙江	12	1	2	5	2	1	1	
上　海	1							1
江　苏	14	1	1	7	2		2	1
浙　江	29	11	8	4	2	2	1	1
安　徽	28	5	4	8	6	2	2	1
福　建	13	3	2	5	2	1		
江　西	7	2	1	1	1	1	1	
山　东	13	1	1	3	3	4		1
河　南	16	2	3	5	2		3	1
湖　北	15	1	3	7	2		1	1
湖　南	11	1	1	6		1	1	1
广　东	42	16	6	13	2	3		2
广　西	17	2	4	5	3	1	2	
海　南	2	1	1					
重　庆	5			3				2
四　川	41	8	6	14	6	5	2	
贵　州	27	2	4	8	10	2		1
云　南	17	1	3	10	2			1
西　藏	9			1			2	6
陕　西	14	2	1	5	2	1	1	2
甘　肃	15	2	4	2	4	3		
青　海	11	3	4	1		1		2
宁　夏	7		4	2		1		
新　疆	46	3	8	19	3	7	5	1

注：儿童福利机构不含设有儿童部的社会福利院。

284

福利机构

年末职工人数	#女性	受教育程度		职业资格水平		按人员性质分	
		大学专科人数	大学本科及以上人数	助理社会工作师人数	社会工作师人数	管理人员	专业技术技能人员
14091	**10000**	**3368**	**6167**	**874**	**1302**	**3735**	**10356**
506	372	118	311	13	18	134	372
123	87	27	83	3	22	54	69
178	117	50	53	11	10	34	144
173	105	20	113	9	13	39	134
336	235	71	172	16	40	83	253
275	168	80	157	8	14	98	177
341	170	34	69	3	15	92	249
409	253	114	223	12	38	189	220
255	219	59	176	18	36	30	225
660	537	109	465	88	98	77	583
780	560	180	441	76	90	208	572
669	444	134	241	49	84	186	483
290	209	53	126	26	38	66	224
294	221	116	70	15	12	88	206
560	401	146	345	42	117	146	414
606	398	101	282	51	80	158	448
457	366	115	250	33	36	102	355
351	250	96	133	14	36	113	238
1589	1150	361	498	86	70	523	1066
1143	956	276	317	101	74	142	1001
15	10	6	4	1		9	6
278	216	54	211	12	79	102	176
746	520	210	315	64	96	248	498
614	443	149	253	29	45	192	422
321	231	66	165	4	12	79	242
330	215	70	68	28	6	102	228
386	244	93	185	9	29	116	270
425	286	103	121	8	32	106	319
113	37	33	12	19	5	28	85
249	201	78	91	13	21	31	218
619	379	246	217	13	36	160	459

C-2-9续表1

地 区	年龄结构			
	35岁及以下人数	36-45岁人数	46-55岁人数	56岁及以上人数
全 国	**4559**	**5252**	**3663**	**617**
北 京	140	192	159	15
天 津	23	68	29	3
河 北	34	78	48	18
山 西	44	62	52	15
内蒙古	103	151	74	8
辽 宁	53	100	89	33
吉 林	127	96	71	47
黑龙江	100	152	135	22
上 海	103	116	35	1
江 苏	276	194	173	17
浙 江	333	237	163	47
安 徽	234	227	169	39
福 建	93	98	85	14
江 西	148	77	54	15
山 东	241	203	98	18
河 南	194	252	138	22
湖 北	169	174	101	13
湖 南	114	112	109	16
广 东	407	606	512	64
广 西	264	459	377	43
海 南		10	4	1
重 庆	60	157	57	4
四 川	249	270	198	29
贵 州	185	202	193	34
云 南	106	121	79	15
西 藏	174	111	41	4
陕 西	125	166	77	18
甘 肃	179	147	90	9
青 海	15	67	21	10
宁 夏	74	100	66	9
新 疆	192	247	166	14

年末床位数	年在院总人天数	年末在院人数	#女性	设有儿童部的社会福利院	家庭寄养儿童数量	机构建筑面积
84957	12600175	39678	12882	547	3568	3280435
2518	402122	1090	358	3	24	127847
362	84962	241	104		80	20847
727	105170	303	83	13	104	24918
928	232284	657	181	16	448	34980
1605	284579	943	130	8	6	76037
1143	111871	352	100	15	42	18256
3047	783134	1461	90	3	4	229243
1975	221975	778	210	6	77	137269
1000	278667	726	274		109	34426
3142	539252	1517	610	24	147	117009
3550	467807	1307	440	20	49	275499
4901	773843	2270	858	39	10	177605
1700	262036	766	306	28	297	57053
1237	173207	482	173	45	2	67682
3118	400826	1314	487	9	141	141256
3321	726934	2171	765	44	111	138816
2838	427828	1232	557	28	153	95747
2546	305716	1031	429	31		87010
4712	935646	2680	1097	61	42	193510
2736	511168	1283	552	21	185	52502
85	13410	43	28	2		3767
2531	190219	501	188	9		124900
6179	714091	2136	821	35	92	202094
4641	654803	1903	891	17	69	112570
2425	363546	1393	305	9	612	86562
4791	635060	2921	730	2	153	124993
3001	508936	1745	555	10	67	110493
2552	346893	1355	336	16	5	99541
1954	213387	1060	192	5		44429
800	92818	266	106	1	72	38678
8892	837985	3751	926	27	467	224896

C-2-9续表2

地 区	政府会计制度准则（事业单位）财务指标		
	固定资产原价	本年收入合计	本年支出合计
全 国	**726224.3**	**375137.6**	**388558.2**
北 京	32361.8	31500.1	32821.5
天 津	9624.6	7361.9	7611.5
河 北	6334.3	2722.2	2918.2
山 西	11039.1	12469.6	12570.9
内蒙古	32778.2	9395.1	6151.6
辽 宁	7594.1	3789.2	4055.8
吉 林	8923.4	2656.0	4005.2
黑龙江	44854.9	10752.9	10668.9
上 海	21086.6	16932.1	16616.3
江 苏	43004.4	24501.1	24949.8
浙 江	20159.9	27548.3	26503.6
安 徽	43645.5	14151.0	15101.2
福 建	9039.3	8669.9	8528.5
江 西	8773.1	4020.5	4006.9
山 东	57097.9	20402.7	20935.6
河 南	23237.5	14612.4	14798.0
湖 北	25068.3	14380.6	17334.2
湖 南	7376.4	4301.3	4289.8
广 东	56035.7	40055.7	44313.3
广 西	7416.4	7011.5	7016.8
海 南	57.1		302.2
重 庆	26845.0	14141.4	13884.8
四 川	45523.8	17338.4	17834.0
贵 州	15613.6	10568.3	10713.9
云 南	12344.9	6512.1	8159.4
西 藏	32022.8	4167.4	7000.0
陕 西	31637.7	23434.8	22220.6
甘 肃	28162.8	5118.3	5511.2
青 海	3332.9	217.7	234.7
宁 夏	13454.4	4509.4	5163.6
新 疆	41777.9	11895.7	12336.2

民间非营利组织会计制度财务指标		
固定资产原价	本年收入合计	本年费用合计
3133.4	**1416.1**	**1472.1**
22.1	19.7	27.5
148.0	126.1	314.3
13.0	20.4	12.4
612.0	244.5	210.0
5.0	1.6	
305.0	295.0	299.5
519.7	329.3	298.0
3.0	68.4	87.8
3.0		3.0
21.6	172.5	36.0
1447.1	8.0	30.0
23.9	130.6	152.6
10.0		1.0

C-2-10 未成年人

地 区	单位数	按床位数量分				年末职工人数	#女性
		0—49张	50—99张	100—199张	200—299张		
全 国	518	410	75	25	8	4619	2350
北 京	5	4			1	93	49
天 津	17	16	1			121	66
河 北	21	17	3	1		230	121
山 西	17	14	2		1	171	78
内蒙古	7	4	3			147	46
辽 宁	13	13				72	35
吉 林							
黑龙江	6	4		2		43	13
上 海	10	9	1			149	94
江 苏	40	26	12		2	447	247
浙 江	37	33	4			233	140
安 徽	6	2	1	2	1	74	43
福 建	15	14	1			42	20
江 西	8	8				84	27
山 东	43	39	1	2	1	294	143
河 南	20	13	4	3		333	189
湖 北	45	33	8	4		328	147
湖 南	21	16	4	1		197	81
广 东	44	32	9	3		531	282
广 西	38	30	5	3		308	157
海 南	3	3				21	15
重 庆							
四 川	64	55	5	3	1	377	166
贵 州	12	9	3			80	45
云 南	12	9	2		1	84	41
西 藏							
陕 西	4	3	1			67	51
甘 肃	2	1	1			20	5
青 海							
宁 夏	8	3	4	1		73	49
新 疆							

救助保护机构

单位：个、人

受教育程度		职业资格水平		按人员性质分	
大学专科人数	大学本科及以上人数	助理社会工作师人数	社会工作师人数	管理人员	专业技术技能人员
1234	**2176**	**445**	**421**	**2298**	**2321**
23	50	12	5	60	33
28	79	2	3	95	26
89	85	31	26	98	132
39	83	5	11	50	121
38	100	5	16	77	70
25	33	4		34	38
11	12		3	35	8
26	113	12	15	76	73
119	155	61	35	163	284
38	119	37	28	77	156
25	34	1	2	20	54
9	29		12	23	19
13	41	2	2	61	23
78	195	16	59	120	174
68	124	69	36	96	237
112	126	30	23	208	120
77	92	12	17	115	82
135	292	66	50	328	203
87	124	18	30	158	150
4	1			14	7
107	150	11	28	237	140
16	49	9	8	45	35
16	29	6	8	55	29
11	30	28	1	16	51
7	5	1		13	7
33	26	7	3	24	49

C-2-10续表1

地 区	年龄结构			
	35岁及以下人数	36-45岁人数	46-55岁人数	56岁及以上人数
全 国	**1405**	**1775**	**1156**	**283**
北 京	22	39	29	3
天 津	42	42	34	3
河 北	76	107	37	10
山 西	27	86	43	15
内蒙古	45	38	39	25
辽 宁	6	39	23	4
吉 林				
黑龙江	19	21	3	
上 海	47	58	39	5
江 苏	115	172	121	39
浙 江	60	77	72	24
安 徽	34	13	23	4
福 建	20	9	7	6
江 西	30	35	16	3
山 东	116	110	57	11
河 南	144	125	50	14
湖 北	102	124	88	14
湖 南	49	73	65	10
广 东	187	173	139	32
广 西	84	105	95	24
海 南	2	17	2	
重 庆				
四 川	93	167	101	16
贵 州	32	21	20	7
云 南	18	55	11	
西 藏				
陕 西	5	38	18	6
甘 肃	7	5	5	3
青 海				
宁 夏	23	26	19	5
新 疆				

单位：人、人次、张

救助人次数	有身份信息的救助人次数	#女性	#家暴庇护救助	无身份信息的救助人次数	床位数
13011	12484	5622	21	527	13841
24	23	14		1	257
					227
11	11	2			469
467	211	84		256	513
4792	4789	2277	1	3	293
41	40	8		1	113
1	1				302
380	352	93	14	28	134
231	231	65	1		1319
17	17	8			513
1	1	1			550
					140
142	142	60	1		101
8	8	2			813
78	78	21			799
731	725	435		6	1271
317	313	134		4	712
994	953	285	1	41	1318
298	271	140		27	955
3	3	1			32
26	25	16		1	
2226	2186	872	2	40	1623
118	112	54		6	318
2026	1913	1025		113	512
1	1			1	93
					70
78	78	25			394

293

C-2-10续表2

地 区	年末在站人数	#女性	救助人天次数	在站滞留三个月以上人数	残疾人
全 国	**588**	**179**	**53011**	**380**	**79**
北 京	4	3	1060	3	
天 津	7	5		7	1
河 北	13	3	619	10	
山 西	1		1198	7	6
内蒙古	20	6	7903	17	
辽 宁	10	3	56		
吉 林					
黑龙江	56	6	1	3	
上 海	2	1	5239	3	
江 苏	34	9	517	145	8
浙 江	10	5	2133	10	
安 徽	46	14	365	46	22
福 建	5			3	3
江 西			386		
山 东	14	1	1922	3	3
河 南	93	33	106	5	
湖 北	42	3	2183	4	2
湖 南	17	9	790	15	11
广 东	57	24	17045	52	21
广 西	12	3	803	15	1
海 南	4	1	132	2	
重 庆			113		
四 川	95	36	5660	4	
贵 州	23	10	233	24	
云 南	13	2	4376		
西 藏					
陕 西			2		
甘 肃					
青 海					
宁 夏	10	2	169	2	1
新 疆					

单位：人、人天次、平方米、万元

机构建筑面积	政府会计制度准则（事业单位）财务指标		
	固定资产原价	本年收入合计	本年支出合计
718815	**147925.0**	**105582.3**	**105385.3**
13520	161.8	1528.4	1480.6
11110			
24568	474.9	267.9	303.8
11008			
14372			
66	11.0	5.6	8.6
8102	1257.2	392.4	393.0
11456	1053.1	2899.4	2912.7
95030	3959.6	753.7	753.7
58669	66.8	872.4	853.0
9051	4.9	355.8	344.6
5282	29.2	265.2	134.7
206	12.0	78.4	78.4
28605	82.5	458.9	464.9
79058	677.4	664.3	697.5
22469	527.6	799.2	646.5
29600	1548.9	853.3	828.3
134555	16914.0	11522.2	11516.1
40998	119180.3	81421.1	81452.0
1578	35.4	106.9	106.9
67799	1503.2	1748.5	1849.8
18617	223.1	342.0	341.0
11640	201.1	246.7	209.2
2490			
4180			
14786	1.0		10.0

地 区	单位数	按登记类型分		
		编制部门登记	民政部门登记	一个机构多块牌子
全 国	**1709**	**1467**	**77**	**165**
中央级	1	1		
北 京	20	20		
天 津	10	10		
河 北	54	49	1	4
山 西	42	26	2	14
内蒙古	37	34		3
辽 宁	61	9		52
吉 林	48	48		
黑龙江	59	59		
上 海	21	20		1
江 苏	95	69	24	2
浙 江	55	51		4
安 徽	63	58	2	3
福 建	51	44	1	6
江 西	54	52	1	1
山 东	52	46		6
河 南	106	95	3	8
湖 北	83	73		10
湖 南	119	110	9	
广 东	99	88	5	6
广 西	75	70		5
海 南	5	4	1	
重 庆	43	41	2	
四 川	150	118	2	30
贵 州	46	41	4	1
云 南	79	76	3	
西 藏	4	4		
陕 西	80	73	2	5
甘 肃	47	32	11	4
青 海	9	6	3	
宁 夏	9	8	1	
新 疆	32	32		

住宿机构总表

单位：个

按床位数分						
0−49张	50−99张	100−199张	200−299张	300−399张	400−499张	500张及以上
1065	**376**	**180**	**51**	**23**	**4**	**10**
		1				
7	6	4	1	1		1
7	1	2				
36	12	3	3			
29	7	4	1			1
24	7	6				
24	23	10	4			
35	9	3	1			
49	5	4		1		
11	6		1	1		2
55	22	10	5	2	1	
24	25	4				2
33	15	12		1	1	1
37	8	2	3	1		
42	4	6	1			1
35	12	3	2			
61	26	13	4	2		
56	16	9	2			
63	36	16	2	1	1	
54	21	13	5	4	1	1
54	14	6	1			
1		3	1			
19	20	2	1	1		
100	25	20	4			1
27	11	6	1	1		
62	12	3	1	1		
3				1		
57	15	5	1	2		
29	8	5	3	2		
6	1		2			
6	1	1	1			
19	8	4		1		

地 区	年末职工人数	#女性	按登记类型分		
			编制部门登记	民政部门登记	一个机构多块牌子
全　国	**20713**	**8679**	**17656**	**1411**	**1646**
中央级	267	182	267		
北　京	540	234	540		
天　津	228	92	228		
河　北	733	385	690	7	36
山　西	455	191	355	48	52
内蒙古	390	122	366		24
辽　宁	632	197	127		505
吉　林	636	235	636		
黑龙江	692	199	692		
上　海	777	487	677		100
江　苏	869	381	769	96	4
浙　江	590	257	570		20
安　徽	608	226	571	29	8
福　建	402	144	371	7	24
江　西	461	142	448	9	4
山　东	603	229	519		84
河　南	1348	523	1131	138	79
湖　北	821	301	747		74
湖　南	1232	469	1154	78	
广　东	2165	866	1838	281	46
广　西	764	310	594		170
海　南	90	31	80	10	
重　庆	452	203	409	43	
四　川	1424	661	1106	4	314
贵　州	471	233	333	137	1
云　南	578	234	524	54	
西　藏	32	10	32		
陕　西	986	382	888	6	92
甘　肃	799	428	353	437	9
青　海	294	162	272	22	
宁　夏	83	37	78	5	
新　疆	291	126	291		

受教育程度		职业资格水平		按人员性质分	
大学专科人数	大学本科及以上人数	助理社会工作师人数	社会工作师人数	管理人员	专业技术技能人员
6450	**8857**	**890**	**1308**	**11105**	**9608**
49	215		3	44	223
58	389	34	15	466	74
40	160	8	9	182	46
213	289	38	34	243	490
149	178	13	36	221	234
99	242	8	16	221	169
218	209	7	27	376	256
204	232	2	5	375	261
228	183	20	22	380	312
172	369	37	45	331	446
211	464	67	110	476	393
161	335	26	64	328	262
168	264	29	46	340	268
96	253	34	65	298	104
135	162	16	17	310	151
144	384	29	136	272	331
401	377	31	90	769	579
278	258	35	41	483	338
524	460	52	52	594	638
660	1036	204	123	1122	1043
210	312	31	44	398	366
20	45	2	8	39	51
136	258	18	26	296	156
531	520	51	114	716	708
179	161	16	18	254	217
173	293	40	66	324	254
14	16			16	16
374	297	14	32	581	405
352	203	19	26	338	461
139	94		5	55	239
27	42	3	5	57	26
87	157	6	8	200	91

C-2-11续表2

地　区	年龄结构				年末床位数
	35岁及以下人数	36－45岁人数	46－55岁人数	56岁及以上人数	
全　国	**6079**	**7459**	**5609**	**1566**	**91820**
中央级	130	100	29	8	171
北　京	108	230	173	29	2032
天　津	80	80	52	16	463
河　北	191	299	193	50	2401
山　西	131	180	102	42	2330
内蒙古	106	117	111	56	1453
辽　宁	139	244	183	66	3860
吉　林	154	235	213	34	1874
黑龙江	134	225	260	73	2176
上　海	256	322	174	25	3129
江　苏	283	299	197	90	5461
浙　江	163	204	184	39	3697
安　徽	203	180	170	55	4635
福　建	103	154	109	36	2589
江　西	137	160	113	51	2146
山　东	198	220	137	48	2298
河　南	391	506	350	101	6162
湖　北	203	325	249	44	3666
湖　南	385	463	318	66	6253
广　东	674	647	644	200	7611
广　西	181	246	266	71	2525
海　南	22	38	22	8	657
重　庆	110	149	154	39	2288
四　川	416	567	362	79	7211
贵　州	174	152	106	39	2568
云　南	109	230	188	51	2290
西　藏	5	24	2	1	328
陕　西	295	398	238	55	3625
甘　肃	386	221	141	51	3225
青　海	140	91	41	22	578
宁　夏	19	28	28	8	548
新　疆	53	125	100	13	1570

按机构登记类型分			年末在院（站）人数	#女性
编制部门登记	民政部门登记	一个机构多块牌子		
80659	**3888**	**7273**	**16031**	**4531**
171			171	79
2032			330	151
463			101	61
2289	40	72	396	162
1886		444	412	72
1341		112	89	14
815		3045	306	14
1874			7	1
2176			476	54
2769		360	1947	779
5417	36	8	696	162
3588		109	666	227
4520	35	80	690	205
2431	36	122	436	208
2121		25	234	74
2074		224	165	74
5353	370	439	1083	264
3203		463	606	94
5616	637		1493	258
7069	380	162	1699	584
2300		225	237	64
472	185		63	10
2128	160		362	120
6062	10	1139	938	149
2239	259	70	253	59
2290			482	142
328				
3519	20	86	471	50
1527	1610	88	869	265
508	70		170	75
508	40		47	21
1570			136	39

C-2-11续表3

地 区	政府会计制度准则（事业单位）财务指标		
	固定资产原价	本年收入合计	本年支出合计
全 国	661950.2	545112.4	558168.9
中央级	23959.2	19017.6	20284.7
北 京	66404.0	29358.9	28941.4
天 津	16135.8	8530.3	8835.1
河 北	24924.9	14239.0	14214.7
山 西	7701.4	14229.5	14670.7
内蒙古	10373.3	8472.2	8546.8
辽 宁	1928.1	2923.4	2928.4
吉 林	10975.0	6679.2	6850.8
黑龙江	16300.0	12212.4	12319.9
上 海	38796.9	48503.6	54402.6
江 苏	30717.3	34860.3	35234.5
浙 江	19238.7	27866.9	29376.7
安 徽	24995.6	13143.3	13697.3
福 建	15030.1	14079.3	13935.9
江 西	8790.0	9931.3	8495.7
山 东	22479.0	11351.8	11793.4
河 南	28709.1	18163.9	19004.4
湖 北	18920.1	19244.7	20138.0
湖 南	31397.6	27271.3	26913.8
广 东	88679.8	96978.5	96768.3
广 西	10987.3	11139.3	11328.6
海 南	1359.6	3297.5	3275.1
重 庆	13674.7	13044.3	13099.3
四 川	24052.5	22948.2	22940.1
贵 州	13801.3	6637.0	7006.6
云 南	15136.4	9625.0	9394.7
西 藏	5389.7	35.0	29.5
陕 西	26355.6	17348.8	18817.4
甘 肃	14001.5	5618.9	5505.8
青 海	7534.8	6676.1	6733.8
宁 夏	3325.4	1751.8	1751.7
新 疆	19875.5	9933.1	10933.2

单位：万元

| 民间非营利组织会计制度财务指标 | | |
固定资产原价	本年收入合计	本年费用合计
12309.0	**8988.6**	**7841.9**
315.0		16.3
780.0	1159.0	114.0
165.0	6.0	206.0
5.7	40.4	32.3
6.0		
752.7	690.8	12.0
3228.3	189.4	190.4
703.3	3204.9	4052.5
59.0		40.0
100.0	281.8	228.0
	18.0	
1163.0	765.1	276.2
35.0	2.2	1.1
20.0	4.4	12.5
4950.0	2608.6	2657.6
6.0	3.0	
20.0	15.0	3.0

地 区	单位数	按床位数量分						
		0—49张	50—99张	100—199张	200—299张	300—399张	400—499张	500张及以上
全 国	1567	987	352	159	42	15	4	8
北 京	20	7	6	4	1	1		1
天 津	10	7	1	2				
河 北	48	34	10	2	2			
山 西	39	26	7	4	1			1
内蒙古	36	23	7	6				
辽 宁	60	24	23	9	4			
吉 林	48	35	9	3	1			
黑龙江	58	49	5	4				
上 海	18	10	6		1			1
江 苏	69	31	22	9	5	1	1	
浙 江	54	24	25	4				1
安 徽	59	30	15	12			1	1
福 建	45	33	7	1	3	1		
江 西	53	41	4	6	1			1
山 东	52	35	12	3	2			
河 南	99	59	24	12	2	2		
湖 北	83	56	16	9	2			
湖 南	104	57	32	12	1	1	1	
广 东	92	51	19	11	5	4	1	1
广 西	75	54	14	6	1			
海 南	4	1		2	1			
重 庆	36	17	17	1	1			
四 川	130	89	22	15	3			1
贵 州	40	23	10	5	1	1		
云 南	75	59	12	3	1			
西 藏	4	3				1		
陕 西	77	55	14	5	1	2		
甘 肃	34	26	4	4				
青 海	5	4			1			
宁 夏	8	5	1	1	1			
新 疆	32	19	8	4		1		

管理机构

单位：个、人

年末职工人数	#女性	受教育程度		职业资格水平		按人员性质分	
		大学专科人数	大学本科及以上人数	助理社会工作师人数	社会工作师人数	管理人员	专业技术技能人员
17048	**6378**	**5299**	**7707**	**789**	**1166**	**10267**	**6781**
540	234	58	389	34	15	466	74
228	92	40	160	8	9	182	46
538	236	160	206	38	34	228	310
392	166	139	172	13	36	202	190
385	117	97	239	8	16	219	166
614	188	218	209	7	27	373	241
636	235	204	232	2	5	375	261
555	192	218	180	20	20	344	211
347	149	76	253	28	32	305	42
757	319	187	434	61	96	446	311
543	220	139	310	25	56	305	238
541	206	164	246	25	39	319	222
335	110	84	208	24	53	263	72
452	137	133	161	16	15	309	143
603	229	144	384	29	136	272	331
1185	415	393	377	31	81	660	525
821	301	278	258	35	41	483	338
905	279	423	299	47	46	538	367
1870	656	557	934	174	108	1066	804
764	310	210	312	31	44	398	366
80	27	16	39	2	8	35	45
335	131	87	230	18	25	286	49
1135	460	413	448	45	103	659	476
324	136	93	149	14	18	204	120
442	165	154	238	22	38	293	149
32	10	14	16			16	16
954	371	362	292	14	31	565	389
324	122	120	124	9	20	171	153
42	6	5	9		1	29	13
78	33	26	42	3	5	56	22
291	126	87	157	6	8	200	91

C-2-12续表1

地 区	年龄结构				总救助人次数
	35岁及以下人数	36-45岁人数	46-55岁人数	56岁及以上人数	
全　国	4633	6311	4817	1287	577688
北　京	108	230	173	29	30029
天　津	80	80	52	16	2415
河　北	160	224	113	41	14749
山　西	116	147	87	42	23414
内蒙古	105	115	109	56	6408
辽　宁	129	239	180	66	18968
吉　林	154	235	213	34	5745
黑龙江	133	190	182	50	8842
上　海	124	127	74	22	9367
江　苏	263	247	182	65	21579
浙　江	146	189	170	38	20564
安　徽	181	169	148	43	21164
福　建	87	130	96	22	14227
江　西	135	158	109	50	12902
山　东	198	220	137	48	13650
河　南	338	466	299	82	33082
湖　北	203	325	249	44	28064
湖　南	232	359	259	55	68086
广　东	521	579	590	180	62793
广　西	181	246	266	71	20710
海　南	17	36	20	7	4333
重　庆	77	105	118	35	15024
四　川	302	463	308	62	48266
贵　州	92	128	89	15	11433
云　南	79	190	148	25	14615
西　藏	5	24	2	1	2217
陕　西	289	396	224	45	23629
甘　肃	102	128	78	16	8387
青　海	6	15	15	6	1524
宁　夏	17	26	27	8	1272
新　疆	53	125	100	13	10230

注：总救助人次数不含"寒冬送温暖"专项救助数据。

在站救助人次数	有身份信息的救助人次数	#女性	#未成年人	#老年人	#家暴庇护救助	无身份信息的救助人次数
410746	391937	64065	21505	47387	624	18809
27388	26852	9678	407	1417		536
2131	2115	210	101	210		16
10790	10250	1828	407	1645	3	540
15028	13352	864	206	2444	10	1676
4746	3801	649	220	712	6	945
13390	13246	1900	198	3637	6	144
4894	4562	916	182	1168		332
6043	5844	1056	223	1377	5	199
8444	7850	1401	42	474	3	594
18918	18622	2433	1402	1648	7	296
18231	17580	2628	1005	1126	19	651
12801	11988	1916	1075	1538	5	813
10880	10630	1126	519	759	10	250
9665	9409	1413	853	1272	12	256
10026	9148	1782	601	1224	23	878
18965	15358	3809	1377	2022	7	3607
22281	21162	3430	1659	2319	63	1119
57571	57169	4289	2190	6390	259	402
31107	29363	3925	666	2222	10	1744
9118	8502	1827	945	1145	11	616
2648	2540	421	101	462	1	108
10657	10435	1424	785	1154	4	222
28163	26719	5726	3219	4415	53	1444
9605	9429	1922	1511	763	8	176
13497	13000	1650		1247		497
982	980	304	37	152	3	2
19804	19238	2031	687	2768	7	566
5734	5656	1163	541	1037	2	78
972	960	217	153	145	74	12
1104	1097	152	49	121	13	7
5163	5080	1975	144	374		83

C-2-12续表2

地 区	本年不在站救助人次数	床位数	成年人床位数	未成年人床位数
全 国	166942	80287	63120	17167
北 京	2641	2032	1946	86
天 津	284	463	349	114
河 北	3959	1919	1412	507
山 西	8386	2300	1523	777
内蒙古	1662	1449	1091	358
辽 宁	5578	3716	2791	925
吉 林	851	1874	1314	560
黑龙江	2799	1780	1471	309
上 海	923	1969	1766	203
江 苏	2661	4975	3912	1063
浙 江	2333	2997	2515	482
安 徽	8363	4277	3402	875
福 建	3347	2180	1540	640
江 西	3237	2146	1621	525
山 东	3624	2298	1800	498
河 南	14117	5512	4073	1439
湖 北	5783	3666	2940	726
湖 南	10515	5120	4220	900
广 东	31686	7231	6401	830
广 西	11592	2525	1959	566
海 南	1685	472	343	129
重 庆	4367	1618	1061	557
四 川	20103	5944	4689	1255
贵 州	1828	2259	1521	738
云 南	1118	1990	1709	281
西 藏	1235	328	319	9
陕 西	3825	3549	2798	751
甘 肃	2653	1372	1005	367
青 海	552	248	216	32
宁 夏	168	508	324	184
新 疆	5067	1570	1089	481

年末在站 人数	#女性	#未成年人	救助人天次数
9682	2185	500	1697957
330	151	2	134885
101	61	1	6911
84	19	11	30220
412	72	31	26819
87	14	20	10196
244	7	40	29249
7	1		14551
254	3		11293
613	243	13	214498
531	94	32	46848
252	37	9	66279
458	79	56	39999
54	19	4	25839
234	74	12	20295
165	74	11	43013
898	226	62	55188
606	94	12	91188
1028	102	31	88575
1371	458	16	410622
237	64	15	83059
63	10	1	14347
103	23	3	23647
603	57	61	79236
60	12	3	19864
164	54	30	43622
			1698
434	44	13	32562
133	48	11	13496
			1633
20	6		2535
136	39		15790

地 区	在站滞留三个月以上人数	#残疾人	#未成年人	机构建筑面积
全 国	6100	3312	557	2873945
北 京	709	351	10	144105
天 津	2			11401
河 北	46	17	19	59502
山 西	201	149	8	91586
内蒙古	31	7	22	52535
辽 宁	90	6		61975
吉 林	14	10	5	77926
黑龙江	8	5	1	35969
上 海	654	522	7	59309
江 苏	254	102	22	167470
浙 江	110	38		123487
安 徽	97	70	9	138866
福 建	55	46	5	63690
江 西	301	182	8	61599
山 东	104	44		121803
河 南	352	120	37	213497
湖 北	310	138	3	101613
湖 南	205	138	29	137086
广 东	1105	671	15	441199
广 西	376	131	22	76223
海 南	42			12366
重 庆	32	20	4	71181
四 川	451	202	191	177258
贵 州	29	3	3	61915
云 南	177	119	36	43991
西 藏				25506
陕 西	205	169	21	133664
甘 肃	8	1		30845
青 海				7064
宁 夏	93	15	77	14077
新 疆	39	36	3	55237

政府会计制度准则（事业单位）财务指标		
固定资产原价	本年收入合计	本年支出合计
578043.1	**472771.0**	**478813.0**
66404.0	29358.9	28941.4
16135.8	8530.3	8835.1
11685.6	10044.4	9974.3
6933.2	14167.0	14608.2
10373.3	8472.2	8546.8
1928.1	2923.4	2928.4
10975.0	6679.2	6850.8
11223.2	8343.3	8365.1
28360.8	27715.3	27553.0
29263.3	34675.3	35054.5
18707.4	24311.3	25821.1
21795.6	12407.4	12962.8
10379.6	10552.8	10511.8
8790.0	9931.3	8495.7
22479.0	11351.8	11793.4
27352.0	17933.7	18738.2
18920.1	19244.7	20138.0
27227.7	20427.1	20114.3
88257.4	96731.9	96596.9
10987.3	11139.3	11328.6
1359.6	3297.5	3275.1
12216.7	12284.1	12450.3
22328.4	21949.7	21895.6
13281.3	6623.2	6992.8
12833.7	8588.3	8884.8
5389.7	35.0	29.5
25343.9	17348.8	18535.8
13568.5	5310.9	5197.8
342.0	708.0	708.0
3325.4	1751.8	1751.7
19875.5	9933.1	10933.2

地 区	单位数	按床位数量分					
		0—49张	50—99张	100—199张	200—299张	300—399张	500张及以上
全　国	142	78	24	21	9	8	2
中央级	1			1			
北　京							
天　津							
河　北	6	2	2	1	1		
山　西	3	3					
内　蒙古	1	1					
辽　宁	1			1			
吉　林							
黑龙江	1					1	
上　海	3	1				1	1
江　苏	26	24		1		1	
浙　江	1						1
安　徽	4	3				1	
福　建	6	4	1	1			
江　西	1	1					
山　东							
河　南	7	2	2	1	2		
湖　北							
湖　南	15	6	4	4	1		
广　东	7	3	2	2			
广　西							
海　南	1			1			
重　庆	7	2	3	1		1	
四　川	20	11	3	5	1		
贵　州	6	4	1	1			
云　南	4	3				1	
西　藏							
陕　西	3	2	1				
甘　肃	13	3	4	1	3	2	
青　海	4	2	1		1		
宁　夏	1	1					
新　疆							

住宿机构

单位：个、人

年末职工人数	#女性	受教育程度		职业资格水平		按人员性质分	
		大学专科人数	大学本科及以上人数	助理社会工作师人数	社会工作师人数	管理人员	专业技术技能人员
3665	**2301**	**1151**	**1150**	**101**	**142**	**838**	**2827**
267	182	49	215		3	44	223
195	149	53	83			15	180
63	25	10	6			19	44
5	5	2	3			2	3
18	9					3	15
137	7	10	3		2	36	101
430	338	96	116	9	13	26	404
112	62	24	30	6	14	30	82
47	37	22	25	1	8	23	24
67	20	4	18	4	7	21	46
67	34	12	45	10	12	35	32
9	5	2	1		2	1	8
163	108	8			9	109	54
327	190	101	161	5	6	56	271
295	210	103	102	30	15	56	239
10	4	4	6			4	6
117	72	49	28		1	10	107
289	201	118	72	6	11	57	232
147	97	86	12	2		50	97
136	69	19	55	18	28	31	105
32	11	12	5		1	16	16
475	306	232	79	10	6	167	308
252	156	134	85		4	26	226
5	4	1				1	4

地 区	年龄结构				年末床位数
	35岁及以下人数	36—45岁人数	46—55岁人数	56岁及以上人数	
全 国	**1446**	**1148**	**792**	**279**	**11533**
中央级	130	100	29	8	171
北 京					
天 津					
河 北	31	75	80	9	482
山 西	15	33	15		30
内蒙古	1	2	2		4
辽 宁	10	5	3		144
吉 林					
黑龙江	1	35	78	23	396
上 海	132	195	100	3	1160
江 苏	20	52	15	25	486
浙 江	17	15	14	1	700
安 徽	22	11	22	12	358
福 建	16	24	13	14	409
江 西	2	2	4	1	
山 东					
河 南	53	40	51	19	650
湖 北					
湖 南	153	104	59	11	1133
广 东	153	68	54	20	380
广 西					
海 南	5	2	2	1	185
重 庆	33	44	36	4	670
四 川	114	104	54	17	1267
贵 州	82	24	17	24	309
云 南	30	40	40	26	300
西 藏					
陕 西	6	2	14	10	76
甘 肃	284	93	63	35	1853
青 海	134	76	26	16	330
宁 夏	2	2	1		40
新 疆					

单位：人、张、人天

年在院总人天数	年末在院人数	#女性	按人员性质分		
			自费人员	特困人员	其他
1645722	**6349**	**2346**	**1251**	**3158**	**1940**
63873	171	79	16		155
46574	312	143	76	112	124
133					
	2			2	
	62	7	5	49	8
81030	222	51		30	192
472432	1334	536	320	1014	
64000	165	68	85	80	
151021	414	190	10	396	8
68300	232	126	26	19	187
121215	382	189	23	146	213
56521	185	38		169	16
110746	465	156	120	295	50
78888	328	126	109	40	179
85279	259	97	181	78	
79885	335	92	1	203	131
69735	193	47		17	176
365	318	88		159	159
3550	37	6	16	21	
90280	736	217	231	292	213
1865	170	75	5	36	129
30	27	15	27		

地 区	按年龄分			按护理类型分			康复和医疗门诊人次数
	老年人	青壮年	未成年人	自理 (完全自理)	介助 (半自理)	介护 (不能自理)	
全 国	2510	3519	320	1894	2295	2160	225945
中央级	70	87	14	158	13		73417
北 京							
天 津							
河 北	206	106		35	222	55	200
山 西							
内蒙古	2				2		
辽 宁	42	20		38	14	10	
吉 林							
黑龙江	77	137	8	132	70	20	8772
上 海	219	1095	20	82	330	922	1114
江 苏	165			135	30		881
浙 江	52	362		13	18	383	9643
安 徽	96	136		45	145	42	
福 建	142	238	2	149	141	92	23368
江 西							
山 东							
河 南	128	57		31	59	95	3652
湖 北							
湖 南	230	193	42	148	250	67	34456
广 东	50	217	61	91	190	47	62840
广 西							
海 南							
重 庆	183	2	74	152	40	67	574
四 川	254	35	46	141	174	20	481
贵 州	25	168		181	12		441
云 南	36	282		41	90	187	
西 藏							
陕 西	29	5	3	6	17	14	
甘 肃	378	311	47	169	429	138	6106
青 海	99	68	3	132	37	1	
宁 夏	27			15	12		
新 疆							

机构建筑面积	政府会计制度准则（事业单位）财务指标			民间非营利组织会计制度财务指标		
	固定资产原价	本年收入合计	本年支出合计	固定资产原价	本年收入合计	本年费用合计
686916	**83907.1**	**72341.4**	**79355.9**	**12309.0**	**8988.6**	**7841.9**
62000	23959.2	19017.6	20284.7			
37989	13239.3	4194.6	4240.4			
3296	768.2	62.5	62.5	315.0		16.3
8000	5076.8	3869.1	3954.8			
75043	10436.1	20788.3	26849.6			
20317	1454.0	185.0	180.0	780.0	1159.0	114.0
5000	531.3	3555.6	3555.6			
23595	3200.0	735.9	734.5	165.0	6.0	206.0
25821	4650.5	3526.5	3424.1	5.7	40.4	32.3
2200				6.0		
19860	1357.1	230.2	266.2	752.7	690.8	12.0
47633	4169.9	6844.2	6799.5	3228.3	189.4	190.4
26222	422.4	246.6	171.4	703.3	3204.9	4052.5
100000				59.0		40.0
35525	1458.0	760.2	649.0	100.0	281.8	228.0
37290	1724.1	998.5	1044.5		18.0	
19265	520.0	13.8	13.8	1163.0	765.1	276.2
29848	2302.7	1036.7	509.9	35.0	2.2	1.1
6905	1011.7		281.6	20.0	4.4	12.5
82027	433.0	308.0	308.0	4950.0	2608.6	2657.6
18030	7192.8	5968.1	6025.8	6.0	3.0	
1050				20.0	15.0	3.0

C-2-14　不提供住宿的民政

地　区	机构和设施数	市场监管部门登记	编制部门登记	民政部门登记	设施
全　国	441594	291	1463	9606	430234
中央级	3		3		
北　京	2480	28	12	44	2396
天　津	1823	1	3	18	1801
河　北	33885	24	18	235	33608
山　西	8110	3	51	39	8017
内蒙古	4971	6	40	32	4893
辽　宁	9049	15	15	121	8898
吉　林	4460		106		4354
黑龙江	4975	6	39	79	4851
上　海	13902	2	17	353	13530
江　苏	18079	38	82	5188	12771
浙　江	37899	2	27	730	37140
安　徽	10922	1	42	149	10730
福　建	19824		28	443	19353
江　西	22781		43	46	22692
山　东	40884	86	61	781	39956
河　南	16301	51	73	315	15862
湖　北	29008		103	33	28872
湖　南	39412	3	122	61	39226
广　东	32089		51	59	31979
广　西	13179	4	145	25	13005
海　南	490		10	2	478
重　庆	14984		37	43	14904
四　川	17576	4	65	220	17287
贵　州	9629	4	60	36	9529
云　南	8368	11	76	15	8266
西　藏	27		3	1	23
陕　西	11940	1	66	423	11450
甘　肃	9826		29	48	9749
青　海	1543		8	25	1510
宁　夏	1690		9	15	1666
新　疆	1485	1	19	27	1438

服务机构和设施总表

单位：个、人

年末职工人数	#女性	按登记类型分			
		市场监管部门登记	编制部门登记	民政部门登记	设施
917001	**301268**	**1592**	**18527**	**44548**	**852334**
198	95		198		
7450	4361	127	237	215	6871
5485	1526	5	93	194	5193
56972	19684	138	311	1150	55373
22162	6785	13	648	473	21028
11335	2942	26	646	168	10495
23654	12183	69	366	1115	22104
5582	2577		1684		3898
12402	4531	27	455	548	11372
22931	10265	37	421	2096	20377
75190	25078	126	944	22490	51630
68652	30419	3	488	1682	66479
23211	6422	24	609	532	22046
28398	9101		252	1207	26939
39346	12494		422	247	38677
41344	9001	288	1046	2186	37824
40402	16604	192	910	1862	37438
56071	20042		1024	217	54830
58939	18828	30	1082	616	57211
88504	20687		717	551	87236
24539	9289	283	1072	155	23029
1927	666		149	10	1768
37266	8070		496	210	36560
50909	14410	6	831	2575	47497
28588	8029	45	908	318	27317
15555	1720	125	474	81	14875
269	121		40	12	217
31219	10662	26	919	2262	28012
17910	6906		445	283	17182
10322	1731		156	812	9354
2762	1667		231	22	2509
7507	4372	2	253	259	6993

C-2-14续表1

地 区	受教育程度		职业资格水平	
	大学专科人数	大学本科及以上人数	助理社会工作师人数	社会工作师人数
全 国	**137504**	**67800**	**21280**	**12647**
中央级	3	195		2
北 京	1200	748	139	86
天 津	1067	488	217	184
河 北	6122	2146	720	266
山 西	2936	1234	167	380
内蒙古	1651	1235	157	126
辽 宁	6424	3800	1061	652
吉 林	1846	852	150	179
黑龙江	1976	1808	680	245
上 海	1659	2132	2084	900
江 苏	12100	5783	1982	944
浙 江	6787	3222	577	250
安 徽	4498	1860	354	272
福 建	3598	1165	381	240
江 西	3749	1332	1897	271
山 东	7081	5178	841	302
河 南	7908	3566	1099	952
湖 北	10107	1990	530	323
湖 南	12152	4195	499	426
广 东	9984	6009	2071	1517
广 西	1877	2754	201	137
海 南	401	279	22	6
重 庆	3907	1533	589	233
四 川	7870	4393	2853	2535
贵 州	6269	2785	131	104
云 南	689	518	60	78
西 藏	50	49	3	3
陕 西	5103	2221	405	360
甘 肃	4136	2507	458	272
青 海	2116	393	68	76
宁 夏	782	292	68	21
新 疆	1456	1138	816	305

年龄结构			
35岁及以下人数	36—45岁人数	46—55岁人数	56岁及以上人数
156389	**272075**	**228161**	**103100**
49	96	34	19
1274	1999	2448	1276
864	1171	1263	388
11297	21597	16194	6291
2375	6518	8236	4691
1849	3039	1760	502
4490	9113	6229	2004
1040	3021	1404	111
2939	4199	2515	2115
3033	6733	8998	3761
15406	31203	21422	6654
5809	14092	15316	21814
3857	7905	5199	1557
3571	8739	10196	3927
6179	11703	14193	6472
8151	9188	5583	1406
6970	13526	12280	5419
8908	19511	15100	5090
8563	17829	16356	6052
18087	17472	12557	4531
6467	7729	6720	2087
400	906	492	73
2733	4580	5098	2041
8153	12522	10492	4946
7237	10943	7032	1496
1204	3025	2283	484
146	68	44	6
4992	10892	9839	2411
5308	6743	3394	1814
1385	2188	3539	3209
852	1035	694	155
2801	2790	1251	298

C-2-14续表2

地　区	企业会计制度财务指标			
	固定资产原价	营业收入	费用合计	营业利润
全　国	55074.4	19900.0	5865.7	-1998.7
中央级				
北　京	376.1	100.9	705.0	-202.4
天　津	87.0			-1.7
河　北	391.0		19.7	
山　西				
内蒙古	22.0	69.3		
辽　宁	147.2	97.5	9.9	-0.8
吉　林				
黑龙江				
上　海	4524.4	2691.9		-19.1
江　苏	75.0	20.0		
浙　江				
安　徽	829.4	587.4		-72.9
福　建	456.6	351.0	160.7	-79.0
江　西	727.4	440.0	99.1	1.0
山　东	1588.7	181.7	11.1	-20.3
河　南	8638.6	151.1	158.9	-49.3
湖　北	1488.9	1580.1	36.6	
湖　南	3.0			
广　东	8099.6	1354.1	378.5	-137.0
广　西		90.1		-8.2
海　南				
重　庆	1079.1	272.3	212.4	-209.6
四　川	10942.2	11345.2	3944.0	-1090.1
贵　州	420.6	251.5	3.3	-43.0
云　南	8.9	6.2	3.1	
西　藏				
陕　西	14049.9	167.2	45.1	-66.3
甘　肃				
青　海				
宁　夏				
新　疆	1118.8	142.5	78.3	

政府会计制度准则（事业单位）财务指标			民间非营利组织会计制度财务指标		
固定资产原价	本年收入合计	本年支出合计	固定资产原价	本年收入合计	本年费用合计
1859138.0	**1275840.3**	**1285889.0**	**80764.3**	**58436.9**	**60446.4**
266283.4	112161.7	121910.8			
20393.2	28419.7	30580.7	115.9	361.7	693.2
19856.3	7832.9	8894.9	60.0		
27624.4	23569.9	23218.3	3097.8	1556.0	2000.0
56426.4	47159.9	46384.0	5806.8	946.4	256.7
66713.0	31200.3	32416.2	100.0	31.6	
87559.0	22538.0	19910.1	706.9	252.5	250.9
7437.2	44896.8	45834.1			
56468.1	51112.4	57175.0	243.2	80.7	84.8
18704.8	71499.4	72006.7	8887.0	15639.0	22730.8
111550.6	50943.1	45839.0	27451.9	18661.5	12088.5
75251.4	60650.9	60356.4	3022.7	2164.8	2107.8
68544.8	24045.2	24087.1	2774.6	1930.2	1853.5
32307.1	17969.7	17286.7	206.3	345.8	305.9
54574.1	21894.4	21051.3	220.2	229.0	93.7
226033.1	51357.1	54392.8	2608.9	2076.4	2576.5
95581.8	46753.0	45861.4	4027.0	1447.7	1971.5
17426.0	90155.5	77367.2	500.4	329.8	266.7
69321.6	42986.4	42987.0	570.7	106.4	82.3
67779.8	68971.7	68000.1	2557.0	4606.7	4680.0
56358.1	57691.7	57868.5	41.5	7.5	17.6
13282.0	12759.6	12991.1		28.6	
20040.2	73742.2	75462.8	196.6	880.9	907.9
49506.4	55755.6	57568.9	3666.7	2104.7	2343.7
32476.5	25800.6	25506.4	1947.3	422.5	68.2
57601.0	32448.8	33653.4	64.7	213.0	271.3
2262.3	4139.3	5139.8			
74501.2	41714.3	45422.2	10810.3	3185.0	3801.4
24943.8	13463.4	16675.6	669.3	488.1	257.0
11060.7	5576.9	4411.2	34.0	10.0	10.0
14996.1	8570.9	7794.7	132.7	136.4	96.8
56273.6	28059.0	27834.6	243.9	194.0	629.7

C-2-15 社区养老服务

地　　区	机构和设施数	#农村	年末职工人数	#女性
全　　国	362843	243064	740550	292706
北　　京	1681	763	6760	4241
天　　津	1516	808	3588	1487
河　　北	33162	27460	55068	19567
山　　西	7838	6423	21141	6467
内　蒙古	3140	1880	6498	2643
辽　　宁	8324	4645	21470	12048
吉　　林	3985	2412	3885	1952
黑龙江	4555	1574	11313	4335
上　　海	13623	4334	22069	9976
江　　苏	17856	9859	73741	24659
浙　　江	28733	18692	56504	30156
安　　徽	8484	5238	17885	6137
福　　建	18528	14074	26181	8994
江　　西	22259	16195	38095	12289
山　　东	32823	22485	23282	8536
河　　南	14942	5064	37278	16221
湖　　北	23126	17113	47585	19596
湖　　南	29337	22876	47718	18458
广　　东	21414	13856	51900	20361
广　　西	12193	11124	21931	8719
海　　南	436	219	1737	611
重　　庆	5823	2808	13956	7830
四　　川	10904	4992	35282	14044
贵　　州	8528	6281	25800	7609
云　　南	4952	3716	6522	1464
西　　藏	18	10	226	107
陕　　西	10716	8452	27215	10241
甘　　肃	9511	6948	16814	6702
青　　海	1518	1176	9714	1434
宁　　夏	1600	940	2505	1542
新　　疆	1318	647	6887	4280

机构和设施

受教育程度		职业资格水平	
大学专科人数	大学本科及以上人数	助理社会工作师人数	社会工作师人数
112933	**57581**	**20739**	**11783**
1145	575	131	77
1051	428	217	184
4941	1994	716	258
2949	885	166	357
1349	837	145	80
5529	3570	1060	652
1114	141	112	166
1840	1593	667	234
1575	1815	2055	858
11124	5371	1938	884
6675	2902	545	217
4150	1554	337	244
2854	987	375	218
2926	1142	1890	255
6861	4467	813	149
7042	3125	1082	903
5980	1595	501	285
7568	3749	471	394
8185	5562	2001	1481
1591	2132	173	94
385	219	22	4
3227	1133	556	215
7532	3903	2837	2496
4956	2192	111	65
522	209	29	20
60	39	3	3
3262	1714	396	338
3044	2322	453	264
1343	215	57	72
585	170	66	11
1568	1041	814	305

C-2-15续表1

地 区	年龄结构			
	35岁及以下人数	36—45岁人数	46—55岁人数	56岁及以上人数
全 国	150072	264046	224059	102373
北 京	1205	1900	2391	1264
天 津	850	1125	1237	376
河 北	11198	21454	16134	6282
山 西	2198	6224	8052	4667
内蒙古	1621	2759	1636	482
辽 宁	4388	8952	6159	1971
吉 林	547	2217	1065	56
黑龙江	2817	3992	2400	2104
上 海	2890	6523	8914	3742
江 苏	15035	30851	21229	6626
浙 江	5639	13878	15191	21796
安 徽	3590	7654	5098	1543
福 建	3490	8667	10117	3907
江 西	6031	11489	14113	6462
山 东	7862	8754	5315	1351
河 南	6684	13155	12066	5373
湖 北	8620	19085	14832	5048
湖 南	8189	17374	16140	6015
广 东	17908	17136	12371	4485
广 西	6154	7282	6450	2045
海 南	338	866	463	70
重 庆	2585	4362	4986	2023
四 川	7904	12136	10328	4914
贵 州	6926	10549	6846	1479
云 南	1015	2817	2217	473
西 藏	131	53	36	6
陕 西	4655	10528	9646	2386
甘 肃	5110	6592	3321	1791
青 海	969	2057	3495	3193
宁 夏	776	927	651	151
新 疆	2747	2688	1160	292

床位数 合计	#农村	社区日间照料 床位数	#农村	社区全托服务 床位数	#农村
3057605	**2027958**	**2217827**	**1449630**	**839778**	**578328**
14722	8966	9795	5989	4927	2977
13438	6942	11562	6859	1876	83
207684	176658	154536	128054	53148	48604
83672	67639	69779	58189	13893	9450
129288	118710	18973	10653	110315	108057
60757	33483	34201	18973	26556	14510
15713	10421	15314	10050	399	371
31282	15236	12860	5230	18422	10006
25375	4073	15605	1908	9770	2165
285558	135935	255566	124637	29992	11298
126199	81022	112439	75858	13760	5164
65585	41710	32249	17636	33336	24074
170500	128546	132901	102019	37599	26527
86025	43175	57407	32391	28618	10784
285623	217224	272948	204774	12675	12450
145677	44547	100251	28994	45426	15553
213608	140394	201342	135994	12266	4400
173145	126985	136135	103983	37010	23002
196772	135817	173894	128791	22878	7026
167620	139293	42485	32262	125135	107031
5154	3041	1509	558	3645	2483
81834	46511	30511	9566	51323	36945
93645	45848	43751	18114	49894	27734
62965	44141	33503	23339	29462	20802
40977	25117	38436	23695	2541	1422
795	382	420	95	375	287
106402	80501	82535	61410	23867	19091
117028	75893	101346	67843	15682	8050
12614	6142	10767	5526	1847	616
7017	3341	5345	2316	1672	1025
30931	20265	9462	3924	21469	16341

C-2-15续表2

地　区	年末全托照料服务人数	#农村	社区养老服务人次数	#农村	机构建筑面积	#农村
全　国	295462	223154	144093729	59840880	109775029	63879929
北　京	1944	1317	12592890	3799793	615557	339820
天　津	107		471490	1200	704232	336396
河　北	15918	14780	2988128	2482890	6028114	4035638
山　西	4574	3387	7210223	5242075	2391630	1745714
内蒙古	54321	53688	1519158	1166073	4570258	3945814
辽　宁	8606	3226	1674327	419934	2593658	1195133
吉　林	152	152	149820	63764	935497	590577
黑龙江	5366	2842	195373	87210	1508168	361649
上　海	2758	104	3689456	2161690	3124845	790158
江　苏	7999	2548	4667577	2092020	4852805	2226315
浙　江	5290	1894	17028274	12209801	8138287	5163703
安　徽	8604	7484	743121	390918	2516216	1182421
福　建	19874	16161	6632524	4589832	5886233	4281889
江　西	11362	7079	2158659	1330504	5653594	3594510
山　东	4712	4682	6209905	4500703	15393561	9229933
河　南	8455	4927	5494815	978121	5637682	1342936
湖　北	5386	3710	34517768	4652437	5403319	3280595
湖　南	22241	15281	1669647	713575	5619914	3909861
广　东	9982	3418	21875788	6891634	5227191	2719010
广　西	16279	14243	1016535	834634	4049825	2868833
海　南	942	775	126918	18439	168201	82227
重　庆	21613	15974	3565476	1372187	2696164	1333331
四　川	13318	7487	3957067	989924	4498900	1872195
贵　州	15813	13453	363306	213003	2531571	1756286
云　南	397	224	489125	389938	1865664	1236161
西　藏	77	77	89		65493	47641
陕　西	14084	12860	2269252	1879551	3083934	2203020
甘　肃	6253	4216	438183	281653	1653549	1049329
青　海	801	237	9458	9276	316127	163906
宁　夏	776	595	154207	73430	493598	158813
新　疆	7458	6333	215170	4671	1551242	836115

企业会计制度财务指标				民间非营利组织会计制度财务指标		
固定资产原价	营业收入	费用合计	营业利润	固定资产原价	本年收入合计	本年费用合计
27758.3	**16620.7**	**5865.7**	**-1905.0**	**75663.7**	**53136.4**	**57150.4**
376.1	100.9	705.0	-202.4	115.9	361.7	693.2
1.0				60.0		
391.0		19.7		3048.0	1556.0	2000.0
				5806.8	946.4	256.7
22.0	69.3			100.0	31.6	
147.2	97.5	9.9	-0.8	706.9	252.5	250.9
				243.2	80.7	84.8
				7408.4	12752.9	21249.6
75.0	20.0			27451.9	18661.5	12088.5
				1183.8	1488.4	1582.9
				1253.5	498.6	590.4
456.6	351.0	160.7	-79.0	206.3	345.8	305.9
727.4	440.0	99.1	1.0	220.2	229.0	93.7
1588.7	181.7	11.1	-20.3	2608.9	2076.4	2576.5
8638.6	151.1	158.9	-49.3	4027.0	1447.7	1971.5
1488.9	1580.1	36.6		500.4	329.8	266.7
3.0				570.7	106.4	82.3
243.8	1354.1	378.5	-137.0	2557.0	4606.7	4680.0
	90.1		-8.2	41.5	7.5	17.6
				28.6		
1079.1	272.3	212.4	-209.6	196.6	880.9	907.9
10942.2	11345.2	3944.0	-1090.1	3666.7	2104.7	2343.7
420.6	251.5	3.3	-43.0	1947.3	422.5	68.2
8.9	6.2	3.1		64.7	213.0	271.3
29.4	167.2	45.1	-66.3	10810.3	3185.0	3801.4
				569.8	268.1	257.0
				34.0	10.0	10.0
				20.0	50.0	70.0
1118.8	142.5	78.3		243.9	194.0	629.7

地　区	单位数	#农村	年末职工人数	#女性
全　国	**2958**	**2649**	**15724**	**8340**
北　京				
天　津				
河　北	109	92	1179	775
山　西	161	147	1018	464
内蒙古	15	14	89	18
辽　宁	135	83	1202	495
吉　林				
黑龙江	20	19	196	72
上　海				
江　苏	5	3	32	12
浙　江	30	22	190	127
安　徽	18	18	46	27
福　建	310	274	840	345
江　西	2	1	24	19
山　东	85	85	1197	707
河　南	67	48	491	231
湖　北	26	22	56	43
湖　南				
广　东	8	2	113	61
广　西	686	634	1439	718
海　南	69	60	357	210
重　庆	240	238	1007	551
四　川	233	214	1249	452
贵　州	234	223	770	258
云　南	12	5	51	17
西　藏	5	5	108	84
陕　西	107	85	893	540
甘　肃	114	106	343	110
青　海	5		9	5
宁　夏	1		17	13
新　疆	261	249	2808	1986

人员供养服务机构

单位：个、人

受教育程度		职业资格水平	
大学专科人数	大学本科及以上人数	助理社会工作师人数	社会工作师人数
2233	**1022**	**217**	**341**
215	50	22	6
253	76	29	9
2			
193	244	20	29
	9	6	
13	3	3	
15	10	5	
4	3		1
99	21		2
		1	
316	120		
35	6	9	1
	1	3	1
21	13		1
146	43	28	56
50	15	2	1
84	27	2	1
115	68	4	8
141	74	30	9
10	2		
31	16	1	
136	38	8	4
58	37	6	13
1		3	1
3			
292	146	35	198

C-2-16续表

地区	年龄结构			
	35岁及以下人数	36-45岁人数	46-55岁人数	56岁及以上人数
全　国	**3175**	**5261**	**4772**	**2516**
北　京				
天　津				
河　北	149	466	343	221
山　西	163	246	374	235
内蒙古	20	32	23	14
辽　宁	104	603	308	187
吉　林				
黑龙江	23	27	74	72
上　海				
江　苏	11	14	7	
浙　江	18	33	59	80
安　徽	3	4	19	20
福　建	57	243	327	213
江　西		5	17	2
山　东	244	218	404	331
河　南	56	124	224	87
湖　北	3	34	13	6
湖　南				
广　东	15	50	37	11
广　西	197	512	541	189
海　南	69	143	124	21
重　庆	125	282	398	202
四　川	139	498	353	259
贵　州	195	246	228	101
云　南	16	15	16	4
西　藏	62	24	18	4
陕　西	190	303	279	121
甘　肃	68	109	136	30
青　海	6	3		
宁　夏		6	8	3
新　疆	1242	1021	442	103

单位：人、张、平方米

全托服务 床位数	#农村	年末全托照料 服务人数	#农村	机构建筑面积	#农村
173080	**153202**	**54712**	**49506**	**5129732**	**4348686**
10221	9217	3197	3061	356903	253695
9919	8811	3612	3196	279750	252741
539	487	279	278	24466	23666
9119	6440	3116	1786	236981	153236
1386	1386	170	170	56739	49739
176		53		4120	1620
1323	1205	378	311	33157	19402
594	594	107	107	19648	19648
15234	13511	2811	2470	392980	338850
70	70			6000	2000
12440	12440	4682	4682	464764	464764
5049	3708	823	723	118399	81947
99	95	31	31	31565	25377
578	198	139	2	44931	11208
26083	21418	4949	4066	597278	424912
3022	2397	932	773	67446	38671
15569	15429	7937	7898	360050	357700
22087	19904	5267	5133	534355	495505
12271	11614	2728	2687	507214	481461
991	471	249	130	10240	3940
287	287	77	77	43586	43586
10266	8981	6746	6172	214171	167029
1911	1727	273	237	58478	56808
14				2000	
150		120		999	
13682	12812	6036	5516	663512	581181

C-2-17　全托服务社区养老

地　区	机构和设施数	#农村	年末职工人数	#女性
全　国	14219	6320	79857	34872
北　京	517	313	2165	1441
天　津	54	1	322	123
河　北	203	29	861	520
山　西	142	17	1134	407
内蒙古	100	7	572	301
辽　宁	611	150	3439	1831
吉　林	15	10	71	57
黑龙江	355	50	3871	861
上　海	204	16	1460	1023
江　苏	1127	537	6374	1578
浙　江	621	323	4267	1481
安　徽	484	313	2297	735
福　建	307	96	1449	891
江　西	942	126	3294	1148
山　东	35		230	158
河　南	803	242	4920	2380
湖　北	461	131	1841	683
湖　南	1446	494	3575	1801
广　东	1589	1046	10247	3736
广　西	418	219	8518	5150
海　南	17	4	119	57
重　庆	692	430	3385	1959
四　川	797	242	4717	2540
贵　州	1224	945	5852	1883
云　南	133	76	335	70
西　藏	2	1	32	
陕　西	213	101	1418	564
甘　肃	484	285	1803	843
青　海	40	11	372	157
宁　夏	72	56	218	102
新　疆	111	49	699	392

服务机构和设施

单位：个、人

受教育程度		职业资格水平	
大学专科人数	大学本科及以上人数	助理社会工作师人数	社会工作师人数
12373	**8076**	**2247**	**1521**
400	197	47	19
98	39	25	6
132	93	37	38
250	103	19	15
106	55	8	4
701	506	278	188
4			
140	307	151	51
200	127	22	8
1049	596	207	88
244	274	57	17
394	230	48	36
296	141	84	20
355	178	144	109
100	50	2	
1036	645	128	169
201	64	50	38
867	348	137	30
1161	622	265	297
737	1610	91	13
22	14		
688	209	122	43
773	601	101	210
1114	537	39	8
18	70	2	1
7	5		
433	100	52	42
618	232	64	29
78	25	14	23
8	3	3	
143	95	50	19

C-2-17续表1

地 区	年龄结构			
	35岁及以下人数	36—45岁人数	46—55岁人数	56岁及以上人数
全 国	23589	28104	19931	8233
北 京	340	634	839	352
天 津	64	123	122	13
河 北	193	330	252	86
山 西	289	455	295	95
内蒙古	225	237	82	28
辽 宁	760	1091	1118	470
吉 林	10	38	21	2
黑龙江	307	1959	341	1264
上 海	97	360	618	385
江 苏	2426	2360	1223	365
浙 江	301	2529	798	639
安 徽	389	795	745	368
福 建	317	449	434	249
江 西	654	1262	1147	231
山 东	54	108	63	5
河 南	1084	1951	1424	461
湖 北	321	792	572	156
湖 南	941	1337	1083	214
广 东	5677	2421	1576	573
广 西	4114	2382	1663	359
海 南	21	69	25	4
重 庆	438	1038	1409	500
四 川	1027	1307	1646	737
贵 州	1905	2208	1389	350
云 南	82	179	68	6
西 藏	12	12	8	
陕 西	478	607	242	91
甘 肃	668	622	404	109
青 海	129	121	51	71
宁 夏	68	90	53	7
新 疆	198	238	220	43

单位：人、张

床位数合计	社区日间照料床位数	#农村	社区全托服务床位数	#农村	#护理型床位
448231	105031	37287	343200	119797	121753
9786	4859	3799	4927	2977	1815
1946	70		1876	83	736
5659	1976	346	3683	662	1161
4797	854	210	3943	630	767
3023	744	86	2279	421	688
18525	5841	2556	12684	5147	1698
584	295	241	289	261	10
17187	5015	1829	12172	4506	1795
10227	457	86	9770	2165	1608
39139	10364	4126	28775	10818	3854
18627	6190	3698	12437	3959	3918
24411	1403	206	23008	13847	5658
15827	1076	306	14751	5985	11342
32576	13491	820	19085	1564	9520
1460	1235		225		
39412	6573	1145	32839	5370	17543
14948	2920	304	12028	4213	5953
21991	5235	2576	16756	4741	7382
30936	10808	5659	20128	4870	4286
23828	1336	551	22492	10510	4797
647	69	10	578	86	24
32198	3446	418	28752	16908	15861
32859	5820	1770	27039	7143	15297
17579	4649	2705	12930	5425	2448
2340	873	212	1467	898	159
188	100	12	88		
6942	2147	755	4795	2517	591
11128	4842	2118	6286	2152	1889
2179	499	46	1680	463	210
524	265	97	259	92	2
6758	1579	600	5179	1384	741

地　区	年末全托照料服务人数	#农村	社区养老服务人次数	#农村	机构建筑面积	#农村
全　国	95363	33597	18598629	121753	11626257	3653480
北　京	1944	1317	2348508	1815	267689	183929
天　津	107		11890	736	66852	2500
河　北	1115	115	69337	1161	200784	32316
山　西	931	178	250140	767	147491	18571
内蒙古	573	271	21282	688	122200	4800
辽　宁	4627	924	482902	1698	606710	301712
吉　林	152	152	2240	10	5655	4080
黑龙江	3802	1278	34805	1795	201184	40050
上　海	2758	104	76908	1608	277602	54282
江　苏	7426	2068	196192	3854	616063	184524
浙　江	4912	1583	578043	3918	582364	297423
安　徽	3850	2831	131102	5658	247585	140153
福　建	4384	1051	250546	11342	522452	131080
江　西	4935	1005	307370	9520	750692	56584
山　东	30		1109		50448	
河　南	4395	1333	666928	17543	1121983	118021
湖　北	4036	2400	3202121	5953	459428	144741
湖　南	7826	2307	166815	7382	527465	173964
广　东	7985	1727	7672397	4286	721138	159704
广　西	2365	1277	162888	4797	851466	295313
海　南	10	2	500	24	11553	4801
重　庆	10918	6249	1046043	15861	885011	462209
四　川	7468	1835	396535	15297	1020585	243113
贵　州	3607	1482	41192	2448	519314	280153
云　南	142	88	3220	159	68374	37053
西　藏					2435	400
陕　西	1511	1050	468838	591	191229	109310
甘　肃	2179	661	6821	1889	257028	97234
青　海	733	169	164	210	72470	15802
宁　夏	1		2	2	38151	11930
新　疆	641	140	1791	741	212856	47728

单位：人、人次、平方米、万元

企业会计制度财务指标				民间非营利组织会计制度财务指标		
固定资产原价	营业收入	费用合计	营业利润	固定资产原价	本年收入合计	本年费用合计
25006.0	**16139.8**	**5087.0**	**-1593.4**	**39861.9**	**27996.1**	**37199.2**
55.9	43.0	22.5	-20.7	92.9	299.1	612.9
1.0				60.0		
390.0		19.7		1661.0	141.2	295.4
				5806.8	946.4	256.7
22.0	69.3			100.0	31.6	
89.9	97.4	2.5		706.9	252.5	250.9
				242.0	41.0	84.8
				7408.4	12739.8	21249.6
71.0	20.0			4040.2	1649.6	1208.1
				601.1	1163.8	1151.3
				1118.8	238.5	281.9
456.6	351.0	160.7	-79.0	206.3	345.8	305.9
727.4	440.0	99.1	1.0	120.2	229.0	93.7
59.2				339.1	853.1	815.7
7833.1	147.7	126.6	-49.8	954.8	1053.7	1573.5
1488.9	1580.1	36.6		497.4	299.8	266.7
3.0				539.6	78.2	39.0
243.8	1354.1	378.5	-137.0	476.2	3661.4	3766.4
	90.1		-8.2	30.0		6.0
					28.6	
1079.1	272.3	212.4	-209.6	33.0	838.7	887.0
10942.2	11345.2	3944.0	-1090.1	3400.8	1929.1	2144.4
400.2	180.9	3.0		1921.3	385.6	68.2
8.9	6.2	3.1		36.0	62.3	64.6
15.0				8651.4	205.2	809.8
				569.8	268.1	257.0
				34.0	10.0	10.0
				20.0	50.0	70.0
1118.8	142.5	78.3		193.9	194.0	629.7

地 区	机构和设施数	#农村	年末职工人数	#女性	受教育程度	
					大学专科人数	大学本科及以上人数
全 国	**135662**	**61937**	**333844**	**138099**	**63179**	**32470**
北 京	910	335	3763	2319	677	340
天 津	1413	805	2766	1145	775	331
河 北	4742	258	13300	6732	3074	1473
山 西	7058	6146	16992	4729	2090	554
内 蒙 古	1011	110	3780	1815	1015	560
辽 宁	2565	263	10255	6649	3568	2409
吉 林	1468	32	3198	1687	741	140
黑 龙 江	1754	838	3448	1631	751	359
上 海	1046	89	3560	1481	317	571
江 苏	15222	8706	59097	20042	9260	3971
浙 江	20159	12850	37985	22246	5793	2338
安 徽	4378	2745	11728	3832	3251	1152
福 建	4218	1478	8309	3338	1182	535
江 西	3623	108	7922	3054	1612	701
山 东	7394	142	14445	4758	3450	3931
河 南	8035	475	21437	9625	5098	2337
湖 北	6096	1826	13644	6155	2023	607
湖 南	7524	3786	13704	5359	2099	792
广 东	12851	8736	24240	8727	3246	3123
广 西	1247	674	4431	1175	516	321
海 南	251	131	982	200	245	155
重 庆	2616	894	5746	3333	1619	647
四 川	8175	3739	16615	6829	3824	988
贵 州	3613	2328	11631	3367	2291	1228
云 南	2542	1683	4332	1098	372	120
西 藏	10	3	86	23	22	18
陕 西	1498	224	5259	2230	842	577
甘 肃	2956	2215	5933	1543	1304	1183
青 海	191	20	1223	587	738	126
宁 夏	481	226	1303	830	342	117
新 疆	615	72	2730	1560	1042	766

服务机构和设施

职业资格水平		年龄结构			
助理社会工作师人数	社会工作师人数	35岁及以下人数	36—45岁人数	46—55岁人数	56岁及以上人数
10401	**5392**	**71941**	**127793**	**95772**	**38338**
81	58	693	1008	1273	789
127	175	729	886	955	196
426	197	4367	6049	2283	601
101	317	1448	4602	6840	4102
58	49	1042	1647	933	158
647	321	2770	4798	2250	437
63	98	480	1784	896	38
194	34	942	1032	1171	303
799	12	1373	829	879	479
1381	747	12149	23258	18435	5255
446	183	4056	10128	11996	11805
257	184	2805	5128	2873	922
210	121	1531	3587	2452	739
423	93	2149	3223	1880	670
674	141	4070	6859	2876	640
905	710	3981	8265	6570	2621
336	138	2320	4974	4381	1969
223	233	2235	5089	5127	1253
906	584	7134	9422	6229	1455
36	19	1158	1902	1056	315
20	2	150	555	255	22
324	145	1369	1842	1859	676
662	331	3693	6724	4900	1298
17	45	3100	5198	2973	360
27	18	585	2205	1118	424
2	3	57	17	10	2
255	238	1283	2066	1520	390
206	121	2313	2409	959	252
4	26	454	616	140	13
59	8	431	547	276	49
532	41	1074	1144	407	105

C-2-18续表

地 区	日间照料床位数	#农村	社区养老服务人次数	#农村	机构建筑面积	#农村
全 国	1080429	477013	75497409	22607259	41431109	15159236
北 京	4936	2190	7850268	1562286	285199	125694
天 津	11492	6859	397902	650	614137	332440
河 北	21750	1853	439622	7181	1426189	84581
山 西	68291	57780	6154778	5163245	1729584	1410925
内蒙古	8348	782	410387	121802	421213	36729
辽 宁	11404	2221	766301	4634	886501	137519
吉 林	4775	130	82473	1762	332196	7924
黑龙江	6229	2101	31109	5671	352535	121603
上 海	15148	1822	1255205	350950	346299	31241
江 苏	232599	117017	4362789	1906615	3951142	1934673
浙 江	106249	72160	9610611	7336542	5884941	3814226
安 徽	26911	14619	358665	171030	1526253	616323
福 建	31948	9820	1971305	857269	1250691	408276
江 西	9704	534	267351	6215	1023588	28430
山 东	66939		199141	492	4685472	22956
河 南	61680	3999	3654176	138260	2890946	143188
湖 北	63943	12350	25059354	892552	1630818	362912
湖 南	40219	17476	827878	184318	1528520	624911
广 东	112504	79020	6765702	2567817	2892634	1759048
广 西	14039	5315	80431	15193	541483	198163
海 南	1149	504	45681	18439	69083	36178
重 庆	17036	4082	1301896	151060	853148	223086
四 川	35360	14526	2083430	570808	2371271	939505
贵 州	13299	6931	142667	40407	890722	544277
云 南	30211	17151	406445	312930	1216888	721060
西 藏	314	77	89		19352	3535
陕 西	14360	1186	344150	23228	564872	67287
甘 肃	37665	21499	335629	185206	485842	294314
青 海	2773	490	80		84628	12520
宁 夏	3827	1347	83666	9362	230238	55070
新 疆	5327	1172	208228	1335	444724	60642

单位：张、人次、平方米、万元

企业会计制度财务指标				民间非营利组织会计制度财务指标		
固定资产原价	营业收入	费用合计	营业利润	固定资产原价	本年收入合计	本年费用合计
2752.3	**480.9**	**778.7**	**-311.6**	**35801.8**	**25140.3**	**19951.2**
320.2	57.9	682.5	-181.7	23.0	62.6	80.3
1.0				1387.0	1414.8	1704.6
57.3	0.1	7.4	-0.8			
				1.2	39.7	
					13.1	
4.0				23411.7	17011.9	10880.4
				582.7	324.6	431.6
				134.7	260.1	308.5
				100.0		
1529.5	181.7	11.1	-20.3	2269.8	1223.3	1760.8
805.5	3.4	32.3	0.5	3072.2	394.0	398.0
				3.0	30.0	
				31.1	28.2	43.3
				2080.8	945.3	913.6
				11.5	7.5	11.6
				163.6	42.2	20.9
				265.9	175.6	199.3
20.4	70.6	0.3	-43.0	26.0	36.9	
				28.7	150.7	206.7
14.4	167.2	45.1	-66.3	2158.9	2979.8	2991.6
				50.0		

地　区	单位数	#农村	年末职工人数	#女性	受教育程度	
					大学专科人数	大学本科及以上人数
全　国	157567	143955	220790	75778	21081	7913
北　京						
天　津						
河　北	27563	26819	38537	11184	1292	178
山　西	80	58	69	15	14	1
内蒙古	1509	1492	1461	238	134	24
辽　宁	4955	4146	6393	3020	1016	392
吉　林	2501	2370	611	205	368	
黑龙江	490	391	993	455	3	99
上　海						
江　苏	986	479	6465	2513	661	577
浙　江						
安　徽	1093	1016	2041	780	131	49
福　建	12531	11513	13403	3366	798	144
江　西	14665	13831	21720	5941	638	180
山　东	13372	13372	2480	1033	292	178
河　南	5490	3932	9109	3342	627	18
湖　北	16216	15012	31327	12322	3686	892
湖　南	19270	17805	28291	10668	4198	2394
广　东	3663	2797	8375	3447	1612	548
广　西	9733	9592	6926	1423	145	95
海　南	26	6	86	27	21	9
重　庆	2186	1246	3405	1681	686	140
四　川	657	526	1543	305	191	5
贵　州	3165	2730	6881	1758	1213	241
云　南	966	825	556	126	40	4
西　藏	1	1				
陕　西	8774	8022	19091	6702	1697	924
甘　肃	5854	4323	8149	4093	974	751
青　海	1246	1130	1824	564	451	45
宁　夏	255	244	447	246	112	10
新　疆	320	277	607	324	81	15

养老服务设施

职业资格水平		年龄结构			
助理社会工作师人数	社会工作师人数	35岁及以下人数	36—45岁人数	46—55岁人数	56岁及以上人数
2478	**896**	**34984**	**80715**	**75779**	**29312**
134	7	6076	14094	13059	5308
		4	12	45	8
		190	612	464	195
110	101	704	2393	2430	866
49	68	55	394	146	16
1	63	259	337	380	17
276	5	199	4261	1228	777
14	9	231	686	1092	32
49	47	1226	3812	6156	2209
882	41	2999	5620	8777	4324
35	8	559	821	896	204
7	1	1232	2378	3449	2050
100	106	5827	13076	9683	2741
69	88	4759	10248	9167	4117
274	204	2654	2731	2179	811
4	1	481	2312	3100	1033
		22	21	26	17
57	5	538	1107	1243	517
1	1	199	678	411	255
3	1	1517	2728	2059	577
		86	260	178	32
74	48	2549	7288	7498	1756
142	31	1869	3257	1686	1337
2	14	326	1196	257	45
2	2	196	135	86	30
193	45	227	258	84	38

地 区	床位数合计	社区日间照料床位数	#农村	社区全托服务床位数	#农村
全 国	**1355865**	**1032367**	**935330**	**323498**	**305329**
北 京					
天 津					
河 北	170054	130810	125855	39244	38725
山 西	665	634	199	31	9
内蒙古	117378	9881	9785	107497	107149
辽 宁	21709	16956	14196	4753	2923
吉 林	10354	10244	9679	110	110
黑龙江	6480	1616	1300	4864	4114
上 海					
江 苏	13644	12603	3494	1041	480
浙 江					
安 徽	13669	3935	2811	9734	9633
福 建	107491	99877	91893	7614	7031
江 西	43675	34212	31037	9463	9150
山 东	204784	204774	204774	10	10
河 南	39536	31998	23850	7538	6475
湖 北	134618	134479	123340	139	92
湖 南	110935	90681	83931	20254	18261
广 东	52754	50582	44112	2172	1958
广 西	103670	27110	26396	76560	75103
海 南	336	291	44	45	
重 庆	17031	10029	5066	7002	4608
四 川	3339	2571	1818	768	687
贵 州	19816	15555	13703	4261	3763
云 南	7435	7352	6332	83	53
西 藏	6	6	6		
陕 西	74834	66028	59469	8806	7593
甘 肃	66324	58839	44226	7485	4171
青 海	7648	7495	4990	153	153
宁 夏	2516	1253	872	1263	933
新 疆	5164	2556	2152	2608	2145

年末全托照料服务人数	#农村	社区养老服务人次数	#农村	机构建筑面积	#农村
145387	140051	25255957	22270473	37588141	34445657
11606	11604	2459675	2453188	3634934	3536316
31	13	35404	31456	16925	12710
53469	53139	1040009	1039993	3818677	3807772
863	516	422371	359701	818241	601049
		65107	61782	597351	578573
1394	1394	3881	3881	127612	101854
520	480	9081	3765	180278	97331
4647	4546	141112	128573	259925	236229
12679	12640	3807968	3509093	3406806	3183958
6427	6074	1419847	1285680	3329015	3128140
		4249352	4249352	6145043	6145043
3237	2871	981171	814922	1305037	934120
1319	1279	5144807	3712285	2967652	2731805
14415	12974	562607	482527	3378337	3030310
1858	1689	1101517	883795	863805	574490
8965	8900	703384	701257	1978542	1922345
				1420	600
2758	1827	1216917	722476	561502	290336
583	519	41480	38314	137003	103279
9478	9284	174449	167202	503930	446415
6	6	79460	76138	266038	226280
				120	120
5827	5638	1449740	1403017	2056287	1845508
3801	3318	95666	94473	818337	594259
68	68	9211	9211	146778	131369
655	595	37492	36692	53394	38882
781	677	4249	1700	215152	146564

C-2-20 其他社区

地 区	单位数	#农村	#老年餐桌	年末职工人数	#女性
全 国	52437	28203	23397	90335	35617
北 京	254	115	142	832	481
天 津	49	2	30	500	219
河 北	545	262	10	1191	356
山 西	397	55	118	1928	852
内蒙古	505	257	35	596	271
辽 宁	58	3	3	181	53
吉 林	1		1	5	3
黑龙江	1936	276	8	2805	1316
上 海	12373	4229	894	17049	7472
江 苏	516	134		1773	514
浙 江	7923	5497	4035	14062	6302
安 徽	2511	1146	2020	1773	763
福 建	1162	713	722	2180	1054
江 西	3027	2129	490	5135	2127
山 东	11937	8886	11937	4930	1880
河 南	547	367	110	1321	643
湖 北	327	122	111	717	393
湖 南	1097	791	213	2148	630
广 东	3303	1275	1379	8925	4390
广 西	109	5	6	617	253
海 南	73	18	52	193	117
重 庆	89		33	413	306
四 川	1042	271	444	11158	3918
贵 州	292	55	54	666	343
云 南	1299	1127	30	1248	153
西 藏					
陕 西	124	20	66	554	205
甘 肃	103	19	7	586	113
青 海	36	15	11	6286	121
宁 夏	791	414	434	520	351
新 疆	11		2	43	18

养老服务设施

单位：个、人

受教育程度		职业资格水平	
大学专科人数	大学本科及以上人数	助理社会工作师人数	社会工作师人数
14067	**8100**	**5396**	**3633**
68	38	3	
178	58	65	3
228	200	97	10
342	151	17	16
92	198	79	27
51	19	5	13
1	1		
946	819	315	86
1058	1117	1234	838
141	224	71	44
623	280	37	17
370	120	18	14
479	146	32	28
321	83	440	12
2703	188	102	
246	119	33	22
70	31	12	2
404	215	42	43
2145	1256	556	395
47	63	14	5
47	26		1
150	110	51	21
2629	2241	2069	1946
197	112	22	2
82	13		1
154	75	7	6
90	119	35	70
75	19	34	8
120	40	2	1
10	19	4	2

地 区	年龄结构			
	35岁及以下人数	36-45岁人数	46-55岁人数	56岁及以上人数
全 国	**16383**	**22173**	**27805**	**23974**
北 京	172	258	279	123
天 津	57	116	160	167
河 北	413	515	197	66
山 西	294	909	498	227
内蒙古	144	231	134	87
辽 宁	50	67	53	11
吉 林	2	1	2	
黑龙江	1286	637	434	448
上 海	1420	5334	7417	2878
江 苏	250	958	336	229
浙 江	1264	1188	2338	9272
安 徽	162	1041	369	201
福 建	359	576	748	497
江 西	229	1379	2292	1235
山 东	2935	748	1076	171
河 南	331	437	399	154
湖 北	149	209	183	176
湖 南	254	700	763	431
广 东	2428	2512	2350	1635
广 西	204	174	90	149
海 南	76	78	33	6
重 庆	115	93	77	128
四 川	2846	2929	3018	2365
贵 州	209	169	197	91
云 南	246	158	837	7
西 藏				
陕 西	155	264	107	28
甘 肃	192	195	136	63
青 海	54	121	3047	3064
宁 夏	81	149	228	62
新 疆	6	27	7	3

养老服务人次数	#农村	#老年餐桌	机构建筑面积	#农村
24741734	11170025	17347749	13999790	6272870
2394114	797277	796746	62669	30197
61698	550	61695	23243	1456
19494	4681	2598	409304	128730
769901	911	99032	217880	50767
47480	4028	16189	183702	72847
2753	59	2680	45225	1617
			295	
125578	48288	232	770098	48403
2357343	1810728	927219	2500944	704635
99515	90505		101202	8167
6839620	4720219	5619462	1637825	1032652
112242	48677	46753	462805	170068
602705	208814	556134	313304	219725
164091	32171	130616	544299	379356
1760303	250859	1760303	4047834	2597170
192540	21751	185444	201317	65660
1111486	100	797610	313856	15760
112347	9656	4643	185592	80676
6336172	2851139	5296528	704683	214560
69832	768	2963	81056	28100
80737		67750	18699	1977
620			36453	
1435622	241363	935406	435686	90793
4998	58	3818	110391	3980
			304124	247828
6524	45	5972	57375	13886
67	2		33864	6714
3		3	10251	4215
33047	27376	27852	170816	52931
902		101	14998	

地 区	老年人福利		
	享受高龄津贴的老年人数	享受护理补贴的老年人数	享受养老服务补贴的老年人数
全 国	**35477669**	**985446**	**6213844**
北 京	597945	298030	52505
天 津	53172		
河 北	1343521	68081	117115
山 西	249752	20547	14764
内蒙古	592779	16282	340883
辽 宁	345241	28702	48403
吉 林	127290	6636	23312
黑龙江	224789	12701	69
上 海	4369856	4081	67435
江 苏	3487760	130244	2519521
浙 江	1811367	9410	557424
安 徽	1983789	139223	468246
福 建	773508	7422	479521
江 西	1007024	41953	88584
山 东	7344		
河 南	2313353	8437	366
湖 北	1474423	32595	129632
湖 南	657274		115646
广 东	3096990	14892	89533
广 西	1226936	1	18122
海 南	177801	4258	50784
重 庆	515659	69635	57698
四 川	2667608	570	430677
贵 州	870724	3603	3399
云 南	1169462	7437	241895
西 藏	6854	4664	56
陕 西	3497984	4882	4385
甘 肃	23081	43005	179589
青 海	357950	3380	113416
宁 夏	60725	4603	263
新 疆	385708	172	601

和残疾人福利

单位：人

享受综合补贴的老年人数	残疾人福利	
	困难残疾人生活补贴人数	重度残疾人护理补贴人数
666950	**11803530**	**15839928**
	111366	87602
42616	48572	138627
	525246	748826
	256466	447799
	337639	308354
	284069	427444
	271091	328209
	336243	359223
	80072	207534
	669491	705522
	290825	675773
	860641	937674
	371851	422849
	488124	472696
622263	583110	1281077
1350	927105	1189246
	480592	742634
	602983	851393
	422570	1186249
	466952	629847
	49750	108901
	204402	294797
	849323	1183076
	346304	387029
220	552673	483508
	86168	32243
	641231	437359
501	287751	374714
	67625	70272
	109999	99335
	193296	220116

地　区	单位数	市场监管部门登记	编制部门登记	年末职工人数	受教育程度	
					大学专科人数	大学本科及以上人数
全　国	**22**	**3**	**19**	**1197**	**341**	**644**
中央级	1		1	82	2	80
北　京	1		1	69	34	35
天　津	1	1		5	2	
河　北						
山　西						
内蒙古	1		1	40	12	28
辽　宁						
吉　林	1		1	5		
黑龙江						
上　海	1	1		31	10	11
江　苏	1		1	145	80	15
浙　江						
安　徽	1	1		24	7	4
福　建	1		1	4		2
江　西	1		1	31	7	20
山　东						
河　南	1		1	86	18	58
湖　北	1		1	104	19	56
湖　南	1		1	89	12	61
广　东	1		1	33	3	27
广　西	1		1	29	8	17
海　南						
重　庆						
四　川	1		1	131	41	76
贵　州	1		1	52	6	34
云　南	1		1	83	26	52
西　藏						
陕　西	1		1	78	23	32
甘　肃	1		1	46	26	20
青　海	1		1	7		7
宁　夏						
新　疆	1		1	23	5	9

康复辅具机构

单位：个、人

职业资格水平		年龄结构			
助理社会工作师人数	社会工作师人数	35岁及以下人数	36-45岁人数	46-55岁人数	56岁及以上人数
40	**61**	**381**	**389**	**306**	**121**
	2	20	36	17	9
1		21	21	20	7
					5
2		13	14	10	3
			5		
		3	6	16	6
2	1	77	40	20	8
		6	9	6	3
			4		
1	2	17	5	8	1
5	10	31	22	23	10
	2	41	21	29	13
4	4	29	29	21	10
13	5	1	17	13	2
1	3	2	11	13	3
7	9	38	58	21	14
	2	12	13	24	3
1	16	40	31	9	3
		3	26	40	9
3	5	20	9	6	11
		1	3	2	1
		6	9	8	

C-2-22续表

地　区	企业会计制度财务指标			
	固定资产原价	营业收入	费用合计	营业利润
全　国	**27316.1**	**8527.0**	**5243.3**	**-1224.9**
中央级				
北　京				
天　津	86.0		1.7	-1.7
河　北				
山　西				
内蒙古				
辽　宁				
吉　林				
黑龙江				
上　海	4524.4	2691.9	1618.2	-19.1
江　苏				
浙　江				
安　徽	829.4	587.4	140.0	-72.9
福　建				
江　西				
山　东				
河　南				
湖　北				
湖　南				
广　东	7855.8	1425.9	1339.7	-449.7
广　西				
海　南				
重　庆				
四　川				
贵　州				
云　南				
西　藏				
陕　西	14020.5	3821.8	2143.7	-681.5
甘　肃				
青　海				
宁　夏				
新　疆				

政府会计制度准则（事业单位）财务指标		
固定资产原价	本年收入合计	本年费用合计
134854.0	**41541.3**	**47322.6**
37714.0	8625.0	10594.0
4607.3	2630.8	2789.3
4272.6	1594.4	2325.4
	0.1	0.1
6544.8		
893.5	142.3	148.0
3798.5	1686.0	1686.0
6530.3	2125.4	2914.5
4735.3	5489.3	5547.5
17817.7	3554.1	3661.5
11988.0	2033.6	1984.7
8459.9	4819.6	4616.7
2155.2	1651.6	1651.6
2938.2	3760.4	5746.8
1330.8	1079.4	1277.9
1492.9		239.9
19575.0	2349.3	2138.7

C-2-23 孤儿和家庭

地 区	孤儿	集中养育孤儿	社会散居孤儿	儿童关爱保护	
				儿童督导员	儿童主任
全 国	144447	42311	102136	42933	581809
北 京	1096	931	165	309	6499
天 津	491		167	256	5421
河 北	4591	1451	3140	2821	44450
山 西	3951	1944	2007	1217	20330
内蒙古	1805	614	1191	1195	14583
辽 宁	2407	848	1559	1887	12761
吉 林	2997	1211	1786	1163	9579
黑龙江	2567	584	1983	1584	12656
上 海	951		118	292	6632
江 苏	4771	1832	2939	1375	15286
浙 江	2186		1032	1567	25052
安 徽	4595	1382	3213	1702	18607
福 建	2137	899	1238	1224	17025
江 西	3490		2437	1870	20914
山 东	7354	1590	5764	1872	74053
河 南	14815	3405	11410	2606	52156
湖 北	4290		3286	1453	24651
湖 南	9284	1380	7904	2091	29432
广 东	10500	5166	5334	1670	27164
广 西	8050	1381	6669	1245	16143
海 南	577		402	201	2707
重 庆	3061	528	2533	1040	11288
四 川	16396		14526	2973	27082
贵 州	8179	1152	7027	1725	17986
云 南	7158	953	6205	1706	15642
西 藏	4031		829	854	5508
陕 西	3718	1653	2065	1674	19453
甘 肃	4553	1110	3443	1904	16772
青 海	883		616	305	3116
宁 夏	620	204	416	227	2429
新 疆	2943	2211	732	925	6432

收养登记

单位：人、件

收养登记合计	中国公民收养登记	香港居民	澳门居民	台湾居民	华侨	协议解除收养关系登记
8162	**8154**	**31**	**1**	**23**	**3**	**179**
16	16					12
41	40			3		1
250	250					1
221	221					3
87	87					1
44	44					
22	18					
77	77			2	1	
18	18			1		12
426	426			1		7
258	258				1	47
320	320	1		1		4
283	283	7		3	1	4
276	276	2				5
276	276	2				5
892	892	1				1
417	417	2		2		3
516	514	3		1		6
645	645	9	1	5		29
1101	1101	1		1		14
54	54			1		
137	137	1		1		6
512	512	1		1		14
172	171					2
254	254	1				
17	17					
305	305					1
223	223					1
128	128					
12	12					
162	162					

地 区	被收养人 合计	#女性	#残疾儿童	儿童福利机构 抚养的孤儿	社会散居孤儿
全 国	**8162**	**4295**	**105**	**1594**	**420**
北 京	16	10		2	
天 津	41	25	1	1	
河 北	250	111	15	53	5
山 西	221	116	16	39	6
内蒙古	87	40	1	6	5
辽 宁	44	21		16	2
吉 林	22	13		5	
黑龙江	77	45	3	8	
上 海	18	9			
江 苏	426	241	3	205	9
浙 江	258	147		128	6
安 徽	320	139	9	26	9
福 建	283	152		24	
江 西	276	146	5	30	
山 东	276	133	2	4	8
河 南	892	452	11	157	11
湖 北	417	207	2	46	9
湖 南	516	264	9	55	13
广 东	645	361	12	140	2
广 西	1101	648	3	452	39
海 南	54	39		3	
重 庆	137	61	1	19	
四 川	512	254	3	77	27
贵 州	172	96	1	18	4
云 南	254	145	4		254
西 藏	17	10		2	
陕 西	305	149	2	35	1
甘 肃	223	101	1	18	9
青 海	128	66		6	1
宁 夏	12	5	1	5	
新 疆	162	89		14	

儿童情况

单位：人

继子女收养的未成年人	三代以内同辈旁系血亲的子女	儿童福利机构抚养的未成年人	非社会福利机构抚养的未成年人	生父母有特殊困难无力抚养的子女	生父母均不具备完全民事行为能力且具有严重危害可能的子女
93	4152	405	299	1164	35
3	11				
4	24	10		2	
2	159	9	6	15	1
1	118	14		43	
	32	2	1	41	
1	23	1		1	
3	8	3		1	2
7	52	3		5	2
5	11	1	1		
5	80	49	56	22	
2	82	23	15	1	1
8	232	8		36	1
10	190	9	31	17	2
2	194	2		48	
4	214	24	10	12	
5	502	41	14	159	3
4	263	13	2	77	3
3	388	13	12	32	
11	445	9	3	35	
3	383	94	40	90	
	16	10	15	10	
5	64	14	1	34	
2	178	16	17	182	13
	82	6	23	39	
	13			2	
2	151	6	12	95	3
	104	7	9	73	3
1	45	10	4	60	1
	5		1	1	
	83	8	26	31	

地 区	单位数	编制部门登记	民政部门登记	一个机构多块牌子	年末职工人数	#女性
全　国	930	891	19	20	9206	4370
中央级	1	1			15	8
北　京	9	9			100	63
天　津						
河　北	2	2			11	4
山　西	42	40		2	452	206
内蒙古	25	24	1		341	171
辽　宁						
吉　林	66	65		1	1313	495
黑龙江	24	24			266	119
上　海	15	14		1	245	178
江　苏	11	11			63	35
浙　江	17	9		8	92	47
安　徽	22	22			122	49
福　建	16	16			76	41
江　西	38	32	6		278	148
山　东	44	44			540	274
河　南	39	38		1	392	179
湖　北	77	77			800	374
湖　南	47	47			458	165
广　东	8	3		5	37	12
广　西	128	128			726	402
海　南	3	3			53	24
重　庆	36	36			308	184
四　川	64	63		1	412	195
贵　州	48	48			609	286
云　南	61	61			256	134
西　藏						
陕　西	45	45			534	249
甘　肃	15	15			142	41
青　海	18	5	12	1	499	240
宁　夏	6	6			55	39
新　疆	3	3			11	8

服务机构

单位：个、人

受教育程度		职业资格水平		按职工编制类型分组		
大学专科人数	大学本科及以上人数	助理社会工作师人数	社会工作师人数	事业编制	聘用合同	其他
2769	4998	279	528	8024	861	321
	15			15		
9	83	7	4	100		
2	6		1	11		
158	230	1	9	400	12	40
68	215	10	41	282	43	16
289	597	36	12	1294		19
81	121	9	2	242	23	1
18	223	13	38	204	13	28
5	50	6	12	53	5	5
18	59	10	9	83	8	1
26	91	2	12	115	5	2
18	48	6	19	76		
119	112	6	11	269	5	4
98	405	14	101	523	14	3
133	185	2	28	374	11	7
374	297	29	36	661	111	28
192	155	15	14	393	30	35
15	14	8	8	17	19	1
198	453	13	25	696	20	10
26	23		2	24	29	
45	257	32	18	284	12	12
137	223	9	29	401	9	2
172	410	14	32	591	17	1
59	185	19	37	256		
169	320	6	17	481	25	28
23	63		2	113	15	14
294	115	10	3	15	430	54
18	37	1	6	44	3	8
5	6	1		7	2	2

地 区	年龄结构			
	35岁及以下人数	36-45岁人数	46-55岁人数	56岁及以上人数
全 国	**3262**	**3952**	**1768**	**224**
中央级	8	3	1	3
北 京	32	41	24	3
天 津				
河 北	2	8	1	
山 西	100	212	125	15
内蒙古	121	154	58	8
辽 宁				
吉 林	388	634	263	28
黑龙江	81	118	61	6
上 海	95	116	31	3
江 苏	27	30	6	
浙 江	21	38	28	5
安 徽	48	51	22	1
福 建	32	25	18	1
江 西	94	142	38	4
山 东	194	197	126	23
河 南	130	171	78	13
湖 北	213	352	211	24
湖 南	155	211	82	10
广 东	14	10	8	5
广 西	241	313	153	19
海 南	27	14	11	1
重 庆	112	122	63	11
四 川	137	192	73	10
贵 州	220	265	117	7
云 南	91	127	35	3
西 藏				
陕 西	211	234	85	4
甘 肃	81	43	17	1
青 海	370	89	25	15
宁 夏	13	35	6	1
新 疆	4	5	2	

单位：人、万元

政府会计制度准则（事业单位）财务指标		
固定资产原价	本年收入合计	本年支出合计
47880.9	**443151.6**	**447132.7**
228.8	649.5	772.4
294.8	10836.5	11125.8
1242.9	194.0	194.0
2402.6	32703.5	32469.1
381.2	12255.9	12518.6
1959.6	42239.3	43044.1
3208.8	39594.1	46220.9
1089.3	52245.5	53831.7
207.1	852.4	852.4
33.9	18404.2	18473.3
391.4	1737.0	1751.4
68.3	971.4	874.4
705.3	2260.8	2300.8
3613.3	6474.3	6413.9
1552.7	4152.8	4357.1
12644.4	52752.9	40552.7
860.7	10318.0	13995.5
42.0	51.1	67.9
4133.7	35215.1	35855.6
72.9	9153.4	9153.4
1163.6	52910.6	52933.5
1465.6	26197.5	26592.2
1501.4	4424.0	4849.1
4878.4	5013.8	5076.3
2288.4	20814.2	21263.6
215.2	213.6	1074.7
1196.8	49.0	49.0
31.8	345.1	347.2
6.0	122.1	122.1

C-2-26　城市居民最低生活保障

单位：人

地　区	城市最低生活 保障人数	#女性	#残疾人	#老年人	#未成年人
全　国	6636455	3118285	1442761	1424004	1057485
北　京	69136	29987	16422	14643	10546
天　津	62326	27440	16078	9469	12622
河　北	138381	66148	30124	26257	19555
山　西	160419	77925	32249	33392	22363
内蒙古	242027	119676	57183	72047	16549
辽　宁	254448	108537	79404	40674	36784
吉　林	280234	134436	86246	94471	16858
黑龙江	424029	192639	110446	98416	31577
上　海	124456	51694	35565	12578	16521
江　苏	82045	34257	22105	22533	10123
浙　江	55961	21718	31906	11248	5080
安　徽	261515	123215	73874	86155	26254
福　建	70946	33013	21357	16473	11067
江　西	290804	127382	57853	37930	54872
山　东	90052	41499	38410	18633	10720
河　南	305837	149916	68957	104658	38039
湖　北	237047	110210	62100	57289	23738
湖　南	323431	152893	55251	60123	46572
广　东	146011	69485	49699	26957	30621
广　西	407332	195242	66028	69955	80937
海　南	32435	14466	7031	2805	6353
重　庆	210589	91713	61070	29268	31562
四　川	514327	232396	91069	106447	61763
贵　州	576856	273869	86561	118732	179139
云　南	374976	181998	62694	105373	56760
西　藏	23006	10256	911	3704	5100
陕　西	157010	79578	30333	28913	22797
甘　肃	308629	144765	25129	39270	67648
青　海	72428	39830	7032	15682	14578
宁　夏	75030	38487	16932	13517	12866
新　疆	264732	143615	42742	46392	77521

C-2-27 农村居民最低生活保障

单位：人

地 区	农村最低生活保障人数	#女性	#残疾人	#老年人	#未成年人
全 国	33997379	16154347	6878438	12943435	5555597
北 京	35347	15297	14781	15355	3349
天 津	57160	23959	12584	14248	10673
河 北	1478976	698542	334067	723868	171167
山 西	862506	433181	181119	519340	52034
内蒙古	1324981	718099	189489	958038	40983
辽 宁	609924	288167	122463	294985	44311
吉 林	516899	263420	127078	293592	29721
黑龙江	872769	445063	132156	554358	34073
上 海	30124	14881	21892	15305	84
江 苏	564053	232108	111915	226035	79010
浙 江	499635	192351	218103	210088	45157
安 徽	1677722	785606	422662	656797	212800
福 建	527269	237738	113937	143196	100005
江 西	1443382	634045	284859	435489	274765
山 东	1307397	602684	534131	604000	141462
河 南	2757519	1355299	780688	1248602	366992
湖 北	1251329	581223	329302	472278	142397
湖 南	1470804	696025	302688	486011	266161
广 东	1099334	508055	317112	243941	295170
广 西	2428034	1143866	297927	503133	532504
海 南	145968	67434	23441	27909	37286
重 庆	567470	257760	133346	103633	116730
四 川	3582205	1713049	592581	1586563	489411
贵 州	1714646	812658	237808	472862	507164
云 南	2324665	1111355	421354	805442	395798
西 藏	142398	65155	7650	14621	50021
陕 西	1092006	512878	262110	419985	148130
甘 肃	1590889	646178	138910	397707	346550
青 海	285352	147812	21317	58313	76850
宁 夏	366799	184336	67007	153974	36913
新 疆	1369817	766123	123961	283767	507926

C-2-28　城市特困

地　区	城市特困人员救助供养	#女性	#残疾人	#老年人	#未成年人	按自理能力分		
						全自理	半护理	全护理
全　国	373414	73713	163471	230414	2463	212511	79921	80982
北　京	1532	374	1065	1028	1	415	464	653
天　津	1941	493	828	1335	14	701	412	828
河　北	5493	1310	2860	3087	34	2758	1257	1478
山　西	4318	607	2093	1897	85	2326	1034	958
内蒙古	12487	2108	8566	6460	17	6067	3183	3237
辽　宁	13816	3549	6226	7986	26	7413	3166	3237
吉　林	10532	2741	5479	5933	13	5263	3166	2103
黑龙江	16321	4156	7056	8090	38	9817	4067	2437
上　海	3750	295	147	3596	7	2623	974	153
江　苏	9892	2735	4064	5661	7	4145	1968	3779
浙　江	3734	987	2256	2360	1	1614	1161	959
安　徽	14486	1892	2661	11483	24	9777	2814	1895
福　建	6948	1652	3532	3824	47	3274	1735	1939
江　西	11469	2935	4061	5393	170	6715	2194	2560
山　东	6838	2042	4654	3387	9	2511	2240	2087
河　南	12240	2770	5878	6831	82	6022	3234	2984
湖　北	15781	3951	9523	8603	37	8790	2509	4482
湖　南	19744	5180	10311	9231	86	10936	3675	5133
广　东	22151	7061	15350	10709	55	6660	5520	9971
广　西	24326	4858	12897	13142	150	13958	3522	6846
海　南	2169	438	933	1167	13	1472	375	322
重　庆	75093	5053	18984	62163	579	59565	9343	6185
四　川	36371	5736	11835	25957	172	18615	9597	8159
贵　州	9862	1864	4627	5082	188	7205	1593	1064
云　南	10540	2662	6651	5621	96	5227	3068	2245
西　藏	397	188	41	369		231	103	63
陕　西	5488	1274	3785	2285	60	2094	1873	1521
甘　肃	6029	1783	2693	2995	94	2379	2459	1191
青　海	2173	785	702	1214	42	945	780	448
宁　夏	1344	344	950	577	1	405	575	364
新　疆	6149	1890	2763	2948	315	2588	1860	1701

人员救助供养

单位：人

集中供养	全自理	半护理	全护理	分散供养	全自理	半护理	全护理
136873	**44071**	**39756**	**53046**	**236541**	**168440**	**40165**	**27936**
719	55	225	439	813	360	239	214
455	47	102	306	1486	654	310	522
2088	510	661	917	3405	2248	596	561
1014	211	297	506	3304	2115	737	452
3992	928	1357	1707	8495	5139	1826	1530
3389	1113	884	1392	10427	6300	2282	1845
2648	674	1011	963	7884	4589	2155	1140
5767	1792	2525	1450	10554	8025	1542	987
411	148	155	108	3339	2475	819	45
5420	984	1067	3369	4472	3161	901	410
2414	782	803	829	1320	832	358	130
4127	1140	1690	1297	10359	8637	1124	598
3227	323	1232	1672	3721	2951	503	267
4294	1468	1018	1808	7175	5247	1176	752
3583	479	1540	1564	3255	2032	700	523
4031	1011	1277	1743	8209	5011	1957	1241
8604	2461	2039	4104	7177	6329	470	378
6386	1657	1754	2975	13358	9279	1921	2158
8485	772	1968	5745	13666	5888	3552	4226
13476	5070	2513	5893	10850	8888	1009	953
245	95	65	85	1924	1377	310	237
15129	8062	4092	2975	59964	51503	5251	3210
20074	9207	5312	5555	16297	9408	4285	2604
3524	1725	1051	748	6338	5480	542	316
3874	1045	1405	1424	6666	4182	1663	821
146	81	45	20	251	150	58	43
2941	609	1126	1206	2547	1485	747	315
1850	403	875	572	4179	1976	1584	619
576	150	253	173	1597	795	527	275
832	159	393	280	512	246	182	84
3152	910	1021	1221	2997	1678	839	480

C-2-29　农村特困

地　区	农村特困人员救助供养	#女性	#残疾人	#老年人	#未成年人	按自理能力分		
						全自理	半护理	全护理
全　国	4353738	414173	1226683	3444228	22099	3399559	618873	335306
北　京	5012	337	3266	4330	1	2678	1249	1085
天　津	10003	968	1613	8676		7022	1647	1334
河　北	249307	15423	54998	209165	841	207067	25186	17054
山　西	123712	5820	37211	89713	328	88772	21753	13187
内蒙古	85980	4699	32317	66158	42	67596	10250	8134
辽　宁	125689	14600	22001	106311	109	98021	18816	8852
吉　林	76327	9912	20727	55902	128	58613	11410	6304
黑龙江	92618	16157	25082	62926	219	79991	8276	4351
上　海	1738	305	181	1557		978	660	100
江　苏	191587	13123	23316	180773	78	148757	30383	12447
浙　江	30562	1671	7808	29156	1	19337	7543	3682
安　徽	315169	26275	51800	272444	401	235380	62064	17725
福　建	61354	5167	18553	44877	341	48173	7202	5979
江　西	123439	19937	21658	94259	1117	105226	10869	7344
山　东	336031	21665	121207	286261	144	274668	38156	23207
河　南	470477	40877	145743	374788	4202	365794	72859	31824
湖　北	237274	26392	90012	190933	271	204880	16431	15963
湖　南	353532	37924	92349	262067	1421	292136	33967	27429
广　东	198363	15157	65444	162695	397	151638	21124	25601
广　西	241738	20168	74508	170336	2419	220037	11390	10311
海　南	23394	2415	5084	18049	102	19069	2550	1775
重　庆	100875	5975	23971	84048	815	83850	11874	5151
四　川	400573	34803	80697	337134	1856	278200	83611	38762
贵　州	100890	9289	35140	65977	761	88127	8384	4379
云　南	123786	22971	70909	65217	2925	81247	28876	13663
西　藏	12223	7201	1379	10749	22	6297	4079	1847
陕　西	125780	8880	61278	98183	706	86497	27445	11838
甘　肃	96842	14321	26498	65938	558	60753	26897	9192
青　海	15909	5082	4201	10822	192	7761	5401	2747
宁　夏	7982	1799	3157	5470	9	3937	3256	789
新　疆	15572	4860	4575	9314	1693	7057	5265	3250

人员救助供养

单位：人

集中供养	全自理	半护理	全护理	分散供养	全自理	半护理	全护理
614219	**301038**	**180019**	**133162**	**3739519**	**3098521**	**438854**	**202144**
1538	99	591	848	3474	2579	658	237
899	246	241	412	9104	6776	1406	922
26053	10949	7979	7125	223254	196118	17207	9929
13988	5820	3966	4202	109724	82952	17787	8985
9831	3718	2865	3248	76149	63878	7385	4886
14985	8022	4078	2885	110704	89999	14738	5967
9879	4663	2789	2427	66448	53950	8621	3877
11366	4901	4733	1732	81252	75090	3543	2619
505	189	242	74	1233	789	418	26
31435	19073	7724	4638	160152	129684	22659	7809
12732	5586	4383	2763	17830	13751	3160	919
46174	24106	14756	7312	268995	211274	47308	10413
11714	1813	4885	5016	49640	46360	2317	963
31426	21019	5872	4535	92013	84207	4997	2809
52381	15340	22107	14934	283650	259328	16049	8273
66595	42048	15927	8620	403882	323746	56932	23204
40082	19113	8386	12583	197192	185767	8045	3380
42079	19860	11547	10672	311453	272276	22420	16757
13583	4967	3290	5326	184780	146671	17834	20275
5043	3474	601	968	236695	216563	10789	9343
1730	1066	332	332	21664	18003	2218	1443
10421	6491	2289	1641	90454	77359	9585	3510
63962	36816	16564	10582	336611	241384	67047	28180
14974	9316	3605	2053	85916	78811	4779	2326
15321	5393	5748	4180	108465	75854	23128	9483
5791	2915	1937	939	6432	3382	2142	908
35799	15059	13132	7608	89981	71438	14313	4230
9136	3812	3398	1926	87706	56941	23499	7266
2601	652	1156	793	13308	7109	4245	1954
2647	661	1636	350	5335	3276	1620	439
9549	3851	3260	2438	6023	3206	2005	812

C-2-30　临时救助

地　区	临时救助	#未成年人	按属地分类	
			本地户籍	非本地户籍
全　国	7411096	499800	7363339	47757
北　京	11214	1349	11134	80
天　津	70939	1207	70368	571
河　北	167773	2935	167702	71
山　西	189243	598	189041	202
内蒙古	201829	1238	199634	2195
辽　宁	78673	511	78317	356
吉　林	149689	5832	149605	84
黑龙江	216842	2468	215902	940
上　海	9165	818	8473	692
江　苏	159560	2664	158838	722
浙　江	79358	5007	78322	1036
安　徽	102417	1448	102165	252
福　建	185011	19664	183918	1093
江　西	244721	32444	244263	458
山　东	206243	13060	202052	4191
河　南	200295	13071	198318	1977
湖　北	182573	1419	181390	1183
湖　南	528436	11677	524439	3997
广　东	95048	10725	93443	1605
广　西	119749	23976	117102	2647
海　南	50406	3690	50281	125
重　庆	126168	1052	126081	87
四　川	409635	20337	408437	1198
贵　州	255121	17459	253238	1883
云　南	731588	146621	725776	5812
西　藏	42262	2264	41632	630
陕　西	468427	53276	466104	2323
甘　肃	1179946	48323	1177687	2259
青　海	150709	10897	150341	368
宁　夏	96507	667	95534	973
新　疆	701549	43103	693802	7747

和传统救济

按对象分类			传统救济
低保人员	特困人员	其他	
2406208	388511	4616377	199018
6027	32	5155	
59609	958	10372	
55556	22187	90030	11551
58720	13193	117330	23163
88733	6920	106176	7982
39006	4523	35144	4975
104990	13327	31372	
160269	15472	41101	5
6642	179	2344	
19753	7906	131901	9216
46910	1312	31136	5378
34442	14595	53380	11860
68129	5344	111538	1034
42150	4201	198370	421
93725	27209	85309	161
51880	10580	137835	35321
73248	8408	100917	2879
75756	16379	436301	27959
52355	11957	30736	477
70061	20218	29470	690
14302	2081	34023	5
52286	31371	42511	9453
66182	15594	327859	16959
69898	2384	182839	5564
178104	5419	548065	13917
5173	1248	35841	
99192	8658	360577	861
252825	109385	817736	8757
41582	1112	108015	181
32577	879	63051	
386126	5480	309943	249

地　区	单位数	编制部门登记	民政部门登记	一个机构多块牌子	年末职工人数	#女性
全　国	**621**	**551**	**68**	**2**	**8812**	**3722**
中央级	1	1			101	49
北　京	2	2			68	33
天　津	3	3			93	39
河　北	17	16	1		300	113
山　西	11	11			252	112
内蒙古	15	15			271	109
辽　宁	15	15			366	135
吉　林	42	40		2	379	125
黑龙江	15	15			189	77
上　海	17	3	14		180	101
江　苏	72	70	2		736	332
浙　江	31	18	13		435	216
安　徽	43	20	23		487	228
福　建	11	11			172	64
江　西	10	10			143	44
山　东	17	17			506	191
河　南	34	34			446	177
湖　北	25	25			120	41
湖　南	74	74			535	167
广　东	47	47			677	307
广　西	16	16			317	163
海　南	6	6			81	31
重　庆	1	1			188	56
四　川	1	1			289	100
贵　州	11	11			247	113
云　南	14	14			135	73
西　藏	2	2			38	14
陕　西	20	20			307	152
甘　肃	14	13	1		257	145
青　海	6	2	4		102	56
宁　夏	13	3	10		176	86
新　疆	15	15			219	73

发行机构

単位：个、人

受教育程度		职业资格水平		年龄结构			
大学专科人数	大学本科及以上人数	助理社会工作师人数	社会工作师人数	35岁及以下人数	36-45岁人数	46-55岁人数	56岁及以上人数
2613	**4577**	**222**	**275**	**2674**	**3728**	**2028**	**382**
1	100			21	57	16	7
12	55		5	16	37	13	2
14	60			14	46	26	7
102	146	4	7	97	135	59	9
68	119		14	77	107	59	9
90	155		5	94	112	56	9
72	230	1		102	161	70	33
75	114	2	1	105	171	76	27
52	94	4	9	41	89	54	5
56	83	16	4	45	88	37	10
243	347	36	47	267	282	167	20
109	261	22	24	149	176	97	13
188	211	15	16	213	191	73	10
27	128		3	49	43	61	19
59	58		3	37	67	34	5
146	306	14	52	95	237	142	32
123	198	10	11	125	185	113	23
48	42			34	53	28	5
182	230	9	14	190	215	113	17
190	406	49	23	164	309	165	39
81	152	14	15	70	123	104	20
19	37			35	26	18	2
33	143	1		36	96	49	7
84	191		1	74	137	70	8
63	149	6	5	79	116	45	7
52	72	11	5	58	50	22	5
21	10			15	15	8	
88	155	3	5	123	104	68	12
127	102	2	1	97	99	50	11
29	56	1	1	45	40	17	
70	85	1	4	63	73	37	3
89	82	1		44	88	81	6

C-2-31续表

地 区	政府会计制度准则（事业单位）财务指标		
	固定资产原价	本年收入合计	本年支出合计
全　国	**1676371.3**	**791130.1**	**791350.6**
中央级	228340.6	102887.2	110544.4
北　京	15491.1	14952.4	16665.6
天　津	19856.3	7832.9	8894.9
河　北	26381.5	23375.9	23024.3
山　西	54023.8	14456.4	13914.9
内蒙古	62059.2	17350.0	17572.2
辽　宁	87559.0	22538.0	19910.1
吉　林	5477.6	2657.4	2789.9
黑龙江	53259.3	11518.3	10954.1
上　海	17615.5	19253.9	18175.0
江　苏	104798.7	50090.7	44986.6
浙　江	75217.5	42246.7	41883.1
安　徽	68153.4	22308.2	22335.7
福　建	31345.3	16856.0	16264.3
江　西	50070.3	17947.6	17064.5
山　东	222419.8	44882.8	47978.9
河　南	87498.8	40474.8	38589.8
湖　北	46.3	31913.3	31267.0
湖　南	50643.2	29114.3	25330.0
广　东	67737.8	68920.6	67932.2
广　西	40236.4	20443.0	20028.2
海　南	13209.1	3606.2	3837.7
重　庆	18876.6	20831.6	22529.3
四　川	39580.9	24738.5	26360.0
贵　州	28819.9	19725.0	19005.7
云　南	49784.4	23674.6	22830.3
西　藏	2262.3	4139.3	5139.8
陕　西	72212.8	20900.1	24158.6
甘　肃	23366.0	12153.1	14239.9
青　海	8371.0	5527.9	4122.3
宁　夏	14964.3	8225.8	7447.5
新　疆	36692.6	25587.6	25573.8

民间非营利组织会计制度财务指标		
固定资产原价	本年收入合计	本年费用合计
5100.6	**5300.5**	**3296.0**
	49.8	
1478.6	2886.1	1481.2
1838.9	676.4	524.9
1521.1	1431.6	1263.1
99.5	220.0	
112.7	86.4	26.8

地　区	慈善组织	#具有公开募捐资格的慈善组织	慈善信托		社会捐赠
			备案慈善信托数量	慈善信托合同规模	
全　国	16103	3171	1226	530601.4	15136
中央级	188	73			
北　京	868	60	145	84836.0	2010
天　津	108	20			360
河　北	803	543			940
山　西	229	47			154
内蒙古	67	12	3	300.0	41
辽　宁	334	56			50
吉　林	93	30			18
黑龙江	179	62	5	230.0	28
上　海	633	35	10	2388.0	1534
江　苏	716	231	49	11726.0	1663
浙　江	2066	252	580	190214.0	1421
安　徽	396	82			230
福　建	846	109	7	398.0	58
江　西	204	99	13	1529.0	91
山　东	1104	221	7	13599.4	1132
河　南	326	130			369
湖　北	395	130			488
湖　南	810	216	7	2740.0	1216
广　东	1843	294	83	93911.0	698
广　西	233	39			215
海　南	99	19			1
重　庆	189	47	20	2768.0	821
四　川	2080	137	33	18987.0	589
贵　州	239	59	11	14582.0	74
云　南	126	12	1	30.0	93
西　藏	15	7			
陕　西	591	63	98	9227.0	777
甘　肃	120	32	154	83136.0	17
青　海	71	2			1
宁　夏	66	22			46
新　疆	66	30			1

事业

单位：个、万元、人

社会捐赠接收站点	慈善超市	乡、镇（街道）民政服务站	乡、镇（街道）民政服务站年末职工人数	城乡社区民政服务室	城乡社区民政服务室年末职工人数
11439	**3697**	**21752**	**59363**	**55426**	**97873**
2004	6	141	128	646	325
352	8	163	258	140	1541
478	462	698	1579	6	14
151	3	204	280	15	37
11	30	807	2083	983	2102
36	14	599	1624	111	194
11	7	49		317	
7	21	376	619	5	15
1306	228	246	406		
1475	188	137	495	2	10
1218	203	1174	3048	7944	8573
173	57	843	1544	1529	3149
18	40	941	1564	327	401
78	13	473	799		
1097	35	1841	5524	6159	11492
167	202	1112	2143	173	57
229	259	1283	2393	4496	5069
363	853	2128	2513	7825	7626
537	161	1666	14123	8953	21734
105	110	840	1535	1	1
1		45	56		
712	109	903	2700	8221	20114
504	85	1853	3809	4753	10986
62	12	926	1785	115	95
84	9	1379	6373	1961	2186
		7	5		
253	524	416	937	742	2148
6	11	283	647	2	4
		1			
1	45	71	26		
	1	148	367		

地 区	单位数	#依法登记的 社区社会组织	年末职工人数	#女性
全 国	**881574**	**89400**	**11523375**	**4875392**
中央级	2295		48851	21674
北 京	12407	159	205021	129015
天 津	6571	12	85677	37500
河 北	38635	238	769493	252247
山 西	18940	481	247550	101423
内蒙古	16840	1376	164208	57934
辽 宁	26812	177	243118	110739
吉 林	12741	121	77406	23814
黑龙江	19719	76	103107	32255
上 海	17283	5980	404294	225786
江 苏	75771	15629	683117	182956
浙 江	68787	17774	672350	293621
安 徽	38736	5030	455941	171847
福 建	33358	3476	237332	80248
江 西	28652	1065	462036	132066
山 东	67680	923	1175925	573263
河 南	50117	11506	663584	314925
湖 北	31173	947	325252	143062
湖 南	36842	1377	1061876	538727
广 东	71358	12392	1030325	522476
广 西	28368	2595	244104	149874
海 南	8993	151	79263	23538
重 庆	17955	2896	234025	131563
四 川	44692	1337	486235	192793
贵 州	15411	689	186839	68870
云 南	22417	1033	338801	115932
西 藏	745	8	15169	4924
陕 西	30688	906	383299	111880
甘 肃	19034	862	202314	44058
青 海	5745	47	87033	31838
宁 夏	4439	39	32764	10832
新 疆	8370	98	117066	43712

组织总表

受教育程度		职业资格水平	
大学专科人数	大学本科及以上人数	助理社会工作师人数	社会工作师人数
2478626	**2626377**	**145611**	**187295**
405	44267		
54583	98192	1954	1447
13747	28196	433	325
112276	102471	3731	10223
56589	40811	1566	1367
35601	22835	1729	1242
60529	61484	11341	1986
17505	6114	1998	2208
14848	9154	899	979
130579	27635		21737
90189	101468	6501	5314
172587	207356	15504	13207
130922	112175	3930	2741
30822	42798	1392	805
62344	82495	2228	715
319149	372894	30799	35145
167431	134050	7794	6095
68149	64131	1407	617
204451	252815	11189	11565
264197	341842	25526	51832
61290	37106	976	816
11208	18250	347	170
63896	79619	2795	2983
107218	124570	4189	4084
38692	44581	2151	714
50569	65481	729	368
3836	5132	131	120
56236	40778	1928	2537
30274	19497	398	413
21053	16800	856	1698
8683	8674	612	3393
18768	12706	578	449

地 区	年龄结构				建立党组织的社会组织	社会组织中中共党员人数
	35岁及以下人数	36-45岁人数	46-55岁人数	56岁及以上人数		
全 国	**4498424**	**3679417**	**2180648**	**1164886**	**163341**	**1811150**
中央级	11145	20610	15656	1440	1159	28440
北 京	75183	113237	1885	14716	3625	16973
天 津	21963	49140	10204	4370	3596	19190
河 北	474695	176333	83147	35318	12701	73177
山 西	87816	85792	44222	29720	7076	42807
内蒙古	66351	53979	31648	12230	2869	23887
辽 宁	97152	78302	45399	22265	5166	43716
吉 林	27082	28985	15124	6215	638	8328
黑龙江	33214	40336	22273	7284	1283	13665
上 海	80618	114032	113123	96521	15734	67115
江 苏	246382	251135	133468	52132	4229	79841
浙 江	241148	188621	147086	95495	9006	223070
安 徽	159972	193526	77651	24792	4435	71061
福 建	86125	79935	46756	24516	3878	30686
江 西	142996	172726	93986	52328	8179	74192
山 东	433132	350899	245145	146749	653	172301
河 南	329572	195708	88229	50075	7650	96196
湖 北	124749	106109	66444	27950	5642	48931
湖 南	382727	314507	211079	153563	22083	189012
广 东	486067	284949	176436	82873	7286	121882
广 西	95001	80176	43610	25317	3543	24581
海 南	29800	32715	12167	4581	602	7712
重 庆	110448	60287	42160	21130	2061	33987
四 川	198069	167538	79476	41152	6823	89906
贵 州	76115	58986	36106	15632	2553	35506
云 南	105543	102315	82197	48746	2929	48418
西 藏	7664	4576	2262	667	333	5299
陕 西	123431	112525	115407	31936	3368	33001
甘 肃	58444	71157	48077	24636	8146	49216
青 海	42260	30002	11574	3197	1484	11124
宁 夏	8961	13271	7488	3044	1527	9874
新 疆	34599	47008	31163	4296	3084	18056

单位：人、个

社会组织按行业分类					
科技与研究	生态环境	教育	卫生	社会服务	文化
24291	**3639**	**269873**	**41962**	**140100**	**75665**
530	29	90	91	95	309
828	75	3023	674	2590	919
357	3	1749	265	2060	236
492	78	16309	4079	3642	2584
468	66	6426	1204	2229	2437
539	116	4805	760	2173	1855
718	65	11583	2393	4987	1206
519	59	3974	496	2276	1115
691	37	6854	440	3601	1414
1114	136	2917	621	6132	1558
1325	316	10491	3163	22126	7694
1754	232	10153	1403	24583	4843
1006	125	10466	3258	8576	2919
572	219	7578	1033	5131	3847
324	113	9944	1254	2995	3581
2838	189	21030	4245	8326	6641
762	126	24225	3667	4513	3501
968	315	8558	1559	3205	3111
772	290	15037	1616	2878	3563
3622	264	25367	1823	8101	6055
567	61	11089	419	1926	1452
278	53	3319	874	569	1168
532	85	6111	335	1877	1091
735	270	14051	1724	5542	4422
232	53	5641	692	1386	1290
127	9	14026	491	133	279
7	15	31	4	91	33
578	74	8197	1386	3860	3307
691	66	3677	771	1337	1714
66	38	680	288	1046	565
148	24	861	131	647	338
131	38	1611	803	1467	618

C–3–1续表2

地　区	社会组织按行业分类					
	体育	法律	工商服务业	宗教	农业及农村发展	职业及从业者组织
全　国	62815	3616	55856	5665	40075	21390
中央级	98	21	643	9	77	57
北　京	787	111	790	45	238	73
天　津	573	12	804	17	47	30
河　北	3117	73	1641	236	1091	726
山　西	1740	50	815	163	441	600
内蒙古	1570	98	917	121	439	850
辽　宁	1615	52	1424	151	373	500
吉　林	1164	58	950	127	566	453
黑龙江	1878	90	866	94	455	353
上　海	1331	208	1463	76	135	163
江　苏	6012	762	4934	290	1933	1437
浙　江	3729	225	3189	321	1762	941
安　徽	3109	109	3069	280	1408	619
福　建	2542	144	2700	350	1595	1842
江　西	2271	91	1724	229	1597	973
山　东	6133	356	4361	595	1962	1339
河　南	3311	104	3381	509	1176	1128
湖　北	2247	163	3134	259	2845	889
湖　南	2725	155	2635	298	1590	985
广　东	5013	193	6243	239	1177	1502
广　西	1647	66	569	101	1214	721
海　南	670	15	517	17	302	195
重　庆	1280	30	2332	126	1918	695
四　川	2819	220	2475	350	2798	1769
贵　州	1127	33	1198	146	657	489
云　南	442		350	15	239	3
西　藏	34	1	42		7	25
陕　西	1574	50	1072	192	5234	825
甘　肃	883	46	582	185	4727	296
青　海	343	11	129	36	1150	138
宁　夏	470	20	239	25	439	218
新　疆	561	49	668	63	483	556

単位：个、起

国际及涉外组织	其他	行政执法	行政处罚数	#并处没收违法经营额/违法所得	#并处罚款
457	**136170**	**7508**	**7387**	**118**	**84**
75	171	6	6		
7	2247	294	294	1	
	418	8	8		
9	4558	316	313	6	
16	2285	240	240		
4	2593	92	90		
17	1728	49	44	2	2
4	980	118	118		
9	2937	12	4		
49	1380	120	116		
34	15254	72	72	10	1
11	15641	254	254		
12	3780	225	225		1
35	5770	600	594	1	
15	3541	346	324	55	22
5	9660	954	943	13	
7	3707	681	679	2	45
16	3904	746	745		1
28	4270	213	209		
32	11727	509	494		1
7	8529	414	414		
3	1013	99	97		
2	1541	149	144		5
12	7505	98	98		
7	2460	55	55		
	6303	70	65	9	
2	453	1	1		
17	4322	527	518		
4	4055	155	149		
4	1251	24	13	19	6
13	866	18	18		
1	1321	43	43		

C-3-1续表3

地 区	行政处罚类型			取缔非法社会组织	#并处没收非法财产	当年新登记数	当年年检单位数
	警告	限期（责令）停止活动	撤销登记				
全 国	**1885**	**215**	**5287**	**121**	**11**	**42283**	**472788**
中央级	4	1	1			6	2288
北 京	178	20	96			278	10626
天 津	6		2			255	1622
河 北	173		140	3		1845	12214
山 西	103	2	135			865	15068
内蒙古	4		86	2		1233	11095
辽 宁	5	1	38	5		954	3372
吉 林			118			1528	7610
黑龙江	2		2	8		977	2057
上 海	11		105	4	3	514	15935
江 苏	17		55			2101	27545
浙 江	34	1	219			2626	46749
安 徽	71		154			3683	26833
福 建	64		530	6		1584	19890
江 西	96	13	215	22		1632	20670
山 东	199	6	738	11		3687	28076
河 南	265	1	413	2		2664	43880
湖 北	76		669	1		1548	11619
湖 南	42	11	156	4		1847	29324
广 东	150	124	220	15		2459	40241
广 西	56		358			1106	19757
海 南			97	2		451	264
重 庆	5		139	5		859	12768
四 川	52	6	40			2136	11944
贵 州	8	2	45			1075	11674
云 南	5		60	5	4	1333	10660
西 藏			1			83	17
陕 西	169	15	334	9		1186	14561
甘 肃	47	1	101	6		648	11402
青 海	12	1		11	4	227	159
宁 夏	5		13			194	2110
新 疆	26	10	7			699	758

単位：起、个、万元

民间非营利组织会计制度财务指标		
固定资产原价	本年收入合计	本年费用合计
67091851.4	**74567613.5**	**75683108.7**
1906096.4	9427927.5	7933633.0
2407730.5	7995193.8	7359466.9
506806.4	562007.6	527594.1
3055810.9	4496006.3	4273490.4
1441848.9	570198.4	591238.9
196230.8	202653.7	231157.5
1810523.7	1218114.6	1343926.9
42323.8	51941.6	36408.6
99373.8	41963.8	90719.4
3494624.4	8969869.3	8607178.5
1241692.3	1898338.0	1506087.1
5315690.3	7290105.5	6858821.1
1625113.2	987099.9	926623.8
1767375.7	1668933.7	1440344.9
250254.9	310820.3	524679.2
8564795.6	1755598.2	5674021.1
3948388.5	1330952.4	1909080.7
876229.4	1053055.8	965881.7
3941718.8	3051294.5	3012733.9
11159470.3	11969735.4	10603212.3
1645406.6	1767713.6	2137832.3
1177583.9	470739.2	412997.1
2318903.9	1973976.4	2293407.7
3198790.5	2564682.3	2340578.7
1298669.1	699160.0	933145.6
1994101.8	1274408.7	1316699.8
2744.0	2750.0	2259.5
962246.6	334705.6	447700.6
312833.9	394954.4	1013861.0
68930.3	36152.3	52501.2
318527.1	74632.0	189569.0
141015.1	121928.7	126256.2

地 区	单位数	年末职工人数	#女性	受教育程度	
				大学专科人数	大学本科及以上人数
全 国	**372662**	**4716430**	**1237168**	**736017**	**881212**
中央级	1996	41754	19929		38153
北 京	4306	35722	15459	6974	22235
天 津	2658	19524	8402	2359	9886
河 北	12923	385069	32354	19111	21383
山 西	8101	88186	22718	10363	11242
内蒙古	7717	81856	19601	15498	10319
辽 宁	6853	48521	13087	10308	12765
吉 林	5584	38968	8700	4655	2096
黑龙江	6876	48736	13536	5238	2953
上 海	4307	57083	12666	16016	4079
江 苏	29644	202704	40611	26954	27686
浙 江	26395	160903	36980	35082	53329
安 徽	18908	195007	51370	52917	53698
福 建	18701	102903	18950	10751	14448
江 西	13411	291513	52981	34710	35301
山 东	22625	535335	182170	120314	153315
河 南	14663	139856	36530	29325	21598
湖 北	12849	98805	21352	15025	13563
湖 南	16042	743530	320154	122490	167445
广 东	32713	255219	61108	45858	62157
广 西	12191	51876	10191	6767	6740
海 南	3697	24601	3622	2493	3994
重 庆	8313	52983	14037	12107	13847
四 川	20880	198498	49447	32476	34293
贵 州	7481	81862	21060	13106	19056
云 南	12294	200261	34772	20907	15168
西 藏	644	14234	4515	3541	4881
陕 西	16854	221368	43568	19919	15118
甘 肃	11855	137608	15387	15154	8701
青 海	3991	68707	22101	13753	13258
宁 夏	2565	15040	3189	4979	2823
新 疆	4625	78198	26621	6867	5682

团体

单位：个、人

职业资格水平		年龄结构			
助理社会工作师人数	社会工作师人数	35岁及以下人数	36—45岁人数	46—55岁人数	56岁及以上人数
40222	**37907**	**1365766**	**1530508**	**1135370**	**684786**
		9250	18501	14003	
418	333	7003	22374	1586	4759
167	92	2794	12870	2691	1169
485	500	274218	53669	39772	17410
635	489	18668	28831	20021	20666
444	314	27000	27048	18449	9359
1129	693	12227	18174	11575	6545
617	245	11945	15055	9359	2609
353	85	13245	18397	11947	5147
	861	5074	11570	14289	26150
1566	1410	51987	75178	50730	24809
2230	4102	36197	49064	44831	30811
1919	1320	54094	86813	39072	15028
237	229	26250	34930	25298	16425
1095	300	63281	117633	68810	41789
15835	13189	130356	163042	141009	100928
1588	1581	37699	49146	29394	23617
269	124	26152	34568	26227	11858
3097	4401	228035	220046	166357	129092
2986	3091	68554	78949	69021	38695
159	212	9280	17601	13155	11840
114	99	3607	13972	4420	2602
371	498	11387	18078	14333	9185
1216	1859	58773	74769	38001	26955
1357	173	21793	27708	21185	11176
204	175	33841	59555	64607	42258
65	84	7141	4350	2134	609
528	622	42135	61725	93371	24137
204	205	25016	50858	39752	21982
572	433	31759	24239	9898	2811
76	102	3463	5708	4016	1853
286	86	13542	36087	26057	2512

地 区	社会组织负责人	#女性	按登记管理机关行政层级分		
			民政部登记	省级行政部门登记	地级行政部门登记
全 国	1043738	156274	1996	32415	91483
中央级	25299		1996		
北 京	83247	25037		2092	
天 津	6310	668		1064	
河 北	28892	4340		1122	3299
山 西	15386	1460		898	2438
内蒙古	16758	3162		983	2910
辽 宁	20005	2628		701	3280
吉 林	6829	823		973	1687
黑龙江	6387	1238		1205	2630
上 海	30851	7658		1464	
江 苏	59307	10151		1044	6697
浙 江	77838	5488		1188	5325
安 徽	47647	8762		998	4252
福 建	31238	3944		1304	3534
江 西	29793	6386		859	3245
山 东	75843	15591		1147	6653
河 南	36956	6735		1120	4598
湖 北	34724	3538		936	3153
湖 南	55350	979		1003	4506
广 东	121669	11177		2173	12131
广 西	33433	6826		1050	3199
海 南	12229	1183		1262	808
重 庆	26513	4849		1130	
四 川	48302	8520		1248	4842
贵 州	21559	2927		866	1800
云 南	23349	2566		867	2741
西 藏	1638	405		333	150
陕 西	30794	5510		1067	2952
甘 肃	17134	1646		651	1816
青 海	6111	671		507	528
宁 夏	4960	295		596	743
新 疆	7387	1111		564	1566

单位：人、个

县级行政部门登记	建立党组织的 社会组织	社会组织职工中 中共党员人数	当年新登记 单位数	当年年检 单位数
246768	**84131**	**871885**	**20920**	**199265**
	1051	25682	6	1996
2214	1569	5723	106	3839
1594	1634	8326	94	1103
8502	6096	29982	724	4146
4765	3460	20105	378	6567
3824	1718	14583	534	5050
2872	2542	15751	347	668
2924	454	5894	578	3758
3041	553	4047	326	839
2843	3942	17004	86	4140
21903	1978	33064	772	11058
19882	5080	33922	1062	18304
13658	2408	39715	2918	12314
13863	2500	16144	899	11340
9307	4498	47851	776	8904
14825	328	114241	1763	8242
8945	3212	29214	1237	12181
8760	2637	20297	813	4992
10533	10596	130224	848	12888
18409	4726	55908	1432	20121
7942	1574	9484	605	7505
1627	151	3235	275	105
7183	1405	12463	449	5478
14790	3796	45501	1009	4519
4815	1451	19709	458	5364
8686	2030	27054	752	5869
161	300	5075	63	11
12835	2133	20293	639	8584
9388	6273	36449	293	7604
2956	1114	8676	177	54
1226	1035	5513	126	1257
2495	1887	10756	375	465

地 区	科技与研究	生态环境	教育	卫生	社会服务	文化	社会组织 体育
全 国	**11710**	**2662**	**15136**	**7222**	**44532**	**43627**	**40996**
中央级	499	26	60	66	26	281	97
北 京	330	42	137	154	667	411	460
天 津	296	1	69	56	723	135	347
河 北	229	67	177	330	1213	1730	2322
山 西	180	52	132	173	986	1440	1377
内蒙古	177	93	398	119	778	1340	993
辽 宁	531	56	89	151	1014	726	839
吉 林	434	54	99	95	751	723	773
黑龙江	176	25	96	123	932	606	867
上 海	622	35	123	162	565	365	430
江 苏	725	246	945	670	4131	3533	3636
浙 江	682	167	450	577	2876	2366	2398
安 徽	586	110	228	317	5342	2094	2253
福 建	325	198	770	352	1903	2504	1914
江 西	199	78	238	245	1851	1754	1928
山 东	644	137	318	399	2626	2639	2715
河 南	259	113	206	383	1909	1835	1877
湖 北	489	136	194	319	1282	1724	1693
湖 南	431	225	418	361	1851	2577	1987
广 东	1657	188	842	554	4276	3737	3645
广 西	433	47	199	138	786	1113	1071
海 南	48	29	140	100	139	874	514
重 庆	314	79	192	139	342	887	841
四 川	363	195	328	586	2252	2923	2203
贵 州	110	46	107	118	734	1058	859
云 南	27	8	7882			95	186
西 藏	3	10	5	3	71	21	32
陕 西	237	59	113	227	2400	2289	1108
甘 肃	486	58	59	105	493	919	529
青 海	50	31	23	40	622	335	291
宁 夏	78	19	35	55	271	181	365
新 疆	90	32	64	105	720	412	446

按行业分类

法律	工商服务业	宗教	农业及农村发展	职业及从业者组织	国际及涉外组织	其他
2234	**49815**	**5575**	**37416**	**18653**	**388**	**92696**
20	560	9	74	57	75	146
79	777	44	231	70	7	897
5	784	17	43	6		176
53	1559	236	1024	612	9	3362
44	796	160	428	583	16	1734
70	810	116	416	695	3	1709
46	1361	149	367	368	17	1139
49	942	127	558	304	3	672
64	844	94	432	325	9	2283
46	1265	64	53	136		441
334	3438	279	1834	1206	33	8634
137	3038	313	1666	922	11	10792
77	2916	276	1358	537	12	2802
136	2496	347	1547	1746	34	4429
80	1688	225	1564	908	15	2638
146	3795	592	1674	925		6015
97	2933	506	1150	1008	7	2380
89	2622	254	1483	735	16	1813
138	2514	291	1575	945	28	2701
97	5930	234	1116	1402	31	9004
44	524	100	1199	683	7	5847
11	471	17	280	183	2	889
16	1715	124	1900	474	2	1288
179	1967	345	2660	1722	12	5145
24	1157	145	647	475	7	1994
	350	15	238			3493
1	40		7	25	2	424
38	980	191	5162	650	15	3385
43	546	183	4679	236	2	3517
11	127	34	1150	134	1	1142
13	219	25	428	175	11	690
47	651	63	473	406	1	1115

地 区	行政执法	行政处罚数	#并处没收违法经营额/违法所得	#并处罚款	行政处罚类型		
					警告	限期（责令）停止活动	撤销登记
全 国	3317	3222	91	72	973	144	2105
中央级	5	5			3	1	1
北 京	155	155			78	16	61
天 津	8	8			6		2
河 北	116	113	6		84		29
山 西	159	159			58	2	99
内蒙古	41	39			2		37
辽 宁	22	17	2	2	3	1	13
吉 林	53	53					53
黑龙江	7	2			1		1
上 海	25	24			9		15
江 苏	29	29	1	1	10		19
浙 江	76	76			6		70
安 徽	90	90		1	29		61
福 建	283	278	1		37		241
江 西	165	156	45	17	52	9	95
山 东	273	263	7		66	1	196
河 南	241	240	1	45	144	1	95
湖 北	329	328			43		285
湖 南	52	49			17		32
广 东	333	318			115	93	110
广 西	170	170			30		140
海 南	91	89					89
重 庆	65	60					60
四 川	33	33			20	3	10
贵 州	36	36			6	1	29
云 南	46	41	9		1		40
西 藏	1	1					1
陕 西	259	250			103	10	137
甘 肃	93	90			25		65
青 海	21	10	19	6	9	1	
宁 夏	13	13			1		12
新 疆	27	27			15	5	7

取缔非法社会组织	#并处没收非法财产	民间非营利组织会计制度财务指标		
		固定资产原价	本年收入合计	本年费用合计
95	**8**	5376202.5	10526791.5	9776225.4
		1472386.1	2827216.0	2425584.1
		157276.7	525720.5	474572.4
		29566.3	103294.6	100629.1
3		74056.4	109011.6	110210.6
		60947.2	75548.0	81407.0
2		23564.7	38345.1	44205.3
5		42350.1	96022.1	95218.0
		8924.3	29862.2	13657.6
5		13947.3	8519.5	22369.9
1		759977.6	828189.7	674255.5
		183594.2	384552.3	298000.9
		294396.1	1245676.6	959498.0
		148838.5	146473.2	121810.0
5		155953.9	357036.7	290259.1
9		57750.7	59890.8	64087.3
10		487427.0	249399.3	303382.6
1		86843.6	165595.3	157500.1
1		64209.3	239827.3	220967.1
3		113543.5	251600.4	238577.9
15		445005.9	1525553.7	1350470.0
		46664.7	144636.4	142213.5
2		25755.3	64763.1	55915.5
5		64961.1	178954.2	140112.6
		178416.5	365107.5	256748.7
		37147.0	101259.0	76916.9
5	4	108030.1	115361.8	116102.7
		2160.5	1870.1	1463.4
9		130148.8	65602.6	97178.8
3		47217.4	163077.0	768773.3
11	4	12511.4	9979.6	18882.0
		6174.3	15588.1	20086.9
		36456.0	33257.2	35168.6

地 区	单位数	年末职工人数	#女性	受教育程度	
				大学专科人数	大学本科及以上人数
全 国	9617	50822	16370	10703	26299
中央级	213	4850	431	405	4299
北 京	839	5850	3630	931	4724
天 津	113	687	276	144	473
河 北	527	3814	872	1163	2201
山 西	169	427	85	1	3
内蒙古	194	702	165	169	187
辽 宁	106	753	31	116	603
吉 林	121	605	121		
黑龙江	121	120		120	
上 海	627	3074	1927	1762	681
江 苏	809	2794	478	320	588
浙 江	1179	2220	594	408	839
安 徽	207	1403	95	112	345
福 建	527	2597	666	542	828
江 西	110	1450	627	395	708
山 东	334	909	204	298	373
河 南	154	793	316	179	498
湖 北	213	1391	114	83	218
湖 南	427	1676	147	186	349
广 东	1451	7687	3420	1822	4974
广 西	117	232		44	135
海 南	131	686	76	74	160
重 庆	100	482	147	125	258
四 川	204	1404	592	323	1022
贵 州	75	903	340	187	577
云 南	112	559	230	138	326
西 藏	22	101	26	23	54
陕 西	187	993	206	153	283
甘 肃	91	503	134	36	64
青 海	35	526	273	300	74
宁 夏	62	456	129	89	362
新 疆	40	175	18	55	93

金会

职业资格水平		年龄结构			
助理社会工作师人数	社会工作师人数	35岁及以下人数	36—45岁人数	46—55岁人数	56岁及以上人数
962	**796**	**13481**	**19337**	**10595**	**7409**
		1446	1434	979	991
77	82	1777	3650		423
4	9	149	225	180	133
3	3	568	1152	1254	840
153	90	87	163	95	82
20	15	254	177	187	84
5	2	93	190	233	237
		242	242	121	
		20	100		
	164	948	1089	527	510
19	29	552	1057	776	409
48	19	584	881	557	198
5		110	1035	165	93
6	71	526	897	767	407
136	1	691	412	263	84
1	4	273	317	207	112
21	13	195	259	172	167
3	1	121	914	181	175
6	6	345	569	451	311
184	189	2390	2544	1735	1018
		78	78	34	42
152	2	156	173	283	74
28	33	108	228	87	59
52	48	327	376	381	320
		203	283	238	179
1	1	153	163	155	88
		17	28	36	20
33	13	274	317	258	144
	1	207	159	44	93
5		461	30	23	12
		69	131	153	103
		57	64	53	1

地 区	社会组织负责人数	#女性	建立党组织的社会组织	社会组织职工中中共党员人数	当年新登记单位数	当年年检单位数
全 国	**30624**	**8080**	**2965**	**16952**	**431**	**5609**
中央级	740	489	85	2210		206
北 京	7487	2836	438		22	795
天 津	401	127	113	264	3	
河 北	1763	931	115	2800	9	3
山 西	169		96	310	10	151
内蒙古	170	42	128	588	21	194
辽 宁	307	27	74	520	2	74
吉 林	605	121			3	118
黑龙江	1		15	120		73
上 海	1912	822	592	1086	27	606
江 苏	949	133	30	353	25	431
浙 江	2524	293	175	687	155	433
安 徽	352	42	13	360	16	65
福 建	1209	61	180	832	19	352
江 西	134	21	88	326	9	82
山 东	346	65	8	226	11	22
河 南	535	142	89	383	3	110
湖 北	1059	64	11	143	16	4
湖 南	995	57	183	655	15	119
广 东	4404	639	199	2280	19	1123
广 西	1221	295	39	105	5	93
海 南	613	51		70	11	8
重 庆	289	49	7	117	9	
四 川	716	172	89	838	1	87
贵 州	753	227	1	393	3	70
云 南	246	87	43	276	3	84
西 藏	52	18	5	34		
陕 西	318	153	39	228	6	171
甘 肃	113	71	50	314	1	83
青 海	22	6	2	33	3	
宁 夏	144	33	30	300	4	52
新 疆	75	6	28	101		

按性质分		按登记管理机关行政层级分			
具有公开募捐资格的基金会	不具有公开募捐资格的基金会	民政部登记	省级行政部门登记	地级行政部门登记	县级行政部门登记
2152	**7465**	**213**	**6333**	**2028**	**1043**
78	135	213			
49	790		839		
20	93		113		
508	19		518	9	
24	145		169		
111	83		194		
13	93		83	23	
25	96		121		
42	79		121		
35	592		623		4
228	581		423	266	120
174	1005		490	211	478
29	178		113	93	1
43	484		239	103	185
69	41		81	29	
45	289		148	117	69
25	129		128	21	5
25	188		121	40	52
136	291		300	63	64
193	1258		480	929	42
24	93		115		2
22	109		131		
25	75		99		1
59	145		204		
30	45		75		
3	109		87	13	12
10	12		22		
36	151		96	90	1
8	83		73	11	7
18	17		33	2	
26	36		62		
19	21		32	8	

C-3-3续表2

地 区	科技与研究	生态环境	教育	卫生	社会服务	文化	社会组织 体育
全　国	**342**	**78**	**2182**	**300**	**2973**	**389**	**56**
中央级	14	3	24	13	39	15	1
北　京	30	9	81	41	574	63	5
天　津	1		31	7	67	4	3
河　北			1		3		
山　西	1		70	6	76	7	
内蒙古		1	25	10	8	9	
辽　宁			39	2	4		1
吉　林			29	2	1	1	1
黑龙江		1			120		
上　海	25	11	91	23	396	38	5
江　苏	5	1	186	99	271	57	1
浙　江	5	4	328	15	165	25	6
安　徽	5	1	30	6	38	6	
福　建	1	5	214	7	134	28	4
江　西		2	18	1	8	2	
山　东	2	1	93	11	97	13	2
河　南			45	10	44	27	1
湖　北	3	5	94	2	51	8	3
湖　南	3	2	248	6	55	13	4
广　东	238	11	221	14	490	24	11
广　西	1		48	2	58	2	
海　南	1	5	39	13	4	15	1
重　庆	3	1	45			4	1
四　川	1	2	88	2	78	5	
贵　州	2		14		46	1	3
云　南							
西　藏		2				2	
陕　西	1	3	16	2	65	13	1
甘　肃		4	35		4	4	
青　海		3	7		16	1	
宁　夏		1	13	6	36	2	2
新　疆			9		25		

按行业分类

法律	工商服务业	宗教	农业及农村发展	职业及从业者组织	国际及涉外组织	其他
33	**129**	**25**	**91**	**19**	**2**	**2998**
1	75		3			25
3			3			30
						523
2						7
			2			139
						60
						87
	9	8		1		20
1	16	3	4	9		156
1		4	49	2		575
	7		2			112
1	10		3	2		118
						79
			2	3		110
1	4	1	4			17
10		2	5	2		28
1		5	2			88
10	4		6			422
	2		1			3
			1			52
		2				44
1			2			25
						9
						112
						18
1	1		2		2	80
						44
						8
		1				1
						6

C-3-3续表3

地 区	行政执法	行政处罚数	#并处罚款	行政处罚类型		
				警告	限期（责令）停止活动	撤销登记
全 国	**81**	**81**	**1**	**46**	**3**	**32**
中央级	1	1		1		
北 京	39	39		34	3	2
天 津						
河 北						
山 西						
内蒙古	4	4				4
辽 宁						
吉 林	5	5				5
黑龙江						
上 海						
江 苏	1	1				1
浙 江						
安 徽						
福 建	4	4		3		1
江 西	2	2		2		
山 东						
河 南	1	1				1
湖 北						
湖 南						
广 东	15	15	1	5		10
广 西						
海 南	4	4				4
重 庆						
四 川						
贵 州						
云 南						
西 藏						
陕 西	5	5		1		4
甘 肃						
青 海						
宁 夏						
新 疆						

民间非营利组织会计制度财务指标		
固定资产原价	本年收入合计	本年费用合计
905213.7	**11740424.8**	**9587458.3**
226497.8	6411533.4	5333208.5
26024.9	1510128.9	1111206.1
	60708.8	49321.1
297.9	18193.8	17517.6
2557.2	100127.1	48498.1
4866.0	10261.0	15658.0
5301.2	28183.6	32142.2
	2559.0	193.6
280.0	100.0	200.0
84953.9	744142.5	602675.7
24973.7	93962.9	54779.6
38995.3	577819.0	490434.0
2682.0	7797.5	6660.6
51806.2	371573.9	280404.7
47.1	7770.4	4079.8
825.1	16118.9	10952.7
122548.2	24251.0	82452.9
7465.2	9309.7	4806.7
9335.3	121699.1	223902.3
91246.0	1003954.9	792068.3
1125.2	54123.3	53643.4
1675.1	46527.1	42972.8
1806.9	117415.9	86979.7
9347.3	134357.7	17711.7
2014.5	83670.0	91975.2
5114.7	74107.3	51275.7
181225.2	28736.7	11320.5
829.2	14978.8	11650.3
2.0	11059.9	7892.1
558.6	38857.3	38031.4
812.0	16395.4	12843.0

地　区	单位数	年末职工人数	#女性	受教育程度	
				大学专科人数	大学本科及以上人数
全　国	499295	6756123	3621854	1731906	1718866
中央级	86	2247	1314		1815
北　京	7262	163449	109926	46678	71233
天　津	3800	65466	28822	11244	17837
河　北	25185	380610	219021	92002	78887
山　西	10670	158937	78620	46225	29566
内蒙古	8929	81650	38168	19934	12329
辽　宁	19853	193844	97621	50105	48116
吉　林	7036	37833	14993	12850	4018
黑龙江	12722	54251	18719	9490	6201
上　海	12349	344137	211193	112801	22875
江　苏	45318	477619	141867	62915	73194
浙　江	41213	509227	256047	137097	153188
安　徽	19621	259531	120382	77893	58132
福　建	14130	131832	60632	19529	27522
江　西	15131	169073	78458	27239	46486
山　东	44721	639681	390889	198537	219206
河　南	35300	522935	278079	137927	111954
湖　北	18111	225056	121596	53041	50350
湖　南	20373	316670	218426	81775	85021
广　东	37194	767419	457948	216517	274711
广　西	16060	191996	139683	54479	30231
海　南	5165	53976	19840	8641	14096
重　庆	9542	180560	117379	51664	65514
四　川	23608	286333	142754	74419	89255
贵　州	7855	104074	47470	25399	24948
云　南	10011	137981	80930	29524	49987
西　藏	79	834	383	272	197
陕　西	13647	160938	68106	36164	25377
甘　肃	7088	64203	28537	15084	10732
青　海	1719	17800	9464	7000	3468
宁　夏	1812	17268	7514	3615	5489
新　疆	3705	38693	17073	11846	6931

企业单位

单位：个、人

职业资格水平		年龄结构			
助理社会工作师人数	社会工作师人数	35岁及以下人数	36—45岁人数	46—55岁人数	56岁及以上人数
104427	148592	3119177	2129572	1034683	472691
		449	675	674	449
1459	1032	66403	87213	299	9534
262	224	19020	36045	7333	3068
3243	9720	199909	121512	42121	17068
778	788	69061	56798	24106	8972
1265	913	39097	26754	13012	2787
10207	1291	84832	59938	33591	15483
1381	1963	14895	13688	5644	3606
546	894	19949	21839	10326	2137
	20712	74596	101373	98307	69861
4916	3875	193843	174900	81962	26914
13226	9086	204367	138676	101698	64486
2006	1421	105768	105678	38414	9671
1149	505	59349	44108	20691	7684
997	414	79024	54681	24913	10455
14963	21952	302503	187540	103929	45709
6185	4501	291678	146303	58663	26291
1135	492	98476	70627	40036	15917
8086	7158	154347	93892	44271	24160
22356	48552	415123	203456	105680	43160
817	604	85643	62497	30421	13435
81	69	26037	18570	7464	1905
2396	2452	98953	41981	27740	11886
2921	2177	138969	92393	41094	13877
794	541	54119	30995	14683	4277
524	192	71549	42597	17435	6400
66	36	506	198	92	38
1367	1902	81022	50483	21778	7655
194	207	33221	20140	8281	2561
279	1265	10040	5733	1653	374
536	3291	5429	7432	3319	1088
292	363	21000	10857	5053	1783

C-3-4续表1

地 区	社会组织负责人	#女性	建立党组织的社会组织	社会组织职工中中共党员人数	当年新登记单位数	当年年检单位数
全 国	878590	349231	76245	922313	20932	267914
中央级	75	44	23	548		86
北 京	34613	18326	1618	11250	150	5992
天 津	5173	1558	1849	10600	158	519
河 北	44620	18306	6490	40395	1112	8065
山 西	14349	4676	3520	22392	477	8350
内蒙古	19210	7932	1023	8716	678	5851
辽 宁	42574	14863	2550	27445	605	2630
吉 林	9609	3706	184	2434	947	3734
黑龙江	15277	5891	715	9498	651	1145
上 海	22300	11722	11200	49025	401	11189
江 苏	61484	20234	2221	46424	1304	16056
浙 江	64857	26346	3751	188461	1409	28012
安 徽	32033	12645	2014	30986	749	14454
福 建	22553	7733	1198	13710	666	8198
江 西	23447	8808	3593	26015	847	11684
山 东	71781	32429	317	57834	1913	19812
河 南	69724	25282	4349	66599	1424	31589
湖 北	30872	7720	2994	28491	719	6623
湖 南	30261	4134	11304	58133	984	16317
广 东	80729	35195	2361	63694	1008	18997
广 西	40678	26452	1930	14992	496	12159
海 南	10373	2338	451	4407	165	151
重 庆	23130	12337	649	21407	401	7290
四 川	39332	15519	2938	43567	1126	7338
贵 州	14332	6995	1101	15404	614	6240
云 南	13821	4141	856	21088	578	4707
西 藏	219	71	28	190	20	6
陕 西	18293	6351	1196	12480	541	5806
甘 肃	11964	4424	1823	12453	354	3715
青 海	3066	388	368	2415	47	105
宁 夏	2755	930	462	4061	64	801
新 疆	5086	1735	1169	7199	324	293

按单位性质分			按登记管理机关行政层级分			
法人	合伙	个体	民政部登记	省级行政部门登记	地级行政部门登记	县级行政部门登记
455375	**5281**	**38639**	**86**	**14824**	**61190**	**423195**
85	1		86			
6462	47	753		1523		5739
3753	3	44		353		3447
19753	203	5229		406	2271	22508
10091	83	496		500	1524	8646
7842	49	1038		555	1706	6668
16924	162	2767		60	2191	17602
4778	13	2245		306	1308	5422
10275	297	2150		514	2055	10153
12330	6	13		824		11525
42779	321	2218		199	4365	40754
41180	8	25		635	2603	37975
16997	307	2317		315	2130	17176
13155	256	719		616	1388	12126
13996	168	967		233	2056	12842
41994	192	2535		1005	7833	35883
29875	1229	4196		1009	3137	31154
17066	246	799		221	1070	16820
20239	5	129		402	2496	17475
36212	120	862		761	9200	27233
15753	34	273		336	2286	13438
4619	26	520		868	1438	2859
9340	13	189		480		9062
20944	592	2072		626	3161	19821
5598	197	2060		227	809	6819
8590	448	973		280	884	8847
75	2	2		45	25	9
12078	89	1480		501	2276	10870
6040	77	971		373	1757	4958
1673	12	34		213	411	1095
1300	23	489		281	417	1114
3579	52	74		157	393	3155

C-3-4续表2

地 区	科技与研究	生态环境	教育	卫生	社会服务	文化	社会组织 体育
全 国	**12239**	**899**	**252555**	**34440**	**92595**	**31649**	**21763**
中央级	17		6	12	30	13	
北 京	468	24	2805	479	1349	445	322
天 津	60	2	1649	202	1270	97	223
河 北	263	11	16131	3749	2426	854	795
山 西	287	14	6224	1025	1167	990	363
内蒙古	362	22	4382	631	1387	506	577
辽 宁	187	9	11455	2240	3969	480	775
吉 林	85	5	3846	399	1524	391	390
黑龙江	515	11	6758	317	2549	808	1011
上 海	467	90	2703	436	5171	1155	896
江 苏	595	69	9360	2394	17724	4104	2375
浙 江	1067	61	9375	811	21542	2452	1325
安 徽	415	14	10208	2935	3196	819	856
福 建	246	16	6594	674	3094	1315	624
江 西	125	33	9688	1008	1136	1825	343
山 东	2192	51	20619	3835	5603	3989	3416
河 南	503	13	23974	3274	2560	1639	1433
湖 北	476	174	8270	1238	1872	1379	551
湖 南	338	63	14371	1249	972	973	734
广 东	1727	65	24304	1255	3335	2294	1357
广 西	133	14	10842	279	1082	337	576
海 南	229	19	3140	761	426	279	155
重 庆	215	5	5874	196	1535	200	438
四 川	371	73	13635	1136	3212	1494	616
贵 州	120	7	5520	574	606	231	265
云 南	100	1	6144	491	133	184	256
西 藏	4	3	26	1	20	10	2
陕 西	340	12	8068	1157	1395	1005	465
甘 肃	205	4	3583	666	840	791	354
青 海	16	4	650	248	408	229	52
宁 夏	70	4	813	70	340	155	103
新 疆	41	6	1538	698	722	206	115

单位：个

按行业分类

法律	工商服务业	宗教	农业及农村发展	职业及从业者组织	国际及涉外组织	其他
1349	5912	65	2568	2718	67	40476
	8					
29	13	1	4	3		1320
7	20		4	24		242
20	82		67	114		673
4	19	3	13	17		544
28	107	5	21	155	1	745
6	63	2	6	132		529
9	8		8	149	1	221
26	22		23	28		654
162	189	4	82	26	49	919
427	1480	8	95	222	1	6464
87	151	4	47	17		4274
32	146	4	48	82		866
7	194	3	45	94	1	1223
11	36	4	33	65		824
210	566	3	286	411	5	3535
6	444	2	22	120		1310
64	512	3	1357	152		2063
16	121	2	13	40		1481
86	309	5	55	100	1	2301
22	43	1	14	38		2679
4	46		21	12	1	72
14	617		18	221		209
40	508	5	136	47		2335
9	41	1	10	14		457
			1	3		2698
	2					11
11	91	1	70	175		857
3	36	2	48	60	2	494
	2	2		4	3	101
7	19		11	43	2	175
2	17		10	150		200

409

地　区	行政执法	行政处罚数	#并处没收违法经营额/违法所得	#并处罚款	行政处罚类型		
					警告	限期（责令）停止活动	撤销登记
全　国	4110	4084	27	11	866	68	3150
中央级							
北　京	100	100	1		66	1	33
天　津							
河　北	200	200			89		111
山　西	81	81			45		36
内蒙古	47	47			2		45
辽　宁	27	27			2		25
吉　林	60	60					60
黑龙江	5	2			1		1
上　海	95	92			2		90
江　苏	42	42	9		7		35
浙　江	178	178			28	1	149
安　徽	135	135			42		93
福　建	313	312			24		288
江　西	179	166	10	5	42	4	120
山　东	681	680	6		133	5	542
河　南	439	438	1		121		317
湖　北	417	417		1	33		384
湖　南	161	160			25	11	124
广　东	161	161			30	31	100
广　西	244	244			26		218
海　南	4	4					4
重　庆	84	84		5	5		79
四　川	65	65			32	3	30
贵　州	19	19			2	1	16
云　南	24	24			4		20
西　藏							
陕　西	263	263			65	5	193
甘　肃	62	59			22	1	36
青　海	3	3			3		
宁　夏	5	5			4		1
新　疆	16	16			11	5	

取缔非法社会组织	#并处没收非法财产	民间非营利组织会计制度财务指标		
		固定资产原价	本年收入合计	本年费用合计
26	**3**	**60810435.2**	**52300397.2**	**56319425.0**
		207212.5	189178.1	174840.4
		2224428.9	5959344.4	5773688.4
		477240.1	398004.2	377643.9
		2981456.6	4368800.9	4145762.2
		1378344.5	394523.3	461333.8
		167800.1	154047.6	171294.2
		1762872.4	1093908.9	1216566.7
		33399.5	19520.4	22557.4
3		85146.5	33344.3	68149.5
3	3	2649692.9	7397537.1	7330247.3
		1033124.4	1419822.8	1153306.6
		4982298.9	5466609.9	5408889.1
		1473592.7	832829.2	798153.2
1		1559615.6	940323.1	869681.1
13		192457.1	243159.1	456512.1
1		8076543.5	1490080.0	5359685.8
1		3738996.7	1141106.1	1669127.7
		804554.9	803918.8	740107.9
1		3818840.0	2677995.0	2550253.7
		10623218.4	9440226.8	8460674.0
		1597616.7	1568953.9	1941975.4
		1150153.5	359449.0	314108.8
		2252135.9	1677606.3	2066315.4
		3011026.7	2065217.1	2066118.3
		1259507.6	514231.0	764253.5
		1880957.0	1084939.6	1149321.4
		583.5	879.9	796.1
		650872.6	240366.3	339201.3
3		264787.3	216898.6	233437.4
		56416.9	15112.8	25727.1
		311794.2	20186.6	131450.7
		103747.1	72276.1	78244.6

地　区	单位数	市场监管部门登记	编制部门登记	民政部门登记	一个机构多块牌子	年末职工人数	#女性
全　国	5723	1572	3468	595	88	98658	33113
北　京	48	9	39			1479	588
天　津	27	7	16	3	1	936	376
河　北	224	17	205	1	1	3907	1199
山　西	80	29	45	6		1185	411
内蒙古	153	45	101	7		2002	622
辽　宁	576	80	84	366	46	7078	2157
吉　林	191	48	143			3661	943
黑龙江	157	27	130			3040	910
上　海	96	56	32	7	1	3751	1668
江　苏	296	63	211	21	1	5050	1677
浙　江	350	150	150	42	8	5102	1496
安　徽	175	38	126	10	1	3114	991
福　建	203	78	121	4		3739	1115
江　西	133	33	92	8		2420	657
山　东	302	68	212	22		4807	1591
河　南	384	131	251		2	6804	2212
湖　北	233	30	195	3	5	4205	1632
湖　南	235	52	183			3359	1163
广　东	313	80	210	19	4	7932	2318
广　西	173	44	124	2	3	3180	1256
海　南	22	10	11	1		300	72
重　庆	169	68	87	14		2617	1048
四　川	316	63	240	12	1	5036	1942
贵　州	168	105	58	4	1	4491	1663
云　南	219	47	171	1		2962	970
西　藏	5		4		1	45	14
陕　西	155	42	98	15		2816	967
甘　肃	86	33	39	10	4	1175	477
青　海	16	8	4	3	1	196	58
宁　夏	50	30	12	8		858	319
新　疆	168	81	74	6	7	1411	601

服务机构总表

受教育程度		职业资格水平		年龄结构			
大学专科人数	大学本科及以上人数	助理社会工作师人数	社会工作师人数	35岁及以下人数	36-45岁人数	46-55岁人数	56岁及以上人数
27540	19003	2058	2111	23960	35844	28277	10577
328	707	22	17	349	541	425	164
245	413	23	17	289	325	200	122
1060	561	26	49	1045	1502	996	364
299	290	12	14	322	424	312	127
699	366	7	34	506	626	620	250
1873	1254	183	389	1636	2470	2203	769
1300	647	4	4	866	1451	1034	310
907	469	24	29	611	1264	949	216
875	1054	46	44	835	1384	1062	470
1291	1241	174	162	1335	1841	1435	439
1438	1180	255	179	1094	1488	1461	1059
963	533	99	68	800	1082	926	306
657	468	53	77	803	1355	1110	471
430	195	34	34	518	889	741	272
1556	1267	191	274	1146	1843	1335	483
1857	817	63	73	1731	2730	1748	595
1600	725	110	93	1232	1584	1087	302
1184	584	60	59	807	1510	828	214
2061	1717	221	156	1636	2774	2572	950
1169	832	174	105	930	1324	712	214
54	46	1		83	99	82	36
778	612	52	56	680	883	813	241
1411	684	47	50	1181	1767	1557	531
1012	655	41	14	1037	1445	1406	603
787	572	64	50	904	1182	683	193
22	19	2		24	14	6	1
619	451	21	32	664	969	816	367
281	201	10	11	254	404	383	134
57	25	5	3	70	48	63	15
164	121	9	9	125	242	294	197
563	297	25	9	447	384	418	162

C-3-5续表

地 区	企业会计制度财务指标			
	固定资产原价	营业收入	费用合计	营业利润
全 国	**2159911.6**	**2500182.4**	**700442.4**	**853911.9**
北 京	43754.3	134876.5	36145.0	55593.7
天 津	24364.1	28259.4	9619.3	9927.9
河 北	35550.5	33980.6	12707.3	9537.7
山 西	49065.6	21375.2	10852.6	2167.7
内蒙古	31714.3	10666.2	5592.6	1292.3
辽 宁	104145.6	43299.5	17532.3	10074.8
吉 林	12425.2	9667.3	3157.4	2912.9
黑龙江	24417.5	17876.7	5939.3	3279.4
上 海	352809.6	942346.5	172674.7	533022.6
江 苏	63481.3	87345.5	16318.8	55489.2
浙 江	119406.7	156243.4	53336.6	8577.2
安 徽	18405.8	28046.4	8768.4	4356.0
福 建	131709.2	98753.4	26973.0	21240.6
江 西	49275.8	29293.2	13167.9	260.6
山 东	40526.9	26019.2	10316.6	6366.2
河 南	67240.0	26936.6	10590.7	4150.2
湖 北	72938.6	116846.4	34102.7	20855.5
湖 南	88587.2	27988.8	10789.0	2661.2
广 东	87156.8	200048.7	57237.3	50098.5
广 西	80315.6	46404.1	18568.8	6475.6
海 南	11485.0	10482.2	3674.0	170.3
重 庆	81855.6	51390.7	24933.6	1968.2
四 川	100146.2	105700.3	35327.4	24978.1
贵 州	282105.0	139322.2	63422.1	11049.9
云 南	46098.4	28905.5	11482.4	1808.8
西 藏				
陕 西	33869.5	31312.6	12649.0	3209.6
甘 肃	33856.2	18720.0	5070.0	385.5
青 海	1161.0	235.0		
宁 夏	43210.5	21053.3	8489.4	1903.3
新 疆	28833.6	6787.0	1004.2	98.4

政府会计制度准则（事业单位）财务指标			民间非营利组织会计制度财务指标		
固定资产原价	本年收入合计	本年支出合计	固定资产原价	本年收入合计	本年费用合计
3435957.3	**2087663.2**	**2047475.6**	**98795.3**	**47897.4**	**33846.8**
126344.4	112006.3	113559.8			
97908.0	72674.7	75914.5		692.0	378.6
164457.2	68538.1	67184.2	2450.0	686.0	
65611.7	36150.8	35772.3	427.5	180.0	279.5
58842.8	27247.6	33670.8	770.0	368.6	185.8
110921.8	50165.1	51977.5	15113.8	11378.2	8457.4
85905.8	25113.2	24998.4			
132387.4	67006.6	65775.5			
12339.4	32707.9	29789.7	331.7		
332688.9	213420.7	188747.2	7303.7	7696.4	4423.0
226555.7	149251.7	146712.5	3527.8	1407.5	2398.1
91967.6	82154.7	82136.6	538.8	2177.7	2013.8
85713.5	51660.3	48570.9	3481.4	1165.6	925.2
29061.3	23520.3	25001.1	3764.6	3450.0	472.0
224126.7	124667.5	123464.4	12241.9	1301.1	2027.0
114643.1	57924.4	59612.9			
192886.9	147711.8	153833.5	4296.9	1056.9	1360.5
120851.8	68558.9	74241.6			
425329.7	331339.5	310481.8	6011.0	2398.4	720.5
86855.9	44426.9	45094.9	508.4	1318.0	107.9
8985.7	2007.3	1673.6	5.0		
83314.6	52930.2	53637.4	13169.4	5796.2	3610.3
182790.7	99243.4	94985.8	3019.9	1016.5	710.3
32458.8	9590.4	9687.5	3452.1	4836.7	4887.7
85876.0	31664.0	29305.4	13.0	3.0	2.0
4627.5	349.0	349.0			
157170.5	59621.5	54869.0	5302.5	594.6	627.2
19621.9	16727.0	16900.6	602.0	290.0	63.5
2725.1	829.4	829.4	28.0	80.0	
17735.3	5470.5	5493.8	11832.3		195.5
55251.6	22983.5	23204.0	603.6	4.0	1.0

地　区	单位数	编制部门登记	民政部门登记	一个机构多块牌子	年末职工人数	#女性
全　国	**1118**	**1070**	**7**	**41**	**7611**	**4994**
北　京	11	11			143	115
天　津	1	1			13	10
河　北	41	40		1	381	263
山　西	12	12			78	56
内蒙古	25	25			152	90
辽　宁	41	24		17	378	216
吉　林	63	63			442	277
黑龙江	31	31			225	133
上　海	17	16		1	256	211
江　苏	71	71			481	338
浙　江	51	50		1	346	241
安　徽	30	27	3		213	135
福　建	31	31			118	80
江　西	23	23			120	80
山　东	91	91			788	504
河　南	65	63		2	474	284
湖　北	89	85		4	553	400
湖　南	79	79			505	284
广　东	63	62	1		445	300
广　西	58	58			279	175
海　南	1	1			6	3
重　庆	39	38	1		259	170
四　川	68	66	1	1	393	246
贵　州	14	13		1	49	33
云　南	26	25	1		100	62
西　藏	1			1	2	2
陕　西	26	26			211	143
甘　肃	13	9		4	40	29
青　海	1			1	11	
宁　夏	1	1			5	4
新　疆	35	28		7	145	110

服务机构

单位：个、人

受教育程度		职业资格水平		年龄结构			
大学专科人数	大学本科及以上人数	助理社会工作师人数	社会工作师人数	35岁及以下人数	36—45岁人数	46—55岁人数	56岁及以上人数
2758	**3424**	**309**	**451**	**2589**	**3297**	**1561**	**164**
11	121	12	4	43	65	33	2
1	12		1	7	3	2	1
156	92	3	17	135	184	57	5
18	55		1	38	31	9	
72	68		1	39	71	39	3
92	191	4	16	101	170	94	13
129	161	2		113	182	131	16
85	62	1	1	85	91	42	7
13	220	17	31	86	110	58	2
130	239	38	37	206	193	77	5
110	210	37	54	106	168	63	9
101	78	11	13	80	74	55	4
34	56	11	20	56	45	13	4
47	29	2	4	36	45	34	5
295	429	29	104	256	339	173	20
217	118	5	21	179	208	70	17
276	173	27	21	190	240	121	2
245	124	21	14	164	261	76	4
150	255	23	24	148	192	97	8
107	142	9	9	68	135	68	8
3	3			5	1		
55	187	31	27	91	96	66	6
193	127	14	12	139	163	85	6
19	25	1		17	22	8	2
42	49	10	13	37	38	17	8
1	1			2			
81	99		3	78	96	36	1
16	8			17	13	6	4
2				11			
5					2	2	1
52	90	1	3	56	59	29	1

C-3-6续表

地 区	办理婚姻登记事务的处数	可办理婚姻登记的乡镇机关数	政府会计制度准则（事业单位）财务指标	
			固定资产原价	本年收入合计
全 国	**4171**	**1100**	**53196.5**	**81267.0**
北 京	18	1	973.0	3552.6
天 津	19	3	59.4	289.2
河 北	209	26	626.7	1895.9
山 西	130		70.2	316.2
内蒙古	113	5	571.9	1805.5
辽 宁	185	58	116.2	505.7
吉 林	68		823.4	2241.8
黑龙江	143	16	432.4	1149.5
上 海	20	2	3624.7	8598.1
江 苏	102		2515.5	7228.8
浙 江	109		2841.4	8817.1
安 徽	124	3	690.5	2170.5
福 建	116	27	425.7	1168.2
江 西	209	102	1936.1	705.0
山 东	145		2768.1	7754.8
河 南	193	12	17651.0	1552.4
湖 北	138	35	1541.1	6179.1
湖 南	140	8	1522.4	2142.8
广 东	237	101	2844.2	6616.3
广 西	128	3	407.0	1732.8
海 南	29	2	73.0	
重 庆	45	1	1326.0	6266.6
四 川	205	14	1190.1	5516.4
贵 州	589	493	77.5	149.5
云 南	173	66	137.1	483.0
西 藏	75	6		
陕 西	117	7	506.1	2233.4
甘 肃	116	30	37.6	78.8
青 海	47	3		
宁 夏	24	2	18.3	
新 疆	205	74	7389.9	117.0

本年支出合计	民间非营利组织会计制度财务指标		
	固定资产原价	本年收入合计	本年费用合计
85146.8	**35.9**	**207.6**	**173.9**
4196.0			
289.1			
2021.4			
368.0			
1932.5			
608.5			
2521.4			
1227.9			
9001.6			
7687.2			
8863.9			
2119.3	9.6	89.6	42.9
1251.7			
620.5			
7558.3			
1816.9			
6212.6			
2557.6			
6778.6			11.8
1910.4			
6506.6	5.0	10.0	4.0
5796.6	7.3	105.0	112.2
229.2			
565.8	13.0	3.0	2.0
2257.6			
84.8			
162.8	1.0		1.0

地 区	结婚登记件数	结婚登记人数	内地居民登记结婚件数	内地居民登记结婚人数	涉外及华侨、港澳台居民登记结婚件数
全 国	7682141	15364282	7632473	15264946	49668
北 京	137335	274670	136650	273300	685
天 津	83758	167516	83495	166990	263
河 北	371119	742238	369787	739574	1332
山 西	205943	411886	205634	411268	309
内蒙古	142370	284740	142114	284228	256
辽 宁	228362	456724	227595	455190	767
吉 林	137905	275810	137374	274748	531
黑龙江	179374	358748	178693	357386	681
上 海	104210	208420	102891	205782	1319
江 苏	452839	905678	451336	902672	1503
浙 江	300587	601174	298162	596324	2425
安 徽	355411	710822	352691	705382	2720
福 建	180817	361634	175162	350324	5655
江 西	221630	443260	219778	439556	1852
山 东	481559	963118	480209	960418	1350
河 南	573975	1147950	571978	1143956	1997
湖 北	293289	586578	291702	583404	1587
湖 南	302711	605422	299957	599914	2754
广 东	632192	1264384	622253	1244506	9939
广 西	251707	503414	248997	497994	2710
海 南	56897	113794	56475	112950	422
重 庆	183661	367322	182862	365724	799
四 川	480158	960316	478311	956622	1847
贵 州	294586	589172	293908	587816	678
云 南	288087	576174	283985	567970	4102
西 藏	29507	59014	29497	58994	10
陕 西	235005	470010	234266	468532	739
甘 肃	164245	328490	163996	327992	249
青 海	47082	94164	47054	94108	28
宁 夏	50689	101378	50636	101272	53
新 疆	215131	430262	215025	430050	106

登记服务

按居住地分类						
内地居民	#女性	香港居民	澳门居民	台湾居民	华侨	外国人
49004	**17202**	**8564**	**1278**	**5189**	**2370**	**32931**
685	418	114	7	115		449
263	169	22	4	38	4	195
1332	205	25	15	64	6	1222
308	98	17	7	24	5	257
256	101	8	8	31	5	204
767	492	37	16	117	16	581
531	253	23	17	79	8	404
670	288	64	23	77	95	433
1318	861	212	19	353	12	724
1495	736	63	13	251	8	1176
1815	676	105	20	199	1449	1262
2719	334	69	24	163	8	2457
5640	2264	1494	93	1091	307	2685
1852	265	89	17	141	9	1596
1349	418	56	17	129	5	1144
1995	427	90	22	202	7	1678
1587	541	157	35	200	13	1182
2750	637	235	70	214		2239
9933	5212	4728	695	761	379	3382
2707	508	184	63	145	2	2319
422	171	163	11	38	2	208
799	434	106	17	186	3	487
1847	772	339	38	276	14	1180
678	230	67	11	99	4	497
4102	260	38	3	60		4001
10	10	3				7
739	238	38	3	86		612
249	88	11	4	26	7	201
28	17	2		4		22
53	22	2	3	6	1	41
105	57	3	3	14	1	86

C-3-7续表

地 区	按婚姻状况分类			
	初婚人数	再婚人数	#女性	#恢复结婚件数
全 国	**11939822**	**3424460**	**1945986**	**442530**
北　京	195159	79511	38538	6354
天　津	136895	30621	15785	17793
河　北	568214	174024	99153	25938
山　西	340221	71665	41535	7671
内蒙古	197823	86917	47813	11128
辽　宁	361370	95354	52999	22546
吉　林	206094	69716	38924	17174
黑龙江	212573	146175	77986	25633
上　海	152550	55870	27604	9049
江　苏	758906	146772	83502	39546
浙　江	481640	119534	65038	16389
安　徽	530725	180097	102402	26383
福　建	278620	83014	46280	3303
江　西	354958	88302	52206	9294
山　东	719155	243963	133325	32457
河　南	967682	180268	106278	39529
湖　北	467155	119423	70436	14457
湖　南	454867	150555	89738	10776
广　东	1071125	193259	107295	25716
广　西	398650	104764	66918	7402
海　南	93737	20057	11749	1724
重　庆	253204	114118	63311	13327
四　川	702862	257454	147316	19451
贵　州	454682	134490	80698	10258
云　南	445121	131053	79754	5891
西　藏	54070	4944	2550	201
陕　西	362532	107478	63709	7913
甘　肃	277782	50708	31354	3807
青　海	75417	18747	10626	1046
宁　夏	79941	21437	11969	1954
新　疆	286092	144170	79195	8420

单位：件、人

按年龄分类				
20—24岁	25—29岁	30—34岁	35—39岁	40岁及以上
2125265	**5832477**	**3238988**	**1479359**	**2688193**
9132	98569	77738	32795	56436
11882	57736	40549	24304	33045
169322	259081	142202	75069	96564
39274	187270	83126	29682	72534
21668	113919	61723	29388	58042
40436	166098	100233	51242	98715
21438	81267	58135	32209	82761
26427	98769	67845	41329	124378
6480	75959	59695	23870	42416
81593	329460	181181	77030	236414
44598	223009	121668	48721	163178
104022	263007	145166	59920	138707
45155	134144	89397	37583	55355
89056	177485	81862	35914	58943
179341	393106	167550	94330	128791
227334	398963	222842	100451	198360
43880	194004	153886	65215	129593
100921	215011	132735	67652	89103
138038	573473	322140	110261	120472
83997	168985	111665	65771	72996
14348	39951	28194	11857	19444
38491	149995	74591	35826	68419
135293	385612	187472	88357	163582
120605	221369	102183	54594	90421
117097	215740	103369	53818	86150
13858	20199	9731	5662	9564
39455	213139	119930	46711	50775
47990	146127	71627	24556	38190
21305	32702	17124	7294	15739
21713	42118	17377	6536	13634
71116	156210	86052	41412	75472

地　　区	总计	民政部门办理 离婚登记合计	内地居民 离婚登记	涉外 离婚登记	涉港澳台及华侨 离婚登记
全　国	3605344	2593723	2587888	2386	3449
北　京	54916	45933	45764	121	48
天　津	49389	39195	38994	40	161
河　北	177678	126079	125906	41	132
山　西	73770	49097	49082	9	6
内蒙古	70561	50091	50073	16	2
辽　宁	120329	90755	90627	102	26
吉　林	80236	59599	59530	47	22
黑龙江	113232	79894	79833	42	19
上　海	42951	35716	35431	169	116
江　苏	213553	159928	159734	126	68
浙　江	123442	95179	94943	125	111
安　徽	181834	134035	133922	79	34
福　建	90208	68687	68175	204	308
江　西	105946	76477	76371	65	41
山　东	219651	154948	154834	93	21
河　南	270678	192940	192843	51	46
湖　北	152958	111508	111381	69	58
湖　南	165702	114512	114373	73	66
广　东	226080	190684	189276	300	1108
广　西	115961	85272	85055	168	49
海　南	21028	16430	16377	20	33
重　庆	107175	83586	83510	43	33
四　川	251644	176956	176805	74	77
贵　州	141279	91126	91066	33	27
云　南	126554	77883	77637	235	11
西　藏	7044	5365	5331		34
陕　西	95887	63837	63795	20	22
甘　肃	57919	30484	30340	5	139
青　海	17894	10755	10751	3	1
宁　夏	21034	13192	13186	5	1
新　疆	108811	63580	62943	8	629

登记服务

单位：件、人

| 离婚登记人数按年龄分组 | | | | |
20—24岁	25—29岁	30—34岁	35—39岁	40岁及以上
67412	**532998**	**1223919**	**1217606**	**2145511**
218	3688	12852	19018	56090
358	4230	16077	21323	36402
2931	21140	61504	64932	101651
818	10622	25196	22688	38870
903	8318	20940	21963	48058
1433	13587	33205	40491	92794
1075	8939	24643	26380	58161
1317	10934	28064	32377	87096
187	3161	10814	15145	42125
2570	29188	83203	76263	128632
1250	15600	38702	43560	91246
3253	31045	72365	59360	102047
1321	12145	33965	35100	54843
2416	18464	38593	35158	58323
5943	27572	67919	81303	127159
4502	37892	102665	92946	147875
1298	16939	56423	55872	92484
2687	19415	53409	56252	97261
4878	46182	92717	91930	145661
3238	21037	40887	45465	59917
554	4447	8553	7852	11454
1595	18544	36118	36488	74427
5532	45504	82393	76562	143921
3686	29216	46987	40465	61898
4408	25004	38887	34485	52982
773	2625	2995	2232	2105
1033	12706	34888	33395	45652
1074	8612	17309	14411	19562
958	3943	5551	4016	7042
674	3282	6360	5577	10491
4529	19017	29735	24597	49282

C-3-8续表

地 区	法院判决、调解离婚合计	离婚	
		判决离婚	调解离婚
全 国	**1011621**	**192439**	**819182**
北 京	8983	2753	6230
天 津	10194	1415	8779
河 北	51599	8917	42682
山 西	24673	4366	20307
内蒙古	20470	5571	14899
辽 宁	29574	5928	23646
吉 林	20637	3207	17430
黑龙江	33338	4200	29138
上 海	7235	1801	5434
江 苏	53625	9174	44451
浙 江	28263	5028	23235
安 徽	47799	8148	39651
福 建	21521	6060	15461
江 西	29469	5331	24138
山 东	64703	11612	53091
河 南	77738	13156	64582
湖 北	41450	7970	33480
湖 南	51190	9057	42133
广 东	35396	12836	22560
广 西	30689	9839	20850
海 南	4598	1506	3092
重 庆	23589	5365	18224
四 川	74688	11067	63621
贵 州	50153	10531	39622
云 南	48671	7576	41095
西 藏	1679	180	1499
陕 西	32050	5947	26103
甘 肃	27435	6278	21157
青 海	7139	1142	5997
宁 夏	7842	1764	6078
新 疆	45231	4714	40517

注：法院收案及判决、调解离婚数据来源于最高人民法院。

收案	维持	
	判决不离	调解不离
1713177	**367492**	**29293**
15153	2599	145
16689	2932	54
91585	19779	3804
42855	12222	319
33950	3853	471
47830	7783	780
30405	4283	51
48926	4772	897
14399	3052	112
94166	17559	2910
43466	8075	637
85339	20890	880
39363	9593	346
52503	13527	420
121887	32977	1038
144033	38921	1807
73046	18551	1170
87531	22168	870
60440	15477	489
52535	13999	906
8606	2147	88
40156	8754	352
119291	23582	842
77563	16175	549
72671	10332	2017
2451	128	150
58624	13313	1123
50700	13053	1077
13069	1345	472
13924	2354	478
60021	3297	4039

地　区	单位数	市场监管部门登记	编制部门登记	民政部门登记	一个机构多块牌子	年末职工人数	#女性
全　国	4605	1572	2398	588	47	91047	28119
北　京	37	9	28			1336	473
天　津	26	7	15	3	1	923	366
河　北	183	17	165	1		3526	936
山　西	68	29	33	6		1107	355
内蒙古	128	45	76	7		1850	532
辽　宁	535	80	60	366	29	6700	1941
吉　林	128	48	80			3219	666
黑龙江	126	27	99			2815	777
上　海	79	56	16	7		3495	1457
江　苏	225	63	140	21	1	4569	1339
浙　江	299	150	100	42	7	4756	1255
安　徽	145	38	99	7	1	2901	856
福　建	172	78	90	4		3621	1035
江　西	110	33	69	8		2300	577
山　东	211	68	121	22		4019	1087
河　南	319	131	188			6330	1928
湖　北	144	30	110	3	1	3652	1232
湖　南	156	52	104			2854	879
广　东	250	80	148	18	4	7487	2018
广　西	115	44	66	2	3	2901	1081
海　南	21	10	10	1		294	69
重　庆	130	68	49	13		2358	878
四　川	248	63	174	11		4643	1696
贵　州	154	105	45	4		4442	1630
云　南	193	47	146			2862	908
西　藏	4		4			43	12
陕　西	129	42	72	15		2605	824
甘　肃	73	33	30	10		1135	448
青　海	15	8	4	3		185	58
宁　夏	49	30	11	8		853	315
新　疆	133	81	46	6		1266	491

机构总表

单位：个、人

受教育程度		职业资格水平		年龄结构			
大学专科人数	大学本科及以上人数	助理社会工作师人数	社会工作师人数	35岁及以下人数	36—45岁人数	46—55岁人数	56岁及以上人数
24782	**15579**	**1749**	**1660**	**21371**	**32547**	**26716**	**10413**
317	586	10	13	306	476	392	162
244	401	23	16	282	322	198	121
904	469	23	32	910	1318	939	359
281	235	12	13	284	393	303	127
627	298	7	33	467	555	581	247
1781	1063	179	373	1535	2300	2109	756
1171	486	2	4	753	1269	903	294
822	407	23	28	526	1173	907	209
862	834	29	13	749	1274	1004	468
1161	1002	136	125	1129	1648	1358	434
1328	970	218	125	988	1320	1398	1050
862	455	88	55	720	1008	871	302
623	412	42	57	747	1310	1097	467
383	166	32	30	482	844	707	267
1261	838	162	170	890	1504	1162	463
1640	699	58	52	1552	2522	1678	578
1324	552	83	72	1042	1344	966	300
939	460	39	45	643	1249	752	210
1911	1462	198	132	1488	2582	2475	942
1062	690	165	96	862	1189	644	206
51	43	1		78	98	82	36
723	425	21	29	589	787	747	235
1218	557	33	38	1042	1604	1472	525
993	630	40	14	1020	1423	1398	601
745	523	54	37	867	1144	666	185
21	18	2		22	14	6	1
538	352	21	29	586	873	780	366
265	193	10	11	237	391	377	130
55	25	5	3	59	48	63	15
159	121	9	9	125	240	292	196
511	207	24	6	391	325	389	161

C－3－9续表1

地 区	火化炉数	国际运尸数	#外国人	#港澳台	穴位数
全 国	**7713**	**81**	**69**	**8**	**25907787**
北 京	97				758901
天 津	93				408970
河 北	437				396222
山 西	91				252671
内蒙古	214				459205
辽 宁	379				1303408
吉 林	183				75819
黑龙江	308				284512
上 海	110	65	56	5	2575313
江 苏	615				2355104
浙 江	440	5	5		3569673
安 徽	337				795136
福 建	244				586177
江 西	293				328207
山 东	599				880788
河 南	463				876444
湖 北	406				1394604
湖 南	262	1		1	648291
广 东	495	2		2	1729468
广 西	160				446100
海 南	8				128586
重 庆	143				881707
四 川	375				1503980
贵 州	278				1062238
云 南	345	8	8		778447
西 藏	9				
陕 西	142				582181
甘 肃	64				322490
青 海	39				12358
宁 夏	11				210447
新 疆	73				300340

#本年销售穴位数	安葬数	#本年安葬数	节地生态安葬数	专用遗体接运车辆数
729711	20029635	1629441	1848975	8878
13827	827748	39864	112480	129
6072	587630	43769	244767	181
10679	240310	16324	7015	342
4680	107954	5117	1426	108
31462	363941	23209	12755	166
54606	839902	165681	34667	205
2485	41405	9127	769	178
11904	310457	16078	30448	240
76454	1886276	134823	175153	158
56750	2238061	113807	53240	353
89985	2649011	208957	349921	782
21544	763456	63007	70424	461
21638	418571	51259	52655	271
10805	184974	48111	10055	182
21618	839095	119754	200462	735
15988	469703	39324	9444	602
25855	1053213	40221	10236	253
21294	356430	26771	32551	347
45197	1809723	163899	290126	1163
13265	298501	21770	19763	218
2240	84304	4629	491	15
17386	552723	28248	14108	146
36784	1151386	54338	38062	293
28576	422635	47158	6725	395
39990	360474	71519	18761	594
				5
14992	539799	21462	42466	149
10445	282651	16801	4018	58
2219	5874	1882	45	5
5794	114541	8352	2494	12
15177	228887	24180	3448	132

C-3-9续表2

地　区	企业会计制度财务指标			
	固定资产原价	营业收入	费用合计	营业利润
全　国	**2159911.6**	**2500182.4**	**700442.4**	**853911.9**
北　京	43754.3	134876.5	36145.0	55593.7
天　津	24364.1	28259.4	9619.3	9927.9
河　北	35550.5	33980.6	12707.3	9537.7
山　西	49065.6	21375.2	10852.6	2167.7
内蒙古	31714.3	10666.2	5592.6	1292.3
辽　宁	104145.6	43299.5	17532.3	10074.8
吉　林	12425.2	9667.3	3157.4	2912.9
黑龙江	24417.5	17876.7	5939.3	3279.4
上　海	352809.6	942346.5	172674.7	533022.6
江　苏	63481.3	87345.5	16318.8	55489.2
浙　江	119406.7	156243.4	53336.6	8577.2
安　徽	18405.8	28046.4	8768.4	4356.0
福　建	131709.2	98753.4	26973.0	21240.6
江　西	49275.8	29293.2	13167.9	260.6
山　东	40526.9	26019.2	10316.6	6366.2
河　南	67240.0	26936.6	10590.7	4150.2
湖　北	72938.6	116846.4	34102.7	20855.5
湖　南	88587.2	27988.8	10789.0	2661.2
广　东	87156.8	200048.7	57237.3	50098.5
广　西	80315.6	46404.1	18568.8	6475.6
海　南	11485.0	10482.2	3674.0	170.3
重　庆	81855.6	51390.7	24933.6	1968.2
四　川	100146.2	105700.3	35327.4	24978.1
贵　州	282105.0	139322.2	63422.1	11049.9
云　南	46098.4	28905.5	11482.4	1808.8
西　藏				
陕　西	33869.5	31312.6	12649.0	3209.6
甘　肃	33856.2	18720.0	5070.0	385.5
青　海	1161.0	235.0		
宁　夏	43210.5	21053.3	8489.4	1903.3
新　疆	28833.6	6787.0	1004.2	98.4

単位：万元

政府会计制度准则（事业单位）财务指标			民间非营利组织会计制度财务指标		
固定资产原价	本年收入合计	本年支出合计	固定资产原价	本年收入合计	本年费用合计
3382760.8	**2006396.2**	**1962328.8**	**98759.4**	**47689.8**	**33672.9**
125371.4	108453.7	109363.8			
97848.6	72385.5	75625.4		692.0	378.6
163830.5	66642.2	65162.8	2450.0	686.0	
65541.5	35834.6	35404.3	427.5	180.0	279.5
58270.9	25442.1	31738.3	770.0	368.6	185.8
110805.6	49659.4	51369.0	15113.8	11378.2	8457.4
85082.4	22871.4	22477.0			
131955.0	65857.1	64547.6			
8714.7	24109.8	20788.1	331.7		
330173.4	206191.9	181060.0	7303.7	7696.4	4423.0
223714.3	140434.6	137848.6	3527.8	1407.5	2398.1
91277.1	79984.2	80017.3	529.2	2088.1	1970.9
85287.8	50492.1	47319.2	3481.4	1165.6	925.2
27125.2	22815.3	24380.6	3764.6	3450.0	472.0
221358.6	116912.7	115906.1	12241.9	1301.1	2027.0
96992.1	56372.0	57796.0			
191345.8	141532.7	147620.9	4296.9	1056.9	1360.5
119329.4	66416.1	71684.0			
422485.5	324723.2	303703.2	6011.0	2398.4	708.7
86448.9	42694.1	43184.5	508.4	1318.0	107.9
8912.7	2007.3	1673.6	5.0		
81988.6	46663.6	47130.8	13164.4	5786.2	3606.3
181600.6	93727.0	89189.2	3012.6	911.5	598.1
32381.3	9440.9	9458.3	3452.1	4836.7	4887.7
85738.9	31181.0	28739.6			
4627.5	349.0	349.0			
156664.4	57388.1	52611.4	5302.5	594.6	627.2
19584.3	16648.2	16815.8	602.0	290.0	63.5
2725.1	829.4	829.4	28.0	80.0	
17717.0	5470.5	5493.8	11832.3		195.5
47861.7	22866.5	23041.2	602.6	4.0	

地 区	单位数	年末职工人数	#女性	受教育程度	
				大学专科人数	大学本科及以上人数
全 国	**1788**	**47735**	**12989**	**14415**	**8555**
北 京	12	281	54	76	143
天 津	9	406	118	135	212
河 北	146	2436	546	490	285
山 西	26	454	148	138	98
内蒙古	76	1144	321	407	204
辽 宁	73	2718	758	625	520
吉 林	45	1336	302	784	271
黑龙江	95	2245	581	658	349
上 海	11	867	265	296	246
江 苏	89	2884	725	707	628
浙 江	76	2185	506	765	561
安 徽	68	2028	542	656	337
福 建	65	1956	506	269	164
江 西	82	1880	463	305	115
山 东	111	2590	628	904	592
河 南	118	3059	840	939	340
湖 北	71	2414	803	935	320
湖 南	81	1758	519	626	297
广 东	88	4358	1021	1269	910
广 西	38	1338	461	527	305
海 南	2	65	21	14	16
重 庆	34	1022	337	391	230
四 川	88	1960	583	607	298
贵 州	63	2194	716	547	284
云 南	117	1703	448	521	352
西 藏	3	39	10	21	14
陕 西	44	1126	291	304	212
甘 肃	26	483	189	121	96
青 海	6	111	32	42	17
宁 夏	3	105	36	31	21
新 疆	22	590	219	305	118

仪馆

单位：个、人

职业资格水平		年龄结构			
助理社会工作师人数	社会工作师人数	35岁及以下人数	36—45岁人数	46—55岁人数	56岁及以上人数
1001	**833**	**11611**	**17800**	**14120**	**4204**
4	6	53	82	98	48
		158	145	75	28
15	18	559	985	700	192
5	8	89	166	154	45
3	7	278	355	391	120
104	104	518	934	993	273
2	4	264	526	396	150
21	27	427	907	757	154
13	4	239	344	219	65
77	63	758	1053	820	253
102	72	483	678	726	298
77	48	543	720	607	158
21	18	456	715	583	202
10	29	398	684	589	209
122	131	556	1032	781	221
35	31	782	1318	780	179
54	26	659	929	633	193
25	30	402	738	491	127
144	73	945	1541	1388	484
63	42	429	530	284	95
1		27	20	15	3
12	22	264	324	348	86
19	26	464	764	574	158
4	5	597	760	637	200
38	25	597	670	359	77
2		19	13	6	1
5	6	301	430	334	61
3	2	117	178	142	46
5	3	45	38	21	7
	1	20	33	45	7
15	2	164	188	174	64

地 区	火化炉数	国际运尸数	#外国人	#港澳台	穴位数
全 国	**7713**	**81**	**69**	**8**	**7065699**
北 京	97				35992
天 津	93				65304
河 北	437				144843
山 西	91				7909
内蒙古	214				213421
辽 宁	379				46533
吉 林	183				22178
黑龙江	308				127067
上 海	110	65	56	5	
江 苏	615				559912
浙 江	440	5	5		1448696
安 徽	337				184882
福 建	244				252371
江 西	293				301557
山 东	599				466289
河 南	463				60448
湖 北	406				365816
湖 南	262	1		1	339911
广 东	495	2		2	482030
广 西	160				13298
海 南	8				
重 庆	143				252801
四 川	375				227929
贵 州	278				530919
云 南	345	8	8		468935
西 藏	9				
陕 西	142				122857
甘 肃	64				31468
青 海	39				
宁 夏	11				3035
新 疆	73				289298

单位：台、具、个、辆

#本年销售穴位数	安葬数	#本年安葬数	节地生态安葬数	专用遗体接运车辆数
212903	6282135	727424	944232	8685
255	29279	8169	1030	129
1770	304301	38353	238991	154
2552	59560	3712	5002	340
333	5959	1019	24	108
9974	194621	14997	8161	164
1975	53234	10137	98	205
434	11769	923	769	173
4655	135214	7782	29947	240
				158
12030	574082	49147	28891	353
30856	1153118	110252	155704	761
5143	203184	31922	14549	460
9456	213788	39557	35949	247
9206	164493	44629	9948	182
11729	604580	105059	193548	701
1525	60568	7509	129	602
8970	300417	13270	4595	253
11547	213671	14194	24541	345
14364	804318	83653	129504	1163
2332	23914	7253	8379	218
				15
5107	135870	6235	3573	115
7828	196583	15242	9903	279
13975	154443	22234	4536	385
30143	244043	59330	16735	588
				5
2263	160535	3257	16490	149
2227	62703	7427	192	58
	2237	1337	34	5
	545	545	11	11
12254	215106	20280	2999	119

C−3−10续表2

地　区	企业会计制度财务指标			
	固定资产原价	营业收入	费用合计	营业利润
全　国	**699664.8**	**292366.0**	**120596.3**	**11600.2**
北　京				
天　津				
河　北	456.3	1500.0	372.0	288.0
山　西	2961.7	221.6	314.3	-97.4
内蒙古	18554.6	2918.4	1964.6	383.5
辽　宁	34056.3	3549.2	1801.4	74.4
吉　林	882.6	792.0	623.0	-7.9
黑龙江	9045.2	4848.9	1157.7	747.2
上　海	53959.9	55606.2	18520.5	1014.9
江　苏	7890.9	1487.2	883.9	382.5
浙　江	36245.6	16308.9	9406.2	-2192.6
安　徽	2993.5	1640.3	210.6	340.8
福　建	77337.6	39344.9	13792.1	4070.4
江　西	40792.2	19793.8	8915.3	185.4
山　东	1752.5	149.1	7.5	
河　南	19209.0	1699.5	375.2	640.0
湖　北	2977.7	583.3	263.1	105.8
湖　南	52595.0	5299.5	2104.0	-590.9
广　东	8736.2	4908.2	3025.3	370.1
广　西	17648.7	8535.6	4017.8	513.0
海　南	5453.8	3552.3	2017.8	-278.7
重　庆	34003.4	10209.2	7703.9	-1281.8
四　川	17996.3	16751.6	6028.6	2730.8
贵　州	209045.7	75689.2	29764.7	3775.3
云　南	29157.0	12960.7	6517.8	102.0
西　藏				
陕　西	1773.1	234.9	43.9	
甘　肃	5.0			
青　海	1156.0			
宁　夏				
新　疆	12979.0	3781.5	765.1	325.4

政府会计制度准则（事业单位）财务指标			民间非营利组织会计制度财务指标		
固定资产原价	本年收入合计	本年支出合计	固定资产原价	本年收入合计	本年费用合计
2895081.1	**1583904.8**	**1560005.6**	**38695.3**	**15163.9**	**7711.0**
78628.9	70587.4	73202.6			
43995.1	37183.0	41543.7			
137505.5	47228.2	45466.6			
63866.8	35657.4	33721.6	3.0		139.8
49785.2	18556.3	29608.2	440.0	44.2	45.0
93656.9	35453.4	34037.0	2045.2	491.1	51.3
78389.8	17843.2	17796.0			
125128.5	60220.5	59575.8			
8369.0	15057.7	11823.4			
302089.3	131854.2	121564.7	4832.8	2333.6	1518.1
206835.4	119784.4	119257.7			
73230.6	61068.1	60956.3	346.3	1240.1	591.6
72089.1	34216.7	32846.0	3481.4	529.5	405.7
20641.9	18083.5	18003.6	3764.6	3450.0	472.0
210657.3	107630.3	107052.2	2351.0	395.9	975.2
87746.2	43538.3	46660.7			
172149.9	121893.1	118575.0	2541.3	1056.9	1038.7
107544.1	59053.3	65278.6			
366935.5	270710.2	253156.5	3365.8	2221.8	560.0
76564.1	38492.3	38264.2			
150.0					
72724.5	38410.8	39535.2	7947.5	2995.8	1306.9
123041.4	75747.3	73858.5	110.0		20.0
27378.7	7175.4	6644.9			
73445.2	26803.5	24588.8			
4627.5	150.0	150.0			
142537.8	51801.7	47008.1	3727.0	405.0	386.0
19228.5	15305.2	15467.9	26.0		5.2
2700.0	800.0	800.0	1.0		
13970.1	3220.5	3219.4	3712.4		195.5
39468.3	20378.9	20342.4			

地 区	单位数	年末职工人数	#女性	受教育程度	
				大学专科人数	大学本科及以上人数
全 国	1837	34154	12528	7780	4613
北 京	20	997	397	238	399
天 津	10	360	157	78	103
河 北	25	892	339	333	126
山 西	29	568	187	132	118
内蒙古	31	503	154	132	55
辽 宁	450	3654	1127	1087	462
吉 林	46	1510	271	337	162
黑龙江	24	461	158	133	46
上 海	53	2167	1033	432	389
江 苏	101	1377	500	380	227
浙 江	185	2062	641	369	277
安 徽	56	780	283	180	90
福 建	49	1242	436	219	128
江 西	2	128	68	25	13
山 东	60	1182	391	289	180
河 南	138	2418	851	503	226
湖 北	45	1012	383	307	173
湖 南	27	635	259	142	69
广 东	101	2432	844	433	353
广 西	41	1313	513	439	297
海 南	9	164	33	29	4
重 庆	42	790	346	197	95
四 川	98	2192	944	418	182
贵 州	43	1654	724	306	148
云 南	25	896	390	131	48
西 藏					
陕 西	53	1229	465	175	66
甘 肃	31	547	218	104	56
青 海	3	55	20	6	5
宁 夏	27	616	237	101	75
新 疆	13	318	159	125	41

墓

单位：个、人

职业资格水平		年龄结构			
助理社会工作师人数	社会工作师人数	35岁及以下人数	36-45岁人数	46-55岁人数	56岁及以上人数
515	520	7688	10986	10018	5462
6	7	241	375	270	111
21	10	84	134	76	66
6	12	276	265	201	150
7	5	179	185	124	80
1	21	140	106	143	114
72	138	920	1282	1012	440
		426	521	441	122
2	1	87	210	121	43
3		429	723	649	366
39	41	314	471	430	162
101	43	392	421	545	704
8	5	149	263	229	139
3	5	217	384	394	247
3		24	33	41	30
20	28	293	397	293	199
4	13	570	843	678	327
21	43	325	328	257	102
11	11	152	276	154	53
29	41	387	783	853	409
90	48	359	557	293	104
		32	54	48	30
1	2	176	280	241	93
8	10	455	655	746	336
29	1	283	405	613	353
3		203	324	266	103
12	20	223	326	392	288
5	9	85	170	212	80
		6	6	35	8
7	6	85	148	208	175
3		176	61	53	28

C-3-11续表1

地　区	穴位数	本年销售穴位数
全　国	**18842088**	**516808**
北　京	722909	13572
天　津	343666	4302
河　北	251379	8127
山　西	244762	4347
内蒙古	245784	21488
辽　宁	1256875	52631
吉　林	53641	2051
黑龙江	157445	7249
上　海	2575313	76454
江　苏	1795192	44720
浙　江	2120977	59129
安　徽	610254	16401
福　建	333806	12182
江　西	26650	1599
山　东	414499	9889
河　南	815996	14463
湖　北	1028788	16885
湖　南	308380	9747
广　东	1247438	30833
广　西	432802	10933
海　南	128586	2240
重　庆	628906	12279
四　川	1276051	28956
贵　州	531319	14601
云　南	309512	9847
西　藏		
陕　西	459324	12729
甘　肃	291022	8218
青　海	12358	2219
宁　夏	207412	5794
新　疆	11042	2923

安葬数	本年安葬数	节地生态安葬数
13747500	**902017**	**904743**
798469	31695	111450
283329	5416	5776
180750	12612	2013
101995	4098	1402
169320	8212	4594
786668	155544	34569
29636	8204	
175243	8296	501
1886276	134823	175153
1663979	64660	24349
1495893	98705	194217
560272	31085	55875
204783	11702	16706
20481	3482	107
234515	14695	6914
409135	31815	9315
752796	26951	5641
142759	12577	8010
1005405	80246	160622
274587	14517	11384
84304	4629	491
416853	22013	10535
954803	39096	28159
268192	24924	2189
116431	12189	2026
379264	18205	25976
219948	9374	3826
3637	545	11
113996	7807	2483
13781	3900	449

C-3-11续表2

地 区	企业会计制度财务指标			
	固定资产原价	营业收入	费用合计	营业利润
全 国	**1325092.5**	**2131948.8**	**549680.8**	**837069.4**
北 京	43754.3	134876.5	36145.0	55593.7
天 津	24361.8	28259.4	9619.3	9927.9
河 北	35070.2	32480.6	12335.3	9249.7
山 西	45259.9	21100.6	10497.3	2247.1
内蒙古	11221.7	7667.8	3608.0	863.8
辽 宁	70089.3	39750.3	15730.9	10000.4
吉 林	5409.7	6988.6	1984.4	2665.7
黑龙江	10728.8	12124.9	4371.4	2378.2
上 海	221891.2	839763.7	136385.5	529210.7
江 苏	53603.4	85858.3	15434.9	55106.7
浙 江	82079.4	135517.3	42499.1	10397.0
安 徽	15207.9	26406.1	8216.0	4015.2
福 建	50785.6	58746.5	13086.9	17236.2
江 西	4828.6	7611.5	1996.9	9.2
山 东	38774.4	25640.1	10309.1	6366.2
河 南	47837.9	25235.4	10210.0	3510.2
湖 北	69910.9	116263.1	33839.6	20749.7
湖 南	30144.9	21574.3	8285.2	3812.4
广 东	78401.6	195140.5	54212.0	49728.4
广 西	62666.9	37868.5	14551.0	5962.6
海 南	5968.2	6919.9	1652.2	449.0
重 庆	41965.5	36749.4	14844.9	2999.1
四 川	79908.0	87607.1	28705.7	22212.9
贵 州	64569.0	54945.5	30607.3	4823.4
云 南	16754.9	15944.8	4963.1	1706.8
西 藏				
陕 西	32096.4	31077.7	12605.1	3209.6
甘 肃	31142.8	18385.9	4428.6	751.3
青 海	3.0	235.0		
宁 夏	37000.8	20813.3	8361.1	1886.3
新 疆	13655.5	396.2	195.0	

政府会计制度准则（事业单位）财务指标			民间非营利组织会计制度财务指标		
固定资产原价	本年收入合计	本年支出合计	固定资产原价	本年收入合计	本年费用合计
201266.6	**245737.4**	**217854.3**	**48978.6**	**29145.6**	**23401.7**
28655.1	31285.5	24021.1			
8911.3	20011.6	18277.6			378.6
3897.0	8352.2	9235.4	2450.0	686.0	
1596.0		1501.5	38.5	69.8	31.4
1153.8	5462.6	1237.7	320.0	283.6	140.8
4458.1	4340.1	3206.0	13068.6	10887.1	8406.1
770.7	1619.4	1219.1			
5228.9	5235.3	4548.2			
23523.4	63453.3	48446.8	2470.9	5362.8	2904.9
7970.6	10133.2	8315.3	3298.8	713.5	1710.0
12293.9	16926.8	16523.2	182.9	848.0	1379.3
1669.9	2389.7	1494.4		636.1	519.5
1735.3	2732.2	2876.9	3829.9	870.2	717.8
6727.6	8623.2	6612.7			
10879.4	14824.8	24474.0	1755.6		321.8
3780.1	2456.1	2445.3			
43733.3	26724.9	25079.8	2645.2	176.6	148.7
3237.7	1455.1	1874.6	508.4	1318.0	107.9
130.0			5.0		
4925.8	1885.4	1321.5	3865.5	1657.8	1304.8
15824.0	13764.8	11019.5	2320.5	519.8	452.8
			3352.1	4736.7	4787.7
2543.6	134.9	130.9			
5716.6	2270.8	2337.3	328.0	87.6	40.2
			568.0	290.0	49.4
1850.9	1396.9	1396.9	7669.1		
53.6	258.6	258.6	301.6	2.0	

地 区	单位数	年末职工人数	#女性	受教育程度	
				大学专科人数	大学本科及以上人数
全 国	782	7529	2080	2138	2188
北 京	5	58	22	3	44
天 津	4	59	30	9	50
河 北	11	195	50	80	58
山 西	10	76	20	11	19
内 蒙 古	18	138	35	51	28
辽 宁	12	328	56	69	81
吉 林	31	266	43	49	53
黑 龙 江	7	109	38	31	12
上 海	8	433	152	120	192
江 苏	35	308	114	74	147
浙 江	25	255	62	73	112
安 徽	20	74	24	25	26
福 建	44	296	70	95	99
江 西	26	292	46	53	38
山 东	6	117	30	35	26
河 南	63	853	237	198	133
湖 北	28	226	46	82	59
湖 南	46	406	80	160	90
广 东	61	697	153	209	199
广 西	34	242	105	95	85
海 南	10	65	15	8	23
重 庆	30	258	75	65	91
四 川	56	429	140	180	69
贵 州	43	493	166	102	167
云 南	48	228	66	86	117
西 藏	1	4	2		4
陕 西	31	243	67	58	74
甘 肃	16	105	41	40	41
青 海	4	11	6	4	3
宁 夏	15	106	35	25	20
新 疆	34	159	54	48	28

管理机构

单位：个、人

职业资格水平		年龄结构			
助理社会工作师人数	社会工作师人数	35岁及以下人数	36—45岁人数	46—55岁人数	56岁及以上人数
196	**285**	**1717**	**3131**	**2116**	**565**
		12	19	24	3
2	6	19	18	16	6
2	2	74	68	38	15
		16	36	22	2
3	4	27	59	41	11
3	131	97	84	104	43
		50	138	58	20
		12	56	29	12
13	9	81	207	115	30
20	21	57	124	108	19
7	7	49	120	75	11
3	2	22	18	30	4
16	29	51	154	81	10
19	1	60	127	77	28
	2	17	44	37	19
19	8	200	361	220	72
8	3	58	87	76	5
3	4	83	197	96	30
25	18	156	258	234	49
12	6	72	100	63	7
		19	24	19	3
5	4	67	95	72	24
5	2	103	162	137	27
7	8	115	203	128	47
11	12	58	131	35	4
		3	1		
4	3	62	114	52	15
2		35	43	23	4
		5	3	3	
1	2	13	50	30	13
6	1	24	30	73	32

管理机构

地 区	企业会计制度财务指标			
	固定资产原价	营业收入	费用合计	营业利润
全　国	110511.6	55185.4	23646.0	2775.2
北　京				
天　津				
河　北				
山　西	844.0	53.0	41.0	18.0
内蒙古	1400.0			
辽　宁				
吉　林				
黑龙江	4643.5	902.9	410.2	154.0
上　海	76958.5	46976.6	17768.7	2797.0
江　苏	1987.0			
浙　江				
安　徽				
福　建	290.0			
江　西	3655.0	1887.9	2255.7	66.0
山　东				
河　南	193.1	1.7	5.5	
湖　北	50.0			
湖　南	5839.4	821.7	92.2	-385.3
广　东	19.0			
广　西				
海　南	63.0	10.0	4.0	
重　庆	200.0	101.8	34.0	2.8
四　川	2115.2	480.6	419.6	2.6
贵　州	4815.3	3404.8	1856.8	468.9
云　南	86.5		1.5	
西　藏				
陕　西				
甘　肃	2708.4	334.1	641.4	-365.8
青　海				
宁　夏	4617.7	150.0	71.3	17.0
新　疆	26.0	60.3	44.1	

政府会计制度准则（事业单位）财务指标			民间非营利组织会计制度财务指标		
固定资产原价	本年收入合计	本年支出合计	固定资产原价	本年收入合计	本年费用合计
239503.3	164016.9	168525.9	3001.1	1332.6	1456.1
18087.4	6580.8	12140.1			
43097.3	9166.0	5518.2			
22428.0	11061.8	10460.8			
78.7	177.2	181.2	1.0		1.0
7331.9	1396.7	865.9		37.8	
12690.6	9865.9	14126.0			
5916.9	3408.8	3461.9			
1597.6	401.3	423.6			
345.7	9052.1	8964.7			
4560.7	10884.4	11048.5			
5099.3	9875.6	9804.7			
5752.6	1989.3	2537.8			
10039.6	12266.4	11290.6			
6483.3	4731.8	6377.0			
6739.1	4373.0	4407.5	51.0	5.0	327.0
2518.3	4210.5	4522.6			
8316.5	4814.8	4571.9			
7937.7	4882.5	3937.3			
11816.7	27288.1	25466.9			
6077.6	2638.7	2947.7			
8632.7	2007.3	1673.6			
4338.3	6367.4	6274.1	1271.6	1005.8	814.5
8176.7	4214.9	4311.2	1.0		3.7
5002.6	2265.5	2813.4	100.0	100.0	100.0
8628.0	2251.2	2361.3			
	199.0	199.0			
7244.2	3196.4	3146.8	1247.5	102.0	201.0
355.8	1343.0	1347.9	8.0		8.9
22.1	29.4	29.4	27.0	80.0	
1896.0	853.1	877.5	73.0		
8291.4	2224.0	2436.8	221.0	2.0	

地 区	单位数	年末职工人数	#女性	受教育程度	
				大学专科人数	大学本科及以上人数
全 国	198	1629	522	449	223
北 京					
天 津	3	98	61	22	36
河 北	1	3	1	1	
山 西	3	9			
内蒙古	3	65	22	37	11
辽 宁					
吉 林	6	107	50	1	
黑龙江					
上 海	7	28	7	14	7
江 苏					
浙 江	13	254	46	121	20
安 徽	1	19	7	1	2
福 建	14	127	23	40	21
江 西					
山 东	34	130	38	33	40
河 南					
湖 北					
湖 南	2	55	21	11	4
广 东					
广 西	2	8	2	1	3
海 南					
重 庆	24	288	120	70	9
四 川	6	62	29	13	8
贵 州	5	101	24	38	31
云 南	3	35	4	7	6
西 藏					
陕 西	1	7	1	1	
甘 肃					
青 海	2	8		3	
宁 夏	4	26	7	2	5
新 疆	64	199	59	33	20

服务站

职业资格水平		年龄结构				专用遗体接运车辆数
助理社会工作师人数	社会工作师人数	35岁及以下人数	36-45岁人数	46-55岁人数	56岁及以上人数	
37	**22**	**355**	**630**	**462**	**182**	**193**
		21	25	31	21	27
		1			2	2
			6	3		
	1	22	35	6	2	2
		13	84	8	2	5
				21	7	
8	3	64	101	52	37	21
		6	7	5	1	1
2	5	23	57	39	8	24
20	9	24	31	51	24	34
		6	38	11		2
		2	2	4		
3	1	82	88	86	32	31
1		20	23	15	4	14
		25	55	20	1	10
2		9	19	6	1	6
			3	2	2	
		3	1	4		
1		7	9	9	1	1
	3	27	46	89	37	13

451

C—3—13续表

地 区	企业会计制度财务指标			
	固定资产原价	营业收入	费用合计	营业利润
全　国	**24642.7**	**20682.2**	**6519.3**	**2467.1**
北　京				
天　津	2.3			
河　北	24.0			
山　西				
内蒙古	538.0	80.0	20.0	45.0
辽　宁				
吉　林	6132.9	1886.7	550.0	255.1
黑龙江				
上　海				
江　苏				
浙　江	1081.7	4417.2	1431.3	372.8
安　徽	204.4		341.8	
福　建	3296.0	662.0	94.0	-66.0
江　西				
山　东		230.0		
河　南				
湖　北				
湖　南	7.9	293.3	307.6	-175.0
广　东				
广　西				
海　南				
重　庆	5686.7	4330.3	2350.8	248.1
四　川	126.7	861.0	173.5	31.8
贵　州	3675.0	5282.7	1193.3	1982.3
云　南	100.0			
西　藏				
陕　西				
甘　肃				
青　海	2.0			
宁　夏	1592.0	90.0	57.0	
新　疆	2173.1	2549.0		-227.0

単位：万元

政府会计制度准则（事业单位）财务指标			民间非营利组织会计制度财务指标		
固定资产原价	本年收入合计	本年支出合计	固定资产原价	本年收入合计	本年费用合计
46909.8	**12737.1**	**15943.0**	**8084.4**	**2047.7**	**1104.1**
1844.9	6024.9	10285.9		692.0	
			385.0	110.2	107.3
	26.5	26.5	10.0	3.0	
5.0					
			331.7		
3809.0	641.4	470.9	229.0	694.0	688.1
1489.2	1619.3	1688.2			
2226.9	2177.2	1569.5	6010.0	30.0	7.0
67.5	24.2	22.8			
569.5	108.0	98.0			
			79.8	126.8	180.1
34558.5			581.1	391.7	121.6
1122.1	1991.4	1658.6			
1165.8	119.2	119.2			
3.0					
			377.8		
48.4	5.0	3.4	80.0		

C-4-1 其他

地 区	单位数	年末职工人数	#女性	受教育程度 大学专科 人数	受教育程度 大学本科及 以上人数
全 国	1308	20681	10186	4262	11003
中央级	13	883	515	43	836
北 京	34	1899	983	206	713
天 津	14	244	125	49	184
河 北	30	361	153	76	116
山 西	38	830	413	136	529
内 蒙 古	24	375	171	68	276
辽 宁	74	4556	1825	1032	1554
吉 林	4	27	14	2	6
黑 龙 江	21	412	211	93	281
上 海	31	523	347	57	428
江 苏	48	265	144	40	188
浙 江	133	1081	604	134	735
安 徽	25	180	67	47	92
福 建	49	404	207	77	284
江 西	49	514	263	141	252
山 东	61	1130	517	238	805
河 南	89	922	385	247	340
湖 北	64	574	296	163	282
湖 南	84	761	377	245	338
广 东	31	549	304	99	440
广 西	59	1056	666	282	576
海 南	4	15	7	3	11
重 庆	25	162	76	33	118
四 川	145	1418	802	283	711
贵 州	32	397	157	112	235
云 南	29	268	129	86	169
西 藏					
陕 西	28	333	169	120	170
甘 肃	15	177	41	61	67
青 海	3	20	11	3	17
宁 夏	3	21	15	1	20
新 疆	49	324	192	85	230

事业单位

职业资格水平		年龄结构			
助理社会工作师人数	社会工作师人数	35岁及以下人数	36—45岁人数	46—55岁人数	56岁及以上人数
732	**1007**	**5756**	**7895**	**5678**	**1352**
17	49	260	362	199	62
27	32	353	720	760	66
3	8	54	100	78	12
3	5	81	164	92	24
18	18	210	343	217	60
6	28	144	107	102	22
141	70	887	1884	1398	387
		6	12	6	3
17	14	134	169	82	27
27	59	186	187	110	40
17	39	83	124	52	6
81	128	314	410	250	107
9	17	59	71	45	5
14	57	126	161	98	19
20	26	191	205	88	30
127	133	372	401	266	91
6	20	286	358	242	36
16	27	190	203	141	40
9	31	249	279	190	43
15	30	148	234	143	24
58	56	460	328	225	43
		8	5	2	
4	9	52	54	48	8
38	75	401	493	425	99
11	23	92	134	134	37
18	24	111	114	37	6
7	6	104	121	85	23
3	3	56	50	52	19
		6	10	2	2
4	2	7	11	3	
16	18	126	81	106	11

C-4-1续表

地　区	企业会计制度财务指标			
	固定资产原价	营业收入	费用合计	营业利润
全　国	**48820.1**	**24014.5**	**10888.0**	**-1356.3**
中央级	29342.6	12330.4	6764.5	-726.9
北　京	12785.2	7865.2	1853.1	-638.1
天　津				
河　北				
山　西				
内蒙古	46.0			
辽　宁	3217.8			
吉　林				
黑龙江	74.0	77.0		
上　海	470.0	2500.7	1443.9	256.2
江　苏				
浙　江	11.9			
安　徽				
福　建				
江　西				
山　东				
河　南				
湖　北				
湖　南				
广　东				
广　西	5.1			
海　南				
重　庆				
四　川	2834.6	1241.2	826.5	-247.5
贵　州				
云　南	32.9			
西　藏				
陕　西				
甘　肃				
青　海				
宁　夏				
新　疆				

单位：万元

政府会计制度准则（事业单位）财务指标		
固定资产原价	本年收入合计	本年支出合计
1099891.1	**775876.1**	**812682.7**
177413.4	35569.2	45181.2
48758.1	174531.6	184621.0
12048.9	7608.3	8531.6
14796.8	6954.2	7102.1
54983.7	28507.1	28808.5
1239.0	5807.4	5969.2
78923.0	63472.2	63471.3
	90.6	316.6
40889.0	14010.1	23525.7
84741.8	108165.2	107959.9
27096.4	23048.6	23914.6
41598.5	68033.1	68107.3
838.7	2469.9	2520.6
8595.0	26316.3	26045.0
12954.5	13032.3	10380.7
49933.5	14662.1	14944.8
8491.0	12121.5	12548.4
41078.3	19235.3	19696.0
7442.8	11262.5	13717.5
99291.6	41778.7	43913.7
35095.8	16394.7	16799.4
65.0	3341.8	3361.8
1856.8	8618.6	8682.1
58350.4	30501.6	31323.1
12358.8	13816.0	14263.4
1649.3	3153.5	3097.6
57402.1	9209.0	9299.7
5862.7	2767.1	2932.1
423.8	5848.8	5206.0
78549.8	929.8	1662.0
37162.6	4619.0	4779.8

第六部分

主要指标解释

主要指标解释

行政区划

镇　指报告期末不设区的市、市辖区、县（自治县、旗、自治旗、特区、林区）在辖区内实际设有的镇个数（必须是经省级人民政府批准而设置的）。

乡　指报告期末不设区的市、市辖区、县（自治县、旗、自治旗、特区、林区）在辖区内实际设有的乡个数（必须是经省级人民政府批准而设置的）。

民族乡　在少数民族聚居地区建立的乡级行政区划。

苏木　中国内蒙古自治区乡级行政区划。

民族苏木　相当于民族乡。

街道　指报告期末不设区的市、市辖区、县（自治县、旗、自治旗、特区、林区）在辖区内实际设有的街道办事处个数。

行政机关

行政机关　指县级以上的各级民政部门行政机关。

乡、镇、街道民政助理员　指在乡、镇、街道负责民政具体业务的工作人员，是我国基层的民政工作者，他们主要负责与保障人民群众基本生活权益和民主政治权益相关的特困人员救助供养、最低生活保障、社区建设、婚丧嫁娶，以及老年人、残疾人、困境儿童权益保障等各项工作。

基本建设

在建项目规模　指本年度在建的新建、改建、扩建项目的建筑面积之和，包括以前年度开工未完工和本年度新开工的项目，不包括单纯设备购置、更新项目以及因购置设备的安装而进行的局部管线、基础、空间改造项目。扩建项目统计扩建后项目总建筑面积。"其中：使用彩票公益金建设规模"包括彩票公益金全额投资以及部分资助的所有在建项目的建筑面积总和。

在建项目总投资　指本年度所有在建项目的总投资之和。

开工累计完成投资　指截至本年度末，所有开工项目自开工以来各年度已支付资金的总和。

本年计划投资　指本年度各项目建设单位申请并落实到位的各种来源资金总和。

本年实际完成投资 指本年度实际支出项目建设资金的总和。截至年底未完成计划工程内容时，该数字可小于本年投资计划；有往年结余资金在本年度使用时，该数字可大于本年投资计划。

本年完工项目规模 指本年度完成正式竣工验收的项目建筑面积。项目统计口径与在建项目保持一致。

民政事业费预算

上年结转预算指标 指各级财政部门根据民政经费跨年使用的原则，由民政部门继续使用的上年结转预算指标。

本级财政安排预算指标 指各级财政安排的除上级下达的指标外的预算指标。

本年上级下达预算指标 指由上级民政部门下达的预算指标，此数字应与上级民政部门下达的指标文件核对一致。

本年下达所属地方预算指标 指省、地（市）级民政部门下达所属地方民政预算指标。此数字应与下级民政部门收到的上级下达预算指标核对一致。

本年预算指标=上年结转预算指标+本级财政安排预算指标+本年上级下达预算指标−本年下达所属地方预算指标。预算安排主要是财政拨款，民政部门财政拨款包括一般公共预算财政拨款和政府性基金预算财政拨款（彩票公益金）。

民政事业费支出

社会福利 反映社会福利事务支出，包括：儿童福利、老年福利、残疾人福利、殡葬、社会福利事业单位以及其他社会福利支出。

（1）儿童福利：指各级列入政府收支分类科目中2081001项指标，反映对儿童提供福利服务方面的支出。

（2）老年福利：指各级列入政府收支分类科目中2081002项指标，反映对老年人提供福利服务方面的支出。

（3）残疾人福利：指各级列入政府收支分类科目中2081003康复辅具与2081107残疾人生活和护理补贴项指标的合计，反映对残疾人提供福利服务方面的支出。

（4）殡葬：指各级列入政府收支分类科目中2081004项指标，反映殡葬管理和殡葬服务方面的支出，包括民政部门直属的殡仪馆、公墓、殡葬管理服务机构的支出。

（5）社会福利事业单位：指各级列入政府收支分类科目中2081005项指标，反映民政部门举办的社会福利事业单位支出，以及对集体办社会福利单位的补助费。

（6）其他社会福利支出：不在上述范围的用于社会福利的支出。含直接发放给未从单位领取过丧葬费（补贴）的城乡居民的丧葬补助。

社会救助　包括最低生活保障、临时救助、特困人员救助供养以及其他生活救助。

（1）最低生活保障：指各级列入政府收支分类科目中20819款指标，反映城乡最低生活保障对象的最低生活保障金支出。

城市低保：指各级列入政府收支分类科目中2081901项指标，反映城市最低生活保障对象的最低生活保障金支出。

农村低保：指各级列入政府收支分类科目中2081902项指标，反映农村最低生活保障对象的最低生活保障金支出。

（2）临时救助：指各级列入政府收支分类科目中20820款指标，反映城乡生活困难居民的临时救助等支出，包括临时救助和流浪乞讨人员救助。

临时救助：指各级列入政府收支分类科目中2082001项指标，反映用于城乡生活困难居民的临时救助支出。

流浪乞讨人员救助：指各级列入政府收支分类科目中2082002项指标，反映用于生活无着的流浪乞讨人员的救助支出。

（3）特困人员救助供养：指各级列入政府收支分类科目中20821款指标，反映特困人员救助供养支出。

城市特困人员救助供养：指各级列入政府收支分类科目中2082101项指标，反映城市特困人员救助供养支出。

农村特困人员救助供养：指各级列入政府收支分类科目中2082102项指标，反映农村特困人员救助供养支出。

民政管理事务　指各级列入政府收支分类科目中20802款指标，反映民政管理事务支出。

（1）行政运行：指各级列入政府收支分类科目中2080201项指标，反映行政单位（包括实行公务员管理的事业单位）的基本支出。

（2）一般行政管理事务：指各级列入政府收支分类科目中2080202项指标，反映行政单位（包括实行公务员管理的事业单位）未单独设置项级科目的其他项目支出。

（3）机关服务：指各级列入政府收支分类科目中2080203项指标，反映行政单位（包括实行公务员管理的事业单位）提供后勤服务的各类后勤服务中心、医务室等附属事业单位的支出。其他事业单位的支出，凡单独设立了项级科目的，在单独设置的项级科目中反映。未设项级科目的，在"其他"项级科目中反映。

（4）社会组织管理：指各级列入政府收支分类科目中2080206项指标，反映民间组织管理方面的支出。

（5）行政区划和地名管理：指各级列入政府收支分类科目中2080207项指标，反映行政区划界线勘定、维护，以及行政区划和地名管理支出。

（6）其他民政管理事务支出：指各级列入政府收支分类科目中2080299项指标，反映民政部门接待来访、法制建设、政策宣传方面的支出，以及开展社会救助、社会福利、婚姻登记、社会事务、信息化建设等专项事务的支出。

行政事业单位养老支出　指各级列入政府收支分类科目中20805款指标，反映用于行政事业单位养老方面的支出。

其他　指财政从预算内经费中安排的其他用于民政事业的经费支出。

民政事业费收支

上年结转及结余　指各级民政部门以前年度尚未使用完毕、需结转至本年按有关规定继续使用的各类资金。

本年收入合计　本年度取得的全部收入。

本年实际支出　本年度全部支出。

收支结余　全部收入减去全部支出后的余额。

年末结转及结余　需要结转下年继续使用的各类资金。

财政拨款收入　本年度从本级财政部门取得的财政拨款，包括一般公共预算财政拨款和政府性基金预算财政拨款。

上级补助收入　事业单位从主管部门和上级单位取得的非财政补助收入。

事业收入　事业单位开展专业业务活动及其辅助活动取得的收入（事业单位收到的财政专户实际核拨的教育收费等资金在此反映）。

经营收入　事业单位在专业业务活动及其辅助活动之外开展非独立核算经营活动取得的收入。

附属单位上缴收入　单位附属的独立核算单位按照有关规定上缴的收入。

其他收入　单位取得的上述收入以外的各项收入，包括未纳入财政预算或财政专户管理的投资收益、银行存款利息收入、租金收入、捐赠收入、现金盘盈收入、存货盘盈收入、收回已经核销应收及预付款项，以及行政单位收到的财政专户管理资金等，也包括从本级财政部门以外的同级单位取得的经费，从非本级财政部门取得的经费。

基本支出　单位为保障机构正常运转、完成日常工作任务而发生的各项支出。

项目支出　单位为完成特定的行政工作任务或事业发展目标，在基本支出之外发生的各项支出。

上缴上级支出　事业单位按照财政部门和主管部门的规定上缴上级单位的支出。

经营支出　事业单位在专业业务活动及其辅助活动之外开展非独立核算经营活动发生的支出。

对附属单位补助支出 事业单位用财政补助收入之外的收入对附属单位补助发生的支出。

殡葬收费 指各级列入政府收支分类科目中103044908科目指标，民政部门收取的殡葬收费收入。

提供住宿的民政服务

提供住宿的民政服务机构 包括：养老机构、精神卫生福利机构、儿童福利和救助保护机构以及其他提供住宿机构。

床位数 指提供住宿的（收留抚养性）单位报告期末床位的实际收留抚养能力。对于炕、通铺，以正常可容纳人员数量折算床位数。

民政服务床位 包括养老床位、精神卫生福利机构床位、儿童收养救助床位及其他社会服务床位。

（1）养老床位：即养老服务机构和设施床位，包括养老机构床位和社区养老服务床位。

养老机构床位：包括社会福利院床位、特困人员供养服务机构床位以及其他各类养老机构床位。

社区养老服务床位：包括未登记的特困人员供养服务机构床位、全托服务社区养老服务机构和设施床位、日间照料社区养老服务机构和设施床位与互助型社区养老设施床位。

（2）精神卫生福利机构床位数：指精神卫生福利机构床位数。

（3）儿童服务床位数：包括儿童福利机构和未成年人救助保护机构床位数。

（4）其他社会服务床位数：包括流浪乞讨人员救助管理机构、安置农场以及其他提供住宿民政机构的相关床位数。

年在院总人天数 指提供住宿单位报告期内，收留抚养人员住院的总人天数。公式：本年在院总人天数＝Σ（每名收留抚养人员的在院天数）。

年末在院（收留抚养）人数 指提供住宿单位在报告期末实际收留抚养的人员总数，包括特困人员、自费人员和其他人员。

（1）特困人员：指因无法定赡养（抚养、扶养）义务人、无劳动能力和无生活来源而纳入特困救助供养政策保障的居民。

（2）自费人员：除优抚对象和特困人员以外的住院人员，不管实际有无收费，均统计为自费人员。

（3）其他人员：除以上两类以外均统计为其他人员。

年龄段的划分 老人是指60周岁及以上的人员；青壮年是指18周岁至59周岁的人员；未成年人是指18周岁（含18周岁）以下的人员。下同。

在院老年人按自理能力分 （1）能力完好（自理）；（2）部分失能（半自理、介助）；（3）完全失能（不能自理、介护）三类。

（1）能力完好（自理）：日常生活能够自理的老年人。

（2）部分失能（半自理、介助）：日常生活行为依赖扶手、拐杖、轮椅和升降等设施帮助的老年人。

（3）完全失能（不能自理、介护）：日常生活行为依赖他人护理的老年人。

康复和医疗门诊人次数　设有医疗服务窗口（部门）的民政服务机构提供的康复和医疗门诊服务人次数。

家庭寄养儿童数量　应进入福利机构供养，但因当地未建福利机构或现有福利机构床位有限而散居社会、寄养在家庭中的、由民政部门负担生活费用的儿童数量。

职工人数　单位年末实有职工人数，按工作性质分为（1）机构管理人员；（2）专业技术技能人员。

（1）机构管理人员：指机构内承担领导职责和管理任务的工作人员，包括从事党政、行政、财务、后勤和安全保卫等管理工作的人员。如：党委书记、院长、部门主任等。

（2）专业技术技能人员：指除具有管理职责工作人员以外的，直接为老年人、儿童、残疾人等贫困弱势群体提供服务的人员，不包括从事管理工作的技术技能人员。

取得医疗机构执业许可证书的机构　颁发给达到《医疗机构管理条例》相应条件的机构的执业证书。按照《医疗机构管理条例》，医疗机构执业许可证由卫生管理部门审发，并赋予登记证号，登记证号为22位的字母与数字组合。

取得医疗保险定点医疗机构资格的机构　定点医疗机构是通过劳动保障行政部门资格审定，并经医疗保险经办机构确定，为参保人员提供医疗服务的医疗机构。

养老机构

养老机构　包括社会福利院、特困人员供养服务机构以及其他各类养老机构。

社会福利院　不以营利为目的提供食宿的，主要收养城市中无亲属子女赡养、无生活来源、无劳动能力的孤老、孤儿和残疾人等对象的综合性社会福利事业单位。

特困人员供养服务机构　依法注册登记的，为特困老年人等提供24小时集中居住和养护照料服务的机构。例如，已经登记注册的××农村敬老院、××五保之家、××托老所、××镇养老服务中心、××镇养老福利服务中心等。

其他各类养老机构　除社会福利院、特困人员供养服务机构外，依法注册登记，为老年人提供24小时集中居住和照料服务的机构，例如××养老中心、××养老公寓、××颐养院等。

精神卫生福利机构

精神卫生福利机构　提供食宿的、不以营利为目的，主要收治无亲属子女赡养、无劳动能力、无生活来源的困难人群和低保对象中的智障和精神障碍患者的具有医疗机构资质的专门社会福利机构。

儿童福利和救助保护机构

儿童福利和救助保护机构　包括儿童福利机构和未成年人救助保护机构。

儿童福利机构　指民政部门设立的，主要收留抚养由民政部门担任监护人的未满18周岁儿童的机构。儿童福利机构包括按照事业单位法人登记的儿童福利院、设有儿童部的社会福利院等。

未成年人救助保护机构　对未成年人实施救助，提供基本生活照料和教育、心理疏导、行为矫治等服务的专门机构。

其他提供住宿机构

其他提供住宿机构　包括流浪乞讨人员救助管理机构、安置农场以及其他提供住宿机构。

流浪乞讨人员救助管理机构　救助生活无着的流浪乞讨人员的专门单位。

生活无着流浪乞讨人员　是指离家在外、自身无力解决食宿、无亲友投靠处于流浪或者乞讨状态的人员。

（1）年末在站人数：报告期末仍在流浪乞讨人员救助管理机构内接受救助的人数。

（2）在站滞留三个月以上人数：指暂时查找不到监护人（家庭信息、住所地）、滞留在流浪乞讨人员救助管理机构三个月以上的受助人员，包括流浪乞讨人员救助管理机构委托社会力量照料的受助人员。

家暴庇护救助人次数　因家暴自愿到未成年人救助保护机构（或流浪乞讨人员救助管理机构）申请庇护救助服务或者由职能部门护送家暴受害人入站接受庇护救助服务的人次数。

在站救助人次数　进入救助站接受救助的总人次数。

在站救助人天次数　进入救助站接受救助的总人天次数。

站外救助人次数　本年在救助站外救助的流浪乞讨人员总人次数。包含两种情况：一种是未设立救助管理机构的民政部门对流浪乞讨人员的救助；另一种是救助管理机构街面对流浪乞讨人员的救助。

安置农场　指由民政部门管理、独立核算、企业化管理的农场（由救助类单位中的安置农场转移而来）。

其他提供住宿机构　指上述机构之外的提供住宿的其他民政服务机构。

不提供住宿的民政服务

不提供住宿的民政服务　包括老年人福利和残疾人福利、民政部门直属康复辅具机构、儿童福利和儿童收养登记、社会救助、社会救助服务机构、彩票发行、民政服务站、慈善事业、社区养老服务、社区社会组织等。

老年人福利和残疾人福利

享受高龄补贴的老年人数 指报告期末各地领取了高龄补贴的老年人数。

享受护理补贴的老年人数 指报告期末,生活长期不能自理、经济困难的老年人,根据其失能程度等情况享受政府给予的现金、代金券、物资等护理补贴的人数。

享受养老服务补贴的老年人数 指报告期末,经济困难的老年人,在生活照料、紧急救援、医疗护理、精神慰藉、心理咨询等养老服务方面享受政府给予的现金、代金券、物资等补贴的人数。

享受综合补贴的老年人数 如果本省设立了老年人综合补贴,没有单独设立护理补贴和养老服务补贴,则护理补贴和养老服务补贴指标必须为空,将享受补贴的人数填在享受综合补贴的老年人指标中。

残疾人 指在心理、生理、人体结构上,某种组织、功能丧失或者不正常,全部或者部分丧失以正常方式从事某种活动能力的人。残疾人包括视力残疾、听力残疾、言语残疾、肢体残疾、智力残疾、精神残疾、多重残疾和其他残疾的人。六类残疾人证的评定标准按照中国残疾人联合会文件〔1995〕残联组联字第61号《关于统一制发〈中华人民共和国残疾人证〉的通知》规定。

困难残疾人生活补贴 补助残疾人因残疾产生的额外生活支出,对象主要是低保家庭中的残疾人,有条件的地方可逐步扩大到低收入残疾人及其他困难残疾人。

重度残疾人护理补贴 补助残疾人因残疾产生的额外长期照护支出,对象为残疾等级被评定为一级、二级且需要长期照护的重度残疾人,有条件的地方可扩大到非重度智力、精神残疾人或其他残疾人,逐步推动形成面向所有需要长期照护残疾人的护理补贴制度。

民政部门直属康复辅具机构

民政部门直属康复辅具机构 指民政部门直属的专门为残疾人生产、装配、修理、销售康复辅具的单位。

儿童福利和儿童收养登记

事实无人抚养儿童 是指父母双方均符合重残、重病、服刑在押、强制隔离戒毒、被执行其他限制人身自由的措施、失联、被撤销监护资格、被遣送(驱逐)出境情形之一的儿童;或者父母一方死亡或失踪,另一方符合重残、重病、服刑在押、强制隔离戒毒、被执行其他限制人身自由的措施、失联、被撤销监护资格、被遣送(驱逐)出境情形之一的儿童。

孤儿 是指失去父母或查找不到生父母的未满18周岁的、由地方县级以上民政部门依据有关规定和条件认定的,并已经领取了孤儿基本生活费的未成年人。按照保障方式分为集中养育孤儿和社会散居孤儿。

集中养育孤儿 社会福利机构抚养或寄养的孤儿。

社会散居孤儿 在社会上分散供养，由其法定监护人承担抚养义务、履行监护职责的孤儿。

儿童主任 村（居）委会中专职（兼职）负责儿童福利、留守儿童关爱、困境儿童保护工作的人员。

儿童督导员 乡、镇、街道中专职（兼职）负责儿童福利、留守儿童关爱以及困境儿童保护工作的人员。

儿童收养登记 指中国公民以及外国人在中国境内收养子女和协议解除收养关系，在县级及以上民政部门办理的收养登记和解除收养关系登记。县级及以上民政部门办理儿童收养登记或解除收养关系登记一次为一件。

成立收养关系登记 指中国公民以及外国人在中国境内收养子女，在县级及以上民政部门办理的收养登记。

（1）中国公民收养登记：指中国居民作为收养人办理成立收养关系的收养登记。其中：

香港居民收养登记：指收养人是居住在香港特别行政区的中国公民。夫妻共同收养有一方是香港居民的，按香港居民办理收养统计。

澳门居民收养登记：指收养人是居住在澳门特别行政区的中国公民。夫妻共同收养有一方是澳门居民的，按澳门居民办理收养统计。

台湾居民收养登记：指收养人是居住在台湾省的中国公民。夫妻共同收养有一方是台湾居民的，按台湾居民办理收养统计。

华侨收养登记：指收养人是侨居国外的中国公民（含留学生）。夫妻共同收养有一方是华侨的，按华侨办理收养统计。

（2）外国人收养登记：指收养人是具有外国国籍（包括无国籍人）的人员。夫妻共同收养有一方是外国人的，按外国人办理收养统计。

被收养儿童合计 指通过收养登记被家庭收养儿童人数的总和。分为以下八类：

（1）社会福利机构抚养的孤儿：指在社会福利机构抚养的父母死亡或查不到生父母的儿童。

（2）社会散居孤儿：指非社会福利机构抚养的孤儿。

（3）继子女收养：是指因被收养人的生父或生母再婚，继父或继母与被收养人确立收养关系的收养登记。

（4）三代以内同辈旁系血亲的子女：指被收养法中规定的三代以内同辈旁系血亲关系收养的儿童人数。统计此指标的目的是掌握收养三代以内同辈旁系血亲子女数量。

（5）儿童福利机构抚养的未成年人：指儿童福利机构抚养的未成年人。

（6）非社会福利机构抚养的未成年人：指非社会福利机构抚养的未成年人。

（7）生父母有特殊困难无力抚养的子女：指生身父母有特殊困难无力抚养自己的子女而作为送养人的未成年人。

（8）生父母均不具备完全民事行为能力且具有严重危害可能的子女：指生身父母不具备完全民事行为能力且对子女具有严重危害可能而被收养的子女。

协议解除收养关系登记 指具有收养关系的当事人通过协商解除收养关系的必经程序。办理协议解除收养关系的登记机关是县级及以上民政部门。

社会救助

城市（农村）最低生活保障 最低生活保障是指国家对家庭人均收入低于当地政府公告的最低生活标准的人口给予一定现金资助，以保证该家庭成员基本生活所需的社会保障制度。城市（农村）最低生活保障人数指在报告期末纳入城市（农村）最低生活保障的居民数。

城市（农村）低保累计支出 是指对最低生活保障对象发放低保金的支出。

城市（农村）低保标准 指由地方人民政府确定的家庭人均收入线，低于该线的家庭纳入最低生活保障范围。

特困人员救助供养 指满足特困人员认定条件，纳入特困人员救助供养范围、享受特困人员救助供养待遇的对象。

（1）按护理类型（自理能力）分类

全护理：指根据特困人员认定办法，被认定为完全丧失生活自理能力的特困人员。

半护理：指根据特困人员认定办法，被认定为部分丧失生活自理能力的特困人员。

全自理：指根据特困人员认定办法，被认定为具备生活自理能力的特困人员。

（2）按供养方式分类

集中供养：指在供养服务机构中集中供养的特困人员。

分散供养：指享受分散供养待遇在家供养的特困人员。

临时救助 对遭遇突发事件、意外伤害、重大疾病或其他特殊原因导致基本生活陷入困境，其他社会救助制度暂时无法覆盖或救助之后基本生活暂时仍有严重困难的家庭或个人给予的应急性、过渡性的救助。不包括在救助管理机构获得救助的生活无着的流浪乞讨人员。

（1）按属地分类

本地户籍：指本地户籍人员获得临时救助的人次数。

非本地户籍：指非本地户籍人员获得临时救助的人次数。

（2）按对象分类

低保对象：指最低生活保障对象获得临时救助的人次数。

特困人员：指特困人员获得临时救助的人次数。

其他：指除最低生活保障对象、特困人员外其他人员获得临时救助的人次数。

社会救助服务机构

社会救助服务机构　指承担低收入家庭经济状况信息数据库的建立和维护、经济状况信息查询与核对、宣传交流等相关具体工作的机构，不包括各级民政部门内设的社会救助处、科、办等部门。

彩票发行

福利彩票发行机构　指民政部门管理的、独立核算的，以筹集社会福利基金为目的发行和销售社会福利彩票的事业单位。

慈善事业

慈善组织　依法成立、符合《慈善法》规定，以面向社会开展慈善活动为宗旨的非营利性组织。慈善组织可以采取基金会、社会团体、民办非企业单位等组织形式。

慈善信托　指在我国县级以上人民政府民政部门依法备案的慈善信托。

社会捐赠接收站、点　在大中城市、有条件的小城市设立的具备集中、清理、消毒、运输捐赠物品功能的机构数量和设立在街道（乡、镇）、居（村）委会中的社会捐助点。

慈善超市　以经常性社会捐助站（点）为依托，以解决困难群众生活困难为主的，以有针对性的募集和发放为主要形式，借鉴商业超市管理模式，救助对象按需领取捐助物资的社会捐助机构。

社区养老服务

社区养老服务机构和设施　包括未登记的特困人员供养服务机构、全托服务社区养老服务机构和设施、日间照料社区养老服务机构和设施、互助型社区养老服务设施以及其他社区养老服务设施。

（1）未登记的特困人员供养服务机构：主要是指未办理注册登记，主要为特困供养人员提供24小时集中居住和收留抚养照料服务的设施。例如：未登记注册的××农村敬老院、××五保之家、××托老所、××镇养老服务中心、××镇养老福利服务中心等。

（2）全托服务社区养老服务机构和设施：是指在社区建立的、为社区老年人提供日间或留宿照料服务的小型养老机构或者设施。例如：××社区老年中心、××星光老年之家、××老年社区托管照料中心。

（3）日间照料社区养老服务机构和设施：是指在社区建立的、为社区老年人提供日间或留宿照料服务的小型养老机构或者设施。例如：××老年社区日间照料中心。

（4）互助型社区养老服务设施：是指依托村（居）委会办的微型的五保村、五保家园、幸福院等互助型养老设施，没有专职服务人员、不是注册登记的独立机构、以相互帮助为主，提供少量床位，可以住宿、不以营利为目的的为老年人、社区居民提供互助养老服务的设施。例如：××村幸福院。

（5）其他社区养老服务设施：是指为社区老年人提供助餐、助医、护理等服务，没有床位的社区养老服务设施。如：××社区老年餐桌。

全托服务床位　为老年人提供全日集中住宿和照料护理服务的床位。

日间照料床位　为老年人提供日间照料护理服务的床位。

养老服务人次数　社区养老服务机构和设施养老服务人次数之和。每位老年人从进入社区养老服务机构和设施接受服务到离开记为1人次。

社区社会组织

社区社会组织　指由社区居民发起成立，在城乡社区开展为民服务、公益慈善、邻里互助、文体娱乐和农村生产技术服务等活动的社会组织。按照活动领域分为：公益慈善类、社区服务类、社区事务类、文体活动类。

社会组织

社会组织　包括社会团体、民办非企业单位（社会服务机构）和基金会三类。

社会团体　指中国公民自愿组成，为实现会员共同意愿，按照其章程开展活动的非营利性社会组织。包括各种协会、学会、联合会、研究会、联谊会、促进会、商会等。社会团体不得从事以营利为目的的经营性活动，并具备以下四项法人条件：①依法成立；②必要的财产或者经费；③有自己的名称、组织机构和场所；④能够独立承担民事责任。否则，不能统计为社团机构数。报告期末合法社团总数，即为年末实有社团机构数。

民办非企业单位　即社会服务机构，是指企业事业单位、社会团体和其他社会力量以及公民个人利用非国有资产举办的，从事非营利性社会服务活动的社会组织。目前，民办非企业单位主要分布在教育、卫生、文化、科技、体育、劳动、民政、社会中介、服务业等行（事）业中。

民办非企业单位根据其依法承担民事责任的不同方式分为：民办非企业单位（法人）、民办非企业单位（合伙）和民办非企业单位（个体）3种。个人出资且担任民办非企业单位负责人的，可申请办理民办非企业单位（个体）登记；两人或两人以上合伙举办的，可申请办理民办非企业单位（合伙）登记；两人或两人以上举办且具备法人条件的，可申请办理民办非企业单位（法人）登记。由企业事业单位、社会团体和其他社会力量举办的，或由上述组织与个人共同举办的，应当申请民办非企业单位（法人）登记。

基金会　指利用自然人、法人或者其他组织捐赠的财产，以从事公益事业为目的，按照《基金会管理条例》规定成立的非营利性法人。基金会分为具有公开募捐资格的基金会和不具有公开募捐资格的基金会。

（1）具有公开募捐资格的基金会：依据《慈善法》取得了公开募捐资格的基金会。

（2）不具有公开募捐资格的基金会：没有依据《慈善法》取得公开募捐资格，只可以在特定对象范围内开展定向募捐的基金会。

社会组织负责人　是指任理事长（会长）、副理事长（副会长）及秘书长以上职务的负责人。

当年年检单位数　指当年按规定参加年检的社会组织单位个数，包括参加年检但未通过的单位数。

当年新登记单位　是指本年度民政部门新登记的社会团体、民办非企业单位、基金会数量，基层备案的社会组织不计算在内。

社会组织按照所服务行业分为：

（1）S工商服务业：从事工业、商业、服务业等经济类活动的社会组织；

（2）S农业及农村发展：直接为农业及农村发展服务的社会组织；

（3）M科学研究：从事自然科学、社会科学研究的社会组织，包括思想政治工作研究会；

（4）P教育：从事各种教育活动的组织；

（5）Q卫生：从事各种医疗、卫生、保健服务的组织；

（6）R文化：从事文学、艺术、娱乐、收藏、新闻、媒体、出版等相关活动的组织；

（7）R体育：从事各种体育运动、健身活动的组织；

（8）N生态环境：从事动物、植物保护，环境保护以及环境治理的组织；

（9）Q社会服务：从事社会福利、救灾救助、社会保障及社会事务的组织；

（10）S法律：从事各种法律研究、咨询、援助、代理的组织；

（11）S宗教：各类宗教及宗教交流组织；

（12）S职业及从业者组织：职业协会、专门行业从事者组织；

（13）T国际及涉外组织：国际性非营利性组织、外国商会；

（14）K其他：校友会、友好协会及其他未列明的组织。

社会组织行政执法　是指民政部门对登记的社会组织作出的行政处罚和取缔非法社会组织。包括：

（1）行政处罚：指本年度民政部门依据《社会团体登记管理条例》《民办非企业单位登记管理暂行条例》《基金会管理条例》，对违反上述条例规定的社会团体、民办非企业单位、基金会作出行政处罚并且已经结案归档的案件数。因行政处罚引起的行政复议、行政诉讼未复议或审理终结的，不影响统计。

（2）没收违法经营额或违法所得：指本年度民政部门依据《社会团体登记管理条例》《民办非企业单位登记管理暂行条例》，对违反上述条例规定的社会团体和民办非企业单位作出其他行政处罚时予以并处没收违法经营额或违法所得处罚的案件数。

（3）罚款：指本年度民政部门依据《社会团体登记管理条例》《民办非企业单位登记管理暂行条例》，对违反上述条例规定的社会团体和民办非企业单位作出其他行政处罚时予以并处罚款处罚的案件数。

（4）警告：指本年度民政部门依据《社会团体登记管理条例》《民办非企业单位登记管理暂行条例》

《基金会管理条例》，对违反上述条例规定的社会团体、民办非企业单位、基金会作出警告处罚的案件数。

（5）限期（责令）停止活动：指本年度民政部门依据《社会团体登记管理条例》《民办非企业单位登记管理暂行条例》《基金会管理条例》，对违反上述条例规定的社会团体、民办非企业单位、基金会作出限期（责令）停止活动处罚的案件数。

（6）撤销登记（吊销登记证书）：指本年度民政部门依据慈善法、《社会团体登记管理条例》《民办非企业单位登记管理暂行条例》《基金会管理条例》，对违反上述条例规定的社会团体、民办非企业单位、基金会作出撤销登记和吊销登记证书处罚的案件数。

（7）取缔非法社会组织：指本年度民政部门依据《社会团体登记管理条例》《民办非企业单位登记管理暂行条例》《基金会管理条例》取缔的案件数。

（8）没收非法财产：指本年度民政部门取缔非法社会组织案件中并处没收非法财产的案件数。

婚姻登记

内地居民婚姻登记　指报告期内婚姻登记机关办理的当事人双方均是内地居民的婚姻登记。包括内地居民结婚登记和内地居民离婚登记。

涉外及华侨、港澳台婚姻登记　指报告期内婚姻登记机关办理的，夫妻双方或一方是外国人、华侨、港澳台同胞的婚姻登记。

初婚人数　指报告期内婚姻登记机关办理的结婚登记中，当事人属第一次结婚的人数的总和。

再婚人数　指报告期内婚姻登记机关办理的结婚登记中，当事人属第二次（或者二次以上）结婚人数的总和。再婚包含恢复结婚。

恢复结婚　指报告期内，原为夫妻关系的男女双方申请办理结婚登记，经婚姻登记机关审查，为其办理结婚登记的件数。

涉港澳居民婚姻登记　指报告期内经民政部门的婚姻登记机关批准婚姻登记的当事人的一方是居住在香港、澳门特别行政区的中国公民。

涉台湾居民婚姻登记　指报告期内经民政部门的婚姻登记机关批准婚姻登记的当事人的一方是居住在台湾省的中国公民。

涉华侨婚姻登记　指报告期内经民政部门的婚姻登记机关批准婚姻登记的当事人的一方是华侨。

涉外国人婚姻登记　指报告期内经民政部门的婚姻登记机关批准婚姻登记的当事人的一方是外国人（含外籍华人）。

结婚率　指结婚对数除以当年期初人口数与当年期末人口数的和的一半乘以1000‰。计算公式如下：

$$结婚率 = \frac{结婚对数}{(当年期初人口数 + 当年期末人口数) \times 1/2} \times 1000‰$$

离婚率 指离婚对数除以当年期初人口数与当年期末人口数的和的一半乘以1000‰。计算公式如下：

$$离婚率 = \frac{离婚对数}{（当年期初人口数＋当年期末人口数）× 1/2} × 1000‰$$

办理婚姻登记事务处数 指具体办理婚姻登记事务的场所、网点的数量，含编办登记、民政登记和未登记的婚姻登记机构以及乡镇街道可以办理婚姻登记的网点等。

殡葬服务

殡葬服务机构 包括殡仪馆、公墓、骨灰堂、殡仪服务站以及殡葬管理机构。

殡仪馆 指独立核算的，提供遗体接运、存放、火化、防腐、整容、悼念和骨灰存放等殡仪服务的殡葬服务机构总称。

公墓 指由省级及省级以下民政部门批准建设、独立核算的、集中安葬骨灰或遗体的殡葬服务机构总称。包括经营性公墓、城市公益性公墓和农村公益性公墓。

骨灰堂 指由地方民政部门或乡镇政府、村集体主管的，以建筑物形式为逝者提供集中骨灰安放服务的殡葬服务机构总称。包括经营性骨灰堂和公益性骨灰堂。

殡仪服务站 指专门用于提供除遗体火化之外的遗体接运、暂存、防腐、整容和悼念等服务的殡葬服务机构总称。

在统计殡葬服务机构时，只能归属上述四类中的一种，同一个单位不能跨类进行统计。

殡葬管理机构 是独立核算的、受行政机关委托从事殡葬管理工作的事业单位。

火化炉数 指报告期末遗体火化的设备实有数，包括火化备用炉。

国际运尸数 指经海关出入境尸体的数量。

穴位数 指报告期末公墓实建的穴位数。

本年销售穴位数 指报告期内公墓实际售出的穴位数。

安葬数 指报告期末已安葬的穴位数。

本年安葬数 指报告期内已安葬的穴位数。

其他民政直属单位

其他民政直属单位 指民政信息中心、地名普查研究单位、民政学校等未归类到社会工作机构中的各类其他民政直属单位。

勘误

C-1-14续表3

单位：万元

地　区	城市最低生活保障	城市最低生活保障金	城市最低生活保障对象临时补贴	农村最低生活保障	农村最低生活保障金	农村最低生活保障对象临时补贴
全　国	4832840.3	4621893.1	210947.2	14636470.1	14010612.2	625857.9
北　京	120416.8	113510.1	6906.7	61207.3	58242	2965.3
天　津	99002.7	93194.3	5808.4	73746.9	70541.9	3205
河　北	84801.2	80833	3968.2	557137.5	527191.1	29946.4
山　西	124795.5	121928.8	2866.7	443690.6	434683.9	9006.7
内蒙古	188583.1	184919.7	3663.4	551664.7	541843.9	9820.8
辽　宁	228767.9	214263.4	14504.5	310299.2	294560.5	15738.7
吉　林	236571.9	229802.1	6769.8	209619.7	198660.3	10959.4
黑龙江	321190.9	318107.2	3083.7	302739.9	297409.2	5330.7
上　海	226420.2	207849.8	18570.4	40515	36190.8	4324.2
江　苏	80327.7	76812.5	3515.2	390074.5	372949.8	17124.7
浙　江	67620.3	61526.1	6094.2	547160	500787.5	46372.5
安　徽	216091.2	205439.2	10652	1007464.4	966395.2	41069.2
福　建	51458	47757.3	3700.7	306660.7	295446	11214.7
江　西	202052.9	195070.7	6982.2	723834.5	703178.8	20655.7
山　东	90383.6	83493.2	6890.4	807524.8	763047.2	44477.6
河　南	148949	140694.1	8254.9	809498.1	755765.2	53732.9
湖　北	195920.7	162464.7	33456	627950.9	519098.7	108852.2
湖　南	197350.9	186241.5	11109.4	497987.2	469739.9	28247.3
广　东	150281.5	146329.3	3952.2	681304.7	666855.8	14448.9
广　西	184743.3	180444	4299.3	702573.9	687011.8	15562.1
海　南	20372.6	20246.1	126.5	73409.1	72771.4	637.7
重　庆	169674	158309.9	11364.1	330859.8	310398.4	20461.4
四　川	241960.5	236437.5	5523	1049126.4	1024330.8	24795.6
贵　州	317728.2	310489	7239.2	634262.6	625244	9018.6
云　南	210967.7	208875.6	2092.1	822084	811972.8	10111.2
西　藏	22300.6	22269.6	31	33585.3	33543.4	41.9
陕　西	135982	127518.9	8463.1	578486.1	551630.1	26856
甘　肃	224867.1	221454.6	3412.5	525942.5	511699.7	14242.8
青　海	63463.8	61100.2	2363.6	159835.2	155522.1	4313.1
宁　夏	51686.9	48143.3	3543.6	178985.6	165060.6	13925
新　疆	158107.6	156367.4	1740.2	597239	588839.4	8399.6

注：《中国民政统计年鉴2023》第206—207页内容以此为准。